郭齐勇 主编

中国哲学通史

现代卷

上册

胡治洪 著

A
HISTORY
OF
CHINESE
PHILOSOPHY

江苏人民出版社

图书在版编目(CIP)数据

中国哲学通史.现代卷：上下册 / 胡治洪著. ——
南京：江苏人民出版社，2023.8
ISBN 978 - 7 - 214 - 28237 - 8

Ⅰ.①中… Ⅱ.①胡… Ⅲ.①哲学史－中国－现代
Ⅳ.①B2

中国国家版本馆 CIP 数据核字(2023)第 125352 号

中国哲学通史

郭齐勇　主编

现代卷：上下册

胡治洪　著

策　　　划	府建明	
责 任 编 辑	府建明	
装 帧 设 计	周伟伟	
责 任 监 制	王　娟	
出 版 发 行	江苏人民出版社	
地　　　址	南京市湖南路 1 号 A 楼,邮编:210009	
照　　　排	江苏凤凰制版有限公司	
印　　　刷	苏州市越洋印刷有限公司	
开　　　本	652 毫米×960 毫米　1/16	
印　　　张	460.5	
字　　　数	6126 千字	
版　　　次	2023 年 8 月第 1 版	
印　　　次	2023 年 8 月第 1 次印刷	
标 准 书 号	ISBN 978 - 7 - 214 - 28237 - 8	
定　　　价	1980.00 元(全 20 册)	

(江苏人民出版社图书凡印装错误可向承印厂调换)

目　录

1

导　论

　　中国现代哲学,严格地说,当指中国现代时期产生的哲学思想及著述,如此则中国现代哲学的时间跨度应在 1912 年中华民国成立或 1919 年五四运动爆发以迄 1949 年中华人民共和国成立期间。① 但是深究而言,哲学思想的逻辑进程并不一定与社会历史的实际发展完全对应,中华民国诞生或五四运动爆发与中国现代哲学的发端并无确切关系。若以迈出中国古代思想槛限而在古今中西宏大视域中依违取舍思想资源作为中国现代哲学的主要问题和贯穿脉络,那么中国现代哲学应以对固有文化和近代西学均有较多了解和吸取的改良派人物的哲思为起点,其超越了鸦片战争前后基本上还处于中国古代思想槛限之内的士大夫,以及太平天国时期对古今中西皆欠正确择取的知识分子。

---

① 将中国现代史之起迄界定为 1912—1949 年者例见陈廷湘主编《中国现代史》(成都:四川大学出版社 2002 年版);将中国现代史之起迄界定为 1919—1949 年者例见王桧林主编《中国现代史》(北京:高等教育出版社 1989 年版)、张华腾等主编《中国现代史》(北京:高等教育出版社 1999 年版)、魏宏运主编《中国现代史》(北京:高等教育出版社 2002 年版)、王桧林编《中国现代史》(北京:北京师范大学出版社 2004 年版)、章开沅、朱英主编《中国近现代史》(开封:河南大学出版社 2009 年版)、本书编写组著《中国近现代史纲要(2010 年修订版)》(北京:高等教育出版社 2010 年版)。本书为马克思主义理论研究和建设工程重点教材,显然也将中国现代史之起迄界定为 1919—1949 年。

　　显而易见,中国现代哲学的存在时段在中国哲学史上只是甚为短暂的一瞬。不必说以 1912 年或 1919 年为起点,即使以 19 世纪 80 年代改良派人物的思想成熟为起点,迄于 1949 年以中华人民共和国成立为标志而宣告这一时期结束,也不过鼎鼎七十年。虽然中国历史上的秦朝、三国之魏蜀吴、南朝之宋齐梁陈、隋朝、五代之梁唐晋汉周,其各自存在的时间多比现代时期更加短促,但这些朝代却几乎从未被作为独立单元予以对待,而是分别归并为秦汉、魏晋南北朝、隋唐五代等长时段,各时段均达三四百年之久。若将中国古代哲学作为与自成单元的中国现代哲学相对的整体来看,则自殷周之际以迄清代末期更是延续三千余年,据此断定中国现代哲学的存在时段在中国哲学史上只是短暂一瞬,当非謷说。

　　不过,中国现代哲学的存在时段虽然短暂,但其历史意义却非同寻常。由于际会以强势的西力东侵、西制东扩、西学东渐为特征的三千年未有之大变局,这种非常特殊的客观情势致使中国现代哲学激发出十分丰富的理论成果,形成了诸多史无前例的思想特点,从而为其后中国哲学的发展奠定了相当厚实的学术思想基础,开启了一系列崭新的论域,积累了大量弥足珍贵的经验教训。因此,中国现代哲学在中国哲学史上占有独具一格的重要地位。

　　中国现代哲学的首要理论成果当是确立了哲学部类或学科。毫无疑问,中华民族是拥有悠久哲学思维传统、高明哲学思想智慧和丰富哲学理论资源的伟大民族。从传说为伏羲始创而至迟在公元前 11 世纪便已形成的八卦观念,到同样于公元前 11 世纪便已形成而可追溯到公元前 21 世纪甚至更早的五行观念,再到公元前 8 世纪早期便已成熟的阴阳观念,乃至公元前 4 至公元前 3 世纪出现的太极观念,所有这些都表明,中华民族具有悠久、一贯并且精深的哲学思维传统。中国古代哲学思想的发生,非但不落后于世界上其他的古老民族,而且甚至早于其他古老民族。不过,中国虽然拥有悠久、高明、丰富的哲学思想和理论,但直到 19 世纪末叶都没有"哲学"这一名目,当然也就没有专门的哲学部类或学科。中国古代可以被归入现代所谓"哲学"范畴的关于宇宙、人生、社会、历史之根本问题的论说,都浑融于经史子集四部之学当中。19世纪末,维新派人士黄遵宪等将日本学者西周用汉字对译西语philosophy而创立的"哲学"一词引入中国,不久即被郑观应、王国维等人在著作中大量使用,借以指目关于天人根本乃至形上存有的思想学说。特别是王国维所撰《哲学辨惑》(1903)、《论哲学家与美术家之天职》(1905)、《静庵文集自序》(1905)、《述近世教育思想与哲学之关系》(1906)、《书辜氏汤生英译〈中庸〉后》(1906)、《奏定经学科大学文学科大学章程书后》(1906)、《静庵文集续编自序(一)》(1907)、《静庵文集续编自序(二)》(1907)诸名篇,不仅为哲学辩诬,而且推尊哲学为无比崇高的学问,自此哲学渐为国人耳熟能详并且积极认可的名目。在此基础上,北京大学于1912年即民国初元始建文科哲学门,嗣后谢无量、陈黻宸分别于1915年和1916年出版或撰成《中国哲学史》,凡此皆标志着哲学在现代中国正式成为学科门类和学术部类,千百年来浑融于经史子集四部之学当中的关于宇宙、人生、社会、历史之根本问题的论说也就从此成为独立的专门的学术体系。尽管对于哲学独立于四部之学的事实至今褒贬不一,但哲学在中国的出现却是中国现代哲学史上发生的破天荒的事件。

中国现代哲学的另一个显著的理论成果亦即其突出的学术特点,就是一方面愈益广泛深入地引进西方学说,另一方面愈益全面深刻地扬弃甚至否定以六经之学为根柢的中国传统学术思想。① 从前一方面来看,例如王韬对实证主义的介绍及其思想观念与存在主义的接近,严复对赫胥黎《天演论》、亚当·斯密《原富》、斯宾塞《群学肄言》、约翰·穆勒《群己权界论》和《穆勒名学》、甄克思《社会通诠》、孟德斯鸠《法意》、耶方斯

---

① 先秦诸子之学、两汉经学、魏晋玄学、宋明道学、清代朴学皆以六经之学为根柢,构成一根而发的中国传统学术思想。兴盛于南北朝隋唐的佛学虽然另有根柢,但其学理在两宋以降仍多被吸纳到中国传统学术思想之中,甚至其丛林制度以及终极信仰也都逐渐与中国传统学术思想相适应。因此在宽泛的意义上可以说,自先秦至晚清的中国传统学术思想乃是一脉相承或一体闭合的。

《名学浅说》的翻译和解说，康有为对康德和拉普拉斯星云说的阐发，谭嗣同对西方物理学史上的以太说的运用，孙中山对近代西方天文学、地质学、生物学以及进化论、互助论的引述，章太炎对伊壁鸠鲁和莱布尼兹原子论、洛克经验论、休谟怀疑论、康德先验论乃至达尔文和斯宾塞进化论的择取，王国维对古希腊及近代以降英、德、法、荷等国哲学文化的博涉广说，胡适对实用主义的提炼与推广，梁漱溟对叔本华唯意志论和柏格森生命哲学的借鉴，张君劢对约翰·穆勒政治学、倭伊铿精神哲学、柏格森生命哲学的服膺与倡导，李大钊、陈独秀对马克思列宁主义的引入和传播以及李达、毛泽东、艾思奇对马克思列宁主义理论的系统化、中国化、大众化所做的杰出工作，熊十力对斯宾诺莎、孟德斯鸠、康德、黑格尔、叔本华、孔德、达尔文、斯宾塞、詹姆士、布拉德雷、柏格森、怀特海、杜里舒、罗素等西方哲学家，牛顿、瓦特等西方科学家，互助论、相对论、波粒二象性、不确定性原理、热力学第二定律等理论的关注、洞见与评论，张东荪对作为西方科学之"祖宗"和做人态度之根本的西洋哲学的广泛输入，李石岑对尼采超人哲学、柏格森生命哲学、倭伊铿精神生活论、罗素逻辑实证主义、杜威实用主义以及马克思主义辩证唯物论的宣传，冯友兰对新实在论和逻辑实证论的认同与化用，金岳霖对洛克、休谟、罗素、布拉德雷哲学的研究与讲授及其遵循亚里士多德形而上学和新实在论的思路对本体宇宙论的建构，方东美对古希腊及希伯来超越蕲向、黑格尔理性体系、尼采超人精神、柏格森生命哲学、杜威实用主义的精研与较论，朱谦之关于黑格尔历史哲学和孔德历史哲学的著述，贺麟对斯宾诺莎、康德、黑格尔哲学的译介，洪谦对石里克及其发起的维也纳学派的逻辑实证论的引介，张岱年对马列主义辩证唯物论、罗素逻辑分析法与中国传统道德人生观的综合创新，等等，短短几十年间几乎引入了当时所有的西方哲学以及社会科学和自然科学的前沿理论。

从后一方面来看，自从洋务运动期间改良派人物如王韬等在其自觉不自觉地奉为至高无上的中国传统学术思想的框架中纳入某些西方学说成分，不久便演变为诸如处于改良派与维新派之间的前期严复、维新派人物如前期康有为和谭嗣同、革命派人物如前期孙中山和前期章太炎，甚至作为纯学者的保守派人物王国维等，对中国传统学术思想框架的基本弃置及其对中西思想资源的等量齐观和兼收并蓄，中学相对于西学的主体地位已经岌岌可危。迨及新文化运动前后，不要说中国传统学术思想框架被完全打破，甚至欲将中国传统学术思想与西方学说等量齐观亦不可求，经樊锥、易鼐、吴虞、易白沙、钱玄同、吴稚晖等人推波助澜，更加以陈独秀、胡适等人激烈陈词扬西抑中，以儒学为核心的中国传统文化遂被认定为万恶之渊薮或已陈之刍狗，而近代欧美物质文明、社会制度及其价值观念则被尊奉为至上的追求目标，影响广泛而深远的全盘反传统、全盘西化思潮至此形成并逐渐积淀为社会心理。此后马列主义传入中国，中国的马列主义者虽然不再尊崇欧美文明，而是抨击欧美文明而向往苏俄社会，但以广义的西方为归宿的取向却是与尊奉欧美文明者相一致的，至于在对待中国传统文化的态度上，早期马列主义者如陈独秀、王明等人或者本来就是尊奉欧美文明者，或者反传统的立场与尊奉欧美文明者相接近，实际上是反传统阵线的重要一翼；只是到了成熟的马列主义者如毛泽东、张闻天、艾思奇等人提出马克思主义中国化、马列主义普遍真理与中国革命具体实践相结合、批判地继承中国传统文化、建设民族的科学的大众的新民主主义文化、创作具有中国作风中国气派的文学艺术、对旧文化的真正发扬光大，等等，由此才形成中国现代史上除文化保守主义派别之外的对待中国传统文化比较平允的态度。这种态度的实质就是马列主义指导下的中西文化双向扬弃。即使是最终归依中国传统的文化保守主义人物如马一浮、熊十力、张君劢、梁漱溟、冯友兰、方东美、贺麟等也都不同程度地承认中国传统存在着种种积弊，因而不同程度地参鉴或接纳西方文化，以期为中国传统文化的生存延续注入箴膏起废、激浊扬清的新动能。综上所述，在中国现代短短几十年间，从先秦以迄清末两千余年一直为中华民族所遵守的中国传统学术思想框架被逐步打破甚至弃置，或者说仅仅存在于社会的边缘不绝如缕。

对西方学说的引进以及对中国传统学术思想框架的打破甚至弃置，

根本上是为了寻求建立新的社会意识准则、民族精神支柱或国家主导观念,用中国传统术语来说,就是要建立新的"道统"(新统),这正是所谓"三千年未有之大变局"的真正含义,也是中国现代哲学最为重要的特点,是如此短暂的中国现代哲学阶段在漫长的中国哲学史上占据震古烁今地位的首要原因。毫无疑问,文化保守主义者如后期严复、后期康有为、后期章太炎,特别是被称为现代新儒家的马一浮、熊十力、张君劢、梁漱溟、钱穆、冯友兰、方东美、贺麟等人,都通过学术著述、授业讲学或社会活动,努力护持尧舜禹汤文武周孔颜曾思孟周张程朱陆王诸圣诸贤慧命递续的固有道统,以期"济文武于将坠,宣风声于不泯"(陆机《文赋》)。当然不能说他们的努力毫无成效,事实上他们为中华民族固有文化的保存延续积累了无疆真火,但是无论如何,自《中华民国临时约法》规定人民有信教之自由,且民初教育法规法案废止祭孔读经,中国固有道统便不再受到政体特别维护,而成为国民信仰的自由选项之一,从另一方面说,也就是成为国民可以不信仰或是反对信仰的对象。与之相对,从洋务运动时段的改良派到戊戌变法期间的维新派,再到辛亥革命前后的革命派,直至新文化运动时期的西化派,乃是一以贯之、愈益激烈地破斥中国固有传统而礼赞近代欧美文明,越来越明显地欲以近代欧美文明取代中国固有传统而成为新统。观前期严复推尊"以自由为体,以民主为用"(《原强》),后期康有为追悔"昔者视欧美过高,以为可渐至大同"(《意大利游记》),甲午年间谭嗣同誓言"不恤首发大难,画此尽变西法之策"(《报贝元徵书》),即可为证。特别是孙中山以深受近代欧美人权、自由、平等、民主等理念影响的民权主义为指导思想,建立中华民国(参见《在东京〈民报〉创刊周年庆祝大会的演说》),民国首任教育总长蔡元培以共和政体否定忠君、以信仰自由排斥尊孔(参见《对于新教育之意见》),实际上已经采纳近代欧美文明之要义以建立民国新统,①然而新文化人物

---

① 孙中山、蔡元培等人仿尚近代欧美文明以建立中华民国的取向,还可从他们于民国初年颁布的国歌所谓"揖美追欧,旧邦新造"获得证明。

却仍然意有未慊，必欲全盘反传统、全盘西化而后甘，例如陈独秀说"要拥护那德先生，便不得不反对孔教、礼法、贞节、旧伦理、旧政治；要拥护那赛先生，便不得不反对旧艺术、旧宗教；要拥护德先生又要拥护赛先生，便不得不反对国粹和旧文学。……我们现在认定只有这两位先生可以救治中国政治上道德上学术上思想上一切的黑暗"(《本志罪案之答辩书》)；胡适说"我们如果还想把这个国家整顿起来，如果还希望这个民族在世界上占一个地位，只有一条生路，就是我们自己要认错！我们必须承认我们自己百事不如人，不但物质机械上不如人，不但政治制度不如人，并且道德不如人，知识不如人，文学不如人，音乐不如人，艺术不如人，身体不如人！肯认错了，方才肯死心塌地的去学人家"(《介绍我自己的思想》)。推绎陈、胡之用心，他们是要在将传统文化扫荡得干干净净的中国旧址之上另建一个以欧美为榜样和认同的国度，如此则历史文化和精神气质意义上的中国(中国人)将不复存在！综上可见，晚清以降致力于以近代欧美文明取代中国固有传统而成为新统的势头持续强劲，且在民国年间部分地得以实现。① 但是，就在崇尚近代欧美文明的思潮高歌猛进的新文化运动期间，以1917年俄国十月革命为动因，向往以马列主义为指导的社会主义思潮也勃然兴起。这一思潮以严密的组织化方式聚合为中国共产党，以辩证唯物主义为世界观和方法论，以唯物史观为历史规律和社会理想，以揭露并反抗剥削压迫为道义诉求，以阶级斗争、暴力革命和无产阶级专政为手段，以宣传、动员、组织广大民众为依托，以党的建设、武装斗争、统一战线为法宝，以马列主义普遍真理与中国革命具体实践相结合为思想路线，在历史选择的卓越领袖毛泽东领导下，经过艰苦卓绝奋斗而于1949年夺取国家政权，这一划时代的历史事件标志着中华民族百余年来任由西方列强和日本军阀欺凌宰制的时代结束及其重新走向繁荣富强的开始，因此，作为中国共产党的指导思想、

---

① 融合了中国传统道德和现代社会主义某些成分、但基本精神秉承于近代欧美文明的三民主义，除了北洋政府当权时期以外，一直被中国国民党和中华民国政府奉为指导思想，1946年12月25日被作为头条载入《中华民国宪法》。

也为绝大多数中国人民所拥护的马列主义和毛泽东思想,也就在中国现代哲学史的终结点取代中国固有道统和近代欧美文明而成为国家新统。

争立新统的过程在文化领域表现为学术思想观点的论战,这也是中国现代哲学的一个显著特点。论战所形成的文著构成中国现代哲学理论成果的重要组成部分。[①] 与中国固有传统被近代欧美观念所鼎替、近代欧美观念又被马列主义所取代这一递嬗过程相应,中国现代哲学史上此起彼伏、形形色色、错综复杂的思想观点论战大致可以归类为崇尚近代欧美文明者和马列主义者联手或各自与护持中国固有传统乃至东方文明者的论战,马列主义者与崇尚近代欧美文明者的论战。另外,马列主义者对官方哲学的批判(从另一方面看,也可以说是官方哲学对马列主义的"围剿")也是思想观点论战的一个重要方面。上述第一类论战主要有从 1905 年开始,持续三年之久的《民报》与《新民丛报》关于革命与保皇的论战,1918 年《新青年》陈独秀与《东方杂志》杜亚泉关于东西文化特点及其优劣的论战,1923 年 2 月由丁文江抨击张君劢的《人生观》演讲而引发的持续近两年规模宏大的"科学与人生观"论战,同年 4 月胡适对梁漱溟《东西文化及其哲学》的批评与梁漱溟的反批评,同年 8 月开始的恽代英、杨明斋、杨铨等对章士钊、董时进等宣扬的"以农立国论"的批评,1924 年陈独秀、瞿秋白、吴稚晖、恽代英等对应梁启超邀请来华宣扬东方文化的印度诗人泰戈尔的猛烈抨击,1935 年胡适、陈序经以"全盘西化论"对王新命等十位教授主张的"中国本位文化论"的批判,1940 年前后陈家康、赵纪彬、胡绳、杜国庠、洪谦等对冯友兰"贞元六书"的形上学、历史文化观、生活方法论、人生境界说以及中国哲学史观的质疑或批判。第二类论战主要有 1919 年李大钊与胡适关于"问题与主义"的论战,1920 年李大钊、陈独秀、李达、陈望道、蔡和森与张东荪、梁启超关于社会主义和基尔特主义的论战,1924 年瞿秋白《实验主义与革命哲学》一文对

---

① 由钟离蒙和杨凤麟主编、辽宁大学哲学系中国哲学史研究室于 1980—1984 年印行的《中国现代哲学史资料汇编》4 集及续集凡 49 册可见其概貌。

胡适宣扬的实用主义的批判,20 世纪 20 年代末延至 20 世纪 30 年代中后期的新思潮派、中国农村派等马列主义者与新生命派、国民党改组派以及新月派、托派、动力派、中国经济派、《读书杂志》群体等形形色色思想派别关于中国社会性质、中国社会史及中国农村问题的论战,①20 世纪 30 年代艾思奇、邓云特(邓拓)、李达等与张东荪、叶青等关于唯物辩证法与形式逻辑问题的论战。至于马列主义者对于官方哲学的批判,主要有 1925 年瞿秋白《中国国民革命与戴季陶主义》一文对戴季陶以三民主义排斥共产主义的论调的批判,1941 年艾思奇《抗战以来的几种重要哲学思想评述》一文对唯生论和力行哲学的批判,1943 年周恩来《论中国的法西斯主义——新专制主义》和艾思奇《〈中国之命运〉——极端唯心论的愚民哲学》对力行哲学的继续批判。这些论战并不一定都可以归入严格意义上的哲学范畴,但都切及社会、政治、文化、思想的根本问题,都对社会思潮的递嬗兴替具有不同程度的影响作用。在学理上,这些论战的资取范围不外乎古今中西;在旨归上,这些论战直接或间接致思于国族振兴;而资取古今中西和致思国族振兴也就是中国现代哲学的两大主题。

理论创新和体系创构也是中国现代哲学的突出特点。就本卷选取的研究对象来看,王韬突破仁统万德传统观念的尚智论,郑观应无名有实的中国哲学观,康有为略同王韬尚智论的"人惟有智"重智论,孙中山独步千祀另辟蹊径的行易知难说,章太炎只眼独具迥异流俗的俱分进化论,王国维振聋发聩的哲学价值论和广博精深的比较哲学论,梁漱溟基于意欲本体观的人类文化三路向说和世界文明三期重现说,张君劢自由意志人生观及和会中西的新儒学,李大钊的青春哲学、民彝史观以及和合思想,李达对马克思主义的全面系统表述,毛泽东以截断众流手段对辩证唯物主义的方法论亦即矛盾论和认识论亦即实践论的阐明,艾思奇

---

① 这场包含三个连贯主题的论战,持续时间长,参与人物多,涉及思想派别复杂,有中共,有托派,有官方,有欧美派,还有第三种人,等等,实际上并不仅仅是马列主义者与崇尚近代欧美文明者的论战,权系于此而已。

对马克思主义哲学大众化和中国化作出的理论贡献,方东美以高度心理学、双回向、共命慧等独创理论对中西文化的比较和反思,贺麟以逻辑心取代道德心的本体论、以规律破解神秘的直觉论、以神经生理学为基础的知行合一论,朱谦之以情本体论、默识的认识—方法—工夫论、复归真情的理想人格论构建的唯情哲学,张岱年以问题为中心论述中国哲学发展历程的《中国哲学大纲》及其"唯物、理想、解析综合于一"的哲学思想,等等,多为道前贤所未道、启后学以多方的新论。而熊十力兼取儒佛、归宗《大易》,以体用、翕辟、心物、本心、习心、工夫、性智、量智诸范畴建构的"新唯识论"体系;冯友兰依据从《易传》到理学、从亚里士多德形而上学到新实在论和逻辑实证论等中西古今思想资源,运用事、类、大全、性、理、气、太极、无极、实际、真际诸范畴推演而成的"新理学"体系;金岳霖借鉴朱熹理气说和亚里士多德形质说以及新实在论,通过殊相、共相、有能、可能、无极、太极诸范畴完成的"道是式能"体系,更是中国现代哲学史上的思想顶巅,是足以与古今中外一切本体宇宙论体系比肩甚至超乎其上的理论高峰,是中华民族哲学的新的骄傲!

应该说,本卷选取的研究对象基本上能够体现中国现代哲学的概貌和成就,但这并不意味着中国现代哲学的成就仅限于以上这些对象。在此仍然只能以例举的方式来说,在中国现代哲学阶段,传统学术研究方面的主要创获还有崔适的今文经学《春秋复始》《五经释要》,廖平的今文经学《穀梁集解纠谬》《公羊何氏解诂十论》《今古学考》《知圣篇》《辟刘篇》,蔡元培的《中国伦理学史》,梁启超的子史之学《老子哲学》《孔子》《子墨子学说》《墨子学案》《老孔墨以后学派概观》《儒家哲学》《先秦政治思想史》《中国近三百年学术史》《清代学术概论》,刘师培的古文经学《春秋左氏传古例诠征》《春秋左氏传例略》《春秋左氏传答问》《春秋左氏传时月日古例考》《读左札记》《周礼古注集疏》《礼经旧说考略》《逸礼考》《古书疑义举例补》《论文札记》,李石岑的《中国哲学十讲》,汤用彤的《魏晋玄学论稿》,钱穆的《先秦诸子系年考辨》,范寿康的《中国哲学史通论》《朱子及其哲学》,周予同的《群经概论》,方授楚的《墨学源流》,高亨的

《周易古经今注》《老子正诂》,郭湛波的《先秦辩学史》,虞愚的《中国名学》。其时还有一批马克思主义学者在传统学术研究领域也取得了卓越成就,如杜国庠的《先秦诸子的若干研究》《先秦诸子思想概要》,郭沫若的《中国古代社会研究》《十批判书》,范文澜的《正史考略》《群经概论》(按此书与周予同所著同名)、《中国经学史的演变》,嵇文甫的《晚明思想史论》《先秦诸子政治社会思想述要》《左派王学》《船山哲学》,吕振羽的《中国政治思想史》《史前期中国社会研究》《殷周时代的中国社会》,侯外庐的《中国古典社会史论》《中国古代思想学说史》《中国思想通史》,陈伯达的《孔子哲学》《墨子哲学思想》,赵纪彬的《中国哲学史纲要》,杨荣国的《中国古代思想史》。在西方哲学研究方面的主要成就有张颐的《黑氏伦理研究》《黑格尔与宗教》《圣路易哲学运动》,陈康的《柏拉图〈诺曼篇〉中的认识论》《柏拉图认识论中的主体与对象》《亚里士多德的分离问题》,全增嘏的《西洋哲学小史》,郑昕的《真理与实在》《康德学述》,严群的《亚里士多德之伦理思想》。在逻辑学方面的主要成就有林可培的《论理学通义》,潘梓年的《逻辑与逻辑学》,汪奠基的《逻辑与数学逻辑论》《现代逻辑》,章士钊的《逻辑指要》。在佛学研究方面的主要成就有蒋维乔的《中国佛教史》,汤用彤的《汉魏两晋南北朝佛教史》《隋唐佛教史》,吕澂的《因明纲要》《印度佛学源流略讲》《中国佛学源流略讲》。伊斯兰教研究成果则有马坚的《中国伊斯兰教概观》《回教哲学》《回教、基督教与学术文化》等多种。关于天人之际的哲学观点主要还有唐才常的《质点配成万物说》,张东荪的"架构论宇宙观"(《一个雏形的哲学》)和"多元认识论"(《多元认识论重述》),李石岑的《人生哲学》。他如邓以蛰、朱光潜、宗白华的美学研究,瞿秋白、熊得山、杨献珍、何思敬、胡绳的马列主义理论研究,乃至蒋介石的《力行哲学》、戴季陶的《三民主义之哲学的基础》、陈立夫的《唯生论》《生之原理》,都在中国现代哲学史上留有思想印迹。所有这些思想成果都应予以全面、系统地搜集、保存、整理、研究和评论,为中华民族的思想宝库留下具有长久启迪意义的珍贵遗产。

综上所述,中国现代哲学在不到七十年的短暂时段中,创立了哲学这一学术部类或学科体制,广泛并逐渐深入地引进西学以对固有学术思想框架予以冲击,以中西新旧思想摩荡的方式促成维系国族精神命脉的道统的迭变,通过频繁激烈的学术思想论战凸显学理上资取古今中西和现实中致思国族振兴的时代主题,以理论创新奠定厚实的学术思想基础,以体系创构形成矗立的哲学理论高峰,由此充分表明中国现代哲学的不凡成就及其空前特点。而这种"三千年未有之大变局"式的学思转折为其后中国哲学思想的发展开启了诸多意义重大的论域,诸如:哲学部类或学科的内涵究竟是中国哲学还是哲学在中国,哲学部类或学科的创立究竟有益于还是无益甚至有害于中国学术,哲学部类和学科是否应该或可能回归中国传统四部之学的框架;西学的全面、系统、原本、精深地引进是否必须排斥中国固有学术思想,或者说中西学术思想的交集对于中华民族而言是否应该考虑体用、本末、主次、内外等前提性问题;凭借强势建立的新统是否应该逐步植根于悠久博厚的中国固有传统和中华民族心理;连篇累牍纷繁复杂的学术思想论战成果应该如何全面总结、妥当评价并且认真吸取经验教训;中国现代哲学史上的理论创新和体系创构如何可能在新时段中被完全消化和真正超越;归根到底,古今中西四大元素在当代及未来中国学术思想之中应该如何配平且融合。短暂的中国现代哲学阶段以其取得的不凡成就及其开启的诸多论域,在由远古向着未来无尽延伸的中国哲学思想史上占有独具一格的重要地位,如同长江大河的一段水道,是中国思想从源头通往永恒的必经之路!

第一章　传统思想框架中的西学成分：现代哲学的发端

　　按照中国历史分期,中国现代史以 1911 年辛亥革命或 1919 年五四运动为开端。相应于中国历史分期,一般认为,中国现代哲学史也应以 1911 年或 1919 年前后为起点。[①] 这种看法当然是基本合理的,然而需要指出的是,以观念的演进为内容的哲学史与以社会政治变革为内容的历史,并不能够完全对应。一个时期哲学思想的发生和形成,虽然不可避免地会受到其时社会历史条件的影响,但在逻辑上却又必有其先在的思想来源;无论是思想史进程,还是思想家个人认识的发展,往往都难以按照历史分期予以截然划断。因此,在对进入现代时期的中国哲学展开论述之前,有必要对其思想前源稍加追溯,由此方可把握中国现代哲学

[①] 三十多年来问世的中国现代哲学史著作正是如此,如吕希晨等著《中国现代哲学史》(长春:吉林人民出版社 1984 年版),许全兴等著《中国现代哲学史》(北京:北京大学出版社 1992 年版),宋志明等著《现代中国哲学思潮》(北京:中国人民大学出版社 1992 年版),张文儒、郭建宁主编《中国现代哲学》(北京:北京大学出版社 2001 年版)、宋志明著《中国现代哲学通论》(北京:中国人民大学出版社 2008 年版),大致都以五四新文化运动为起点;袁伟时著《中国现代哲学史稿上卷》(广州:中山大学出版社 1987 年版),冯友兰著《中国现代哲学史》(广州:广东人民出版社 1999 年版),丁祖豪等著《20 世纪中国哲学的历程》(北京:中国社会科学出版社 2006 年版),李军等著《中国现代哲学新论》(济南:齐鲁书社 2007 年版),则大致以辛亥革命为起点。至郭齐勇编著的《中国哲学史》(北京:高等教育出版社 2006 年版)"现代哲学"部分,才以戊戌维新为起点。

的根源、发展、特点及其地位。

中国现代哲学之不同于中国古代哲学，主要在于它基本上不再运用中国古代哲学的思想框架、范畴体系和理论形式去思考和表述天人、物我、群己、常变、善恶、知行等哲学问题。在思想内容和理论形式上，中国现代哲学日益全面深入地吸取了包括欧陆、英美乃至苏俄在内的西方哲学观念、方法和形式。中国现代哲学这种深刻变化的思想前源，可以追溯到第一次鸦片战争前后，林则徐、龚自珍、魏源、徐继畬等开明士大夫对于强势的西方文化的痛切体认和被动接受。而这种深刻变化成为思想家们比较主动的思想取向，则始于由曾国藩、左宗棠、李鸿章、张之洞等洋务运动领袖人物所感召、对中国传统和中西形势均有较深了解因而抱持社会改良倾向的一批知识分子，其荦荦大者有改良派思想家王韬和郑观应。

第一节　王韬的道一观、尚智论和一我论

一、生平著述

王韬（1828—1897），苏州府长洲甫里村（今苏州市吴中区甪直镇）人，初名利宾，字兰卿；18岁考中秀才后改名瀚，字懒今；35岁因化名黄畹上书太平天国官员遭清廷通缉，避难香港，更名韬，字仲弢，又字紫诠，号天南遁叟，并被时人戏称为"长毛状元"；晚岁又自署弢园老民、甫里逸民、淞北逸民等名号。王韬幼年由母亲朱氏启蒙，成童后随设塾授徒的父亲王昌桂念书，遍读群经，旁涉诸史，奠定一生学问基础。13岁时，因父亲至外乡开馆，遂入长洲青萝山馆就读有年。17岁赴昆山初试县学不中；次年再试，得以拔冠邑庠，高中秀才。19岁赴南京参加乡试，因纵情于秦淮风月导致名落孙山。20岁与杨梦蘅成婚后，为贴补家用，曾在附近乡间教书。1848年初，王韬为看望囊笔沪上的父亲而第一次前往上海，既因目睹西方列强在中国土地上横行而义愤填膺，又因参观墨海书

馆并与其主持者英国人麦都思（Walter Henry Medhurst）交谈而感受到近代西方文明的先进，思想上颇受影响。次年，父亲去世，家乡大水，王韬为维持家计拟外出谋生，恰逢麦都思来函邀做中文助手，遂再赴上海，进入墨海书馆，在其中工作了13年，先后参与了基督教圣经及数部科学著作的翻译。他的这一职业受到亲友和乡党的非议与讪笑。1850年，妻子杨氏病逝于上海。1854年，出于在西人手下谋职的功利考虑，王韬受洗皈依基督教，但终生对此事讳莫如深。1857年续娶林怀蘅。1859年再试科场，仍铩羽而归，从此绝意仕进。1861年冬，王韬携家眷逃离被太平军包围的上海，回到在太平天国政权控制下的故乡甫里。出于不为清朝赏识的怨恨以及冀求被太平天国重用的愿望，他于1862年2月化名黄畹上书太平天国总理苏福省民务刘肇钧，为其出谋划策。这封书信不久落入清军之手，经辨认，黄畹即王韬，他因而受到清廷通缉。在英国领事麦华陀（Walter Henry Medhurst Jr）等西人庇护下，王韬在上海英国领事馆藏匿了四个多月，此间母亲因忧恐而亡。当年10月，王韬化装乘船逃往香港，开始了长达23年的流亡生活。对于上书太平天国官员这一情节，王韬终生矢口否认，鸣冤叫屈。王韬抵达香港后，应英华书院（Anglo Chinese College）院长理雅各（James Legge）邀请，协助其将中国儒家经典译成英文，自己也附带完成了一批经学研究著作。1867年底，王韬受先期回国的理雅各之邀，经四十多日旅行，历亚、非、欧三大洲多个国家，抵达理雅各家乡苏格兰，继续协助理雅各进行儒家经典英译工作，至1870年初方与理雅各联袂返港。此行极大地开阔了王韬的眼界，对于他的中西文化观和改良思想的形成具有重要意义。1872年前后，因理雅各再回欧洲，王韬失去英华书院职位，遂改入《华字日报》任主笔。1873年联合朋友集资成立中华印务总局。1874年2月创办《循环日报》。该报为中国历史上第一份由中国人创办的报纸，尤以鼓吹改良的时评政论耸动舆情。由于《循环日报》以及《普法战纪》等著作在日本产生巨大影响，1879年春，王韬受日本学界多人联名邀请，作扶桑之游，历时四月有余。往返途中均曾停留上海，并返归甫里探望，受到清朝官员友好接待。1884 年，经清廷重臣李鸿章默许，王韬结束流亡生活，携家眷返居上海。1885 年任上海格致书院山长，并创设弢园书局，刊行平生著述。1897 年 5 月 24 日病逝于上海，归葬甫里。

王韬的著述主要有：《春秋左氏传集释》《春秋朔闰日至考》《春秋朔至表》《春秋日食辨正》《皇清经解校勘记》《国朝经籍志》《弢园文录》《弢园文录外编》《台事窃愤录》《普法战纪》《法志》《俄志》《美志》《西事凡》《西古史》《弢园西学辑存六种》《火器说略》《乘桴漫记》《漫游随笔图说》《扶桑游记》《弢园尺牍》《弢园尺牍续钞》《蘅华馆诗录》《遁窟谰言》《淞隐漫录》《淞滨闲话》等。

二、作为改良思想之根据的道一观

王韬是晚清改良思想家中的翘楚。[①] 他基于对中西社会的体受、了解、比较和考究，对当时中国落后于西方因而不适应近代世界形势的诸多方面，都提出了批评意见和改良主张。

王韬批评选用人才的方式说："今国家取士，三年而登之贤书，升之大廷，称之曰进士，重之曰翰林，以为天下人才在是矣。不知所试者时文耳，非内圣外王之学也，非治国经野之道也，非强兵富国之略也，率天下之人才而出于无用者，正坐此耳。乃累数百年而不悟，若以为天下之人

---

① 在晚清著名的改良和维新思想家中，王韬的年辈唯后于冯桂芬，而与容闳、薛福成、郑观应、陈炽、马建忠、黄遵宪、陈虬、严复、康有为、宋恕等或为同辈，或为前辈。王韬对同辈或后辈改良思想家的影响，由郑观应《易言三十六篇本》王韬序跋可以概见（见《郑观应集》上册，上海：上海人民出版社 1982 年版，第 61—62、165—168 页；亦见《弢园文录外编》，上海：上海书店出版社 2002 年版，第 264—267 页）。至于王韬与冯桂芬的思想影响关系，朱维铮曾指出："冯桂芬《校邠庐抗议》明显受王韬影响。冯原所通晓的时务属传统型，如漕、盐、河政、吏治、赋税等。同治二年二月初十（一八六三年三月二十八日），冯桂芬代李鸿章拟奏章，文字与冯著《抗议·上海设同文馆议》同，而思想与某些文字则和《与周弢甫征君》同。《抗议·采西学议》：'闻英华书院、墨海书馆，藏［西］书甚多'，此当'闻'自王韬、李善兰。冯在周腾虎处见王韬《与周弢甫征君》，'极为叹赏，以为近来谈西务者，当以此为左券'（王韬《瀛濡杂志》卷四）。"（见李天纲编校《弢园文新编》之朱维铮《导言》注八，香港：生活·读书·新知三联书店有限公司 1998 年版，导言第 20 页）可见冯桂芬虽然年长于王韬，但其改良思想却反而是受王韬影响的。

才非此莫由进身,其谬亦甚矣。败坏人才,斫丧人才,使天下无真才,以至人才不能古若,无不由此。"①又说:"今日之士即异日之官,巍然身为民上者也。时文中果有治民之谱欤?……乳臭之子,朝登科第而夕握印绶矣,不必试而后用也,而乌得不病国而殃民?故时文不废,天下不治。"②对此他提出改良办法:"为今计者,当废时文而以实学,略如汉家取士之法,于考试之外则行乡举里选,尚行而不尚才,则士皆以气节自奋矣。至以考试取士,亦当减其额,远其期,与其多取而贤不肖之皆多,毋宁寡取而贤不肖之皆少。"③对于奋气节、重实学的倡导,正是时代的要求。

王韬批评盲目自大、固步自封以致政治窳坏的现象,说:"今观中国之所长者无他,曰因循也,苟且也,蒙蔽也,粉饰也,贪罔也,虚骄也,喜贡谀而恶直言,好货财而彼此交征利。其有深思远虑矫然出众者,则必摈不见用。苟以一变之说进,其不哗然逐之者几希。盖进言者必美其词曰:中国人才之众也,土地之广也,甲兵之强也,财力之富也,法度之美也,非西国之所能望其项背也。呜呼!是皆然矣。特彼知人才之众,而不知所以养其人才以为我用;知土地之广,而不知所以治其土地以为我益;知甲兵之强,而不知练其甲兵以为我威;知财力之富,而不知所以裕其财力,开源节流,以出诸无穷而用之不匮;知法度之美,而不知奉公守法,行之维力,不至视作具文。凡此皆其蔽也。"④对此他提出改良办法:在作风上,"毋因循也,毋苟且也,毋玩愒也,毋轻忽也,毋粉饰也,毋夸张也,毋蒙蔽也,毋安于无事也,毋溺于晏安也,毋狃于积习也,毋徒袭其皮毛也,毋有初而鲜终也,毋始勤而终怠也";⑤在措施上,"取士之法宜变",

---

① 《弢园文录外编·原才》,第6页。
② 《弢园文录外编·原士》,第8页。
③ 《弢园文录外编·原士》,第8页。对于选用人才方式的批评及其补救策略,另见于同书《取士》《重儒》等篇。
④ 《弢园文录外编·变法中》,第11—12页。
⑤ 《弢园文录外编·变法自强下》,第33页。

"练兵之法宜变","学校之虚文宜变","律例之繁文宜变",①乃至于必须清仕途、裁冗员、安旗民、废河工、免妄费、撤厘金以及辟车路以通平陆、设电线以速邮传、开矿务以采煤铁五金、铸钱币以便商民足国用、行屯田以实营伍赡额兵、制机器以兴织造、用轮舶以达内河、立公司以贸易于外洋,等等;②而"其最要者,移风易俗之权操之自上,而与民渐渍于无形,转移于不觉"。③ 这就从观念、作风以及军国实务诸方面提出了亟变以合乎时势的主张。

王韬批评"善为国者当以礼义为甲胄,忠信为干橹,仁德为塘濠,谦逊为玉帛,天下自不敢动,而固于金汤,安于磐石"这种不合时宜的论调,说:"夫用兵以刀矛一变而为枪炮,航海以舟舰一变而为轮舶,行陆以车马一变而为火车,工作以器具一变而为机捩。虽刀矛、枪炮同于用兵,舟舰、轮舶同于航海,车马、火车同于行陆,器具、机捩同于工作,及其成功一也,然而缓速利钝,难易劳逸,不可同日而语矣。凡此四者,皆彼所有而我无其一。使我无彼有,而彼与我渺不相涉,则我虽无不为病,彼虽有不足夸,吾但行吾素可耳。独奈彼之咄咄逼人,相形见绌也。且彼方欲日出其技以与我争雄竞胜,絜长较短,以相角而相凌,则我岂可一日无之哉?"对此他提出改良办法:"莫如师其所长。盖天道变于上,则人事不得不变于下,《易》曰:'穷则变,变则通。'此君子所以自强不息也。"④由此表达了变通致强以卓立于尚力之世的观点。

王韬批评外交事务中的进退失据说:"因循其积习也,蒙蔽其大端也,粉饰其长技也。无事之时,则其藐视西人,几以为不人类,若一旦有事,则又畏之如虎。凡政治、风俗、事物云为之出于西人者,必无一可取,

---

① 《弢园文录外编·变法中》,第 12 页。关于改良取士、练兵、学校、律例的论述,另见于同书《变法自强中》《尚简》等篇。

② 《弢园文录外编·除弊》,第 34—36 页。另见李天纲编校《弢园文新编·拟上当事书》,香港:生活·读书·新知三联书店有限公司 1998 年版,其中提出练兵、造船、制器、选士、储材、重艺术、开垦各矿广采五金、筑路、理财、慎遣使臣、厚待外人、固守邦交等十二条策略。

③ 《弢园文录外编·变法中》,第 13 页。

④ 《弢园文录外编·答〈强弱论〉》,第 167—168 页。

心骄志傲,位置自高,绝不肯俯而求焉,降而察焉,性情隔阂而仇隙日深,于是彼此相轻而事卒不可为矣。"对此他提出改良办法:"西人之至我中国,亦惟推诚布公,必信必速,毋区畛域,毋许膜视,尽我之怀柔,竭我之胞与,以示大一统之盛而已。总之,是是否否,其始即决之一言,虽彼强而我弱,彼必不我强也。……要之,内自总理衙门,外自通商口岸,必求熟谙洋务人员,以为之支持,国步当不至于多艰,而外侮断不至于独甚也。"①概乎言之,就是应在外交事务中,既了解对方、尊重对方,又坚持原则、不辱国格,这大致正是现代国际交往的通例。

王韬甚至批评当时如火如荼的洋务运动,说:"今沿海各直省皆设有专局,制枪炮,造舟舰,遴选幼童出洋肄业。自其外观之,非不庞洪彪炳,然惜其尚袭皮毛,有其名而鲜其实也。福州前时所制轮舶,悉西国古法耳,不值识者一噱。他处所造机捩,转动之妙,不能不赖乎西人之指授。而窥其意,则已嚣然自足,辄以为心思智慧足与西人匹,或且过之而有余矣。"对此他提出改良办法:"故今日我国之急务,其先在治民,其次在治兵,而总其纲领则在储材。诚以有形之仿效,固不如无形之鼓舞也;局厂之锤炉,固不如人心之机器也";"民心既固,兵力既强,而后所有西法,乃可次第举行"。② 如果说批评顽固派的盲昧拒变乃是一般改良思想家都能达到的认识的话,那么,对于形式主义地办军工、派留学生的批评,则无疑表现了王韬认识的更加深刻之处。他显然已不满足于变器的层次,而进一步提出了变革制度乃至观念的要求,这在他所处的时代是具有超前性的。

王韬的改良思想并不仅仅形成于对具体的社会政治问题的批判性认识,还有其哲学思想的根据,这就是他的"道一观"。王韬说:"天下之

---

① 《弢园文录外编·书〈众醉独醒翁稿〉后》,第 238—239 页。
② 《弢园文录外编·变法下》,第 13—14 页。对于洋务运动徒袭西方皮毛的批评及其补救策略,另见于同书《变法上》《治中》《洋务上》《洋务下》《〈火器略说〉后跋》《书日人〈隔靴论〉后》等篇,以及《弢园文新编·论所谈洋务终难坐言起行》。关于民心为本、西法为末的集中论述,还可见于《弢园文录外编·上当路论时务书》。

道，一而已矣，夫岂有二哉？道者，人人所以立命，人外无道，道外无人”，"道不外乎人伦。苟舍人伦以言道，皆其歧趋而异途者也，不得谓之正道也。"①又说："道也者，人道也，不外乎人情者也。苟外乎人情，断不能行之久远。"②这就在终极意义上确立了道的唯一性和人道性。但是，人道性的唯一之道却又并不总是完整清晰地呈现于人类世界从而使一切时代的一切人都得以全面准确地遵行。实际上，"天下之道，其始也由同而异，其终也由异而同"③，即是说，当道体现于特定的人类历史阶段时，由于人们对道的不同领会和施行，便逐渐导衍出千差万别的文化（包括宗教、政制等）类型。因此，"今天下教亦多术矣，儒之外有道，变乎儒者也；有释，叛乎儒者也。推而广之，则有挑筋教、景教、祆教、回教、希腊教、天主教、耶稣教，纷然角立，各自为门户而互争如水火"，所有这些文化类型，"其间有盛有衰，有兴有灭，与人事世运互为消长"。④ 亦因此，在特定的人类历史阶段，不同的文化类型对于道的符合程度也是不同的，有些文化类型甚至与道的性质相悖反。由于道在终极意义上即为人之所以安身立命者，所以判断一种文化类型是否符合道及其符合的程度，基本标准就在于这种文化类型的当下效果及其目的指向是否适于人生且合于人心，"盖人心之所向即天理之所示"。⑤ 具体到王韬所处的"教亦多术"的时代来说，哪一种文化类型的当下效果及其目的指向比较适于人生且合于人心呢？王韬认为，那就是西方文化。从当下效果来看，"试观泰西各国，凡其骎骎日盛，财用充足，兵力雄强者，类皆君民一心。无论政治大小，悉经议院妥酌，然后举行，故内则无苛虐残酷之为，外则有捍卫保持之谊，常则尽懋迁经营之力，变则竭急公赴义之忱。如心志之役股肱，如手足之捍头目。所以远涉重瀛，不啻本境，几忘君民之心，惟期

---

①《弢园文录外编·原道》，第 1 页。
②《弢园文新编·扶桑游记·中西教法》，第 362 页。
③《弢园文录外编·原道》，第 1 页。
④《弢园文录外编·原道》，第 1—2 页。
⑤《弢园文录外编·原道》，第 2 页。

国运之昌,数十年来,中原之大,皆其足迹所至,此其明效大验也"。① 从目的指向来看,"今日欧洲诸国日臻强盛,智慧之士造火轮舟车以通同洲、异洲诸国,东西两半球足迹几无不遍,穷岛异民几无不至,合一之机将兆于此。夫民既由分而合,则道亦将由异而同。形而上者曰道,形而下者曰器。道不能即通,则先假器以通之,火轮舟车皆所以载道而行者也"。② 因此,基于符合人道性的唯一之道的立场,王韬对落后甚至悖反于西方的当时中国社会政治状况的批评及其提出的以西方为范本的改良,就具有了符合于道的天经地义的合理性。

在王韬为其改良思想寻求合理性根据时,他往往也将中国古圣先贤之教统合于他的"道一观"中。他强调,唯一之道的人道性,乃是中国古圣先贤早已揭示出来并予以肯认和践行的。他说:"道不自孔子始,而孔子其明道者也。"③这就是说,道是自在于天地之间的,至圣如孔子,也并不能造道,而只能将道的内涵揭示出来。那么孔子所揭示的道的内涵是什么呢? 王韬说:"夫孔之道,人道也,人类不尽,其道不变。"④这显然是将孔子作为唯一性的人道的肯认者。王韬又说:"圣人,人伦之至也。盖以伦圣而非以圣圣也。"⑤这就表明,孔子等圣人之所以为圣人,唯因他们在实践中将人道推行于极致。基于这些论述,王韬的改良思想就不仅仅只是一般地符合人类公道,而且也符合中国古圣先贤之教,因为中国古圣先贤之教也就是人类公道,而人类公道亦不过是中国古圣先贤之教。在这一意义上,西方那种在王韬看来比较符合人道性的唯一之道的文化,便与中国古圣先贤所揭示、肯认并践行的道乃是一致不二的,西方文化符合人道性的唯一之道,也就是符合中国古圣先贤所揭示、肯认并践行的道。因此,以西方为范本的改良也就并不存在"中道"与"西器"的割

---

① 《弢园文录外编·达民情》,第56页。
② 《弢园文录外编·原道》,第2页。
③ 《弢园文录外编·原道》,第1页。
④ 《弢园文录外编·变法上》,第10页。
⑤ 《弢园文录外编·原道》,第1页。

裂或是"变器"与"守道"的扞格。所以王韬说:"诚使孔子生于今日,其于西国舟车、枪炮、机器之制,亦必有所取焉。"①

但是,在自觉或不自觉之中,王韬常常又将人道性的唯一之道奉为中国(特别是儒家)所独有而包括西方在内的其他民族一概阙如的道,他说:"故佛教、道教、天方教、天主教,有盛必有衰。而儒教之所谓人道者,当与天地同尽。'天不变,道亦不变。'"②这样,西方的先进就仅仅在于形而下的器物与制度层面,"故曰:形而上者中国也,以道胜;形而下者西人也,以器胜",③"器则取诸西国,道则备自当躬"。④ 由此,西方文化对于人道性的唯一之道的符合,便恰恰是向着中国圣道的趋归,即是说,西方是不自觉地充当了实现中国圣道的工具角色;而西方的先进也恰恰是在促使中国通过仿效西方改良社会政治以符合本有的圣道。王韬说:"故泰西诸国今日所挟以凌侮我中国者,皆后世圣人有作,所取以混同万世之法物也。此其理,中庸之圣人早已烛照而券操之,其言曰:'天下车同轨,书同文,行同伦。'而即继之曰:'天之所覆,地之所载,日月所照,霜露所坠,舟车所至,人力所通,凡有血气者莫不尊亲,此之谓大同。'"⑤又说:"天时人事,皆由西北以至东南,故水必以轮舟,陆必以火车,捷必以电线,然后全地球可合为一家。中国一变之道,盖有不得不然者焉。"⑥在这里,"西器"与"中道"仍然不存在凿枘,仿效西方器物与制度的改良恰所以实现中国圣道。问题只是在于,被王韬视为与人类公道相重合的中国圣道,时而甚至最终又取代人类公道而成为唯一的普遍之道。"道一观"的形式倒并未因此受到破坏,但其内容却不免发生游移。王韬思想认识的这种游移,虽然具有浸润于中国文化传统的主观原因,但主要还是由于时代精神尚未发展到完全超脱传统观念的地步。正因此,王韬既是他

---

① 《弢园文录外编·杞忧生〈易言〉跋》,第 266 页。
② 《弢园文新编·扶桑游记·中西教法》,第 362 页。
③ 《弢园文新编·与周弢甫征君》,第 194 页。
④ 《弢园文录外编·杞忧生〈易言〉跋》,第 266 页。
⑤ 《弢园文录外编·原道》,第 2 页。
⑥ 《弢园文录外编·变法自强下》,第 34 页。

所处时代中最具"向西方开放"意识的人物，同时又基本上还处在圣贤遗教的笼罩之中，而仍然属于传统士大夫的类型。[1]

三、具有现代色彩的尚智论和一我论

王韬虽然基本上还笼罩于圣贤遗教之中，但他的思想无疑存在着逸出这种笼罩的端倪。如上所述，他对西方文化的肯认就透露出这一端倪。而他的《智说》和《与友人》两篇短文，更是显然与圣贤遗教颇相径庭，而与近代西方思潮比较吻合，因而在由传统观念向现代思想转变的脉络中具有不可忽视的意义。

《智说》曰："世以仁、义、礼、智、信为五德，吾以为德惟一而已，智是也。有智则仁非伪，义非激，礼非诈，信非愚。盖刚毅木讷近仁，仁之偏也；煦妪姑息近仁，亦仁之偏也。慷慨奋发近义，复仇蹈死近义，皆未得义之中也。礼拘于繁文缛节，周旋揖让，则浅矣。信囿于硁硁自守，至死不变，则小矣。而赖智焉，有以补其偏而救其失。智也者，洞澈无垠，物来毕照，虚灵不昧，运用如神。其识足以测宇宙之广，其见足以烛古今之变，故四者皆赖智相辅而行。苟无以济之，犹洪炉之无薪火，巨舟之无舟楫也，安能行之哉？世人不知智之为用，故作智说以明之。"[2]

众所周知，中国传统，特别是作为其主流的儒家传统，乃以德性作为人的最高成就，故有"太上立德"之说。[3] 而德性又以仁为尚，其他如义、

---

[1] 观王韬《〈汇刻陈节母节孝诗文〉序》《重刻〈徐忠烈公遗集〉序》《代上广州府冯太守书》(俱见《弢园文录外编》)《与周弢甫征君》(见《弢园文新编》)等文所表现的贞节观、孝道观、忠义观、正统观、道器观，可证其仍属传统士大夫的类型。

[2]《弢园文录外编·智说》，第 155 页。

[3]《十三经注疏·春秋左传正义·襄公二十四年》，北京：中华书局 1980 年版，第 1979 页。

礼、智、信虽亦皆为德,但须统驭于仁,此即所谓"仁统四德";①扩而言之,儒家甚至标举"仁统万德"②"仁统天下之善"③。至于作为德目之一的智,其于人之成德的作用,朱熹在《格物致知补传》中阐述得最为清楚,其曰:"所谓致知在格物者,言欲致吾之知,在即物而穷其理也。盖人心之灵莫不有知,而天下之物莫不有理,惟于理有未穷,故其知有不尽也。是以大学始教,必使学者即凡天下之物,莫不因其已知之理而益穷之,以求至乎其极。至于用力之久,而一旦豁然贯通焉,则众物之表里精粗无不到,而吾心之全体大用无不明矣。此谓物格,此谓知之至也。"④这就明确地将知(即智⑤)作为识取天下之理,从而使主体最终了悟道德本体的工具,智的作用及其在德性中的地位由此得以阐明,并为宋元明清士大夫乃至社会大众所肯认。乾嘉朴学家虽然在治学中表现出重智倾向,但并未公然挑战仁主智辅的圣贤遗教。

王韬的《智说》,则可谓公然挑战圣贤遗教了。他认为,基于圣贤遗教而形成传统观念的智观,乃是"不知智之为用"的世俗陋见,故需起而对智的地位、作用及其本质重新加以发明。在他看来,智是唯一至高无

---

① (清)刘宝楠《论语正义》,台北:世界书局1963年版,第5页。二程也说:"仁义礼智信五者,性也。仁者,全体;四者,四支。"(见《二程集》,北京:中华书局2004年版,第14页)程颢还说:"仁者浑然与物同体。义礼智信,皆仁也。"(见《二程集》,第16页)朱熹则曰:"盖仁义礼智四者,仁足以包之。"(见《朱子语类》,北京:中华书局1994年版,第113页)王夫之似乎比较推重智的作用,其曰:"夫智,仁资以知爱之真,礼资以知敬之节,义资以知制之宜,信资以知诚之实,故行乎四德之中,而彻乎六位之终始。"(见《周易外传》,北京:中华书局1977年版,第3—4页)但他实际上并未真正超逸以智辅仁的传统思维框架。

②《熊十力全集》第3卷,武汉:湖北教育出版社2001年版,第947、1041页。熊十力还说:"元者,仁也,为万德之首,万德皆不离乎仁也。""实则四端统是一个仁体。"(见《熊十力全集》第3卷,第172、397页)熊氏友人马一浮也说:"仁者,德之总相也,开而为二曰仁智、仁义,开而为三曰智、仁、勇,开而为四曰仁、义、礼、智,开而为五则益之以信,开而为六曰智、仁、圣、义、中、和,如是广说,可名万德,皆统于仁。"(见《马一浮集》第1册,杭州:浙江古籍出版社、浙江教育出版社1996年版,第121页)熊氏弟子牟宗三也说:"见道德实在,透精神实体,必以仁为首出。智隶属于仁而为其用。"(见《历史哲学》,南宁:广西师范大学出版社2007年版,第14页)

③ (宋)张载《张子全书·易说上》,台北:中华书局1981年版,第2页。

④ (宋)朱熹《四书集注·大学章句》,长沙:岳麓书社1998年版,第11页。

⑤ 二程说:"智,知也。"见《二程集》,北京:中华书局2004年版,第14页。

上的"德",其余仁、义、礼、信,若无智的统驭与规范,则都将成为非德(偏)乃至缺德(失);端赖智的指引,一切德性才可能成就其德性。如此界定智的地位与作用,岂止是与朱熹的教言相去遥远,实在是与之适相反对。更不要说王韬为凸显智的作用而将在他看来是不智的刚毅木讷指为"仁之偏",这就是直接针对孔子褒扬"刚毅木讷近仁"①的批评了。至于王韬对智的本质的解说,即所谓"洞澈无垠,物来毕照,虚灵不昧,运用如神。其识足以测宇宙之广,其见足以烛古今之变"云云,也基本上剔除了道德属性,而将智认定为一种纯粹的认识功能。

王韬《智说》的思想来源,一方面当与乾嘉朴学的影响相关,他所撰《春秋左氏传集释》《春秋朔闰日至考》《春秋日食辨正》《皇清经解校勘记》等论著,均需运用纯知性的考据工夫,由此可能启发了他对于智的高度重视。② 另一方面,他的重智思想也受到近代西方实证主义思潮的影响,这一点,由他的《纪卜斯迭尼教》一文提供了证据。所谓"卜斯迭尼",即实证主义(Positivism)的音译,这是一个形成于19世纪前期法、英等国的哲学派别,其一般理论特点是强调以感觉经验对事物加以实证,以观察、实验、分类、比较等科学方法探求事物的本质及其规律,追求建立知识的客观性,力图以科学转化传统哲学,坚决反对先验或超验的神秘玄想或形而上学思辨。按照实证主义创始人孔德(Auguste Comte)的观点,人类历史是一个由神学阶段到玄学阶段再到科学阶段(即实证阶段)的进化过程,而当时人类已经处于科学阶段。相应地,在社会政治态度方面,实证主义反对宗教和君主的传统权威,认为人类已经发展到以科学思想为指导的工业社会,而这也是人类理智发展的最高阶段。实证主义的理论特点和社会主张受到王韬的关注,他述介这一哲学派别说:"而迩来二十年中,英、法之中,又有所谓卜斯迭尼教者,则迥与天主、耶稣教不同,且不啻隐树之敌。其为教也,不拜上帝,不事百神,但尽乎生人分

---

①《十三经注疏·论语注疏·子路》,第 2508 页。

② 朱维铮说"王韬竟欲与乾嘉汉学诸老争胜,踢翻在前的毛奇龄,跨越在世的王先谦",表明了王韬与乾嘉朴学风气的关系。见《弢园文新编·导言》,第 9 页。

内所当为,实事求是,以期心之所安而已。彼谓死后报应,天堂地狱之说,徒足以惑人听闻,而实非道之至者也。道之至者,在乎躬行实践。徒言死后之事,虚无缥缈,果谁见而谁述之者?⋯⋯闻奉此教者,在英、法不过百余人,皆世家子也,其人类皆读书明理,严一介不取之义。"①应该说,王韬对实证主义的了解并不全面准确,这从他将作为哲学派别的实证主义与犹太教、挑筋教、摩西教、希腊教、景教、回教、天主教、耶稣教、祆教、柳艮教等宗教混为一谈便可看出;而且他对这一新起哲学派别的述介,乃是为了说明其"合乎我中国圣贤所云矣","其古圣贤之徒欤",②这也是风马牛不相及的。但要之王韬大致是从这一新起哲学派别获得了崇尚智性和挑战传统权威的启示,从而表达于他的《智说》一文中,由此可见王韬思想中的近代西方因素。

《与友人》一文诉说"我"的种种存在状态以及感受,诸如渺小:"大千世界,无量众生中,而有一我虱于其间";膈膜:"虽至爱如父母,至亲昵如妻子,不能喻我心之悲忧惨怛,代我身之疾痛困苦也。⋯⋯我在世间见人忽而生,忽而死,忽而长,忽而老,或漠然置之,或有时动于心,一哀而出涕。我于人如此,人于我可知矣";孤独:"所堪自喻者,耳目口鼻知想意识也";自私:"我父母死,我不能与之俱死,饮食衣服如故也,游戏征逐如故也⋯⋯我妻死,我不能为之不娶,琴瑟好合如故也,闺房宴笑如故也";定命:"命绝缘尽则死,夭殇短折亦数之莫逃";齐物:"人生不能无死,壮岁而死与百年而死,等死耳";无价值:"天地间有一我,人不为多,无一我,人不为少。朋友交游,亲戚昆弟中,有一我不足奇,无一我不足异";无意义:"每念人生忙迫一场便休,为之三叹";唯有现世而无前缘后身:"佛氏所云轮回之说者,谬也。⋯⋯佛氏谓人深于情者可结再生缘,亦妄也",③如此等等。

显而易见,王韬在此所表达的存在状态以及感受,与作为中国传统

---

① 《弢园文录外编·纪卜斯迭尼教》,第135页。
② 《弢园文录外编·纪卜斯迭尼教》,第135页。
③ 《弢园文新编·与友人》,第276—277页。

主流的儒家传统的人生观大异其趣。儒家所自立并立人者,是"与天地合其德,与日月合其明,与四时合其序,与鬼神合其吉凶"①的大人精神,"仁者浑然与物同体"②的一体之仁,"亲亲而仁民,仁民而爱物"③的推扩之道,"知命尽道,顺受其正"④的能动定命观,"所过者化,所存者神,上下与天地同流"⑤的人生价值论。至于前缘后身一类观念,儒家当然不取佛教五道轮回之说,更不相信三十三天及十八地狱的存在。儒家的信仰指向超越而内在的道德本体,相信通过"尽心知性知天"⑥的主体工夫,便可能接续先圣先贤而垂于不朽,并且相信"积善之家必有余庆,积不善之家必有余殃"⑦的善恶由人、祸福报应论。但是,对于茫昧难知的神魂之事,儒家却又并不是一概否定,孔子所谓"未能事人,焉能事鬼","未知生,焉知死",⑧实际上隐含着在解决了"事人""知生"的现实问题之后,便当进一步考究"事鬼""知死"的幽渺问题的意思。⑨ 而且为了安顿生命,儒家也一贯重视对于天地、圣贤、祖宗的祭祀;为了推行教化,儒家还主张神道设教。所有这些,正体现了儒家的包容性人文精神,在这种精神状态中,儒家决不悲观地认为人(类)在宇宙中只是一种渺小、孤独、无意义的存在,当然也决不是肤浅的乐观主义。

将人(类)确认为宇宙中一种渺小、孤独、无意义的存在的,是现代西方的存在主义者。存在主义者对人(类)的存在状态及其感受的典型描述就是孤独、疏离、忧郁、厌烦、焦虑、恐惧、颤栗、悲观、绝望、无助、无意

---

① 《十三经注疏·周易正义·乾文言》,第 17 页。

② (宋)程颢、程颐《二程集》,北京:中华书局 2004 年版,第 16 页。

③ 《十三经注疏·孟子注疏·尽心上》,第 2771 页。

④ 《十三经注疏·孟子注疏·尽心上》,第 2764 页。原文为:"莫非命也,顺受其正,是故知命者不立乎岩墙之下。尽其道而死者,正命也。"

⑤ 《十三经注疏·孟子注疏·尽心上》,第 2765 页。

⑥ 《十三经注疏·孟子注疏·尽心上》,第 2764 页。原文为:"尽其心者,知其性也;知其性则知天矣。"

⑦ 《十三经注疏·周易正义·坤文言》,第 19 页。

⑧ 《十三经注疏·论语注疏·先进》,第 2499 页。

⑨ 参见杜维明《儒家人文精神的宗教含义——〈论儒学的宗教性〉中文版代序》,载《论儒学的宗教性——对〈中庸〉的现代诠释》,武汉:武汉大学出版社 1999 年版,第 10—11 页。

义。所有这些体验和表述,在存在主义的鼻祖、丹麦哲学家克尔凯郭尔(Soren Aabye Kierkegaard)那里基本都已具备。《与友人》一文与存在主义的情调如此合拍,会不会是王韬接触到克尔凯郭尔的思想并与之产生共鸣呢？对于这一问题,目前尚无确凿材料加以证明。但在王韬游历欧洲、居留英国期间,克尔凯郭尔不仅思想早已成型,著作早已完成,而且去世也已十多年,影响正在逐步扩展。从王韬对同样形成于19世纪三四十年代欧洲的实证主义的及时关注来看,他也注意到克尔凯郭尔的思想这种可能性并非完全不存在。当然,在《与友人》中,道家思想的影响也表现得相当明显,如果这篇文章为古人所作,或是为王韬同时代没有经历过西方文化洗礼的人士所作,那么道家就应该是作者全部或主要的思想资源。但由于这篇文章为王韬所作,就不能不考虑其中会有近代西方思想的影响。无论如何,《与友人》中关于人仅仅存在于现世而并无前缘后身的观点,却是与《纪卜斯迭尼教》中所述实证主义者对于天堂地狱说的否定若合符节的,即此便可论定王韬表现于这篇文章中的思想有受近代西方思想的影响。

第二节　郑观应的道器论、天人论和中国哲学观

一、生平著述

郑观应(1842—1922),广东香山县(今中山市)雍陌乡人,本名官应,又名观应,字正翔,号陶斋,别署杞忧生,晚号罗浮偫鹤山人、[①]慕雍山人。郑观应5岁入私塾,此后十年一直跟随"少攻儒业,授徒自给"的父亲攻读孔孟经书,学习八股时文。10岁时生母去世。16岁开始向慕道教神仙方术,终生不辍,至老弥笃。17岁应童子试不中,乃奉父命到上海学

---

① "偫鹤"有时又被郑观应本人或他人写作"待鹤",本人所写例见郑观应于1914年所立遗嘱的签名,他人所写例见盛宣怀为郑观应《诗草》封面题签以及许炳璈、林福成为郑观应80岁生日留影题辞。

贾,寓居时任新德洋行买办的叔父郑廷江处,做工役,并随其叔父学习英语。18 岁转入上海宝顺洋行做杂务,因跟随宝顺洋行人员到即将开埠的天津考察商务时表现出色,次年被宝顺洋行派管丝楼,兼管轮船揽载业务,从此开始买办生涯。在宝顺洋行期间,曾入英国人傅兰雅(John Fryer)开办的英华书馆夜课班学习英语两年,颇有成效。1860 年 10 月,英法联军攻陷北京,强迫清政府签订《中英北京条约》《中法北京条约》;11 月,沙俄要挟清政府签订《中俄北京条约》,割占乌苏里江以东 40 万平方公里中国领土。郑观应目击时艰,义愤填膺,亟思国家自强之策,乃于1862 年撰写《救时揭要》,并且开始究心现代西方政治、实业之学。1868年,宝顺洋行停业,郑观应遂自行经营商务,投资华洋合营的公正轮船公司,任董事,另外承办和生祥茶栈。1869 年,郑观应捐得员外郎,次年捐升郎中,后又于 1879 年捐得道员,由此获具候选官员身份,得以出入官商两界。1871 年,郑观应在《救时揭要》的基础上撰成《易言》,该书在国内以及日本、朝鲜产生影响。1872 年,郑观应任扬州宝记盐务总理。次年与唐廷枢、盛宣怀等合股开办轮船招商局。1874 年受聘为太古轮船公司总理,任期三年;期满后,因经营业绩出色,又续聘五年。此间,山西、河南、直隶、陕西、山东等地发生严重灾荒,因捐资和募款赈灾有力,受到李鸿章、卫荣光等大臣保奏和清廷褒奖。1881 至 1883 年间,受李鸿章、盛宣怀等委派,先后任官办上海电报分局总办、轮船招商局帮办(后改任总办)、上海机器织布局总办、金州矿务局总办等职;此间曾向左宗棠建议铺设长江电线,向奕譞、李鸿章、彭玉麟等建议开办水师学堂、陆军学堂、工艺书院。1884 年中法战争期间,被督办粤防军务大臣彭玉麟调至广东帮办营务;又受彭玉麟委派,往西贡、新加坡、暹罗、金边各处了解敌情,此行著有《南游日记》。此间曾上书朝廷请开国会,未被采纳。1885年初抵香港,因此前为他人作担保导致太古洋行亏损,被太古洋行执拘于香港索赔,至年中方得脱身,身心俱疲,返回故里休养。1891 年重出,先后任开平煤矿粤局代理总办、轮船招商局帮办。任轮船招商局帮办期间,曾由上海溯江西上,稽查汉口、万县、重庆各招商分局利弊,著有《长江日记》。1893 年 5 月，父亲在澳门去世，离职守制。9 月复职，返沪途中考察汕头、厦门、福州、天津等地招商分局。同年，在《易言》基础上编定《盛世危言》，引发朝野各界强烈反响，光绪帝下令印制两千部，分赠臣工阅读。1894 年中日战争前后，对军国事务多提建议，呼吁变法，此间与孙中山、康有为等均有交往。1896 年，在任轮船招商局帮办的同时，被张之洞聘为汉阳铁厂总办，往来沪鄂，兼顾经营。1898 年，与日本总领事小田切等创办亚细亚协会，任副会长。该会于戊戌变法失败之后解散。戊戌变法时，郑观应并不赞成康梁变法方式，但政变之后仍资助并保护康有为亲属及弟子。此后几年，受盛宣怀委派，任江西萍乡煤矿总董、安徽宣城煤矿总董、吉林矿务公司驻沪总董。1902 年，应广西巡抚王之春奏调前往任职，在此期间，曾镇压会党，剿灭土匪，设立巡警，改传统书院为新式学堂，颇有政声，一年后去职返粤。此后几年任粤汉铁路广东购地局总办、粤汉铁路工程局总办、广东商务总会协理、粤汉铁路有限公司总办、厦门招商分局总办、轮船招商局董事等职。1911 年 9 月再次由上海溯江西上，巡察轮船招商局各埠分局，抵达重庆时获悉武昌起义爆发，遂为轮船招商局善后事宜多方活动。此行著有《西行日记》。进入民国以后，除继续担任轮船招商局董事，还受聘为上海广肇公所首席理事、务商中学名誉董事、招商公学住校董事。因年老多病，加之对国内动乱和欧战惨况痛心疾首而又无能为力，遂日益沉迷于修道，幻想以神仙方术保命长生并拯救人类。1922 年 5 月下旬在上海招商公学宿舍逝世，次年移葬澳门前山。

郑观应的主要著述有：《救时揭要》《易言》《盛世危言》《盛世危言后编》《南游日记》《西行日记》《罗浮偫鹤山人诗草》《罗浮偫鹤山房谈玄诗草》《中外卫生要旨》《道言精义》《富贵源头》《陶斋志果》《剑侠传》《万国电报通例》《电报新编》《测量浅学》等。

二、作为改良思想之基础的道器论

郑观应一生虽然在工商界颇有成就，但他知名于当时且影响于后世者，却主要在于他的改良理论。在《救时揭要》《易言》《盛世危言》等著作中，他对制器、开矿、交通、运输、邮政、通讯、纺织、农功、治河、练兵、选将、边防、海防、商务、税务、盐务、金融、学校、考试、医道、立法、议政、选举、吏治、刑律、舆论、外交等各方面都提出了改良主张，以致王韬在《杞忧生〈易言〉跋》中揣摩保守人士的口吻说："若舍西法一途，天下无足与图治者。呜呼！我中国五帝三王之道将坠于地，而不可收拾矣。古来圣贤所以垂法立制者，将废而不复用。用夏变夷则有之矣，未闻变于夷者也。诚如杞忧生之说，是将率天下而西国之也。"但是王韬接着指出："夫形而上者道也，形而下者器也。杞忧生之所欲变者器也，而非道也。"①这确是深悉郑观应改良思想的精当之论。道器之辨，正是郑观应改良思想的哲学基础。

在《盛世危言·道器》中，郑观应描述了以道为本体的宇宙生成模式："盖道自虚无，始生一气，凝成太极。太极判而阴阳分，天包地外，地处天中。阴中有阳，阳中有阴，所谓一阴一阳之谓道者是也。由是二生三，三生万物，宇宙间名物理气，无不罗括而包举。"遵循儒家传统的道德形上学，并参以老子宇宙论，郑观应进一步将道的性质规定为道德性的"中"，他说："老子云：'无名，天地之始；有名，万物之母。'无名者，喜怒哀乐之未发，谓之中也；有名者，发而皆中节，谓之和也。"由于以"中"为质的道是"弥纶宇宙，涵盖古今，成人成物，生天生地"的，所以化生于本体之道并且首出庶物的人也就特别秉受了本体之德，所谓"人受天地之中以生，天地有中，人亦同具"。郑观应认为，作为宇宙本体且具有道德性的"道"，唯有中国圣贤得以洞见并拳拳服膺，他说："孔氏云：'物有本末，事有终始。知所先后，则近道矣。'既曰物有本末，岂不以道为之本，器为之末乎？又曰：'事有终始。'岂不以道开其始，而器成其终乎？孔子曰：'君子谋道不谋食，忧道不忧贫。'又曰：'君子不器。'良以握原者可以制

---

① 《弢园文录外编·杞忧生〈易言〉跋》，第 265 页。此文也收入夏东元编《郑观应集》上册，上海：上海人民出版社 1982 年版，第 165—168 页，文题径作"跋"，个别文字和标点与《弢园文录外编》有差异。

化,大受者不可小知。……《大学》云:'止至善。'止此中也。《中庸》云:'得一善则拳拳服膺。'服此中也。《易·系辞》云:'成性存存,道义之门。'存此中也。致中和,天地位焉,万物育焉。"而中国圣贤所洞见并且服膺的道,也就是"从中国自伏羲、神农、黄帝、尧、舜、禹、汤、文、武以来,列圣相传之大道,而孔子述之以教天下万世者也"。相对于中国圣贤而言,郑观应认为,西人却是"不知大道,囿于一偏"的。① 这就从对于道的体认方面肯定了中国文化相对于西方文化的高明性,而中国文化对于道的体认这一高明方面,当然是不必也不许变易的,故郑观应说"尧舜禹汤文武周孔之道,为万世不易之大经大本"。②

就道器关系而言,郑观应认为,"道非器则无以显其用,器非道则无以资其生",二者实乃相得益彰;且器于道还具有不可或缺的发明之功,故"《易》独以形上形下发明之者,非举小不足以见大,非践迹不足以穷神"。所以,郑观应指出,"包牺、神农、尧、舜诸帝,以及后世圣人之制器尚象,莫非斯道之流行,器固不能离乎道。又《阴符经》谓:'爰有奇器,是生万象。'则道又寓于器中矣",表明中国圣贤本来乃是道器并重、不主一偏的。问题在于,"自《大学》亡《格致》一篇,《周礼》阙《冬官》一册,古人名物象数之学,流徙而入于泰西,其工艺之精,遂远非中国所及。盖我务其本,彼逐其末;我晰其精,彼得其粗。我穷事物之理,彼研万物之质",于是诸如汽学、光学、化学、数学、重学、天学、地学、电学等属于"器"之范畴的技艺,便都成为"西人之所骛格致诸门"及其"霸术之绪余",而中国则自"秦汉以还,中原板荡"而堕入"莫窥制作之原,循空文而高谈性理"的重道轻器、孤体无用之境了。③

显而易见,郑观应在此表达了一种甚为荒谬的"西学中源"观点,这一观点在《盛世危言·藏书》中更为显豁,其曰:"今天下竞言洋学矣,其实彼之天算、地舆、数学、化学、重学、光学、汽学、电学、机器、兵法诸学,

---

① 以上引文均见《郑观应集》上册,第241—242页。
② 《郑观应集》上册,第244页。
③ 以上引文均见《郑观应集》上册,第242—244页。

无一非暗袭中法而成，第中国渐失其传，而西域转存其旧，穷原竟委，未足深奇。"①然而十分吊诡的是，郑观应秉持这种观点，非但不是出于盲目自大而拒斥学习近代西方的器物和制度，反而恰恰是为全面学习近代西方的器物和制度提供正当性根据乃至是与保守派交锋的策略武器。例如在《盛世危言·学校上》中，郑观应极力主张学习近代西方教育制度，但他却将这种"彼萃数十国人材，穷数百年智力，掷亿万兆资财而后得之"的近代西方制度指为"彼实窃我中国古圣之绪余，精益求精，以还之中国，虽欲自私自秘焉，而天有所不许也"，这就使得取法西方如同向欠方索债一般，成为天经地义的事情。他还说："彼泥古不化，诋为异学，甘守固陋以受制于人者，皆未之思耳。"这是基于"西学中源"观点抨击保守派因不明渊源而排抵西学。② 如《盛世危言·西学》说："不知我所固有者，西人特踵而行之，运以精心，持以定力，造诣精深，渊乎莫测。所谓礼失而求诸野者，此其时也。"③《议院上》之"附论"说："议院乃上古遗意，固非西法，亦非创辟之论也。"④《公举》说："公举之法，即乡举里选之遗意也。"⑤《日报下》说："是日报者，即古乡校之遗意。"⑥《典礼上》说："今如泰西各国通行之礼节盖亦简矣，……此即西礼暗合中国古礼之遗意者也。"⑦如此等等，不胜枚举。正是在"西学中源"说的掩护下，郑观应堂而皇之地提出了对当时中国的器物和制度进行全面改良的主张。⑧

　　至于郑观应改良思想的取向，则在于通过变器不变道的方式，达到

---

① 《郑观应集》上册，第 306 页。
② 以上引文均见《郑观应集》上册，第 247—248 页。
③ 《郑观应集》上册，第 275 页。
④ 《郑观应集》上册，第 323 页。
⑤ 《郑观应集》上册，第 328 页。
⑥ 《郑观应集》上册，第 349 页。
⑦ 《郑观应集》上册，第 375—376 页。
⑧ 无独有偶，近代中国另一位改良思想家陈炽也以"西学中源"说作为向西方学习的理论根据，参见《盛世危言》陈序，《郑观应集》上册，第 230—232 页。熊十力窥破了个中消息，他说："于是维新人士，将欲吸引西学，不得不择取经文中有可以类通之语句，而为之比附张皇。使守旧之徒，乐闻而不为峻拒。"见《熊十力全集》第 3 卷，武汉：湖北教育出版社 2001 年版，第 559 页。

卫道乃至弘道的目的。他说:"我不过欲效其技艺,臻于富强,而于世道人心曾无少损。"(《易言三十六篇本・论机器》)①这是企图在保守中国之道从而不致损害世道人心的前提下效仿西方技艺,从而变革三代以降日趋窳败的中国之器。而一旦中国之器达到了"机权技巧盖天下"的地步,那也就是"船失其坚,炮失其利,智力无所施其巧,器械无所擅其长"的时候了,到那时,"圣人之道施及蛮貊,凡有血气者,莫不尊亲,文教之敷,于是乎远矣"(《易言三十六篇本・论公法》),②高明的中国之道在强大的中国之器支撑下,将大行于天下。总括而言,郑观应改良思想的纲领就是"道为本,器为末,器可变,道不可变,庶知所变者富强之权术,非孔孟之常经也"(《〈盛世危言〉增订新编凡例》)。③

综上所述,郑观应的改良思想建立在中道西器、西学中源、变器卫道等一系列观点之上,由今观之,这些观点在学理上无疑是大可商榷的,甚至是荒诞不经的,由此构成的郑观应的道器论,相比其前辈改良思想家王韬的道器观来说,实在更为封闭而传统。但是尽管如此,却不能否认郑观应的改良思想具有比较系统的哲学基础,更不能否认他基于这一哲学基础而提出了高于他所处时代思想水平的全面改良主张。

三、以德为本的天人论

与其改良思想之哲学基础更为传统这一特点相一致,郑观应遵循儒家的道德形上学,在儒家传统、特别是思孟一系的道德心性论被逐渐边缘化的时代背景下,汲汲阐扬以德为本的天人论。

在《〈阴符经〉序》中,郑观应说:"夫阴者暗也,符者合也,言人道暗合乎天道也。苟能观天之道,执天之行,则道自我生,命自我立。何以故?盖道为生天地、生万物之根,而人得阴阳五行之秀而最灵。"④这是说,天

———————————

① 《郑观应集》上册,第90页。
② 《郑观应集》上册,第67页。
③ 《郑观应集》上册,第240页。
④ 夏东元编《郑观应集》下册,上海:上海人民出版社1988年版,第16页。

道为包括人在内的宇宙万物生成与存在的根本，但由于人具心灵而在宇宙万物中首出庶物，所以人特别可能体察、契合并运用天道。那么天道的本质亦即"天心"是什么呢？郑观应说："我孟子曾言之矣：'"天下何定"？曰："定于一"。曰："孰能一之"？曰："不嗜杀人者能一之"。'夫此不嗜杀人者之心，即天心也。"（《盛世危言·弭兵》）①所谓"不嗜杀人者之心"，亦即仁民爱物之心。郑观应又说："人之本何在？心是也。存其心则惟善为宝，而心广体胖，事无不安，人无不乐，天必将于其间降之以福；失其心则以恶为能，而心悸神昏，事无不悖，人无不怨，天亦于其间降之以祸。降之者天，召之者人。天道至公，应物无迹：裁者培之，倾者覆之。天心也，人心也，人心能合天心，天心自默鉴乎人心也。"（《〈救时揭要〉序》）②这就基于天心福善而祸恶的观点，肯定天心是实然的善，而人心则是或然的善，亦即人心在实际上可善可恶。

郑观应认为，人心虽然在实际上可善可恶，因而只是或然的善，但这并不意味着人心与天心本来就存在着或离或合的差异。毋宁说，以天为本的人，其本心都是完全秉承于天心的。他说："古之建德立功者，惟以智、仁、勇三者为用，此三者赋畀于天"，虽以建德立功者为言，但其本意是说人人都先天的赋有天德，所以他接着说："若为人欲所蔽，利令智昏，则仁心渐亡，而勇气亦挫矣"（《易言三十六篇本·论吏治》），③即是说，那些不得建德立功者，并不是因为他们本来就不具有天赋之德，而是因为他们秉赋的天德被人欲所障蔽了。在《盛世危言后编》之《重镌〈心经〉序》《答直隶司君新三、云南黎君燦阶书》等篇中，郑观应又对举地提出人之一心并存着"道心""人心"，"真心""妄心"，"天心""识心"，乃至"天地之性""气质之性"，等等，这些相对概念中的前者乃是心（性）之本体，后者则是形而后的情识。④

---

① 《郑观应集》上册，第 924—925 页。
② 《郑观应集》上册，第 4 页。
③ 《郑观应集》上册，第 110—111 页。
④ 参见《郑观应集》下册，第 22、53 页。

那么,如何由形而后的情识显发心之本体?如何使或然之善趋归实然之善?郑观应认为,关键在于落实自我身心。他说:"静存动察,贤圣工夫也。人人能之,只是人不肯做耳。何谓静存动察?存,即孟子所谓求放心也。盖心至虚灵,出入无时,莫知其乡,万端憧扰,人自不觉,身在一室而心驰万里,则不存矣。存其心不使须臾走作,而为物欲所累,将天赋之至虚、至灵,养得浑然中处。虚灵受之于天谓之性,即所谓'存心养性'也,即所谓'明明德'也。心既退藏于密,固喜、怒、哀、乐未发时也,固至中时也,是之谓静存。若动而发为言行则有美恶,故必察焉。静时为心,动时为念。念之美者扩而充之,合事理之当然,即所谓发而皆中节也。念之恶者即为欲,当立刻克制,不使之发,即所谓克己复礼也。是之谓动察。静、动在于心,隐微之地,人不知而己独知之最真。故曰'莫见乎隐,莫显乎微'。知之而存焉察焉,则善恶自明,即所谓'知止'也。明,即事事必求合天理,即所谓'有定'也。有定则率性而行,即所谓明善复初也。《大学》'止至善',《中庸》'致中和',此之谓也。静存动察,四存用功,不难其道,只在乎治心,时时检点,不使走作。若动则必审其可否,就此些微上用功。初则勉强,久之自然。内存养熟,念念是天理,即为仁;外省察精,事事皆合宜,即为义。仁熟而义精,日用伦常无不合乎中道,功用大矣。格物致知,诚意正心,修身、齐家、治国、平天下,一以贯之矣。"只要落实了"于心上做起,于心上收功"的"澈始澈终工夫",人就必可破除情识人欲的障蔽而返善复始,以德合天,"虽不敢望用行为伊、周,舍藏为孔、孟,又岂天地间可少之人才哉!"(《盛世危言后编·答曹一峰先生书》)①

郑观应致思于天心人心,倡言身心工夫,具有强烈的现实指向,其意在于救治知性日益见重、无道之器发达,以致世风诈伪、科技杀人的时代弊害。他深怀忧愤地指出:"盖时际内阂外侮,是非颠倒,赏罚不公,有强权无公理,趋炎附势,不顾廉耻,无道德,无法律,视苍生贱如马牛,哀黎

---

① 《郑观应集》下册,第78—79页。

遍野，凄惨可怜。且各国杀人火器日出日精，近有四十二升的大炮，有毒炸弹，有飞行机，有潜水艇，动辄杀人流血千里，伤残惨酷，为自有战史以来所未见。"(《盛世危言后编·上张三丰祖师疏文》)①有见于此，郑观应亟思重振道德以救世救人。他疾呼"盖无道德而欲久享世界之幸福，断断乎未之有。一国如是，一家如是，即个人一身之所处亦莫不如是"！他承认"近世商界、政界正中外交争剧烈之时，吾人设献身其间，如精神智慧不足，即处于劣败地位"，肯定知性的重要作用；但转而强调"精神智慧即足，而无道德以贯注于其间，虽亦极一世之雄，然不过如石光电火，转瞬即归乌有"！(《盛世危言后编·训次儿润潮书》)②他因此明确表达德性重于才智的观点说："诚以德胜于才，终不失为君子；才胜于德，或竟流为小人。"(《易言三十六篇本·论吏治》)③"纵使学术优良，技艺绝伦，而无孝、悌、忠、信、礼、义、廉、耻之心，不过与秦桧、严嵩一流人物而已。"(《盛世危言后编·致家塾蒙师书》)④"人才重人品尤重，必不为财色所困，若徒养成无品之人才，不如无才之为愈。"(《盛世危言后编·答杨君诏伯、梁君敬若、何君阆樵书》)⑤他这种以德为本的思想，与他变器不变道的道器论是一致的，目的都是要将富强之器置于天人之道的统驭之下，使"船失其坚，炮失其利，智力无所施其巧，器械无所擅其长"，从而达成"六合之外，八荒之内，礼齐德道，偃武修文，合天下万国含生负气之伦，无一物不得其所"的有道之世，这也就是中国圣贤所规划的"车同轨，书同文，行同伦，日月所照，霜露所队，凡有血气莫不尊亲"的大同之世。(《盛世危言·弭兵》)⑥

然而，由西方启蒙运动推动的近代世界潮流及其在中国激起的反应，与郑观应的道德理想适相反对。现实的趋势不仅日益重智轻德，甚

---

① 《郑观应集》下册，第48页。
② 《郑观应集》下册，1205—1206页。
③ 《郑观应集》上册，第110页。
④ 《郑观应集》下册，第209页。
⑤ 《郑观应集》下册，第252页。
⑥ 《郑观应集》上册，第925页。

至日益重智非德乃至重智反德,乱象丛生,日甚一日,这使郑观应对于人的道德自觉的信心日益丧失,从而沉迷于他早岁就笃信的神仙方术,幻想"上帝施恩,通饬已发宏愿救世度人之仙佛降世,尽灭火器"(《盛世危言后编·上通明教主权圣陈抱一祖师表文》),①这就使郑观应的思想染上了浓重的悲观色彩,也使这位改良思想家成为一位悲剧性的人物。

四、无名有实的中国哲学观

郑观应的哲学思想还有一个值得注意的方面,就是他较早运用"哲学"这一外来新词,并且肯定中国自古就有与这一外来新词所指称的对象基本相当的学说。

中国古代本无"哲学"一词。"哲学"之成词,乃是日本明治时代的学者西周为了翻译西语 philosophy 而借用汉字所创。西周在其 1874 年刊行的《百一新论》中首次公开使用了"哲学"这一新词,用以表达 philosophy 所含有的"论明天道人道,兼之教法"的意义。② 这一新词由黄遵宪在 1896 年前后介绍到中国,但在当时中国并不十分流行,甚至受到保守人士的拒斥。而在《盛世危言后编》中,郑观应却不止一次地使用了"哲学"这一新词,以及以这一新词作为词根而构成的"哲学门""哲学家"等词。例如《〈盛世危言后编〉自序》提倡中国各省学校应该"择泰西、日本专科有用之书,及德国哲学门内德育科勉励士夫忠君爱国自修要义";③《致伍君秩庸书》称"盖泰西之哲学家每因一事之发生,必加意研求",又说"倘将来泰西哲学发明其理,使求仙者有阶级可循,亦如求贤、求圣之可悬其格以待,则所谓神仙者将实现于世界,如日、星、云、雷、山、海之习见而安之也。但不知泰西哲学家果能如愿以偿否耳";④《〈神相证

---

① 《郑观应集》下册,第 103 页。这种幻想还表现于《盛世危言后编》之《呈张欧冶真人书》《上张三丰祖师疏文》《致伍君秩庸书》《上吕纯阳祖师、陈抱一祖师、张三丰祖师》《上吕纯阳祖师、陈抱一祖师、张三丰祖师、何合藏祖师禀》等篇中。

② 大久保利谦编《西周全集》第 1 卷,日本宗高书房 1950 年版,第 289 页。

③ 《郑观应集》下册,第 12 页。

④ 《郑观应集》下册,第 74 页。

验书〉序》言"相命之说，智者所不言，况今日哲学大兴乎"，[①]等等。据《郑观应年谱简编》记载，《盛世危言》五卷本刊行于 1894 年，增订十四卷本刊行于 1895 年，增订八卷本刊行于 1900 年；而《盛世危言后编》则始纂于 1907 年，辑成于 1908 年。[②]　照此推算，《盛世危言后编》所收文章至迟当写作于 1900—1908 年之间，距"哲学"一词传入中国最长不过十年左右，最短则只有四五年，而在这些文章中已频频出现"哲学"一词，无疑表明郑观应是较早（甚至可以说是很早）使用此词者。

　　郑观应不仅只是较早（或很早）使用"哲学"一词，而且基于此词的本意，肯定中国自古就有这种学说。在《〈新解老〉序》中，他说："刘君少珊著《新解老》一书，发明老氏有为无为之妙旨，俾中外人士皆得易于了解。盖以道德五千言，实吾国最古最高之一种哲学书也。长沙郑君序中言：西人哲学始终不离物理，不能入于第一义谛。诚哉是言。然而西人近多研究佛、老之学，逆料将来必从物理而通大道，从有入无，从实入虚，与老氏'清净无为'大旨不相违背。所以通明教主定一真君有七教丛林之议也。考诸往昔欧美学术未流入中国，哲学之名不立，哲学之理不传。岂知我国二千年前道家为固有之哲学，佛家则外来之哲学乎？方今聪明方士类多谈佛而少谈老，不知老氏之书，足以发明先天之秘，泄造化之机，而其意使人返朴还淳，以复太古之自然。而其要使人虚极静笃、归根复命，如万物生于根而归于根也。刘君所著，发前人所未发，令中外学者咸知老子著书大旨，即开哲学之祖派，真道德一经之功臣也。"[③]在这篇短序中，郑观应承认，哲学名词在中国成立，确是近代以来受到西方学术影响的结果；但他又强调，在哲学名词成立之前，中国实质上就有与所谓"哲学"的内涵基本相当的学说，他举出了本土的道家学说和来自印度而实现了中国化的佛家学说作为例证。就道家学说来说，何以能称之为"哲学"呢？这是因为道家思想"足以发明先天之秘，泄造化之机，而其意使

①《郑观应集》下册，第 1159 页。
②《郑观应集》下册，第 1546、1550、1557、1562、1564 页。
③《郑观应集》下册，第 160 页。

人返朴还淳,以复太古之自然",这不就是"论明天道人道,兼之教法"的哲学吗? 进而言之,道家那种透悟形上根本并据以导引生存意态和旨归的洞见,较之西方那种以物为本、主客二分的哲学,更加广大精微而合乎天人大道,由此他作出了西方哲学将要趋归由中国道家发明的天人大道的预言。

郑观应对西方哲学的了解及其基于这种了解而对西方哲学的趋向所作的预言,显然是不很恰当的。但不可否认的是,他肯定中国古代虽无"哲学"之名却有哲学之实的观点,则是完全正确的。其实,不仅中国的道家学说和佛家学说是哲学,儒家的道德形上学同样是致广大而尽精微的哲学。追根溯源,伏羲八卦、箕子五行、伯阳甫阴阳乃至《易传》太极,这些范畴都无可置疑的是哲学。它们表明,中华民族是一个具有悠久而一贯的哲学思维传统的伟大民族;中国古代哲学思想的发生,非但不落后于世界上其他古老民族,而且甚至早于其他古老民族。郑观应在哲学一词传入中国之初便肯定了这一点,这实在是非常卓越的见解。

第二章　中西新旧的杂糅：现代哲学的起步

　　与改良派思想家王韬和郑观应明显不同，19 世纪 90 年代前后相继登上历史舞台的维新派代表人物康有为、谭嗣同和革命派代表人物孙中山、章炳麟都更多地将西方哲学观念纳入自己的思想体系之中。虽然在社会政治立场上，康、谭与孙、章几乎截然对立，两方的哲学思想的现实旨归也基本上迥然相异，但共同的时代思潮背景致使他们在理论方式、专门术语以及哲学形态上又具有不少相近之处，例如对实证论和进化论的服膺、对中国传统与近代西方思想资料的生硬杂糅、对新译名词的大量采用等，由此相当典型地表现了哲学思想相对于社会政治倾向的独立性。

第一节　康有为的二元本体观、自然—功利人性论和重智倾向

一、生平著述

　　康有为(1858—1927)，广东南海人，初名祖诒，1895 年中进士后改名有为，字广夏(或作广厦)，号长素，1898 年改号更甡，别号南海天游化人。康有为少年时代在家乡从简凤仪、陈鹤侨、梁健修诸先生及其祖父康赞修读经。11 岁时(清同治七年，1868)，其父康达初去世，丧事既毕，即往

连州依时任连州训导的祖父生活。1870年(清同治九年),祖父调任至广州,康有为随行始入省城,奉祖父之命,从陈奉生先生学八股文,然不好举子业,常遨游不学。次年还乡,连续两载就童子试,均不售,此间又从杨学华、张公辅先生习为制义。1874年(清同治十三年),康有为始读《瀛环志略》,见世界地图,初知地球之理及万国之故。1876年(清光绪二年),应乡试又不售,遂辍置科举,入同邑大儒朱九江(次琦)先生门下求圣贤大道,两年后忽觉埋首故纸汩没灵明,遂绝学弃书,辞别朱先生归家。前一年,祖父因连州水灾遇难,守丧期间读丧礼,因考三礼之学。1879年(清光绪五年),康有为从时任京官的番禺张鼎华处得知京朝掌故、近时人才及各种新书,慨然有经营天下之志,于是舍弃考据帖括之学,转而博览经世致用以及西国史地政事之书。这一年,他初游英国殖民统治下的香港,惊羡西人宫室之瑰丽,道路之整洁,巡捕之严密,乃知西人治国有法度,不得以古代之夷狄视之。次年,康有为始肆力于《春秋》公羊学,其以"三世进化"为理论基础的维新思想即萌蘖于此。1882年(清光绪八年),康有为初游京师,道经上海,见租界之繁盛,益知西人治术有本,自是尽释故见,大购西书归而讲求,涉及声、光、电、化、重诸学及各国史志、诸人游记并乐律、韵学、地图学等。其时康氏长女同薇、次女同璧已出生,康氏夫妇坚决不为二女裹足,并与乡邻区谔良发起"不裹足会"。1884年(清光绪十年)以后的几年间,康有为撰写《大同书》初稿及《人类公理》《诸天讲》《康子内外篇》《教学通义》等著作。1888年(清光绪十四年),康有为赴顺天应试,再至京师,计自马尾海战败于法国之后,国势日蹙,唯及时变法,或尚可支持,于是以诸生上万言书(即《上清帝第一书》),该书并未呈达光绪帝,但却引起朝士大哗,目之为狂生。此次进京应试,康有为仍然名落孙山,厕身政界周旋迁延,至次年九月方才离京还粤,在京期间著《广艺舟双楫》。1891年(清光绪十七年),始于广州长兴里开万木草堂,聚徒讲学习礼,著《长兴学记》,此间编著《新学伪经考》《孔子改制考》诸书。1893年(清光绪十九年)应乡试,中式第八名,次年入京会试,旋因伤足而返粤。同年因《新学伪经考》被参劾,避地广西桂林,编著《春秋董氏学》。1895 年(清光绪二十一年)再至京师会试,时值甲午战争中国新败,清廷被迫接受日本所提割让台湾、赔款二万万两之媾和条件,康有为得知消息,即发动十八省举人联名上书,请求朝廷拒和、迁都、变法,史称"公车上书"。[①] 此次会试得中进士,官授工部主事,然未到任。留京多与大臣交通,频频上书,鼓吹变法,并邀集同志成立强学会,但其行事亦颇受守旧者沮抑,不得已离京,经天津、江宁、上海等地返回广州。在江宁时曾劝两江总督张之洞开强学会,但因彼此学术观点不合而未果。次年再游香港,并至澳门,与弟子创办《新知报》,撰成《日本书目志》。1897 年(清光绪二十三年)初,在广西桂林开圣学会,礼敬孔子,论学育人;初夏还粤,夏末至上海,游杭州,旋入京师,与李鸿章商议将中国民众移居南美洲巴西事宜,开办粤学会以续强学会之旧。1898 年(清光绪二十四年)正月初三日,康有为应约赴总理衙门与李鸿章、翁同龢、荣禄、廖寿恒、张荫桓等议论变法事宜,陈法律、度支、学校、农商、工政、矿政、铁路、邮信、会社、海军、陆军之法。次日翁同龢将康氏所言上奏光绪帝,帝命康氏条陈所见,并进呈所编《日本变政考》及《俄大彼得变政记》。于是康氏奏请光绪帝誓告群臣以定国是,开制度局以定新制,别开法律、度支、学校、农、商、工、矿务、铁路、邮信、会社、海军、陆军十二局以行新法,各省设民政局以行地方自治;随后进呈《俄大彼得变政记》等著述,附片请易八股以策论。月末筹开保国会,一时从者纷纷,但谤言随亦蜂起,参劾交加。此后多次上折言变法,至四月二十三日乃奉光绪帝明定国是之诏。二十八日蒙帝召见,倡言自制度法律入手尽变旧法,又建议废八股、译西书、派游历、开民智诸事。五月初五日诏下废八股,引起守旧派强烈反弹,新旧矛盾日趋激化。时西太后为遏制光绪帝,以亲信荣禄为直隶总督并统三军,预定九月举行天津阅兵,康有为等维新派人士疑虑西太后将趁阅兵之机行废立之事,于是密交袁世凯以备不测。

---

① 关于"公车上书"事件的真实性,史学界有抱持怀疑或否定态度者,参见茅海建《"公车上书"考证补》,载《近代史研究》2005 年第 3、4 期,姜鸣《莫谈时事逞英雄——康有为"公车上书"的真相》,收入氏著《天公不语对枯棋》,北京:生活·读书·新知三联书店 2006 年版。

至七月二十九日光绪帝传密诏称帝位不保，八月初二日又出明诏敦促康有为离京，康氏等人知事已急，乃嘱谭嗣同鼓动袁世凯诛杀荣禄，起兵勤王，然袁世凯卒不受命，于是康有为于八月初五日凌晨出京至天津，初六日从天津乘船赴上海，初九日抵上海后旋即转船并由英国军舰护送，于十四日至香港，从此开始长达十六年的流亡生活。流亡期间，康有为主要居留于英国统治下的马来西亚槟榔屿和印度大吉岭，此间曾先后游历日本、加拿大、英国、缅甸、暹罗（泰国）、锡兰（斯里兰卡）、意大利、德国、瑞士、匈牙利、荷兰、法国、丹墨（丹麦）、瑞典、挪威、比利时、瑞士、奥地利、美国、西班牙、葡萄牙、摩洛哥、墨西哥、匈牙利、塞耳维亚（塞尔维亚）、布加利亚（保加利亚）、罗马尼亚、突厥（土耳其）、希腊多国，其中日本、加拿大、英国、德国、法国更是多次盘桓。1899 年在加拿大发起成立保皇会。1900 年在海外指挥诸弟子购买枪械，组织队伍，密谋武力推翻以西太后为首的清朝守旧派，但至同年 8 月作为内应的唐才常在汉口被张之洞捕杀，自立军事败，其谋遂寝，由此可见康氏"保皇斥后"的政治目的虽与孙中山"驱逐鞑虏"不同，但采取武力反抗清廷的手段却并无大异。在此期间，特别是 1904 年游历欧洲之后，康氏的文化观发生重大转变。此前他曾长期震慑与惊羡西方文化，尽弃故见而肆力于西学，以为西方无不优胜而中国无不劣败，以至维新主张多以西人理念为张本，以西方制度为楷模。及至亲身感受西方国家世道人心，乃悟"昔者视欧美过高，以为可渐至大同，由今按之，则升平尚未至也。孔子于今日，犹为大医王，无有能易之者"，[①]从此尊崇孔子，弘扬孔教，倡导读经，护持国粹，甚至提出"中国颠危误在全法欧美而尽弃国粹"的论断，[②]这种保守主义的文化观终康氏余生未再改变。1913 年（民国二年）底，康有为结束流亡回国，以其在前朝的声望而周旋于遗老和新贵之间，对一些重大的社会政治事件每每表态，如 1916 年声讨袁世凯称帝，1917 年反对中国加入

---

① 《康有为全集》第 7 集，北京：中国人民大学出版社 2007 年版，第 374 页。类似言论在康氏全集中多处可见。
② 《康有为全集》第 10 集，第 129—143 页。

协约国对德宣战,同年支持张勋复辟,1919 年声援五四学生运动,1925
年前后鼓动北洋政府联合各路军阀剿灭在他看来倾向"赤化"的北冯(玉
祥)南蒋(介石)。但无论如何,康氏毕竟逐渐疏离时代,淡出社会,终于
1927 年夏历二月廿八日卒于青岛,落葬于青岛李村象耳山。

康有为一生著述丰富,有多种选集、专集或单篇著作行世。搜罗其
存世著作、文章、书札、诗词最完备的为《康有为全集》十二集,由中国人
民大学出版社于 2007 年出版。

二、"惟元惟人"的二元本体观

康有为一生的主要关切在于社会政治方面,并未专门致思于哲学建
树,不过为了追索学理的本源或确立社会政治主张的终极根据,他还是
零散地表达了一些哲学思考。

关于宇宙的本体,康有为采用了元、气、元气、一、天以及诚、不忍之
心、人之灵明等多个名目予以指称,这些名目大致可以归纳为元气与人
心两个范畴。首先就前一个范畴来看,康有为说:"岂知元为万物之本,
人与天同本于元,犹波涛与沤同起于海,人与天实同起也。然天地自元
而分别为有形象之物矣。人之性命虽变化于天道,实不知几经百千万变
化而来,其神气之本,由于元",①此乃以元为本;"凡物皆始于气,既有气,
然后有理。生人生物者,气也。所以能生人生物者,理也","天地之本皆
运于气",②此则以气为本;"夫浩浩元气,造起天地。天者,一物之魂质
也;人者,亦一物之魂质也。虽形有大小,而其分浩气于太元,挹涓滴于
大海,无以异也",③此又以元气为本;"天地之道出于一","道立于一,化
成万物。夫天地生物之数,终于万而始于一",④此转以一为本;"天者,统

---

① 《康有为全集》第 2 集,第 373 页。按"人与天同本于元,犹波涛与沤同起于海"二句,编校者将
"于元"二字断归下句,当误,径改。
② 《康有为全集》第 2 集,第 133、372 页。
③ 《康有为全集》第 7 集,第 4 页。
④ 《康有为全集》第 2 集,第 147 页;另见第 5 集,第 384 页。

摄之谓,非苍苍之谓也",①此复以天为本;另外康有为还曾采用太一、太极等名目指称本体。② 虽然名目繁多,但细绎康氏有关论说,可知这些名目的本体意涵并不都是等同的,有些名目则只是衍称而并无独特内容。如其曰"元,气之始,故以元统天",③"唯圣人能属万物于一,而系之以元",④这就将气、天、一置于元的下位;又说"《礼运》言太一,即统天之元",⑤"太一者,太极也,即元也",⑥这则以太一、太极为元的衍称而归并于元。因此可以说,"元"才是康有为真正认定的"无形以起,有形以分,造起天地,天地之始"⑦的本体范畴。不过,在元的诸下位名目或衍称名目中,气又往往被赋予特殊地位。康有为既说"元,气之始",将元作为气的始基;但又说"元即气也",⑧直是视元、气为一如甚至反而归元于气。关于元、气一如这一点,从康有为对元和气的内涵或属性的论说中也可得到证明。论及元的内涵或属性,康有为说"其道以元为体,以阴阳为用";⑨至于气的内涵或属性,其曰"天地之理,阴阳而已。其发于气",⑩"有气即有阴阳,其热者为阳,冻者为阴",⑪由此可见元、气具有相同的内涵或属性,因而也就具有同等的本体地位,构成康有为的元气本体观。

元气因所涵阴阳两端而发生运动,所谓"有气自有运转,有运转自有力矣"。⑫ 元气的阴阳运动则生成宇宙万物乃至人类,此即"生生之道出于二";⑬具体地说,"阳为湿热,阴为干冷。湿热则生发,干冷则枯槁,二

---

① 《康有为全集》第 2 集,第 151 页。
② 《康有为全集》第 5 集,第 565 页。
③ 《康有为全集》第 2 集,第 147 页。
④ 《康有为全集》第 5 集,第 384 页。
⑤ 《康有为全集》第 2 集,第 160 页。
⑥ 《康有为全集》第 5 集,第 565 页。
⑦ 《康有为全集》第 5 集,第 565 页。
⑧ 《康有为全集》第 2 集,第 149 页。
⑨ 《康有为全集》第 5 集,第 64 页。按"其"乃康有为自指,"其道"则指康氏自己所遵循的基本思想观点。
⑩ 《康有为全集》第 1 集,第 105 页。
⑪ 《康有为全集》第 2 集,第 133 页。
⑫ 《康有为全集》第 2 集,第 146、149 页。
⑬ 《康有为全集》第 2 集,第 147 页。

者循环相乘,无有终极也。无以名之,名之阴阳也。于无极无无极之始,有湿热之气,郁蒸而为天。诸天皆得此湿热之气,辗转而相生焉。近天得湿热之气,乃生诸日,日得湿热之气,乃生诸地,地得湿热之气,蒸郁而草木生焉,而禽兽生焉,已而人类生焉。人得湿热之气,上养其脑,下养其心。湿则仁爱生,热则智勇出。积仁爱、智勇,而有宫室、饮食、衣服以养其身;积仁、爱、智、勇,而有礼乐、政教、伦理以成其治。五帝、三王,犹湿热而选者也。……夫湿热者,天地之正气也,人皆有之,不可绝也。然纵极之而无度量分界,则所伤实多,不可行于人,不能道也。夫干冷非人道也,然以济湿热之病,则材适得其宜,而病得愈焉",① 故宇宙万物以及人类必须阴阳两端相互配合方可生成,"夫道有阴阳,统有文质,原有异同,并行不悖。力之有拒吸也,汽之有冷热也,皆物质不能少者也。惟所贵者,两者调均,造物以成"。② 恰因阴阳两端相互配合方才生成宇宙万物以及人类,故宇宙万物以及人类无不具有一体两面性,"若就一物而言,一必有两。《易》云:太极生两仪。孔子原本天道,知物必有两,故以阴阳括天下之物,理未有能出其外者。就一身言之,面背为阴阳。就一木言之,枝干为阴阳。就光言之,明暗为阴阳。就色言之,黑白为阴阳。就音言之,清浊为阴阳。就气言之,冷热为阴阳。就质言之,流凝为阴阳。就形言之,方圆为阴阳。推此仁义、公私、经权、常变,以观天下之物,无一不具阴阳者,不独男女、牝牡、雌雄、正负、奇耦也"。③ 一体两面的普遍性又决定了运动变化的普遍性;若否定运动变化,则一体两面亦将不能存在,故曰"天不能有阳而无阴,地不能有刚而无柔,人不能有常而无变。……若知守常而不知变,是天有阳而可无阴,地有刚而可无柔也"。④ 康有为举例说:"夫天,不变者也,然朝夕之暑,无刻不变矣。况昼夜之显以明晦,冬夏之显以寒暑乎? 如使天以昼而无夜,以夏而无冬,万

---

① 《康有为全集》第 1 集,第 105 页。按"阳为湿热"之"为"字,原文作"无",当误,径改。
② 《康有为全集》第 9 集,第 317 页。
③ 《康有为全集》第 2 集,第 374 页。
④ 《康有为全集》第 2 集,第 30 页。

物何从而生？故天惟能变通而后万物成焉。……地，不变者也，然沧海可以成田，平陆可以为湖，火山忽流，川水忽涸，故至变者莫如地。夫地久而不弊者，为能变也。夫以天地，不变且不能久，而况于人乎？且人欲不变，安可得哉？自少至老，颜貌万变。自不学而学，心智万变。积微成智，闷若无端，而流变之微，无须臾之停也。"①基于上述认识，康有为得出了"道主维新，不主守旧，时时进化，故时时维新"②的结论，其元气本体观适为其戊戌前后社会政治主张的终极根据。不过康有为求变求新的社会政治主张却并未照顾到故常方面，这与他的元气本体观所生发的一体两面论是存在理论矛盾的，或许只能从时势使然的角度予以同情的理解了。③

康有为的元气本体观本自中国古代典籍，主要是《周易》"乾元统天"以及《春秋》"元春王正"的微言大义，故其称《周易》《春秋》"天人之道备矣"。④ 但因康氏一度服膺西学，故又以近代西方星云说阐发元气本体观，其曰："德之韩图、法之立拉士发星云之说，谓各天体创成以前，是朦胧之瓦斯体，浮游于宇宙之间，其分子互相引集，是谓星云，实则瓦斯之一大块也。始如土星然，成中心体，其外有环状体，互相旋转，后为分离，各成其部，为无数之小球体，今之恒星是也。我之太阳系亦然。当初星云之瓦斯块自西回转于东，其星云渐至冷却，诸球分离自转，遂为游星。在中者为太阳，其周围有数多之环，因远心力而分离旋转，其环则成卫星。故凡诸星之成，始属瓦斯块，地球之始亦然。最初高度之热瓦斯体，逐渐冷却而成液体，更冷则表面结成为固体矣。其旋转之方向，仍以太

---

① 《康有为全集》第 2 集，第 30 页。

② 《康有为全集》第 5 集，第 455 页。

③ 康有为说："其统异，其世异，则其道亦异。故君子当因其所处之时，观其会通，以行其典礼。上下无常，惟变所适。别寒暑而易裘葛，因水陆而资舟车。道极相反，行亦相反。然适当其时，则为此时之中庸，故为之时中。若守旧泥古，而以悍狂行之，反乎时宜，逆乎天运，虽自谓中庸，而非应时之中庸，则为无忌惮之小人而已。"（《康有为全集》第 5 集，第 371 页）可见在他看来，只要适应时势，即使偏颇也不失为中庸。

④ 《康有为全集》第 2 集，第 30 页。

阳为母体,依旧自西转东。"①所谓"瓦斯"(gas)当即元气,由之生成无量天体乃至地球,这种本体宇宙观体现出康氏敞开中国传统学理以吸纳西学的趋向。当然,康氏对西学的理解还是相当零乱肤浅的,这不仅表现于他对星云说的陈述甚不清晰,而且从他所谓"经格致家将地球逐渐考验,知地球自始生以来,历六万年,然后有人类,自有人类以至今日,则不过四千余年耳"②一类的说法更可概见。

与康有为本体观的前一个范畴将宇宙本体置于客观存有不同,其后一个范畴将宇宙本体收摄于主体精神,此即"不忍之心"和"人之灵明"。康有为认为"人人皆有"的不忍之心"为万化之海,为一切根,为一切源",③而"人之灵明,包含万有,山河大地,全显现于法身,世界微尘,皆生灭于性海,广大无量,圆融无碍,作圣作神,生天生地"。④康有为的本体观中还有"诚"之一目,其曰"天地万物皆从诚字出,故《中庸》曰:不诚无物",⑤由于诚既可是主体德性,也可是道德本体,如《中庸》所谓"诚者,天之道也;诚之者,人之道也",而康氏又没有对诚的涵义作出清晰分说,故难以断定诚在康氏本体观中究属客观存有还是主体精神,或者可以将其理解为贯通两界的范畴。克就"不忍之心"和"人之灵明"来说,这类系于主体精神的本体虽与元气本体迥然相异,但其作为康氏社会政治主张的终极根据却与元气本体一致无二。康氏张扬人之灵明,实质上是为了提撕人心以救亡图存,其曰:"故今日之会,欲救亡无他法,但激厉其心力、增长其心力,念兹在兹,则燸火之微,自足以争光日月,基于滥觞,流为江河。果能合四万万人,人人热愤,则无不可为者,奚患于不能救?"⑥其鼓吹不忍之心,则是为了成就仁政进而实现太平社会和大同世界,其曰:"既有此不忍人之心,发之于外,即为不忍人之政。若使人无此不忍人之

①《康有为全集》第12集,第20页。按韩图即康德,立拉士即拉普拉斯。
②《康有为全集》第1集,第143页。
③《康有为全集》第5集,第414页。
④《康有为全集》第5集,第422页。
⑤《康有为全集》第2集,第233页。
⑥《康有为全集》第4集,第59页。

心，圣人亦无此种，即无从生一切仁政。……一核而成参天之树，一滴而成大海之水。人道之仁爱，人道之文明，至于太平大同，皆从此出。"①

康有为所标举的"不忍之心"和"人之灵明"显然本自《孟子》以及陆王心学，并且参以佛教唯识论，但应合着接纳西学的时代潮流，他又将这些观念与近代西方科学加以比附，如谓"不忍人之心，仁也，电也，以太也"，②"仁从二人，人道相偶，有吸引之意，即爱力也，实电力也"，③"若夫电，则诸天皆无不通矣。每秒之时，电行三十万里，天下之至速未有如电者也。今无线可以通电，足见电无所不有，无所不通，无处能舍电者也。……电人人有之，在人之自修与否。修电之点而为电团，务令聚而不散，则长明不昧，长存不散。佛能收电，保存电，故入定能通一切，极之生生世世，灵明不昧。《隋书》所谓修炼精神，以至为佛，即修电也，即老子谓恍兮惚兮，中有物象，绵绵若存，用之不尽。《中庸》曰：予怀明德。《易》曰：斋戒以神明其德。即此电也。孔子之道，时时修省，则为圣为贤，否则为愚为贱。《大学》之道在明明德，明德即收电也。明之不已，则大明终始，不可思议。此人人可能之事也"，④将不忍之心、仁、爱力、灵明、明德等精神现象与电和所谓"以太"之类物质概念混然杂糅，这不仅表现了康有为个人西学造诣的浅薄，实际上也反映了其时学术思想界理解西学的一般水平。

综上所述，康有为的本体观具有元气本体与人心本体二元性，这是为他自己所肯认的，从其所谓"神鬼神帝，生天生地，全神分神，惟元惟人"⑤之语可以得到证明。

三、"求乐免苦"的自然—功利人性论

康有为认为"人禀阴阳之气而生"，由此将元气本体观导入人性论。

---

①《康有为全集》第5集，第414页。
②《康有为全集》第5集，第414页。
③《康有为全集》第5集，第380页。
④《康有为全集》第11集，第274页。
⑤《康有为全集》第7集，第4页。

在康有为看来，人性的根基在于自然感官及其本能，仁义之类的道德性都是感官本能通过逐渐发达的理智作用而形成的，他说："人禀阴阳之气而生也。能食味、别声、被色，质为之也。于其质宜者则爱之，其质不宜者则恶之，儿之于乳已然也。见火则乐，暗则不乐，儿之目已然也。故人之生也，惟有爱恶而已。欲者，爱之征也；喜者，爱之至也；乐者，又其极至也；哀者，爱之极至而不得，即所谓仁也，皆阳气之发也。怒者，恶之征也；惧者，恶之极至而不得，即所谓义也，皆阴气之发也。婴孩沌沌，有爱恶而无哀惧，故人生惟有爱恶而已。哀惧之生也，自人之智出也。魂魄足矣，脑髓备矣，知觉于是多焉，知刀锯水火之足以伤生也，于是谨避之。婴儿不知刀锯水火之足以伤生而不避也，禽兽亦然。圣人之知更多，故防害于未至，虑患于未然，曲为之防，力为之制。故其知愈多者，其哀惧愈多；其知愈少者，其哀惧愈少。其有无不能终穷也，以分数计之。"①此所谓质（亦称气质），即自然感官，爱恶即本能，哀惧即仁义一类道德性。哀惧（仁义）乃是感官本能通过理智作用的结果，且与理智作用成正比。根据以上观点，康有为认为，在发生意义上，除了感官本能，并没有既成的人性，更无先验的善恶，其曰："人之有生，爱恶仁义是也，无所谓性情也，无所谓性情之别也。爱恶皆根于心，故主名者名曰'性情'。造书者从心生，要知其生于心而已。存者为性，发者为情，无所谓善恶也。"②又说："实则性全是气质，所谓义理，自气质出，不得强分也。"③

那么具体说来，人性特别是德性究竟是如何形成的呢？康有为认为关键在于后天的人为学习。其曰："今之所谓仁义者，积人事为之，差近

---

① 《康有为全集》第 1 集，第 100 页。
② 《康有为全集》第 1 集，第 101 页。"人之有生，爱恶仁义是也"一语，既可理解为仁义就是爱恶本能，此由康氏所谓"故人之生也，惟有爱恶而已""故人生惟有爱恶而已""夫仁之与爱、义之与恶，何异之有"（第 1 集，第 101 页）可以作证；但也可理解为仁义是人与生俱来的本性，此则由康氏所谓"夫人性本有仁义，特非仁义之至耳"（第 1 集，第 101 页）可以作证，由此反映康氏人性论的驳杂抵牾。
③ 《康有为全集》第 1 集，第 341 页。康有为反复说"性者，生之质也，未有善恶"（第 2 集，第 166 页），"性无善恶"（第 2 集，第 186 页），"性只有质，无善恶"（第 2 集，第 188 页），"'性'字、'善'字，要分开讲"（第 2 集，第 203 页）。

于习,而非所谓性也。若夫性,则仁义爱恶无别也。善者,非天理也,人事之宜也。故以仁义为善,而别于爱恶之有恶者,非性也,习也。"①他打比方说:"尝试譬之,性则丝帛也,善则冕裳也,织之、染之、练之、丹黄之,又复制之,冕裳成焉,君子是也。弗练、弗织、弗文、弗色,中人是也。污之粪之,裂为缯结,小人是也。"②如果没有人为学习,则"人人相等,同是食味、别声、被色,无所谓小人,无所谓大人也",甚至"人与禽兽相等,同是视听运动,无人禽之别也"。③ 康有为归结人为学习对于转化人的自然本能而成就德性的作用说:"同是物也,人能学则贵,异于万物矣;同是人也,能学则异于常人矣;同是学人也,博学则胜于陋学矣;同是博学,通于宙合,则胜于一方矣;通于百业,则胜于一隅矣;通天人之故,极阴阳之变,则胜于循常蹈故拘文牵义者矣。故人所以异于人者,在勉强学问而已。夫勉强为学,务在逆乎常纬。顺人之常,有耳、目、身体,则有声、色、起居之欲,非逆不能制也;顺人之常,有心思识想,则有私利隘近之患,非逆不能扩也。人之常俗,自贵相贱,人之常境,自善相高,造作论说、制成事业。与接为构,而目惑荧,而心洽就。其为是俗,非一人与,积千万人,积亿兆人,积京陔秭壤沟人,于是,党类立矣。其为是俗,非一时也,积日月年,积百十年,积千万年,于是,积习深矣。欲矫然易之,非至逆安能哉? 故其逆弥甚者,其学愈至,其远于人愈甚,故所贵勉强行道也。《大戴·保傅篇》曰:胡越之人,生而同声,嗜欲不异,及其长而成俗也,累数译而不能通。故孔子曰:习相远。习,即学也。惟其学相远,故人与禽兽相远,人与人相远,学人与学人相远,其相远之道里,不啻百十里也,不啻千万里也,不啻亿兆里至于无可计议、无可知识里也。"④这就强调了学习对于成就德性的至关重要性。

---

①《康有为全集》第1集,第101页。"若夫性,则仁义爱恶无别也"一语意为,如果说人的本性是仁义,实际上也就是说人的本性是爱恶。
②《康有为全集》第1集,第101页。
③《康有为全集》第1集,第341页。
④《康有为全集》第1集,第341页。

　　康有为这种注重感官本能、否定既成人性和先验善恶、认为人性特别是德性由后天人为学习而形成的观点，比较接近于告子"生之谓性""食色性也""性犹湍水""杞柳杯棬"诸说，①故其曰"告子曰'食色性也'，'性犹湍水也'，是也"，②"告子生之谓性，自是确论"。③　相应地，他对具有先验论倾向的性善说、性恶说、性善恶混说、性三品说、性善情恶说等诸种人性论都予以批评和否定。他说："孟子言性善，荀子言性恶，杨子言善恶混，韩子强为之说曰三品，程、朱则以为性本善，其恶者情也，皆不知性情者也。程子曰：论性不言气不备。夫性者，气质所发，犹一子也，但于气质中别名之耳，安所谓不备哉？……漆雕开、子贱、世子亦言性有善恶。……《春秋繁露》曰：性比于禾，善比于米，米出于禾中，而禾未可全为米也。善出于性中，而性未可全为善也。《韩诗外传》曰：茧之性为丝，弗得女工燔以沸汤，抽其统理，不成为丝。卵之性为雏，不得良鸡覆伏守育，积日累久，不成为雏。此二说似善为喻矣，亦非也。夫禾虽未为米，卵虽未为雏，而禾必为米，卵必为雏，虽有失，不为他物也。茧丝之说为近之，然亦未至也。"④在康有为所批评和否定的诸种先验人性论中，他又往往对孟子性善说更不认可，如谓"孟子言性善，扩充不须学问。荀子言性恶，专教人变化气质，勉强学问，论说多勉强学问工夫。天下惟中人多，可知荀学可重"，⑤"从荀子说，则天下无善人。从孟子说，则天下无恶人。荀子说似较长"，⑥"荀子言矫輮，董子言勉强，极是。孟子性善之说未妥"，⑦由此显示了康有为从唐宋以降的儒家主流和中国正统的歧出。

---

① 告子诸说见《孟子·告子上》。

② 《康有为全集》第 1 集，第 101 页。

③ 《康有为全集》第 1 集，第 341 页。不过康有为也并非完全同意告子的人性论，如批评告子的"杞柳为杯棬"说为"未至"（第 1 集，第 101 页），"生之谓性"说"发之未透"（第 1 集，第 341 页），"性犹湍水"说"言未得实"（第 5 集，第 428 页），只不过在他看来，"告子之意近是，……在诸儒中盖近理矣"（第 1 集，第 101 页）。

④ 《康有为全集》第 1 集，第 101 页。

⑤ 《康有为全集》第 2 集，第 182 页。

⑥ 《康有为全集》第 2 集，第 186 页。

⑦ 《康有为全集》第 2 集，第 246 页。

不过康有为仍然标举孔子之说以为其人性论观点的权威依据,如谓"善乎孔子之言曰:性相近,习相远。言相近者,谓出于禽虫之外,凡为人者必相近也,不称善恶。至于习于善、习于恶,则人为之矣,故相远也。其言至矣",①又谓"凡论性之说,皆告子是而孟非,可以孔子为折衷。告子之说为孔门相传之说,天生人为性",②这显然是将孔子之说以及儒家学统加以自己的解释,以期证明其人性论观点与先圣一脉相承。当然应该承认,康有为的思想在总体上确实并未超出儒家传统范围,表现在人性论方面,不仅因其仍然依违于诸儒论说之间,特别由于其有意无意中又张扬了性善论,观其所谓"人类化于天,人性生于天,故人道即法天道。天人分合,本原贯通,孝子不匮,永锡尔类"③、"不忍人之心,仁也,电也,以太也,人人皆有之,故谓人性皆善"④、"人人性善,尧、舜亦不过性善,故尧、舜与人人平等相同"⑤、"人人性善,文王亦不过性善,故文王与人平等相同"⑥一类言论,可以为证。这种歧出与流连的思想境况,致使康有为的人性论观点具有某些驳杂和抵牾成分,而与他的二元本体观存在着相应性。

康有为的人性论也是与其社会政治主张相关的。他构画了一个"人人极乐"的"大同之世",作为社会政治的至高理想。"大同之世"之所以"极乐",就在于能够完全充分地满足"生人之乐趣、人情所愿欲",诸如"口之欲美饮食也,居之欲美宫室也,身之欲美衣服也,目之欲美色也,鼻之欲美香泽也,耳之欲美音声也,行之欲灵捷舟车也,用之欲便美机器也,知识之欲学问图书也,游观者之欲美园林山泽也,体之欲无疾病也,养生送死之欲无缺也,身之欲游戏登临、从容暇豫、啸傲自由也,公事大政之欲预闻预议也,身世之欲无牵累压制而超脱也,名誉之欲彰彻大行

---

① 《康有为全集》第 1 集,第 101 页。
② 《康有为全集》第 2 集,第 186 页。
③ 《康有为全集》第 2 集,第 382 页。
④ 《康有为全集》第 5 集,第 414 页。
⑤ 《康有为全集》第 5 集,第 417 页。
⑥ 《康有为全集》第 5 集,第 418 页。

也,精义妙道之欲入于心耳也,名书、妙画、古器、异物之欲罗于眼底也,美男妙女之欲得我意者而交之也,登山临水、泛海升天之获大观也",凡此"人之大愿至乐,而大同之世人人可得之者也"。① 显而易见,这样一个"大同之世"乃是建立在康有为所认定的人的"求乐免苦"的感官本能基础之上;换言之,人的感官本能为"大同之世"提供了必要性。但"大同之世"之得以建立,又有赖于人的感官本能提升为"不忍之心"的德性,"人道之仁爱,人道之文明,至于太平大同,皆从此出";②也就是说,德性为"大同之世"提供了可能性。这样,康有为以感官本能为根本、以学成德性为指向的人性论就成为其"大同之世"之必要与可能的根据;人的德性成就"大同之世","大同之世"又满足人的感官本能需要。至于人性既已提升为德性,何以还会降格以求"大同之世"对感官本能的满足,康有为的解释是:"故普天之下,有生之徒,皆以求乐免苦而已,无它道矣。其有迂其途,假其道,曲折以赴,行苦而不厌者,亦以求乐。而虽人之性万有不同乎,而可断断言之,曰人道无求苦去乐者也。"③由此可见,在康有为看来,德性归根到底只是满足感官本能的手段,"求乐免苦"的感官本能才是人性的根荄。

四、"人惟有智"的重智倾向

康有为既然认为哀惧亦即仁义"自人之智出",当然表明他将智置于比仁义更加重要的地位。他还说"夫礼、信者,人事之不得不然,自其智为之,以顺仁、义者也",④又将智置于比礼信更加重要的地位。综观其说,可见在康有为看来,智在五常之中居于首位。这种重智倾向在康有为的言论中还有不少表露,如谓"爱恶仁义,非惟人心有之,虽禽兽之心亦有焉。然则人与禽兽何异乎? 曰:异于其智而已。其智愈推而愈广,

---

①《康有为全集》第 7 集,第 32—33 页。
②《康有为全集》第 5 集,第 414 页。
③《康有为全集》第 7 集,第 7 页。
④《康有为全集》第 1 集,第 101 页。

则其爱恶愈大而愈有节,于是政教、礼义、文章生焉,皆智之推也。故人之性情,惟有智而已,无智则无爱恶矣",①"物皆有仁、义、礼,非独人也。乌之反哺,羊之跪乳,仁也;即牛、马之大,未尝噬人,亦仁也;鹿之相呼,蚁之行列,礼也;犬之卫主,义也,惟无智,故安于禽兽耳。人惟有智,能造作饮食、宫室、衣服,饰之以礼乐、政事、文章,条之以伦常,精之以义理,皆智来也。苟使禽兽有智,彼亦能造作宫室、饮食、衣服,饰之以伦常、政事、礼乐、文章,彼亦自有其义理矣。故惟智能生万理",②这是说明人之所以异于禽兽而为人乃至人类文明的创造和道德的形成,完全依赖于智的作用。康有为还说:"或谓仁统四端,兼万善,非也。吾昔亦谓仁统义、礼、智、信,与朱子言'义者,仁之断制;礼者,仁之节文;信者,仁之诚实;智者,仁之分别'同。既乃知人道之异于禽兽者,全在智。惟其智者,故能慈爱以为仁,断制以为义,节文以为礼,诚实以为信。夫约以人而言,有智而后仁、义、礼、信有所呈,而义、礼、智、信以之所为,亦以成其仁,故仁与智所以成终成始者也。"③这就明确否定了仁在五常中的统摄地位,在强调智为仁、义、礼、信之呈现根据的前提下肯定仁智并重,但仍以智为先(始)而以仁为后(终)。至其所谓"仁智同藏而智为先,仁智同用而仁为贵",④虽然将仁智并举,但细绎其意,却不无智体仁用的内涵。

康有为的重智倾向及其议论方式与其前辈王韬几乎如出一辙,他们主要都是在对作为中国传统主流意识形态的儒家思想的五常观的分析比较中突出智的重要性,都表现出超轶圣贤遗教和传统观念的趋向。但并无证据表明康有为受到王韬的直接影响,毋宁说他们异时异地而共同形成的重智倾向都是时势使然。余波未已的清代朴学和新近传入的西方科学不同程度的看重求知而轻视修身的风气弥漫于社会,深入人心,王韬和康有为可谓得风气之先者,他们所表露的重智倾向实际上已经启导了牟宗三日后

①《康有为全集》第1集,第101—102页。
②《康有为全集》第1集,第108页。
③《康有为全集》第1集,第108页。
④《康有为全集》第7集,第4页。

提出的、作为补足中国传统文化知性欠缺之方法的"良知坎陷"的历程，也打开了通向分科专门之学的现代学科体制的门径。

第二节　谭嗣同杂糅新旧以求通变的"仁学"

一、生平著述

　　谭嗣同（1865—1898），湖南浏阳人，于父继洵为户部主事任内生于京城宣武门外嬲眠胡同宅邸，字复生，号壮飞，自署东海褰冥氏、华相众生，室号寥天一阁、莽苍苍斋、思纬吉凶台、石菊影庐、远遗堂、壮飞楼、秋雨年华馆、微大弘孤精舍等。谭嗣同童年时代一直客居京师，五岁（清同治八年，1869）从毕莼斋先生始受书，后又师从韩荪农、欧阳中鹄（瓣姜）、涂启先（舜丞）、刘人熙（蔚庐）诸先生。十二岁（清光绪二年，1876），京师春疫流行，生母徐氏、长兄嗣贻、仲姊嗣淑于旬日之内先后触疫而亡，嗣同亦染疾濒死，然三日复苏，父遂赐字曰复生。十三岁（清光绪三年，1877），父补授甘肃巩秦阶道，加二品衔，上任之前先回故里修墓，嗣同随侍，首次返乡。次年随父赴甘肃任，始有西北之行。此后至二十五岁的十余年间，嗣同五次往返于陇湘之间，壮游山川，体察时艰，厕身军旅，砥砺胆识，养成了恻怛而豪侠的性格。此间于十九岁（清光绪九年，1883）与长沙女子李闰成婚；二十一岁（清光绪十一年，1885）暨二十四岁（清光绪十四年，1888）两度返湘参加秋试，均不第；二十五岁（清光绪十五年，1889）自兰州赴京师拟应北闱之试，不意仲兄嗣襄遽卒于台湾，遂转奔上海迎榇，不克入闱。是年底，父升任湖北巡抚，嗣同先期由湘抵鄂，预为布置迎接安顿事宜。二十七岁（清光绪十七年，1891）由鄂返湘再应秋试，仍报罢，嗣同不以为意，畅游南岳衡山，赋诗言志曰"身高殊不觉，四顾乃无峰。但有浮云度，时时一荡胸"，[1]尽显卓荦不群气概。三十岁（清光绪二十年，1894）再于长沙参加秋试，是后便绝意科场，更激于中国水

---

[1]《晨登衡岳祝融峰二篇》其一，载《谭浏阳全集》，台北：文海出版社1962年版，第172页。

师惨败于日本,愤然欲尽弃无用之学而壹意经世,作《莽苍苍斋诗自叙》曰"天发杀机,龙蛇起陆,犹不自惩,而为此无用之呻吟,抑何靡与! 三十年前之精力,敝于所谓考据辞章,垂垂尽矣。勉于世,无一当焉。愤而发箧,毕弃之"。① 此间有长书分致欧阳瓣薑师及友人贝元徵,要点不外废八股、兴格致、育人才、效西法。三十一岁(清光绪二十一年,1895)闻康有为倡强学会于京师,有公车上书之举,乃自鄂抵沪,转赴京师,欲以谒见康氏,适康氏南归广东,不获见,遂与时任强学会记纂的梁启超交谈,得悉康氏学思宗旨及经世条理,因感动喜悦,而私淑焉。三十二岁(清光绪二十二年,1896),父为捐得候补知府,需次金陵,得从居士杨文会游,佛学造诣大进,此间撰写平生最重要之著作《仁学》。三十三岁(清光绪二十三年,1897)受湖南巡抚陈宝箴之邀,弃官自金陵返长沙,参赞新政,为时务学堂主持人之一,以公羊三世进化之说、孟子民贵君轻之义、西方科学民主之理、计算质测格致之学以及《明夷待访录》《扬州十日记》等宣扬民主民族思想的书籍教导学生;又设立南学会,既以讲学,又以议政,讲学以启发新知,议政以伸张民权,实具地方议会性质。清光绪二十四年(1898)四月,定国是诏既下,嗣同以侍读学士徐致靖举荐被征,适大病不能行,迁延至七月病愈方才辗转入京觐见,被授四品卿衔,任军机章京,参预新政。七月二十七日,光绪帝拟效康乾故事,开懋勤殿,设顾问官,然为西太后沮抑。二十九日,同任军机章京之杨锐带出光绪帝密诏,中有"朕位且不能保"等语,嗣同与康有为等密谋,主张笼络实力派将领直隶按察使袁世凯,以备不测之用。八月初三夜,嗣同挟光绪帝密诏至袁世凯在京中寓所,说袁诛旧派首领直隶总督荣禄,以救君上之难。袁慷慨应诺,然初五日返回驻地天津后即向荣禄首告康谭等密谋,于是西太后即日垂帘训政,软禁光绪帝于瀛台,并开始搜捕康党。嗣同于八月初十被逮,系狱三日,有题壁诗曰"望门投止思张俭,忍死须臾待杜根。

①《谭浏阳全集》,第51页。

我自横刀向天笑,去留肝胆两昆仑",①表现出担当精神和无畏气概。八月十三日,嗣同与康广仁、杨深秀、林旭、杨锐、刘光第一同就戮于京师宣武城门之菜市口,终年三十四岁。

谭嗣同著述主要有《思纬吉凶台短书》一卷,《谊考前编》二卷,《浏阳谭氏谱》四卷,《剑经衍葛》一卷,《印录》一卷,《秋雨年华馆丛脞书》四卷,《仁学》二卷,《石菊影庐笔识》二卷,《兴算学议》一卷,《寥天一阁文》二卷,《莽苍苍斋诗》二卷,《远遗堂集外文初编》一卷《续编》一卷,《壮飞楼治事》十篇。其哲学思想,主要见于《仁学》《以太说》等篇。当代整理出版的谭氏著作主要有《谭浏阳全集》一册,台北文海出版社 1962 年版;《谭嗣同全集》二册,北京中华书局 1981 年版。

二、新旧杂糅的哲学思想

在中西文化摩荡日亟的近代,作为对中国文化造诣颇深,且对西方文化用功甚勤,但尚未及将二者加以分析融通的人物,谭嗣同的哲学思想不免具有中西古今相互杂糅的特点。以本体论而言,谭嗣同采用"以太"作为本体范畴,在《以太说》中,其曰:

> 接吾目,吾知其为光。光之至吾目欤? 抑目之即于光也? 接吾耳,吾知其为声。声之至吾耳欤? 抑耳之即于声也? 通百丈之筒,此呼而彼吸,吾知其为气,而孰则推移是? 引万里之线,此击而彼应,吾知其为电,而孰则纲维是? 在格致家,必曰光浪也,声浪也,气浪也,电浪也,为之传一也。一固然矣,然浪也者,言其动荡之数也。动荡者何物? 谁司其动? 谁使其荡? 谁为其传? 何以能成可纪之数? 光声气电之同时并发,其浪何以各不相碍? 光声气电之寂然未发,其浪又消归于何处? 则非浪之一辞所能尽矣。一地球,何以能摄月球与动植物? 一日球,何以能摄行星彗星流星? 一昴星,何以能摄天河圈内所

---

① 《狱中题壁》,载《谭浏阳全集》,第 190 页。

有诸恒星？一虚空，何以能摄星林星团星云星气，皆如昴星之天河圈而遥与之摄？在动重家，必曰离心力也，向心力也，为之吸一也。一固然矣，然力也者，言其牵引之势也。牵引者何物？谁主其牵？谁令其引？谁任其吸？何以能成可睹之势？日月星地之各吸所吸，其力何能制其不相切附？日月星地之互吸所吸，其力何能保其不相陵撞？则非力之一辞所能尽矣。任举万物中之一物，如一叶，如一尘，如一毛端，如一水滴，其为物眇乎其小矣，而要皆合无量之微质点粘砌而成，及以显微镜窥之，则叶之纹理，知其为山河；尘之旋舞，知其为小地球；一毛端，一水滴，知其有万亿京垓之微生物微植物，或根著，或浮流，或蜎飞蠕动，跂行喙息，而微生物微植物又莫不各有筋骨肠胃枝叶根须，其筋骨肠胃枝叶根须之间，又莫不更有寄生之微生物微植物，由是辗转递测，以至于无穷，谓为质点之粘砌，则质点之微，岂复可以言喻？虽天演家亦无以辨其竟矣。任举万事中之一事，如一言，如一动，如一饮泣，如一思念，其为事亦至庸无奇矣，而要皆合全体之脑气筋发动而显。以我之脑气筋，感我之脑气筋，于是乎有知觉，牵一发而全身为动，伤一指而终日不适，疾痛疴痒，一触即知，其机极灵，其传至速；不灵不速，时曰麻木不仁。以我之脑气筋，感人之脑气筋，于是乎有感应，善不善，千里之外应之；诚不诚，十手十目严之。容色可征意旨，幽独如见肺肝。本合天地人我为一全体，合众脑气筋为一脑气筋。而妄生分别，妄见畛域，自隔自蔽，绝不相通者，尤麻木不仁之大者也。然究其所以相通之神之故，虽心灵家无以达其分核矣。是何也？是盖遍法界、虚空界、众生界，有至大至精微，无所不胶粘不贯洽不筦络而充满之一物焉，目不得而色，耳不得而声，口鼻不得而臭味，无以名之，名之曰以太。其显于用也，为浪，为力，为质点，为脑气；法界由是生，虚空由是立，众生由是出；无形焉，而为万形之所丽；无心焉，而为万心之所感。精而言之，夫亦曰仁而已矣。[1]

---

[1]《谭浏阳全集》，第446—448页。

在《仁学》首篇,谭嗣同也说:

遍法界、虚空界、众生界,有至大之精微,无所不胶粘、不贯洽、不筦络,而充满之一物焉,目不得而色,耳不得而声,口鼻不得而臭味,无以名之,名之曰以太。其显于用也,孔谓之仁,谓之元,谓之性;墨谓之兼爱;佛谓之性海,谓之慈悲;耶谓之灵魂,谓之爱人如己、视敌如友;格致家谓之爱力、吸力,咸是物也。法界由是生,虚空由是立,众生由是出。夫人之至切近者莫如身,身之骨二百有奇,其他筋肉血脉腑脏又若干有奇,所以成是而粘砌是不使散去者,曰惟以太。由一身而有夫妇,有父子,有兄弟,有君臣朋友,由一身而有家有国有天下,而相维系不散去者,曰惟以太。身之分为眼耳鼻舌身,眼何以能视,耳何以能闻,鼻何以能嗅,舌何以能尝,身何以能触,曰惟以太。与身至相切近莫如地,地则众质点粘砌而成,何以能粘砌,曰惟以太。任剖某质点一小分,以至于无,察其为何物所凝结,曰惟以太。至与地近,厥惟月,月与地互相吸引,不散去也;地统月与金水火木土天王海王为八行星,又有无数小行星、无数彗星互相吸引,不散去也;金水诸行星又各有所绕之月互相吸引,不散去也;合八行星与所绕之月,与小行星,与彗星,绕日而疾旋,互相吸引不散去,是为一世界;此一世界之日,统行星与月,绕昴星而疾旋,凡得恒河沙数成天河之星团,互相吸引不散去,是为一大千世界;此一大千世界之昴星,统日与行星与月以至于天河之星团,又别有所绕而疾旋;凡得恒河沙数各星团星林星云星气,互相吸引不散去,是为一世界海;恒河沙数世界海为一世界性;恒河沙数世界性为一世界种;恒河沙数世界种为一华藏世界;华藏世界以上,始足为一元,而元之数,则算所不能稽,而终无有已时,而皆互相吸引不散去,曰惟以太。其间之声光热电风雨云露霜雪之所以然,曰惟以太。更小之于一叶,至于目所不能辨之一尘,其中莫不有山河动植,如吾所履之地,为一小地球。至于一滴水,其中莫不有微生物千万而未已,更小之又小至于无，其中莫不有微生物浮寄于空气之中，曰惟以太。学者第一当认明以太之体与用，始可与言仁。①

显而易见，谭嗣同是基于近代物理学、天体学、微生物学、生理学、心理学等自然科学知识，将大千世界万事万物的本体归纳为以太。以太（ether）是古希腊哲学的一个概念，用以表示想象中的占据宇宙空间的物质元素；至17世纪经典物理学将其转化为科学概念，指称充满全部空间并渗透到普通物质之中、能够传递力、声、电、磁、光的媒介物质。虽然近代天体力学、光学、电磁学等多方面实验不断表明以太这种介质并不存在，但以太说在19世纪后期仍然臻于极盛，直到20世纪相对论和量子力学创立从而否定物质运动及其相互作用需要某种介质支持之后，以太说才被废弃。谭嗣同生活的年代正值以太说大行其道，其时英国传教士傅兰雅（John Fryer）翻译的《光学图说》就介绍了这一学说，谭嗣同接受以太说并将以太提升为本体范畴，反映了他对西学、特别是近代西方科学的了解和服膺。

不过，从以上引文即可看出，以太在谭嗣同的观念中并非十分严格的近代西方科学概念，而是与传统道德学说及宗教信念相杂糅，其中羼入了儒家的道德心性论，如谓"善不善，千里之外应之"，本于《周易·系辞上》"子曰'君子居其室，出其言，善则千里之外应之，况其迩者乎；居其室，出其言，不善则千里之外违之，况其迩者乎'"；又如"诚不诚，十手十目严之"，"容色可征意旨，幽独如见肺肝"，本于《大学》"曾子曰'十目所视，十手所指，其严乎'"，"人之视己，如见其肺肝然"；再如"本合天地人我为一全体，合众脑气筋为一脑气筋。而妄生分别，妄见畛域，自隔自蔽，绝不相通者，尤麻木不仁之大者也"，本于程明道"观仁"之说"医书言手足痿痹为不仁，此言最善名状。仁者以天地万物为一体，莫非己也。认得为己，何所不至？若不有诸己，自不与己相干。如手足不仁，气已不

---

① 《谭浏阳全集》，第201—203页。

贯,皆不属己",①另亦有取于王阳明的《大学问》。谭嗣同还将儒家的仁、元、性,墨家的兼爱,佛家的性海、慈悲,基督教的灵魂、博爱与物理学的作用力一并视为以太的效用,将人伦关系也归于以太的维系,而蔽以一言曰:以太"精而言之,夫亦曰仁而已矣",即是说以太的核心或精蕴就是仁,凡此种种就在科学概念中包容了意志成分。诚然,以太既为本体,应该是包括意志在内的宇宙间一切现象的终极原因,不过在一个成熟的哲学体系中,由此终极原因实现为宇宙诸现象,一定是有逻辑层次和主从次序的,而谭嗣同将声光电气、日月星地、水尘动植、人类身心与道德意志、宗教信仰以及人伦关系并列为以太之实现,将科学性的以太与道德性和宗教性的仁、元、性、兼爱、性海、慈悲、灵魂、博爱等直接挂搭甚至相提并论,这就表现了他在中西古今思想资料纷然杂陈的情况下大包大揽、生吞活剥、择焉不精、思焉不详的思想幼稚性。其实,谭嗣同的本体论还不止于杂糅而已,甚至存在着游移问题,例如同在《仁学》一篇中,他又说"仁为天地万物之源,故唯心,故唯识",而"以太也,电也"反为"粗浅之具也,借其名以质心力";②还说"以太者,亦唯识之相分,谓无以太可也",③由此表明谭嗣同又以仁(或心、识)为本体,而只是将以太作为表现本体的工具,或只是相当于佛家唯识学中由主导方面的见分所派生的依从方面的相分,④这不啻是对以太本体论作了根本否定,由此进一步显示出谭嗣同哲学思想的不成熟性质。

谭嗣同的宇宙论、人性论、认识论也都具有杂糅的特点。他论述宇宙生成曰:"天地万物之始,一泡焉耳。泡分万泡,如镕金汁,因风旋转,

---

① 《二程集》,北京:中华书局 2004 年版,第 15 页。

② 《仁学》,载《谭浏阳全集》,第 197、198 页。

③ 《仁学》,载《谭浏阳全集》,第 260 页。

④ 唯识学认为,阿赖耶识是现象界的根源,其中包含无量数的种识,由之变现大千世界万事万物;阿赖耶识及其所含每一种识皆为一识聚,包含心、心所两方面,心、心所又各自包含见分、相分两方面,在心、心所两方面中,心为主导方面,心所为依从方面,在见分、相分两方面中,见分为主导方面,相分为依从方面。谭嗣同既将以太相当于相分,也就是不以其作为终极本体,而只是见分的派生物了。

卒成圆体。日又再分,遂得此土,遇冷而缩,由缩而干。缩不齐度,凸凹其状,枣暴果膜,或乃有纹,纹亦有理,如山如河。缩疾干迟,溢为洪水;干更加缩,水始归墟。沮洳郁蒸,草蕃虫蝐,璧他利亚,微植微生,螺蛤蛇龟,渐具禽形。禽至猩猿,得人七八。人之聪秀,后亦胜前。"①这无疑是基于近代进化论而对宇宙万物乃至人类生成的描述。但述至人类生成之后,谭嗣同的论说陡然一转曰:"恩怨纷结,方生方灭,息息生灭,实未尝生灭。见生灭者,适成唯识。即彼藏识,亦无生灭,佛与众生,同其不断。忽被七识所执,转为我相。执生意识,所见成相。眼耳鼻舌身,又各有见,一一成相。相实无枉受熏习,此生所造,还入藏识,为来生因;因又成果,颠倒循环,无始沦滔。沦滔不已,乃灼然谓天地万物矣。天地乎?万物乎? 夫孰知其在内而不在外乎?"②这又显然将宇宙万物的成因归于藏识(即阿赖耶识),近代进化论的宇宙论与佛教唯识学的宇宙论就这样被谭嗣同奇妙地拼凑在一起。

关于人性论,谭嗣同的观点也是莫衷一是。他说:"性一以太之用,以太有相成相爱之能力,故曰性善也。"③这是隐然将"天命之谓性"的天人道德观念羼入以太本体论中,将以太的物理性的质力转变为道德内涵及作用,从而论证作为以太之生成发用的性(当然主要指人性)具备本然之善。这种性善论的思想内容已经相当驳杂,然而谭嗣同的人性论还并不只此一端,就在他论证性善的同一篇中,他忽而又跳到"无性"的立场。谭嗣同这样论辩道:"或难曰:草木金石,至冥也,而寒热之性异;鸟兽鱼鳖,至愚也,而水陆之性异;谓人无性,毋乃不可乎? 曰:就其本原言之,固然其无性明矣。彼动植之异性,为自性尔乎? 抑质点之位置与分剂有不同耳。质点不出乎七十三种之原质,某原质与某原质化合,则成一某物之性;析而与他原质化合,或增某原质,减某原质,则又成一某物之性;

---

① 《仁学》,载《谭浏阳全集》,第 258—259 页。按"璧他利亚"当为英文 bacteria 之音译,词义为细菌。
② 《仁学》,载《谭浏阳全集》,第 259 页。
③ 《仁学》,载《谭浏阳全集》,第 211 页。

即同数原质化合，而多寡主佐之少殊，又别成一某物之性。纷纭蕃变，不可纪极，虽聚千万人之毕生精力治化学，不能竟其绪而宣其蕴，然而原质则初无增损之故也。香之与臭，似判然各有性矣，及考其成此香臭之所以然，亦质点布列，微有差池，致触动人鼻中之脑气筋，有顺逆迎拒之异，故觉其为香为臭；苟以法改其质点之聚，香臭可互易也。此化学家之浅者，皆优为之，乌睹所谓一成不改之性耶？庖人之治庖也，同一鱼肉，同一蔬笋，调和烹煮之法又同，宜同一味矣，而或方正切之，或斜切之，或藿叶切之，或脔之，或糜之，或巨如块，或细如丝，其奏刀异，其味亦因之而不同。此岂性也哉？由大小斜正之间，其质点不无改变，及与舌遇，遂改变舌上脑气筋之动法，觉味有异耳。故论其原质，必不容有寒热云云诸性明矣。然原质犹有七十三之异，至于原质之原，则一以太而已矣。一故不生不灭，不生故不得言有，不灭故不得言无。谓以太即性可也，无性可言也。"[1]谭嗣同答辩"谓人无性毋乃不可乎"的问难，列举化学元素的不同配合构成不同的物性、气味、口味的例证，得出"无性可言"结论，其例证与论旨实际上是颇不相类的。物质的化学性质诚然由元素的配合而构成，但人性却非化学元素合成；基于元素的层面可以说物无自性，但由此并不能推断人"无性可言"。谭嗣同从性善论跳到"无性"论，将人性与物质的化学性质相提并论，其哲学思想的游移和驳杂于此又可见一斑。

在认识论方面，谭嗣同的思想表现出某种深刻性，他说："眼耳鼻舌身所及接者，曰色声香味触五而已。以法界、虚空界、众生界之无量无边，其间所有，必不止五也明矣。仅凭我所有之五，以妄度无量无边，而臆断其有无，奚可哉！……即以肉眼、肉耳论，有远镜、显微镜所见，而眼不及见者焉，又有远镜、显微镜亦不及见者焉；有电筒、德律风所闻，而耳不及闻者焉，又有电筒、德律风亦不及闻者焉。"[2]这是说，面对浩渺无垠

---

[1]《仁学》，载《谭浏阳全集》，第219—220页。
[2]《仁学》，载《谭浏阳全集》，第237—238页。按"德律风"当为英文 telephone 的音译，词义为电话机。

的对象世界,人的感官能力和作用范围是极其有限的,即使借助某些科技仪器,也仍然无法穷尽宏观世界和微观世界的底蕴。他进一步说:"且眼耳所见闻,又非真能见闻也。眼有帘焉,形入而绘其影,由帘达脑而觉为见,即见者见眼帘之影耳,其真形实万古不能见也。岂惟形不得见,影既缘绘而有是,必点点线线而缀之,枝枝节节而累之,惟其甚速,所以不觉其劳倦,迨成为影,彼其形之逝也亦已久矣;影又待脑而知,则影一已逝之影,并真影不得而见也。……耳有鼓焉,声入而肖其响,由鼓传脑而觉为闻,则闻者闻耳鼓之响耳,其真声实万古不能闻也。岂惟声不得闻,响既缘肖而有是,必彼之既终,而此方以为始,惟其甚捷,所以不觉其断续,迨成为响,彼其声之逝也亦已久矣;响又待脑而知,则响一已逝之响,并真响不得而闻也。……悬虱久视,大如车轮;床下蚁动,有如牛斗。眼耳之果足恃耶否耶?鼻依香之逝,舌依味之逝,身依触之逝,其不足恃,均也。"①这则是说,即使在感官作用的范围之内,由于从对象到感官、从感官到人脑存在着几度转折,所以人的认识不仅不能把握真实的对象,甚至连原始的表象都把握不住,更不要说感官往往会产生错觉。因此,凭借感官所得到的认识是"不足恃"的。谭嗣同在此对时人颇为推崇的经验主义认识论提出了批判,应该说是有一定见地的。不过他的解决方式却又走向另一极端,他说:"苟不以眼见,不以耳闻,不以鼻嗅,不以舌尝,不以身触,乃至不以心思,转业识而成智慧,然后一多相容、三世一时之真理乃日见乎前。"②这就在绝对否定感知甚至理智的同时,堕入神秘主义的迷误之中了。如果仅止于此,则谭嗣同的认识论虽然偏颇,却还具有从反经验论到主张神秘论的一贯性,问题是在上述论说同一篇的《仁学》中,他又说了这样一段话:"有物骤而与吾身相切,吾知为触重焉,吾知为痒为痛,孰知之?脑知之。所切固手足之末,非脑也,脑何由知

---

① 《仁学》,载《谭浏阳全集》,第238—239页。
② 《仁学》,载《谭浏阳全集》,第239页。谭嗣同说:"灵魂,智慧之属也;体魄,业识之属也。"(见《仁学》,载《谭浏阳全集》,第198页)故其所谓"转业识而成智慧"也就是要消解肉体而纯任神灵。

之？夫固言脑即电矣。则脑气筋之周布，即电线之四达；大脑小脑之盘结，即电线之总汇，一有所切，电线即传信于脑，而知为触为痒为痛，其机极灵，其行极速。"①这不仅又肯定了感官作用，而且将脑神经系统与电线的总汇与四达相比附，再次暴露出谭嗣同哲学思想的游移和杂糅。

在社会历史观方面，谭嗣同提出了著名的"冲决网罗"说，②其曰"网罗重重，与虚空而无极，初当冲决利禄之网罗，次冲决俗学若考据若词章之网罗，次冲决全球群学之网罗，次冲决君主之网罗，次冲决伦常之网罗"，③表现出相当彻底的社会历史批判精神。然而他接着又说："然其能冲决，亦自无网罗。真无网罗，乃可言冲决。故冲决网罗者，即是未尝冲决网罗。循环无端，道通为一"，④这就以庄子的"齐物"观消解了"网罗"的社会历史实在性，将批判精神转变为一种超然无谓的态度，显然也表现出其思想尚未底定。正是有见于谭嗣同哲学思想的不成熟性，熊十力评论道："戊戌政变，首流血以激天下之动者，谭复生嗣同。复生，船山学也。复生精研船山，其精神伟大，实由所感受于船山者甚深。尝与友人林宰平、梁漱溟言，自清季以来，真人物，唯复生一人足当之而已。惜其学未成熟，感世变已剧，孜孜求知。遇康、梁，则锐意新闻。及以一官需次南京，便访佛法于杨居士。规模甚大，志愿极宏，而知见不免失于浮杂。《仁学》之篇，实未足云著作也。然复生如不早丧，其成就必卓然可观。"⑤既对谭嗣同的人格予以高度赞扬，也直率批评其代表作《仁学》，并对其学思终结于浮杂给予了同情的理解，可谓允当之论。

---

① 《仁学》，载《谭浏阳全集》，第 204 页。
② 全面地说，谭嗣同的"冲决网罗"说不只是社会历史观，而且是宇宙观乃至终极关怀，故其曰"次冲决天之网罗，终将冲决佛法之网罗"云云。不过谭嗣同主要还是着眼社会历史领域发为此说，从上文所谓"窃揣历劫之下，度尽诸苦厄，或更语以今日此土之愚之弱之贫之一切苦，将笑为诳语而不复信，则何可不千一述之，为流涕哀号，强聒不舍"，可以证明。引文见《仁学自序》，载《谭浏阳全集》，第 55—56 页。
③ 《仁学自序》，载《谭浏阳全集》，第 55—56 页。
④ 《仁学自序》，载《谭浏阳全集》，第 56 页。
⑤ 《读经示要》，载《熊十力全集》第 3 卷，武汉：湖北教育出版社 2001 年版，第 855 页。

三、尚通求变的理论旨归

谭嗣同的哲学思想虽因杂糅与游移而不成熟，但他之所以杂糅中西古今思想资源，却有着相当明确的理论旨归，这就是阐发他所认定的宇宙间的普遍真理——通。在谭嗣同看来，本体的根本属性就是通，他反复说："仁以通为第一义，以太也，电也，心力也，皆指出所以通之具"，"通之义以道通为一，为最浑括"，"以太者，通天地万物人我为一身"，"夫仁，以太之用，而天地万物由之以生，由之以通"，"若夫不生不灭之以太，通天地万物人我为一身"，[①]且不论其本体概念的游移不定（这一点，上文已作分析），总之在他看来，诸如仁、道、以太这类本体性存有的根本性质和普遍作用就是通。谭嗣同将通标举为他最为推崇的孔、佛、耶"三教之公理"。[②] 他说："通有四义：中外通，多取其义于《春秋》，以太平世远近大小若一故也；上下通、男女内外通，多取其义于《易》，以阳下阴吉，阴下阳吝，泰否之类故也；人我通，多取其义于佛经，以无人相无我相故也"，[③]这是指出孔佛二教尚通之旨；又说："通之相为平等。通则必尊灵魂，平等则体魄可为灵魂"，[④]从其将灵魂说主要归于耶教来看，[⑤]这当然是说耶教具有通的内涵。谭嗣同还将他所服膺的墨学精神归为通，他反驳"彼墨子之兼爱，乱亲疏之言也"的观点说："墨子何尝乱亲疏哉！亲疏者，体魄乃有之。从而有，则从而乱之。若夫不生不灭之以太，通天地万物人我为一身，复何亲疏之有？亲疏且无，何况于乱？不达乎此，反诋墨学，

[①]《仁学》，载《谭浏阳全集》，第 197、204、206、229 页。

[②]《仁学》，载《谭浏阳全集》，第 311 页。谭嗣同往往将孔教与儒学相区分，尊崇孔教而贬斥儒学，如其言曰："中国之所谓儒，不过孔教中之一端而已。司马迁《论六家要指》，其微意可知也。而为儒者乃始以儒蔽孔教，遂专以剥削孔子为务。于事功则曰五尺羞称也，于学问则曰玩物丧志也，于刑名又以为申韩刻核，于兵陈又以为孙吴惨黩，于果报轮回又以为异端邪说，皆所不容。孔子之道，日削日小，几无措足之地"（见《仁学》，载《谭浏阳全集》，第 294—295 页)，所以在谭嗣同的语境中，孔教与儒学并不是直接等同的概念。

[③]《仁学》，载《谭浏阳全集》，第 197 页。

[④]《仁学》，载《谭浏阳全集》，第 197—198 页。

[⑤] 参见《仁学》，载《谭浏阳全集》，第 201、224 页。

彼乌知惟兼爱一语为能超出体魄之上而独任灵魂,墨学中之最合以太者也。"①一言以蔽之,谭嗣同认为通就是宇宙的通性以及人类伟大宗教文明的通理。

谭嗣同对通的阐扬有其现实关切,他以通为至上原则,复以通学、通政、通教、通商为具体标准,据以评判中西文化的穷通。② 他说:"善夫西法学校科举之合为一也,有择官选士之意焉。有初学院、中学院、上学院,学者依次递升,其材者升于大书院,犹成均也。各守专门之学以待录用,学弗精进,或他过失,依次降之,犹郊遂也。其投考也,即由各专门院长考之,不拘人数,求考即考,一二人可也,百十人可也;不拘时日,随到随考,今日可也,明日可也。所考又皆实事,皆可实验,如考算学即面令运算,船学面令驾船,律学面令决狱,医学面令治病,汽机学面令制造,天文、测量面令运用仪器,众目昭彰,毫无假借。中式即面予证书,差其等第,以为名称,如中国举人、进士之类,其有殊尤,立即报明擢拔。考政学文学者官内部,考算学理财者官户部,考兵学者官海军陆军部,考法律者官刑部,考机器者掌机局,考测绘者掌舆图,考轮船者航江海,考矿学者司煤铁,考公法者充使臣,考农桑者列农部,考医学者入医院,考商务者为商官。余或掌教,或俟录用,或再考。每国大小公私书院学塾多至十数万区,少亦数万。学某学即读某门专书,而各门又无不兼有舆地之学。又有兵学校,凡兵均令读书。又有瞽学校,制凸字书令扪而读之。凡子女生八岁不读书,罪其父母。又有五家连坐之法,一家不读书,五家皆坐罪。故百工商贾农夫走卒,无不读书。又有女学校,故妇女无不读书,由是小儿得于母教,方七八岁,即知地为球体,月为地之行星,地为日之行星,地自转而成昼夜,地绕日而有寒暑,地凡几洲,凡几国,某国与我亲,某国与我仇,及其广狭强弱,均已晓其大概。至于品行心术,固无法以考验,实即寓于诸学之中,坐定为人人应有,而进观其他。苟其不端,亦决

---

① 《仁学》,载《谭浏阳全集》,第 229 页。
② 谭嗣同说:"彼治于我,我将师之;彼忽于我,我将拯之。可以通学,可以通政,可以通教,又况于通商之常常者乎。"见《仁学》,载《谭浏阳全集》,第 206 页。

无能善其事而不败露者。况有警察官吏举刺之，有上下议院评论之，又有浓赏厚罚驱其后，复何忧不得人哉?"①而"中国举事着着落后，寝并落后之着而无之，是以陵迟至有今日。而所谓士者，方更坚持旧说，负固不服，不问此时为何时，所当为为何事，溺于考据词章，狃于湘军中国人杀中国人之百战百胜，而怙以矜夸。初不辨为某洲某国，概目之曰洋鬼。动辄夜郎自大，欲恃其一时之议论为经济，意气为志节，尽驱彼于海外，以闭关绝市，竟若经数十年贤士大夫焦思极虑无以处之者，彼一横蛮即且夕可定。见有识者讨论实学，力挽危局，又恶其形己虚而秉己短也，从而媚之、疾之、訾之，以异端訾之。……平时所考，不过八股、试律、大卷、白折，及使之也，迥异其所考，不问其习不习，一于求全责备，事事皆使为之，卒至一事不能为。欲讲洋务，而国家初无是法，乏师承以致其精，又望然而畏其烦苦，恐徒分治举业之日力，又不能与科目、赀财、荐举者争进取。目营四海，茫无系属，遂忍而付诸不论不议"。②"三代学者，亦皆有所专习，切近而平实。自秦变去古法，学术亦与之俱变，渐无复所谓实学，而今则滋甚。即如算学为中国最实之学，中国往往以虚妄乱之，故谈算者必推本河图洛书为加减乘除之所出，不知任举二数，皆可加可减可乘可除，何必河洛? 夫河洛诚不解是何物，要与太极图、先天图、谶纬、五行、爻辰、卦气、纳甲、纳音、风角、壬遁、堪舆、星命、卜相、占验诸神怪之属，同为虚妄而已矣。必如西人将种种虚妄一扫而空，方能臻于精实。算家又言黄钟为万事之根本，此大可笑。黄钟一律筒而已，何能根本万事? 即以造度量权衡而论，十二律吕，谁不可借为度量权衡，何必黄钟? 况累黍之法，实迂谬不可行，何能取准? 是以从古至今，九州十八省，无一齐而不差之度量权衡，则亦创法者未尽善，虽虞舜不能强同之矣。夫谨权量为王政之大者，奈何不求一定率，而听奸民相欺饰乎? 惟法人分地面之天度为四千万分，以其一为度，度定则算立方容积以为量，即以其

---

① 《报贝元徽书》，载《谭浏阳全集》，第492—493页。
② 《报贝元徽书》，载《谭浏阳全集》，第485—487页。

重为权衡，而权立方之轻重，又可还正乎度，一有差数，夫人可运算得之。中国之度，至分数止矣。彼有佛逆及分厘尺，每分可剖为千百。中国之权衡，至分数止矣。彼有化学天平，每分亦剖为千百。以故通都大邑，僻壤穷乡，出而相较，无不吻合。中国测量家多用西尺，沿海民间交易尤习用西人之度量权衡，非好新奇，实彼有准而我无准也。……算术古有九章之说，割立方田粟布商功均输诸名目，实非本乎自然。疑《周礼》保氏之九数，初不如此。其说失传，汉儒乃割裂算数以补之。在先郑时已多出夕桀重差诸法，明不止九。至宋秦九韶知九章不足信，别立九章名目，所分乃益无理，是不若西人点线面体之说足以包举一切。惟此则凡中国所称五谷、六谷、九谷、百谷、三江、九江、五湖、九河，要不过随举一数以为名，如九夷、八蛮之类，原可不必拘泥。经生家琐琐分辨，卒不能折中一是，亦止觉玩时愒日而不切事理矣。"①这是指出西学无所不通而中学自秦以降几乎一无所通。

谭嗣同又论西方社会政治曰："而有所谓民主者，尤为大公至正，彬彬唐虞揖让之风，视中国秦以后尊君卑臣，以隔绝不通气为握固之愚计，相去奚止霄壤？于族属有姓氏之分，有谱牒之系，长幼卑尊之相次，父子兄弟之相处，未尝不熙熙然。彼惟无人不出于学，深得易子而教之义。故年至成立，艺术已就，其父母分与资财，令其自立，是尤合古之士父子异宫之法，其日日问视可如故，非一离不复合，一别不更亲也。且将以小离终保其大合，以有别不至相夷于无亲，是可无中国室无空虚，妇姑勃谿之弊。人人不能不求自立之道，通国于以无惰民，不似中国转累父母养之忧之，使父母有多男多惧及汝曹催我老之叹也。祖父之产，身后不悉归于子孙，犹然民主之法之推也，是永无兄弟骨肉争产之讼，与夺嫡争继之讼。……夫妇则自君至民，无置妾之例，又皆出于两情相愿，故伉俪笃重，无妒争之患，其子孙亦遂无嫡庶相猜忌之患。朋友则崇尚风义，讲信修睦，通财忘势，而相赴难。其学堂书院之规模，一堂师弟，恩谊分明，迥

---

① 《报贝元徵书》，载《谭浏阳全集》，第 507—509 页。

非中国书院之攘诟及近日师弟相待之薄。即与异邦人交，无不竭尽其诚，胡越而肝胆，永无市井欺诈之习，是尤为中国衰世所绝无。……中国之五伦，详于文而略于法。彼不尚文，而其法能使家庭之间不即不离，就令不无流弊，而长短适足相抵，何至如中国前跋后疐，貌合神离，强遏自然之天乐，尽失自主之权利，使古今贤圣君子于父子兄弟之间，动辄有难处之事。"①反观中国，"俗学陋行，动言名教，敬若天命而不敢渝，畏若国宪而不敢议。嗟乎！以名为教，则其教已为实之宾，而决非实也。又况名者，由人创造，上以制其下，而不能不奉之，则数千年来，三纲五伦之惨祸烈毒，由是酷焉矣。君以名轾臣，官以名轭民，父以名压子，夫以名困妻，兄弟朋友各挟一名以相抗拒，而仁尚有少存焉者得乎？然而仁之乱于名也，亦其势自然也。中国积以威刑，箝制天下，则不得不广立名，为箝制之器。如曰仁，则共名也，君父以责臣子，臣子亦可反之君父，于箝制之术不便，故不能不有忠孝廉节一切分别等衰之名，乃得以责臣子曰：尔胡不忠？尔胡不孝？是当放逐也，是当诛戮也。忠孝既为臣子之专名，则终必不能以此反之。虽或他有所据，意欲诘诉，而终不敌忠孝之名为名教之所上，反更益其罪，曰怨望，曰觖望，曰怏怏，曰腹诽，曰讪谤，曰亡等，曰大逆不道。是则以为当放逐，放逐之而已矣；当诛戮，诛戮之而已矣；曾不若狐豚之被絷缚屠杀也，犹奋荡呼号，以声其痛楚，而人不之责也。施者固泰然居之而不疑，天下亦从而和之曰得罪名教，法宜至此。而逢、比、屈原、伯奇、申生之流逐，衔冤饮恨于万古之长夜，无由别白其美。实不幸更不逮逢、比诸人之遭，则转复被之以恶名。《易》曰：'丰其蔀，日中见斗。'此其黑暗，岂非名教之为之蔀耶？"②由此表明西方社会政治的开通和谐以及中国纲常伦理的单向宰制。

关于教化或信仰，谭嗣同说："无论何等教，无不严事其教主，俾定于一尊而牢笼万有，故求智者往焉，求子者往焉，求财者往焉，求寿者往焉，

---

① 《报贝元徵书》，载《谭浏阳全集》，第 472—474 页。
② 《仁学》，载《谭浏阳全集》，第 209—210 页。

求医者往焉。由日用饮食之身而成家人父子之天下,寤寐寝兴,靡纤靡巨,人人悬一教主于心目之前,而不敢纷驰于无定,道德所以一,风俗所以同也。中国则不然,府厅州县虽立孔子庙,惟官中学中人乃得祀之;至不堪,亦必纳数十金鬻一国子监生,始赖以骏奔执事于其间。农夫野老徘徊观望于门墙之外,既不睹礼乐之深容,复不识何所为而祭之,而己独不得一与其盛,其心岂不曰:孔子庙,一势利场而已矣。如此又安望其教之行哉!且西人之尊耶稣也,不问何种学问,必归功于耶稣,甚至疗一病,赢一钱,亦必报谢曰:此耶稣之赐也。附会归美,故耶稣庞然而日大。彼西人乃尔愚哉?事教主之道,固应如此也。……为孔者终不思行其教于民也,汉以后佛遂代为教之,至今日耶又代为教之。为耶者曰:中国既不自教其民,即不能禁我之代为教。彼日托于一视同仁,我转无词以拒。岂惟无词以拒,往者诸君子抱亡教之忧,哀痛求友,约建孔子教堂,仿西人传教之法,遍传诸愚贱,某西人闻之曰:信能为是,吾属教士皆可归国矣。不悟斯举适与愚黔首之旨背戾,竟遭禁锢。后虽名为开禁,实则止设一空无所有之官文书局,徒增一势利场而已矣。于力不能拒之耶教,则听之,且保护之;于衰微易制之孔教,则禁之,且严绝之。"[1]这又说明教化或信仰通行于西方而滞碍于中国。至于通商,谭嗣同赞叹西国"志虑宏远","以其货物仁我",而"我无以仁彼,既足愧焉;曾不之愧而转欲绝之,是以不仁绝人之仁。且绝人之仁于我,先即自不仁于我矣",[2]同样认为西方商务通畅而中国阻塞。

愤激于中国不通的状况,谭嗣同进一步对中国传统文化以及当世政制进行了猛烈抨击。他痛斥道家老子思想影响曰:"乌知乎有李耳者出,言静而戒动,言柔而毁刚,乡曲之士,给饘粥,察鸡豚,而长养子孙,以之自遁而苟视息焉,固亦术之工者矣。乌知乎学子术焉,士大夫术焉,诸侯王术焉,浸浸淫而天子亦术焉,卒使数千年来成乎似忠信似廉洁一无刺

---

[1]《仁学》,载《谭浏阳全集》,第 294—295 页。
[2]《仁学》,载《谭浏阳全集》,第 314、254、255 页。

无非之乡愿天下。言学术则曰宁静,言治术则曰安静。处事不计是非,而首禁更张,躁妄喜事之名立,百端由是废弛矣。用人不问贤不肖,而多方遏抑,少年意气之论起,柄权则颓暮矣。陈言者则命之曰希望恩泽,程功者则命之曰露才扬己。既为糊名以取之,而复隘其途。既为年资以用之,而复严其等。财则惮辟利源,兵则不贵朝气。统政府台谏六部九卿督抚司道之所朝夕孜孜不已者,不过力制四万万人之动,絷其手足,涂塞其耳目,尽驱以入契乎一定不移之乡愿格式。夫群四万万之乡愿以为国,教安不得亡,种类安待而可保也。”①又深诋儒家荀子一系道:“荀乃乘间冒孔之名,以败孔之道。曰法后王,尊君统,以倾孔学也。曰有治人,无治法,阴防后人之变其法也。又喜言礼乐政刑之属,惟恐箝制束缚之具之不繁也。一传而为李斯,而其为祸亦暴著于世矣。然而其为学也,在下者术之,又疾遂其苟富贵取容悦之心,公然为卑谄侧媚奴颜婢膝而无伤于臣节,反以其助纣为虐者名之曰忠义;在上者术之,尤利取以尊君卑臣愚黔首,自放纵横暴而涂锢天下之人心。故秦亡而汉高帝术之于上:从吾游者吾能尊显之。君主之潜施其饵也。叔孙为术之于下:今而后知皇帝之贵。绵蕝之导君于恶也。汉衰而王莽术之于上,竟以经学行篡弑矣。刘歆术之于下,又窜易古经以煽之矣。新蹶而汉光武术之于上:吾以柔道治天下。盖渐令其驯扰,而己得长踞之焉。桓荣术之于下:车服稽古之力也。挟《尚书》以为稗贩,无所用耻焉。如是者四百年,安得不召三国虎争、五胡汤沸、南北分割之乱哉?至唐一小康矣,而太宗术之于上:天下英雄皆入吾彀中矣。此其猜忌为何如邪?韩愈术之于下:君者,出令者也;臣者,行君之令而致之民者也;民者,出粟米麻丝作器皿通货财以事其上者也。竟不达何所为而立君,显背民贵君轻之理,而谄一人,以犬马土芥乎天下。至于臣罪当诛,天王圣明,乃敢倡邪说以诬往圣,逞一时之谀说而坏万世之心术,罪尤不可逭矣。至宋又一小康,而太宗术之于上,修《太师御览》之书,以消磨当世之豪杰。孙复术之于下,造

---

① 《仁学》,载《谭浏阳全集》,第 242—243 页。

《春秋尊王发微》,以割绝上下之分,假立中外之防,惨鸷刻核,尽窒生民之灵思,使不可复动,遂开两宋南北诸大儒之学派,而诸大儒亦卒莫能脱此牢笼,且弥酷而加厉焉。呜呼! 自生民以来,迄宋而中国乃真亡矣!天乎? 人乎? 独不可以深思而得其故乎? 至明而益不堪问,等诸自郐以下可也,类皆转相授受,自成统绪,无能稍出宋儒之胯下而一睹孔教之大者。其在上者,亦莫不极崇宋儒,号为洙泗之正传,意岂不曰宋儒有私德大利于己乎? 悲夫! 悲夫! 民生之厄,宁有已时耶! 故常以为二千年来之政,秦政也,皆大盗也;二千年来之学,荀学也,皆乡愿也。惟大盗利用乡愿,惟乡愿工媚大盗。二者相交相资,而罔不托之于孔。"[1]他甚至公然诟詈满清政权为"贱类异种""独夫民贼""蝮蛇鸱鸟",[2]揭露清朝罪行曰:"明季稗史中之《扬州十日记》《嘉定屠城纪略》,不过略举一二事。当时既纵焚掠之军,又严薙发之令,所至屠杀虏掠,莫不如是。即彼准部,方数千里,一大种族也,遂无复乾隆以前之旧籍,其残暴为何如矣! 亦有号为令主者焉,及观《南巡录》所载淫掳无赖,与隋炀、明武不少异,不徒鸟兽行者之显著《大义觉迷录》也。台湾者,东海之孤岛,于中原非有害也,郑氏据之,亦足存前明之空号。乃无故贪其土地,据为已有。据为已有,犹之可也,乃既竭其二百余年之民力,一旦苟以自拔,则举而赠之于人,其视华人之身家,曾弄具之不若。噫! 以若所为,台湾固无伤耳,尚有十八省之华人,宛转于刀碪之下,瑟缩于贩贾之手,方命之曰:此食毛践土者之分然也。夫果谁食谁之毛? 谁践谁之土? 久假不归,乌知非有。人纵不言,己宁不愧于心乎?"[3]"试征之数百年之行事与近今政治及交涉,若禁强学会,若订俄国密约,皆毅然行之而不疑,其迹已若雪中之飞鸿,泥中之斗兽,较然不可以掩。况东事亟时,决不肯假民以自为战守之权,且曰宁为怀、愍、徽、钦,而决不令汉人得志,固明宣之语言,华人宁不闻而知之耶? 乃犹道路以目,相顾而莫敢先发,曰畏祸也。彼其文字之冤

---

[1]《仁学》,载《谭浏阳全集》,第 267—269 页。按《太师御览》当为《太平御览》之误。
[2]《仁学》,载《谭浏阳全集》,第 270、295 页。按"鸱鸟"或当做"鸧鸟"。
[3]《仁学》,载《谭浏阳全集》,第 278 页。按"裨史"当为"稗史"之误。

狱,凡数十起,死数千百人;违碍干禁书目,凡数千百种,并前数代若宋明之书,亦在禁列,文网可谓至密矣!"①

谭嗣同标举通的至上价值、评判中西文化的穷通乃至激烈批判中国传统与现实的滞碍不通,用意归结为一点,即"酌取西法以补吾中国古法之亡"。② 在他看来,当时中国已经步入穷途末路,若不变法求通,则"可使四百兆黄种之民胥为白种之奴役"!③ 他疾呼"外患深矣,海军熸矣,要害扼矣,堂奥入矣,利权夺矣,财源竭矣,分割兆矣,民倒悬矣,国与教与种将偕亡矣。唯变法可以救之"!④ 他质问"独何以届今之世,犹有守旧之鄙生,断断然曰不当变法,何哉? 是将挟其薾敝惰怯之私,而窒天之生,而扼地之运行,而蔽日月之光明,而乱四时之迭更,而一弥百产万灵之芸芸,不恤亡学亡政亡教,以拗戾乎不生不灭者也"!⑤ 他断言"变亦变,不变亦变""通亦通,不通亦通"!⑥ 他提出了一系列变法主张,诸如变衣冠、变发型、变科举、变学校、变官制、革漕务河务之弊、兴铸钱钞票之利、开矿务、办商务、造机器、制轮船、普及图表统计、兴办新闻报纸、设立算学格致馆等等。⑦ 他具体陈述变法方略说:

> 于是迁都中原,与天下更始,发愤为雄,决去壅蔽。且无中外之见,何有满汉之分? 则凡一官两缺,凡专称旗缺,一律裁止,则凡宗禄驻防,凡旗丁名粮,一律裁止。广兴学校,无一乡一村不有学校,而群才奋。大开议院,有一官一邑即有议院,而民气通。慎科举,无一定之额数,无常限之日期,程其艺事,端其趋向,繁其汇目,精其较量,而一人不求其备。改官制,无内外之重轻,无文武之区别,专其

---

① 《仁学》,载《谭浏阳全集》,第 280 页。
② 《报贝元微书》,载《谭浏阳全集》,第 479 页。
③ 《报贝元微书》,载《谭浏阳全集》,第 521 页。
④ 《仁学》,载《谭浏阳全集》,第 279 页。
⑤ 《仁学》,载《谭浏阳全集》,第 240 页。"届今之世"或当做"居今之世"。
⑥ 《仁学》,载《谭浏阳全集》,第 298 页。
⑦ 参见《仁学》《报贝元微书》,载《谭浏阳全集》,第 308、309、488、494、500、503、506、509、513、514、525 页。

职业,少其层累,迁其勋阶,增其禄糈,而终身不易其官。选士人治里闾,以复乡官之旧;练乡兵隶守令,以代力役之征。凡府史皆用律学之士,人既有升转之望,而书吏之盘踞空。凡胥徒即用在役之乡兵,既有践更之期,而差班之蠹贼去。几阙失有警察之官,禁暴修闾之遗制也;正粮土有测绘之官,封人、均人之职掌也。分海军、陆军为二部,将则必出于武学堂。创办之始,募西贡、新加坡、新旧金山之华民以练海军,无事则令运载货物,出洋贸易,既可挽救商务,又得熟习航海。陆军则守兵仿寓农而隶守令,战兵募选锋而立将帅,枪兵可尚勇力,炮兵兼通算学,工兵则备筑垒、浚濠、炮堤、地营、修造器具诸工作。其练之也,守兵令站炮台,较准头,布阵势,习步伐。战兵于数者之外,益以征调代操练,今日往某处,已而易一处,已而又易一处,日日如临大敌,彼出此归,不使游惰。尽开中国所有之矿,以裕富强之源。兼以兵法部勒矿夫,有事则处处皆兵。多修铁路,多造浅水轮船,以速征调,以便转饷,以隆商务,以兴矿产,以广游历,以通漕运,以宏赈济。商务则设商部,集商会,立商总,开公司,招民股,兴保险,建官银行,而必以学商务者为之官。精求工艺制造,如磁器丝茶之属,与中外所共需者,下至烂布可造纸,莱菔可熬糖,骆驼牛羊鸡鸭之毳可为毡为褐。工与商通力合作,以收回利权。改订刑律,使中西合一,简而易晓,因以扫除繁冗之簿书。清理庶狱,分别轻系重系,使操作如白粲鬼薪之罚。岁始豫算,岁终决算,丝毫皆用之于民,而不私于府库,以明会计之无欺。出口免税,入口重税,涓滴皆操之自我,而不授于外洋,以杜漏卮之有渐。食盐与诸土货,则一征于出产之地,而不问所之。税坐贾而不税行商,以归简易而塞弊窦。尤须研覃税务之学,缕晰中外税则,查验章程,始可夺回税务司包办海关之权。讲求植物学,以裨农政,以丰材木。讲求动物学,以蕃马政,以溥畜牧。兴女学以课妇职,兴废疾学以无坐食。蚕织用机器,可去蚕瘟,而成功多以速。耕不必用机器,而引水用机器,可省筒车之费与手车脚车之劳。续电线,创邮便局以理邮政。汲自来水、然电气煤气灯以利民用。街道修，则疠疫之源塞；医院多，则医治之术工。造公共之花园，以为养生却病之方。七日一休沐，以合文武弛张之政。博通各国语言文字，以翻译西书西报，以周和四国之为，以造就使才；而四出游历，以长见识，以充学问，以觇人国之得失兴衰。各国之长并取之，各国之弊立去之。各国之船械无一不能造，各国之器用无一不愈精。谨权量，审法度，一道德，同风俗，法立而教自存焉矣。①

谭嗣同的变法动机和目的都是良好的，观其所谓"嗣同拭目隆平，逾于饥渴"可知。② 他的变法主张大多也是当时应该采取的措施，其中不少后来也确实施行了，可见其变法主张的基本合理性。不过，他的变法言论中也包含一些匪夷所思的谬说，如谓"若夫力足以杀尽地球含生之类，胥天地鬼神之沦陷于不仁，而卒无一人能少知其非者，则曰俭"，"中国守此不变，不数十年，其醇其庞，其廉其俭，将有食槁壤、饮黄泉、人皆饿殍而人类灭亡之一日。何则？生计绝，则势必至于此也。惟静故惰，惰则愚；惟俭故陋，陋又愚。兼此两愚，固将杀尽含生之类而无不足"，"夫治平至于人人皆可奢，则人之性尽；物物皆可奢，则物之性亦尽"，③这种崇奢黜俭论反映出谭嗣同对近代西方资本主义生产生活方式的倾慕，但这种生产生活方式其实是不可持续的，其所导致的败坏人心、毁灭生态的恶果已经日益暴露出来。又如谭嗣同说："中国、土耳其、阿富汗、波斯、朝鲜，海内所号为病夫者也。英、美、德、法诸国不并力强革其弊政，以疗其病，则其病将传染于无病之人。……甚矣病夫之累人，而各国遭遇之苦，诚有不幸也！然为各国计，莫若明目张胆，代其革政，废其所谓君主，而择其国之贤明者，为之民主。"④这种谋求列强干预从而一举实现西方

---

① 《报贝元徵书》，载《谭浏阳全集》，第 497—500 页。按"几阙失"或当做"讥阙失"；"周和"或当做"周知"。
② 《报贝元徵书》，载《谭浏阳全集》，第 530 页。另参见第 504—505、523—524 页。
③ 《仁学》，载《谭浏阳全集》，第 244、251、253 页。
④ 《仁学》，载《谭浏阳全集》，第 302、304 页。

政体的企图，虽然或为激愤之言，但对天下后世如何自别于后晋石敬瑭、南宋刘豫之流？而这种嫌疑更由谭嗣同的以下言论得以加深，其曰："今夫内外蒙古、新疆、西藏、青海，大而寒瘠，毫无利于中国，反岁费数百万金戍守之。地接英、俄，久为二国垂涎，一旦来争，度我之力，终不能守，不如及今分卖于二国，犹可结其欢心，而坐获厚利。二国不烦兵力骤获大土，亦必乐从。计内外蒙古、新疆、西藏、青海不下二千万方里，每方里得价五十两，已不下十万万。除偿赔款外，所余尚多，可供变法之用矣。而英、俄之出此款，亦自不易，吾则情愿少取值，浼二国居间胁日本废去遍地通商之约，即再加赔费，亦无不可。而仍愿少取值，请归二国保护十年，二国第毁约与保护，即少出值，尤必乐从。"①这就不啻为赤裸裸的卖国论调，遑论形诸文字，即使如此设思，也是一切正常的中国人所不敢亦且不忍为者！当然决不能怀疑谭嗣同有卖国动机，他发此论还是只能归因于不成熟，即如其父于戊戌政变前夕所批评的"少不更事"。②如谭嗣同认为列强侵略压迫剥削中国乃是"天实使之，所以曲用其仁爱，至于极致也"，"夫焉得不感天之仁爱，阴使中外和会，救黄人将亡之种以脱独夫民贼之鞅轭乎"；③又如评论甲午中日战争曰"若夫日本之胜，则以善仿效西国仁义之师，恪遵公决，与君为仇，非与民为敌，故无取乎杀。敌军被伤者，为红十字会以医之；其被虏者，待和议成而归之。辽东大饥，中国不之恤，而彼反糜巨金泛粟以赈之。……当日本去辽东时，民皆号泣从之，其明征也。嗟乎！仁义之师，所以无敌于天下者"，而"中国之兵，固不足以御外侮，而自屠割其民则有余。自屠割其民而方受大爵，膺大赏，享大名，�腼然骄居，自以为大功，此吾所以至耻恶湘军不须臾忘也。……迨闻牛庄一役，一战而溃，为之奇喜"，④无论其用意如何，也无论其有多少细节根据，总之这种言论在根本上都是颠倒黑白、致使亲痛仇快因而

① 《报贝元徵书》，载《谭浏阳全集》，第 496 页。
② 谭训聪《清谭复生先生嗣同年谱》，台北：台湾商务印书馆股份有限公司 1980 年版，第 46 页。
③ 《仁学》，载《谭浏阳全集》，第 281、282 页。
④ 《仁学》，载《谭浏阳全集》，第 283—285 页。

十分不当的！凡此种种谬说,都反映出谭嗣同思想的不成熟性。联系他的现实政治观相比当时的革命派略无不及,[①]且其西化和反传统的激进程度甚至有过于革命派,而他竟还置身于体制内进行变法事业,这就更加暴露其思想的不成熟。所有这些应该都与谭嗣同以驳杂游移为特点的不成熟的哲学思想具有直接或间接的关系。毫无疑问,谭嗣同以其慷慨赴死的凛然大义成就了崇高人格,但他的哲学思想、中西文化观以及变法理论,在学理、思想倾向以及社会影响等方面,都留下了诸多值得反思的课题。

第三节　孙中山的心物本体观、知难行易论和社会历史哲学

一、生平著述

　　孙中山(1866—1925),中国近代伟大的民主革命家。名文,字德明,号日新,改号逸仙,在日本化名中山樵,后遂以中山名,广东香山(今中山)人。1866 年(清同治五年)11 月 12 日出生。1892 年(光绪十八年)于香港西医书院毕业后,在澳门、广州行医。1894 年上书李鸿章,提出革新政治主张,遭拒绝,赴檀香山组织兴中会,提出"振兴中华"的口号和"驱除鞑虏,恢复中国,创立合众政府"的政纲。次年在香港设机关,准备在广州起义,未成。1900 年派人至广东惠州三洲田发动起义,失败后继续在国外开展革命活动。1905 年在日本东京组建中国同盟会,被推为总理;确定"驱除鞑虏,恢复中华,建立民国,平均地权"的革命政纲,提出三民主义学说;创办《民报》,宣传革命,同改良派激烈论战。此后在国内外发展革命组织,联络华侨、会党和新军,多次发动武装起义。1911 年(宣统三年)10 月 10 日武昌起义,各省响应。12 月 29 日,被十七省代表在

---

① 1894 年兴中会成立宗旨中的"驱逐鞑虏"一语,并不比谭嗣同《仁学》中对清廷的斥骂更严厉;而邹容、章太炎等攻击清廷为"逆胡""小丑",比之谭嗣同《仁学》斥清尚晚六七年。虽然《仁学》在谭嗣同生前并未刊布,其中詈语在他进行变法事业时当未公诸于世,但他既已怀此块垒,就不可能毫不表露于言行之间。

南京推举为中华民国临时大总统。1912年1月1日在南京宣誓就职，成立中华民国临时政府，月底组成临时参议院。2月13日，因革命党人与袁世凯妥协，被迫辞职。3月主持制订《中华民国临时约法》，经临时参议院通过公布。8月同盟会改组为国民党，当选为理事长。1913年3月因袁世凯派人刺杀宋教仁，筹划起兵讨袁，旋即失败。1914年在日本建立中华革命党，重举革命旗帜，两次发表《讨袁宣言》。1917年因段祺瑞解散国会，在广州召开国会非常会议，组织护法军政府，当选为大元帅，誓师北伐。1918年受桂系军阀和政学系挟制，被迫去职，至上海。次年创办《建设》杂志，发表《实业计划》，并将中华革命党改组为中国国民党。1920年回广东，次年就任非常大总统。1922年因陈炯明叛变，退居上海。屡经失败，陷入困境之际，俄国十月革命的胜利和中国共产党的成立，给他以新的希望。在中国共产党和苏俄共产党、列宁的帮助下，决心改组国民党。1923年回广州，重建大元帅府，次年1月召开中国国民党第一次全国代表大会，通过宣言，实行联俄、联共、扶助农工三大政策，把旧三民主义发展成为新三民主义；改组中国国民党成为工人、农民、小资产阶级和民族资产阶级的革命联盟。11月，应冯玉祥之邀北上讨论国是，提出"召开国民会议和废除不平等条约"两大号召，同帝国主义和北洋军阀段祺瑞、张作霖等作斗争。1925年3月12日在北京病逝，遗嘱"必须唤起民众，及联合世界上以平等待我之民族，共同奋斗"。在哲学上，提出"知难行易"说，批判"知之非艰，行之惟艰"的保守思想。遗著编有《孙中山选集》《孙中山全集》《孙文选集》等。①

二、太极说与生元说

孙中山是革命家、政治家而非专业哲学家，不过他的革命活动和政治实践却有其哲学思想作为基础，或者说他的哲学建树乃为其革命活动和政治实践提供论证。较为集中表达孙中山哲学思想的是其1917—

---

① 引自《辞海（第7版）》，上海：上海辞书出版社2020年版，第4191—4192页。

1919 年所著《建国方略》，特别是其中的《孙文学说》一篇；①另外还有 1921 年的《在桂林对滇赣粤军的演说》，②以及 1924 年根据系列演讲记录稿整理出版的《三民主义》一书。③

孙中山既非专业哲学家，故于本体论并无特别创见，但这却并不意味着他没有本体观念，他说："元始之时，太极（此用以译西名"伊太"也）动而生电子，电子凝而成元素，元素合而成物质，物质聚而成地球，此世界进化之第一时期也，今太空诸天体多尚在此期进化之中。而物质之进化，以成地球为目的。吾人之地球，其进化几何年代而始成，不可得而知也。地球成后以至于今，按科学家据地层之变动而推算，已有二千万年矣。"④这是与同时代一些思想家一样，以近代西方物理学中的以太（伊太）概念指称宇宙本体，稍有不同的是赋予以太以中国传统的太极一名。而此所谓太极除了与以太名称相异之外，实质上都表示物质性的始基，所以孙中山才递进地说太极生电子、凝元素、合物质乃至聚地球，由此似乎确立了物质的本体地位。

不过，与同时代一些思想家一样，一旦进入生命心灵领域，孙中山本体观的内涵就发生了游移。他说："据最近科学家所考得者，则造成人类及动植物者，乃生物之元子为之也。生物之元子，学者多译之为'细胞'，而作者今特创名之曰'生元'，盖取生物元始之意也。"⑤"由生元之始生而至于成人，则为第二期之进化，物种由微而显，由简而繁，本物竞天择之原则，经几许优胜劣败，生存淘汰，新陈代谢，千百万年而人类乃成。人

---

① 《建国方略》包括《孙文学说——行易知难（心理建设）》《实业计划（物质建设）》《民权初步（社会建设）》三篇，《民权初步》发表于 1917 年，《孙文学说》和《实业计划》发表于 1919 年，至 1922 年前后合编为一书。今收入《孙中山全集》第 6 卷，北京：中华书局 1985 年版。

② 此次演讲一题为《军人精神教育》，演讲时间为 1921 年 12 月 10 日。今收入《孙中山全集》第 6 卷。

③ 包括《民族主义》六讲、《民权主义》六讲、《民生主义》四讲。演讲地点在广州国立高等师范学校，起讫时间为 1924 年 1 月 27 日至 8 月 24 日。本来《民生主义》也有六讲，后因处理广州商团叛乱事件而未能完成。今收入《孙中山全集》第 9 卷，北京：中华书局 1986 年版。

④ 《孙中山全集》第 6 卷，第 195 页。

⑤ 《孙中山全集》第 6 卷，第 163 页。

类初出之时,亦与禽兽无异,再经几许万年之进化而始长成人性,而人类之进化于是乎起源。"①"人之一身,五官百骸皆为体,属于物质;其能言语动作者即为用,由人之精神为之。二者相辅,不可分离。"②这些言论还是从科学的进化的观点来表述生命起源、人类形成以及精神机制,完全排除了神创说,所以孙中山曾说:"就人类的来源讲,基督教说世界人类是上帝六日造成的;近来科学中的进化论家说人类是由极单简的动物慢慢变成复杂的动物以至于猩猩,更进而成人。……就宗教和科学比较起来,科学自然较优。"③但是更加深入地探讨生命心灵现象,孙中山便认为作为这一领域之始基的生元与物质本体的性质迥然相异,他说:"生元者何物也?曰:其为物也,精矣,微矣,神矣,妙矣,不可思议者矣!按今日科学所能窥者,则生元之为物也,乃有知觉灵明者也,乃有动作思为者也,乃有主意计划者也。人身结构之精妙神奇者,生元为之也。人性之聪明知觉者,生元发之也。动植物状态之奇奇怪怪不可思议者,生元之构造物也。生元之构造人类及万物也,亦犹乎人类之构造屋宇、舟车、城市、桥梁等物也。空中之飞鸟,即生元所造之飞行机也。水中之鳞介,即生元所造之潜航艇也。孟子所谓'良知良能'者非他,即生元之知、生元之能而已。自圭哇里氏发明'生元有知'之理而后,则前时之哲学家所不能明者,科学家所不能解者,进化论所不能通者,心理学所不能道者,今皆可由此而豁然贯通,另辟一新天地为学问之试验场矣。"④这种"生元有知"说将生物细胞的本能感应性与人类精微神妙的心理活动甚至更为高级的道德意识混为一谈,并将这种极为拔高的生元作为一切生物的基因,这就排斥了物质本体在生命心灵领域的存在,致使物质本体被限制在无生物界,而不能从无生物界贯穿到生物界乃至人类精神世界;另一方面,生元也与无知无识的无生物界了无关系。孙中山甚至说"心之为

---

① 《孙中山全集》第 6 卷,第 195 页。
② 《孙中山全集》第 6 卷,第 12 页。
③ 《孙中山全集》第 8 卷,北京:中华书局 1986 年版,第 316 页。
④ 《孙中山全集》第 6 卷,第 163 页。

用大矣哉！夫心也者，万事之本源也"，①更是似乎将精神取代物质而作为宇宙本体。权且不论宇宙本体当为或实为物质还是精神的问题，仅就太极（伊太）说与生元说之扞格不通来看，可以说孙中山的本体观是缺乏唯一性和一贯性的。

三、行易知难说

知行关系是中国哲学思想史上的一个古老问题，这一问题大概最早由《尚书・商书・说命中》提出："（傅）说拜稽首曰：'非知之艰，行之惟艰。王忱不艰，允协于先王成德，惟说不言有厥咎。'"傅说提出的"非知之艰，行之惟艰"的命题基本上型范了中华民族关于行重于知的观念，其相关言说也引导了中国古代认识论的道德取向。王阳明揭橥"知行合一"似乎是对傅说命题的转进，但实际上阳明知行关系的落脚点仍然在于道德践行。辛亥革命以后，孙中山痛感行重于知的观念导致党人以至国人视其三民主义、五权宪法以及种种建设宏规为陈义过高而无从实行的空言，甚至"于革命宗旨、革命方略亦难免有信仰不笃、奉行不力之咎"，以致"革命之建设所以无成，而破坏之后，国事更因之以日非也"，"七年以来，犹未睹建设事业之进行，而国事则日形纠纷，人民则日增痛苦"，因此，他汲汲于"破此心理之大敌，而出国人之思想于迷津，庶几吾之建国方略或不致再被国人视为理想空谈"，②乃对知行关系作了颠覆性改造，③提出"行易知难"说。④ 其知行思想超越道德范畴而具有了近代科学认识论的特质，自不待言。

孙中山说："夫'知之非艰，行之惟艰'一语，传之数千年，习之遍全国，四万万人心理中久已认为天经地义而不可移易者矣。今一旦对之曰

---

① 《孙中山全集》第 6 卷，第 159 页。
② 《孙中山全集》第 6 卷，第 158—159 页。
③ 孙中山说："总而论之，有此十证以为'行易知难'之铁案，则'知之非艰，行之惟艰'之古说与阳明'知行合一'之格言，皆可以从根本上而推翻之矣。"见《孙中山全集》第 6 卷，第 197 页。
④ 孙中山时常将"行易知难"与"知难行易"同义换用，例见《孙中山全集》第 6 卷第 157、185、186 页。

'此为似是而非之说，实与真理相背驰'，则人必难遽信。无已，请以一至
寻常、至易行之事以证明之。"①从所谓"至寻常、至易行之事"扩而论之，
孙中山总共提出了"行易知难十证"。其一饮食，"夫饮食者，至寻常、至
易行之事也，亦人生至重要之事而不可一日或缺者也。凡一切人类、物
类皆能行之，婴孩一出母胎则能之，雏鸡一脱壳则能之，无待于教者也。
然吾人试以饮食一事反躬自问，究能知其底蕴者乎？不独普通一般人不
能知之，即近代之科学已大有发明，而专门之生理学家、医药学家、卫生
学家、物理家、化学家，有专心致志以研究于饮食一道者，至今已数百年
来，亦尚未能穷其究竟者也"。② 其二用钱，"夫人生用钱一事，非先天之
良能，乃后天之习尚，凡文明之人，自少行之以至终身，而无日或间者也。
饮食也，非用钱不可；衣服也，非用钱不可；居家也，非用钱不可；行路也，
非用钱不可。吾人日日行之，视为自然，惟知有钱用则事事如意，左右逢
源；无钱用则万般棘手，进退维谷。故莫不孜孜然惟钱是求、惟钱是赖
矣。社会愈文明，工商愈发达，则用钱之事愈多，用钱之途愈广，人之生
死祸福悲喜忧乐几悉为钱所裁制，于是金钱万能之观念深中乎人心矣。
人之于钱也，既如此其切要，人之用钱也，又如此之其惯熟，然则钱究为
何物？究属何用？世能知之者有几人乎？""非综览人文之进化，详考财
货之源流，不能知金钱之为用也。又非研究经济之学，详考工商历史、银
行制度、币制沿革，不能知金钱之现状也。……故曰世人只能用钱，而不
能知钱者也。此足为'行之非艰，知之惟艰'之一证也"。③ 其三作文，"然
虽以中国文字势力之大与历代能文之士之多，试一问此超越欧美之中国
文学家中，果有能心知作文之法则而后含毫命简者乎？则将应之曰否！
中国自古以来无文法、文理之学，为文者穷年揣摩，久而忽通，暗合于文
法则有之，能自解析文章，穷其字句之所当然与用此字句之所以然者，未
之见也。至其穷无所遁，乃以'神而明之，存乎其人'自解，谓非无学而

---

① 《孙中山全集》第 6 卷，第 160 页。
② 《孙中山全集》第 6 卷，第 160 页。
③ 《孙中山全集》第 6 卷，第 170、179 页。

何？夫学者贵知其当然与所以然，若但能然，不得谓为学也。欲知文章之所当然，则必自文法之学始；欲知其所以然，则必自文理之学始。""夫中国之文章富矣丽矣，中国之文人多矣能矣，其所为文，诚有如扬雄所云'深者入黄泉，高者出苍天，大者含元气，细者入无间'者矣。然而数千年以来，中国文人只能作文章，而不能知文章，所以无人发明文法之学与理则之学，必待外人输来而乃始知吾文学向来之缺憾。此足证明行之非艰而知之惟艰也"。[1] 其四建屋，"夫人类能造屋宇以安居，不知几何年代，而后始有建筑之学。中国则至今犹未有其学，故中国之屋宇多不本于建筑学以造成，是行而不知者也。……全表面观之，设计者指摇笔画，而施工者胼手胝足，似乎工师易而苦力难矣，然而细考其详，则大有天壤之别。设有人欲以万金而建一家宅，以其所好及其所需种种内容就工师以请设计，而工师从而进行，则必先以万金为范围，算其能购置何种与若干之材料，此实践之经济学所必需知也。次则计其面积之广狭，立体之高低，地基之压力如何，梁架之支持几重，务要求得精确，此实验之物理学所必需知也。再而家宅之形式如何结构，使之勾心斗角，以适观瞻，此应用之美术学所必需知也。又再而宅内之光线如何接引，空气如何流通，寒暑如何防御，秽浊如何去除，此居住之卫生学所必需知也。终而客厅如何陈设，饭堂如何布置，书房如何间格，寝室如何安排，方适时流之好尚，此社会心理学所必需知也。工师者，必根据于以上各科学而设计，方得称为建筑学之名家也。……由此观之，知之易乎？行之易乎？此建筑事业可为'知难行易'之铁证者四也"。[2] 其五造船，"作者往尝游观数厂，每向华匠叩以造船之道，皆答以施工建造并不为难，所难者绘图设计耳，倘计划既定，按图施工，则成效可指日而待矣。……此'行之非艰，知之惟艰'，造船事业可为铁证者五也"。[3] 其六筑城，"中国最有名之陆地工程者，万里长城也。秦始皇令蒙恬北筑长城以御匈奴，东起辽沈，西迄临

---

①《孙中山全集》第 6 卷，第 181—182、185 页。
②《孙中山全集》第 6 卷，第 186 页。
③《孙中山全集》第 6 卷，第 187—188 页。

洮,陵山越谷五千馀里,工程之大,古无其匹,为世界独一之奇观。……彼迫于需要,只有毅然力行以成之耳,初固不计其工程之大、费力之多也,殆亦行之而不知其道也。而今日科学虽明,机器虽备,人工物力亦超越往昔,工程之学皆远驾当时矣,然试就一积学经验之工师,叩以万里长城之计划,材料几何? 人工几何? 所需经费几何? 时间若干可以造成? 吾思彼之所答必曰'此非易知之事也'。……由此观之,'行之非艰,知之惟艰',始皇之长城、欧洲之战壕可为铁证者六也"。① 其七开河,"中国更有一浩大工程,可与长城相伯仲者,运河是也。运河南起杭州,贯江苏、山东、直隶三省,经长江、大河、白河而至通州,长三千馀里,为世界第一长之运河,成南北交通之要道,其利于国计民生,有不可胜量也。……而今人于筹谋之始,已觉不胜其难,多有闻而生畏,乃古人则竟有举三千里之长河疏凿而贯通之,若行所无事者,何也? 曰:其难不在进行之后,而在筹划之初也。古人无今人之学问知识,凡兴大工,举大事,多不事筹划,只图进行,为需要所迫,莫之为而为,莫之致而致,其成功多出于不觉。是中国运河开凿之初,原无预定之计划也。……此'行之非艰,知之惟艰',中外运河之工程可为铁证者七也"。② 其八电学,"以今日而论,世界用电之人已不为少,然能知电者有几人乎? ……以用电一事观之,人类毫无电学知识之时,已能用磁针而制罗经,为航海指南之用;而及其电学知识一发达,则本此知识而制出奇奇怪怪层出不穷之电机,以为世界百业之用,此'行之非艰,知之惟艰',电学可为铁证者八也"。③ 其九化学,"中国之有化学制造事业,已数千年于兹,然行之而不知其道,并不知其名,比比皆是也","西人之仿造中国瓷器,专赖化学以分析,而瓷之体质、瓷之色料一以化学验之,无微不释。然其烧炼之技术,则属夫人工与物理之关系,此等技术今已失传,遂成为绝艺,故仿效无由。此欧美各国所以贵中国明清两代之瓷,有出数十万金而求一器者。今藏于法、英、美

① 《孙中山全集》第 6 卷,第 188—189 页。
② 《孙中山全集》第 6 卷,第 189—191 页。
③ 《孙中山全集》第 6 卷,第 192 页。

等国之博物院中者,则直视为希世之异宝也。然当时吾国工匠之制是物者,并不知物理、化学为何物者也。此'行之非艰,知之惟艰',化学可为铁证者九也"。① 其十进化,"夫进化者,自然之道也,而物竞天择,适者生存,不适者淘汰,此物种进化之原则也。此种原则,人类自石器时代以来已能用之以改良物种,如化野草为五谷,化野兽为家畜,以利用厚生者是也。然用之万千年而莫由知其道,必待至科学昌明之世,达文氏二十年苦心孤诣之功而始知之,其难也如此。……此'行之非艰,而知之惟艰',进化论可为铁证者十也"。② 凡此十证,均表明不知亦能行、能行未必知因而行易知难的道理,论证科学的知识和正确的理论比本能的行为和习得的技能更加难能可贵,③其用意当然是为实行三民主义、五权宪法以及种种建设宏规张本。④

孙中山虽然坚执行易知难说,但在知行发生的次序上却是肯定行先知后的,他说:"当科学未发明之前,固全属不知而行及行之而犹有不知者,故凡事无不委之于天数气运,而不敢以人力为之转移也。迨人类渐起觉悟,始有由行而后知者,乃甫有欲尽人事者矣,然亦不能不听之于天也。至今科学昌明,始知人事可以胜天,凡所谓天数气运者,皆心理之作用也。然而科学虽明,惟人类之事仍不能悉先知之而后行之也,其不知而行之事仍较于知而后行者为尤多也。且人类之进步皆发轫于不知而行者也,此自然之理则,而不以科学之发明为之变易者也。故人类之进化,以不知而行者为必要之门径也。夫习练也,试验也,探索也,冒险也,之四事者,乃文明之动机也。生徒知习练也,即行其所不知以达其欲能也。科学家之试验也,即行其所不知以致其所知也。探索家之探索也,

---

① 《孙中山全集》第 6 卷,第 192、194 页。
② 《孙中山全集》第 6 卷,第 195—196 页。按达文今译为达尔文。
③ 孙中山说:"故天下事惟患于不能知耳,倘能由科学之理则以求得其真知,则行之决无所难。"见《孙中山全集》第 6 卷,第 203 页。
④ 孙中山说:"倘使我国之后知后觉者能毅然打破'知之非艰,行之惟艰'之迷信,而奋起以仿效,推行革命之三民主义、五权宪法,而建设一世界最文明进步之中华民国,诚有如反掌之易也。"见《孙中山全集》第 6 卷,第 202 页。

即行其所不知以求其发见也。伟大杰士之冒险也,即行其所不知以建其功业也。由是观之,行其所不知者,于人类则促进文明,于国家则图致富强也。是故不知而行者,不独为人类所皆能,亦为人类所当行,而尤为人类之欲生存发达者之所必要也。"①这是说,人类不仅在原始蒙昧时期,甚至在科学高度发达时期,都面临着未知领域,必须经由不知而行最终达至行而后知,由此表明新知总是在践行之后才能获得。不过,在肯定行先知后的前提下,孙中山也指出了知对于行的有条件的能动作用,他说:"三代以前,人类混混噩噩,不识不知,行之而不知其道,是以日起有功,而卒底于成周之治化,此所谓不知而行之时期也。由周而后,人类之觉悟渐生,知识日长,于是渐进而入于欲知而后行之时期矣。……其始则不知而行之,其继则行之而后知之,其终则因已知而更进于行。"②"当今科学昌明之世,凡造作事物者,必先求知而后乃敢从事于行。所以然者,盖欲免错误而防费时失事,以冀收事半功倍之效也。是故凡能从知识而构成意像,从意像而生出条理,本条理而筹备计划,按计划而用工夫,则无论其事物如何精妙,工程如何浩大,无不指日可以乐成者也。"③这则是说,在文明人类的已知范围之内,知往往是行的先导。无论肯定行先知后,还是指出知为行的先导,都与行易知难说不相抵牾,行先知后表明行之简易而知之难能,知为行的先导当然更加突出了知的重要性,因此,孙中山的行易知难说在理论上是自洽的。

孙中山的行易知难说还包含一个特别观点,即分知分行或曰知行分任,他说:"以科学愈明,即一人之知行相去愈远,不独知者不必自行,行者不必自知,即同为一知一行,而以经济学分工专职之理施之,亦有分知分行者也。"④又说:"夫人群之进化,以时考之,则分为三时期,如上所述:曰不知而行之时期,曰行而后知之时期,曰知而后行之时期。而以人言

①《孙中山全集》第 6 卷,第 222—223 页。
②《孙中山全集》第 6 卷,第 199 页。
③《孙中山全集》第 6 卷,第 204 页。
④《孙中山全集》第 6 卷,第 198 页。

之,则有三系焉:其一先知先觉者,为创造发明;其二后知后觉者,为仿效推行;其三不知不觉者,为竭力乐成。有此三系人相需为用,则大禹之九河可疏,秦皇之长城能筑也。乃后世之人,误于'知之非艰,行之惟艰'之说,虽有先知先觉者之发明,而后知后觉者每以为知之易而忽略之,不独不为之仿效推行,且目之为理想难行,于是不知不觉者则无由为之竭力乐成矣。"①孙中山将知一概归为先知先觉者之事,将行一概归为后知后觉者和不知不觉者之事,思维方法不免失之绝对;而他对社会成员的划类实际上是分等,由此体现的天才意识和英雄史观与他提倡的民权主义不免抵牾。

孙中山的行易知难说是中国哲学认识论中一种独特的理论形态,所以他将此说名为"孙文学说"。此说接续知易行难说和知行合一说,阐明了知行关系的第三种或者可以说是最后一种可能性,基本上补足了知行范畴的全部内容,从而为来者留下了极具启发意义的思想成果。② 孙中山力辟千古而高标知相对于行的重要性,既与他为了中国革命和建设事业所做的思想动员工作相关,也应该有近代西方实验科学、启蒙思潮、理性主义的影响,从一个侧面反映了中国传统思想转型的轨迹。不过,行易知难说与知易行难说一样是存在偏颇性的。实际上,若说行难则知亦不易,而若说知难则行亦不易,知行相须并重,庶几乎得之。因此,无论在道德实践领域,还是在生产斗争、阶级斗争和科学实验等领域,知行合一方为知行关系的正解。

四、民生史观与互助论

1924 年孙中山演讲《三民主义》,可以说是他的晚年定论。在其中的

---

① 《孙中山全集》第 6 卷,第 201 页。"知行分任"一语见同卷第 186 页。
② 知行关系从逻辑排列上可能有知易行难、知难行易、知难行难、知易行易、知行合一、知行相分六种,但在实际上,似乎从无哲学思想家提出知易行易和知行相分的命题,因为那是不可能的;孔子所谓"学而不思则罔,思而不学则殆",大致近于知难行难、知行并重的意思,而知行并重大概即是知行合一。所以说知易行难、知行合一、知难行易基本囊括了知行关系的全部可能性和全部内容。

《民生主义》演讲中,他反复说:"到底什么东西才是历史的重心呢? 我们国民党提倡民生主义已经有了二十多年,不讲社会主义,只讲民生主义,社会主义和民生主义的范围是什么关系呢? 近来美国有一位马克思的信徒威廉氏,深究马克思的主义,见得自己同门互相纷争,一定是马克思学说还有不充分的地方,所以他便发表意见,说马克思以物质为历史的重心是不对的,社会问题才是历史的重心,而社会问题中又以生存为重心,那才是合理。民生问题就是生存问题,这位美国学者最近发明适与吾党主义若合符节。这种发明就是民生为社会进化的重心,社会进化又为历史的重心,归结到历史的重心是民生,不是物质。"①"这位美国学者所发明的人类求生存才是社会进化的定律,才是历史的重心。人类求生存是什么问题呢? 就是民生问题。所以民生问题才可说是社会进化的原动力。"②"我们国民党所提倡的民生主义,不但是最高的理想,并且是社会的原动力,是一切历史活动的重心。"③"然则民生主义到底是什么东西呢? 我在前一次讲演有一点发明,是说社会的文明发达、经济组织的改良和道德进步,都是以什么为重心呢? 就是以民生为重心。民生就是社会一切活动中的原动力。因为民生不遂,所以社会的文明不能发达,经济组织不能改良和道德退步,以及发生种种不平的事情,象阶级战争和工人痛苦,那些种种压迫,都是由于民生不遂的问题没有解决。所以社会中的各种变态都是果,民生问题才是因。"④以民生为历史的重心和社会进化的原动力,这就是孙中山的民生史观。

那么民生的内容究竟是什么呢? 孙中山解释说:"民生就是人民的生活——社会的生存、国民的生计、群众的生命便是。"⑤具体来说,"吃饭就是民生的第一个需要。民生的需要,从前经济学家都说是衣食住三

① 《孙中山全集》第9卷,第365页。
② 《孙中山全集》第9卷,第371页。
③ 《孙中山全集》第9卷,第381页。
④ 《孙中山全集》第9卷,第386页。
⑤ 《孙中山全集》第9卷,第355页。

种,照我的研究,应该有四种,于衣食住之外,还有一种就是行。行也是一种很重的需要,行就是走路。我们要解决民生问题,不但是要把这四种需要弄到很便宜,并且要全国的人民都能够享受",①"在民生主义里头,第一个重要问题是吃饭,第二个重要问题是穿衣",②"要全国四万万人都可以得衣食的需要,要四万万人都是丰衣足食",③这些说法可谓卑之无甚高论,但唯有解决了全体国民衣食住行等生存需求问题,社会才可能进步,历史才可能发展。基于这种认识,孙中山提出了解决民生问题的一系列办法,他说:"民生主义的办法,国民党在党纲里头老早是确定了。国民党对于民生主义定了两个办法,第一个是平均地权,第二个是节制资本。只要照这两个办法,便可以解决中国的民生问题。"④又说:"中国不单是节制私人资本,还是要发达国家资本。……统一之后,要解决民生问题,一定要发达资本,振兴实业。振兴实业的方法很多,第一是交通事业,象铁路、运河都要兴大规模的建筑;第二是矿产,中国矿产极其丰富,货藏于地,实在可惜,一定是要开辟的;第三是工业,中国的工业非要赶快振兴不可。"⑤又说:"照美国发达资本的门径,第一是铁路,第二是工业,第三是矿产,要发达这三种大实业,照我们中国现在的资本、学问和经验都是做不来的,便不能不靠外国已成的资本。我们要拿外国已成的资本来造成中国将来的共产世界,能够这样做去,才是事半功倍。如果要等待我们自己有了资本之后才去发展实业,那便是很迁缓了。"⑥又说:"我们要解决民生问题,如果专从经济范围来着手,一定是解决不通的。要民生问题能够解决得通,便要先从政治上来着手,打破一切不平等的条约,收回外人管理的海关,我们才可以自由加税,实行保护政

---

① 《孙中山全集》第 9 卷,第 411 页。
② 《孙中山全集》第 9 卷,第 412 页。
③ 《孙中山全集》第 9 卷,第 414 页。
④ 《孙中山全集》第 9 卷,第 377 页。
⑤ 《孙中山全集》第 9 卷,第 391 页。
⑥ 《孙中山全集》第 9 卷,第 393 页。

策。能够实行保护政策,外国货物不能侵入,本国的工业自然可以发达。"①凡此平均地权、节制资本、振兴实业、利用外资、保护政策诸多解决民生问题的办法,一言以蔽之,"目的就是要把社会上的财源弄到平均",②孙中山认为这就是实行社会主义,他反复强调"民生主义者,即社会主义也",③"民生主义就是社会主义,又名共产主义,即是大同主义",④"民生主义就是共产主义,就是社会主义。所以我们对于共产主义,不但不能说是和民生主义相冲突,并且是一个好朋友",⑤他甚至直接称"社会主义家"为"民生学者",⑥当然也就是以"民生学者"为"社会主义家"了。

值得注意的是,孙中山指出:"我今天来分别共产主义和民生主义,可以说共产主义是民生的理想,民生主义是共产的实行,所以两种主义没有什么分别,要分别的还是在方法。"⑦此所谓方法的分别,即孙中山提倡以互助的手段解决民生问题,而反对进化论的生存竞争和马克思主义的阶级斗争。他说:"作者则以为进化之时期有三:其一为物质进化之时期,其二为物种进化之时期,其三则为人类进化之时期。……人类初出之时,亦与禽兽无异;再经几许万年之进化,而始长成人性,而人类之进化于是乎起源。此期之进化原则,则与物种之进化原则不同。物种以竞争为原则,人类则以互助为原则。社会国家者,互助之体也;道德仁义者,互助之用也。人类顺此原则则昌,不顺此原则则亡。此原则行之于人类当已数十万年矣。然而人类今日犹未能尽守此原则者,则以人类本从物种而来,其入于第三期之进化为时尚浅,而一切物种遗传之性尚未能悉行化除也。然而人类自入文明之后,则天性所趋,已莫之为而为,莫

---

① 《孙中山全集》第 9 卷,第 424 页。
② 《孙中山全集》第 9 卷,第 388 页。
③ 《孙中山全集》第 5 卷,第 191 页。
④ 《孙中山全集》第 9 卷,第 355 页。
⑤ 《孙中山全集》第 9 卷,第 386 页。
⑥ 《孙中山全集》第 6 卷,第 179 页。
⑦ 《孙中山全集》第 9 卷,第 381 页。

之致而致，尚于互助之原则，以求达人类进化之目的矣。人类进化之目的为何？即孔子所谓'大道之行也，天下为公'，耶稣所谓'尔旨得成，在地若天'，此人类所希望，化现在之痛苦世界而为极乐之天堂者是也。近代文明进步，以日加速，最后之百年已胜于以前之千年，而最后之十年又胜已往之百年，如此递推，太平之世当在不远。乃至达文氏发明物种进化之物竞天择原则后，而学者多以为仁义道德皆属虚无，而争竞生存乃为实际，几欲以物种之原则而施之于人类之进化，而不知此为人类已过之阶级，而人类今日之进化已超出物种原则之上矣。"①又说："世界有三大问题，即国际战争、商业战争与阶级战争是也。在此国际发展实业计划中，吾敢为此世界三大问题而贡一实行之解决，即如后达文而起之哲学家之所发明人类进化之主动力，在于互助，不在于竞争，如其他之动物者焉。故斗争之性乃动物性根之遗传于人类者，此种兽性当以早除之为妙也。"②这是将生存竞争限制在文明人类以外的动物界，而以互助为文明人类的社会规范。针对马克思主义的阶级斗争学说，孙中山批评道："社会之所以有进化，是由于社会上大多数的经济利益相调和，不是由于社会上大多数的经济利益有冲突。社会上大多数的经济利益相调和，就是为大多数谋利益。大多数有利益，社会才有进步。社会上大多数的经济利益之所以要调和的原因，就是因为要解决人类的生存问题。古今一切人类之所以要努力，就是因为要求生存。人类因为要有不间断的生存，所以社会才有不停止的进化。所以社会进化的定律是人类求生存，人类求生存才是社会进化的原因。阶级战争不是社会进化的原因，阶级战争是社会当进化的时候所发生的一种病症。这种病症的原因是人类不能生存，因为人类不能生存，所以这种病症的结果便起战争。马克思研究社会问题所有的心得，只见到社会进化的毛病，没有见到社会进化的原理，所以马克思只可说是一个'社会病理家'，不能说是一个'社会生

---

① 《孙中山全集》第 6 卷，第 195—196 页。达文即达尔文。
② 《孙中山全集》第 6 卷，第 394 页。

理家'。"①他又说:"中国今是患贫,不是患不均。在不均的社会,当然可用马克思的办法,提倡阶级战争去打平他;但在中国实业尚未发达的时候,马克思的阶级战争、无产专制便用不着。所以我们今日师马克思之意则可,用马克思之法则不可。"②可见孙中山并非一概否定阶级斗争,而是认为阶级斗争只是社会的病态而非常态,在当时中国并不适合采取。

民生史观和互助论构成孙中山社会历史哲学的基础和方法。他的社会历史哲学的旨归与科学社会主义在实质上一致无二,都是要铲平阶级压迫,实现经济公正和政治平等;但二者在实现方式究竟应该采取激烈手段还是和平手段的取舍上却大相径庭,这或许应合了《易传》所谓"天下同归而殊途,一致而百虑"的睿识。

第四节 章炳麟的本体观、认识论和进化论

一、生平著述

章炳麟(1869—1936),浙江余杭人,初名学乘,字枚叔,一作梅叔,因羡慕顾炎武之为人而更名绛,别号太炎,另有章燐、章缁、绛叔、末底、菿汉阁主、台湾旅客、陆沉居士等多个笔名。九岁从外祖父朱左卿(名有虔)读经四年,稍知经训;间亦听外祖父讲述明清遗事及王夫之、顾炎武著作大旨,又尝偷窥蒋良骐《东华录》所载戴名世、吕留良、曾静诸案,民族观念和革命思想由此萌发。十六七岁涉猎史传,浏览《老子》《庄子》,泛观《文选》,揣摩《说文》,自是废弃制义,平生不应科举。十八九岁更读唐人九经义疏、清人学海堂经解和南菁经解,参以顾炎武《音学五书》、王引之《经义述闻》、郝懿行《尔雅义疏》以及《说文解字》段玉裁注等书,从此一意治经,文必法古。弱冠得明季稗史十七种并全祖望、王船山阐扬民族大义诸书,排满意志益坚。二十三岁失怙,其父遗命敛以深衣而不

①《孙中山全集》第9卷,第369页。
②《孙中山全集》第9卷,第392页。

用清朝服饰,由此更加愤疾东胡,从事光复。同年至杭州诂经精舍从古文大家俞樾(字荫甫,号曲园)受业。二十四五岁撰成考释经史诸子之文字音训注解的《膏兰室札记》。1894年甲午战争之后,章炳麟激于民族危亡而开始投身政治活动,参加康有为设立的上海强学会。至1897年初,他离开问学七年的诂经精舍赴上海,在维新派主办的《时务报》任主笔,但不久便因政治观点和学术思想分歧而与康梁门徒攘臂大讧,愤然辞职,返归杭州编辑《经世报》,并为《实学报》《译书公会报》撰文。此间他与宋恕相交甚得,受其影响始读佛典,渐近玄门。1898年初上书清廷重臣李鸿章,冀其阻止德、俄、英、法等国瓜分中国的图谋。是年春应张之洞电邀赴武昌,乃因古文经学见解与张之洞相近故,然未几即以政见与张之洞保守立场不合而被劝告离鄂。8月至沪,再入汪康年改组《时务报》而成立的《昌言报》任主笔。9月"百日维新"失败,谭嗣同等六君子就义,爰作《祭维新六贤文》,哀悼六君子,且对慈禧为首的守旧派表示强烈仇恨。12月,为逃逸清廷通缉而举家避地台湾,居台期间将以往论政、论学文札辑成《訄书》,于次年梓行,是为"原刊本"。[①] 1899年5月由基隆东渡日本,于横滨清议报馆晤梁启超,并初见孙中山,谈论排满方略,颇为相得。此间撰写《儒术真论》在《清议报》连载发表。7月自日本返回上海,在康门弟子唐才常主持的《亚东时报》任主笔。1900年八国联军侵入北京,帝后西狩,清廷无主,章炳麟再次上书时任粤督的李鸿章,劝其"明绝伪诏,更建政府",鼓动李鸿章独立。7月参加唐才常发起的中国议会,但对唐氏一面排满、一面勤王的首鼠两端态度极为不满,遂"宣言脱社,割辫与绝",自此与改良派分道扬镳而矢志革命。唐才常自立军失败后,章炳麟稍受牵连,于是归乡度岁,乘间对《訄书》原刊本重行编校,是为"手校本",两本对勘颇见其思想转变轨迹。1901年在中国留日青年创办的《国民报》发表《正仇满论》,驳斥梁启超《积弱溯源论》中的保皇思想立

---

① 关于《訄书》的编纂时间及其版本情况,汤志钧在《章太炎年谱长编》(北京:中华书局1979年版)中的说法与朱维铮在《章太炎全集(三)·前言》(上海:上海人民出版社1984年版)中的观点存在差异,此处采取汤志钧的说法,下同。

场，宣扬反清革命不得不行的观点，大概是革命派驳斥保皇派的第一篇
文章。是年入苏州东吴大学任教，曾拜见业师俞樾，俞先生痛责其入异
域而背父母陵墓、效索房而斥九重乘舆是为"不忠不孝，非人类也"，章炳
麟则以顾炎武治经学使人推寻国性、辨别汉虏为宗旨而辞谢本师，宣布
从此脱离师生关系，表明坚持革命的决心。1902年初，因在东吴大学任
教期间言论恣肆，被江苏巡抚恩铭查问，遂再东渡日本，与孙中山定交。
4月发起"支那亡国二百四十二年纪念会"，揭橥反清复明主旨。7月回
国，在上海从事日文书籍翻译工作，译作有日人岸本能武太所著《社会
学》，被时人誉为"译界一明星""群学为巨擘"。里居多暇，再对《訄书》进
行删改，熔铸新理，推迹古近，叛离改良，矢志革命，其中《订孔》《学变》等
篇批判孔子"虚誉夺实"，开近代批孔风气。此著后由日本东京翔鸾社出
版，是为《訄书》"重印本"。1903年春，在中国教育会赞助、蔡元培开办的
上海爱国学社任国文教员。5月为邹容《革命军》作序，许之为"义师先
声"。又撰《驳康有为论革命书》，于6月29日在《苏报》刊发，与保皇派
展开针锋相对的斗争，直斥清光绪帝为"小丑"，赞扬以流血革命明公理、
去旧俗。此文刊发之次日，章炳麟即被上海租界工部局逮捕，判处监禁
三年，《苏报》被查封，是为轰动一时的"苏报案"。章炳麟在狱中专心研
读《瑜伽师地论》《因明论》《唯识论》等佛典，自译了悟大乘法义，认为释
迦玄言高于晚周诸子不可计数，程朱以下尤不足论；又深感华严、法相诸
宗有助于确立信仰，坚定意志，可以改造成为革命斗争的思想武器。
1906年6月，章炳麟刑满出狱，即被中国同盟会派人接至日本，受到革命
同志和留学生的热烈欢迎，加入同盟会，被委任为同盟会机关报《民报》
主笔，与康梁保皇派的《新民丛报》进行针锋相对的舆论斗争。此时提出
"用宗教发起信心，增进国民的道德""用国粹激动种性，增进爱国的热
肠"作为"办事的方法"亦即行动根据。自此年起在《民报》发表《俱分进
化论》《无神论》《革命之道德》《建立宗教论》《人无我论》《五无论》《四惑
论》等哲学论文；在国学讲习会、国学振兴社讲授文字、音韵、训诂、经子
史集诸学；除继续研习佛学，还涉猎康德、叔本华等西方哲学家的学说，

在参观互鉴中更加服膺佛理。1907年因《民报》经费问题与孙中山产生分歧。1908年10月,日本政府徇清政府之请而封禁《民报》,章炳麟三次致书日本内务大臣申诉,并亲至警廷抗议,终未挽回。1909年,章炳麟与陶成章因活动经费和革命方略等问题公开攻击孙中山,引发黄兴、吴稚晖、汪精卫等人反驳,同盟会内部派系分歧遂公诸于世。本年在《国粹学报》连载《庄子解诂》,并刊印《小学答问》《新方言》。1910年,光复会在日本东京重新成立,章炳麟任会长,陶成章任副会长,与同盟会分庭抗礼。本年又对《訄书》多所修治,是为"手改本";出版《国故论衡》,撰成《文始》,著作《齐物论释》。1911年10月武昌起义成功,11月,章炳麟离日回国抵沪,发为"革命军起,革命党消"之论。1912年初在上海发起成立中华民国联合会,任会长,创办联合会机关报《大共和日报》,3月将中华民国联合会更名为统一党。5月赴北京,周旋于政界党派纷争,所作文字几乎尽为通电政论,放言无忌,异说纵横,被时人呼为"章疯子"。12月受袁世凯任命为东三省筹边使,次年(1913)春赴吉林长春视事,未几返回内地,在北京、武汉、上海诸处周旋。复因"东省实业计划"受到财政方面的阻挠,愤然辞去东三省筹边使职务。7月,"二次革命"爆发,章炳麟函电迭发,对南北两方均加攻击。8月,因需主持党务而再次进京,拒不面见袁世凯,遂遭软禁,几于自投罗网,轻蹈险境。羁滞期间百无聊赖,爰立国学讲学所,以讲授经、子、史、玄诸学自遣,并修改《小学答问》《文始》,撰《自述学术次第》。其时袁世凯下令尊孔祀圣,康有为发表《以孔子为国教配享天坛议》等文,陈焕章创办《孔教会杂志》,章炳麟亦作《驳建立孔教议》《反对以孔教为国教篇示国学会诸生》等文进行针锋相对斗争。1914年初,章炳麟欲径自离京,被军警阻拦,遂手持以北洋政府颁发的二等勋章作坠饰的折扇,至总统府大闹要见袁世凯,旋被幽禁于龙泉寺等处。7月移居钱粮胡同,仍被监视,复取《訄书》增删,更名《检论》,学术分量增加而革命内容稍减。此时处困向亨,渐契《易》义。1915年末,袁世凯称帝,招致群雄反对,次年6月在众叛亲离中病故,代理大总统黎元洪旋即解除对章宅的监视,章炳麟遂于7月南归,结束了三年幽禁生活。是后由上海而广东、云南、贵州、四川、湖北、湖南等地,尝以广东大元帅府秘书长名义,配合孙中山运动各派地方势力,进行反对北洋政府的护法斗争,所到之处每以力士高举特大红旗为先导,以壮行色。自此纠缠于政务多年,以议论时政、通电宣言、斡旋派系、纵横筹策闻名国中;不过 1922 年因受柳诒徵批评而追悔以前"激而诋孔"乃"狂妄逆诈之论",又应江苏省教育会之约分十次讲授国学,1924 年发表《中学国文书目》引导学子穷研经史子集,乃至与弟子吴承仕论三体石经及今古文《尚书》,1925 年撰著《致知格物正义》《康成子雍为宋明心学导师说》《读论语小记》《疏证古文八事》等文,凡此仍然体现其国学家本色。1926 曾任上海国民大学、法政大学校长。1931 年九一八事变,1932 年一·二八事变,寇患日深,国家阽危,章炳麟屡发宣言疾呼抗战,曾专赴北平向当轴者陈情,爱国之意溢于言表。1932 年秋应邀赴苏州讲学,勉励青年学习范仲淹名节厉俗及顾炎武行己有耻,讲《儒行要旨》《大学大义》等,倡言"扶微业辅绝学之道,诚莫如学会便",苏州人士遂成立国学会,"惇诲学人,保国学于一线"。此后渐疏政事,归宗六经,特别推崇《孝经》《大学》《儒行》《丧服》,以为经术之归宿,而经术则是为人之基本;对于畔经蔑古的风气痛加斥责,乃至诋为魔道。1934 年秋从上海移居苏州,脱离国学会而另外发起章氏国学讲习会,编办《制言》半月刊,以研究固有文化、造就国学人才为宗旨;再倡"读经有利而无弊"之论,强调"中国今后应永远保存之国粹即是史书,以民族主义所托在是",洵为粹然儒宗。1936 年 6 月 14 日因鼻衄病和胆囊炎遽逝,弟子钱玄同、许寿裳等尊之为"革命元勋,国学泰斗",门人鲁迅也赞之曰"先哲的精神,后生的楷范"。

二、阿屯—以太本体观和真如本体观

章炳麟是国学大师,但却不是专业哲学家。他认为"哲学精而无用,非明道定性、象山立大之术。欲骤变之,则无其师,固不如已也",因此他主张"凡学先以识字,次以记诵,终以考辨,其步骤然也",①这应该就是他的学术期许。他的平生著述,大多是对经史子集之字句篇章、古语僻典、名物制度、人事掌故等进行解说、考辨或补佚,约属经学之小学和经解一类,诸如《膏兰室札记》《诂经札记》《春秋左传读》及《叙录》《驳箴膏肓评》《七略别录佚文征》《庄子解故》《管子馀义》《广论语骈枝》《体撰录》《春秋左氏疑义答问》《国故论衡》等;另有较多文著以鼓吹反清革命、议论社会政治、阐述学术观点、表达思想认识、体现唯识信仰、记载平生交游为主旨,集中见于《訄书》《检论》《太炎文录初编》及《续编》;比较专门阐述哲理的著作似乎只有《齐物论释》和《蓟汉微言》,均为表彰法相唯识学的主观唯心主义本体论和认识论。不过,作为学问渊博、阅历丰富、视域广阔、思想深刻的大家,章炳麟其实还是具有不少独到的哲学见解,这些哲学见解散见于他的诸多著作文札之中,可以归纳为本体论、认识论、进化论三个方面。

关于宇宙本体的认识,大致以 1906 年为界,此前章炳麟受近代西方自然科学的影响,信从以阿屯(Atom)为始基、以以太(Ether)为介质的物质本体观,而根本否定神创说和性空论。其曰:"盖凡物之初,只有阿屯,而其中万殊。各原质皆有欲恶去就,欲就为爱力、吸力,恶去为离心力、驱力。有此,故诸原质不能不散为各体,而散后又不能不和合。夫然,则空气金铁虽顽,亦有极微之知。……彼其知则欲恶去就而已,不如是不能自成原质,亦不能相引而成草木。夫其桥起而相引也,则于是有雌雄片合,而种类成矣。有种类,则又有其欲恶去就,而相易相生相摩,渐以化为异物。故既有草木,则草木亦如瞽之求明,如痿之思起,久之而机械日生,刻意思之以趋于近似,而其形亦遂从之而变,则于是有蜃蛤、水母。彼又求明,则递为甲节,为脊骨,复自鱼以至鸟兽而为猿、狙、猩、狒,以至为人。此所谓'随序之相理'也。"②这是以阿屯为宇宙万物的基本原素,

①《章太炎全集》(五),上海:上海人民出版社 1985 年版,第 102、96 页。
②《章太炎选集》(注释本),上海:上海人民出版社 1981 年版,第 62—63 页。

认为无机物如空气金铁以及有机物自植物、动物以至人类，皆由之递进生成。章炳麟又说："然以太即传光气，能过玻璃实质，而其动亦因光之色而分迟速。彼其实质，即曰阿屯，以一分质分为五千万分，即为阿屯大小之数，是阿屯亦有形可量。以太流动，虽更微于此，而既有迟速，则不得谓之无体。……苟如是，动则速矣，力则厚矣，而亦与极顽之日星同类，宁能超出万有耶？"①此则认为作为宇宙万物之基本原素的阿屯以太虽极细微，但仍有其实体，与其所构成的巨大天体同属一类，而不能超逸于物质之外。

　　基于阿屯以太物质本体观，章炳麟对宗教神创说和佛学性空论作了否定。针对宗教神创说，他反复指出："夫大钧播物，气各相摄，月摄于地，地摄于日，日复摄于列宿。其所以鼓之舞之旋之折之者，其用大矣，安事此苍苍者为？"②"今乃知万物之生灭消长，皆由太阳之光热致之，而苍苍者无与焉。"③"故曰知'实而无乎处'，知'长而无乎剽'，则上帝灭矣，孰能言其造人与其主予夺殃庆耶？"④"夫非有上帝之造之，而物则自造之。"⑤"然则物生于日，而其为祸福，则日勿与焉。若夫天与帝，则未尝有矣。"⑥针对佛学性空观，他说："盖所谓性海，无秋毫之微，芦苻之厚。而阿屯以太则尚不免于毫末沦无间，芦苻通无圻也，以此相拟，终不相类。即如光、热、电三者，虽不能得其质点，而终与湛然不动者有殊，舍利性海，岂是之比？"⑦"原质有形，即以太亦有至微之形，固不必以邈无倪际之性海言也。"⑧凡此皆在否定宗教神创说和佛学性空论的同时，肯定了物质本体及其构成的宇宙万物的自在与实有。

---

①《章太炎选集》(注释本)，第69页。
②《章太炎选集》(注释本)，第41页。
③《章太炎选集》(注释本)，第42页。
④《章太炎选集》(注释本)，第49页。
⑤《章太炎选集》(注释本)，第60页。
⑥《章太炎全集》(三)，上海：上海人民出版社1984年版，第20页。
⑦《章太炎选集》(注释本)，第69页。
⑧《章太炎选集》(注释本)，第70页。

与物质性的本体宇宙观相应,章炳麟强调包括人在内的生命只是物质的一种存在形式,由此否定了神鬼之类的观念。他说:"今夫庶物莫不起于细胞,细胞大氏皆球形,其中有核,亦大氏皆球形,核中液体充满,名曰核液,分染色物、非染色物二者。凡细胞诸种皆自原形质成立。原形质似卵白质,赫胥黎氏称之曰'生命之本原'。而卵白质无同化、增殖二力,原形质有同化、增殖二力。……是即生物之所以灵运,然非有神宰界之矣。"[1]生物既以原形质组成的细胞而获得灵运亦即生机,也必以细胞的衰亡而丧失生机,从而转化为别种物质,"及精气相离而死,则神亦无存。譬之水既淤湮,浪即无有;两味化分,寻索隽永了不可得。故精离则死,死则无知,其流定各质,久则合于他物,或入草木,或入胎卵,未有不化者。……夫焉有精化既离而神识能独立者乎?"[2]"说今人之死也,则淡、养、炭、轻诸气,盐、铁、磷、钙诸质,各散而复其流定之本性,而人之性亡矣。离此流定而复索一舍利性海,亦犹离此诸体而索马索象也。"[3]"人死而为枯骼,其血之转邻或为茅蒐,其炭其盐或流于卉木,其铁在艹,其肌肉或为虫蛾蛰豸。仲尼曰'精气为物',其智虑非气也,所从受者,胎卵之成,成于牝牡之感,而子姓受之,感有交错,以成智虑,及死则若波之复,乃夫气则瀸淖于水土也。仲尼曰'游魂为变',夫一朝而丧其亲戚,匍匐皋复,卒不得其处之。死而不忍致死之,荐祭之设,情也。谓其馨香之气屑然映然,足以感魂魄,诬矣。"[4]人死既无独立的神识和魂魄,除了转化的物质之外亦无舍利性海,这就对生命作了相当彻底的唯物论解释。而对生命的唯物论解释也就意味着将整个宇宙视为物质的存在,这正是章炳麟前期的本体宇宙观。不过,应该指出,从上引所谓"各原质皆有欲恶去就""空气金铁虽顽亦有极微之知"云云来看,章炳麟前期的思想认识多少还存在着物质与精神相混淆的问题。

---

[1]《章太炎选集》(注释本),第82—83页。
[2]《革故鼎新的哲理——章太炎文选》,上海:远东出版社1996年版,第49页。
[3]《章太炎选集》(注释本),第68页。
[4]《章太炎全集》(三),第34页。

然而,自 1903 至 1906 年因《苏报》案系狱而深研佛学之后,章炳麟的本体观发生了根本转变。据宋教仁 1906 年 12 月 6 日的日记记载:"晚餐后,与章枚叔谈最久,谈及哲学。枚叔甚主张精神万能之说,以为'万事万物,皆本无者,自我心之一念以为有之,始乃有之矣。所谓物质的,亦不过此一念中,以为有此物质,始乃有之耳'。"①可见其时章炳麟已经服膺唯识学,乃以心为本真,而以物为幻有。后期章炳麟以圆成实性、真如、法界、涅槃、心、阿赖耶识等佛学名词指目宇宙本体,而认为真如一名最为恰切,他说:"第三自性由实相真如法尔而成,亦由阿赖耶识还灭而成。在遍计所执之名言中,即无自性;离遍计所执之名言外,实有自性,是为圆成实自性。夫此圆成实自性云者,或称真如,或称法界,或称涅槃。"②"真如即是惟识实性,所谓圆成实也。"③"本体者,本以有形质故言体,今究竟名中本体字,于所诠中,非有质碍,不可搏掣,云何可说为本体?唯真如名最为精审。"④他反复说明唯有真如本体是真实的,而大千世界万事万物包括人本身及其观念皆为真如本体递生变现的幻象,如谓"乃不知所谓我者,舍阿赖耶识而外,更无他物。此识是真,此我是幻,执此幻者以为本体,是第一倒见也。……然则此力、此五尘者,依于何事而能显现?亦曰心之相分,依于见分而能显现耳。此心是真,此质是幻,执此幻者以为本体,是第二倒见也。……不能退而自观其心,以知三界惟心所现,从而求之于外;于其外者,则又与之以神之名,以为亦有人格。此心是真,此神是幻,执此幻者以为本体,是第三倒见也",⑤"此心为必有,而宇宙为非有。所谓宇宙,即是心之碍相"。⑥

具体到人来说,由于"一切众生,同此真如,同此阿赖耶识",而"阿赖耶识,无始时来,有种种界,如蜀黍聚。即此种种界中,有十二范畴相,有

① 汤志钧《章太炎年谱长编》,第 230 页。
②《章太炎全集》(四),上海:上海人民出版社 1985 年版,第 404 页。
③《章太炎全集》(四),第 414 页。
④《章太炎全集》(六),上海:上海人民出版社 1986 年版,第 27 页。
⑤《章太炎全集》(四),第 406—407 页。
⑥《章太炎全集》(四),第 414 页。

色空相,有三世相,乃至六识种子,皆在阿赖耶中",①所以人得由阿赖耶识递生眼耳鼻舌身意六识,由此变现色声香味触法六尘,"五尘法尘(按即六尘),同是相分。此诸相分,同是依识而起。由有此识,而有见分、相分依之而起","然则法尘在意识中,五尘在五识中",②亦由此而构成常人所见的器世间。章炳麟根本否定器世间的真实性,他说:"世界本无,不待消灭而始为无。今之有器世间,为众生依止之所本,由众生眼翳见病所成,都非实有。六十四种原质,析至邻虚,终无不可复析之量。既可复析,即不得强立原子之名。若云原子本无方分,互相抵触而后见形者,既无方分,便合浑沦为一,何有互相抵触之事?故知原子云者,徒为妄语。其他或立伊太,或立伊奈卢鸡,斯皆超出经验之外,但有假名。要之,空间尚无,岂彼空间所容受者而可信其为有?然现见此器世间,宛尔存在,则以众同分业,错乱其明故。是则众生既尽,世界必无豪毛圭撮之存,譬若病眼者死,而眼中所见之空华与之俱死。虽然,此未可为常人道也,常人所信,惟有覆谛而已。世界初成,溟濛一气,液质固形,皆如烟聚,佛谓之金藏云,康德谓之星云,今人谓之瓦斯气,儒者则以太素目之。尔后渐渐凝成,体若熟乳,久之坚硬,则地球于是定位,次是乃有众生滋长,而有机物之最始,果自无机物出乎?则生物学家所不能断定者。若如覆谛世界不亡,仍有产出群生之日。是故众生悉证法空,而世界为之消弭,斯为最后圆满之期也。"③他将器世间指为众生或常人因妄识所产生的妄见,而以众生灭度、世界消弭、悉归真如为究竟真实。

在上引文句中,已可看出章炳麟对他前期所信从的原子、以太(即伊太)一类物质本体也予以否定。为了证立真如本体,他对唯物论还作了更为深入的破斥,其曰:

惟物者,自物而外,不得有他。应用科学者,非即科学自体;而

----

① 《章太炎全集》(四),第 414 页。
② 《章太炎全集》(四),第 405 页。
③ 《章太炎全集》(四),第 434—435 页。

科学之研究物质者，亦非真惟物论。是何也？言科学者，不能舍因果律。因果非物，乃原型观念之一端。既许因果，即于物外许有他矣。真持惟物论者，在印度有研婆迦师，在欧洲有吼模（按即休谟）耳。乃若《胜论》之言阿耨，伊壁钧卢（按即伊壁鸠鲁）之言阿屯，黎布尼（按即莱布尼兹）之言毛奈陀，汉语译之，皆云原子。然彼实轶出经验以外，以求本根于无方分者。况其所谓原子，非独物有，亦许心有，则仍是心物二元也。研婆迦说以为现量诚谛，比量虚妄，此即断绝因果矣。又谓地水火风任运流转，自斯而外，更无心量。即彼地水火风者，亦但有现行，初无种子，此又断绝本质矣。吼模之言曰："弄球者先转一球，进而击触他球，则他球亦转，其势流注相迁，而不可以先转为后转之因，后转为先转之果。诸言因者，非五根所能感触，得一现象，而归之于不可见因，谬矣！因云果云，此皆联想所成。联想云何？凡同一事而屡见者，即人心之习惯所由生。初见一事，前有此，后有彼；继见一事，前有此，后有彼；如是更十百次，皆前有此，后有彼，遂以此为彼因，彼为此果，其实非有素定也。且夫白日舒光，爝火发热，亦其现象则然。以为日必舒光，火必发热，则不可。惟根识所触证者，有日与火之现象，必有光与热之现象随之。以吾心之牵联，而谓物自牵联，乃豁然定为因果。若就物言，日自日矣，何与于光；火自火矣，岂关于热。安见有日必有光，有火必有热者？"余谓吼模之说，犹未究也。正感觉时，惟有光相热相，非有日相火相。日与火者，待意识取境分齐而为之名。故光与热为现象，光上之圆形锐形亦为现象，而日与火为非现象。若专信感觉者，日、火尚不可得，况可言其舒光发热之功能哉？夫既遮拨因果，则科学所证明者，一切不得许为极成，非独遮拨因果而已。科学之说，既得现象，亦必求其本质。而吼模之说，惟许现象，不许本质，则原子之义自摧。由是观之，惟物论成，则科学不得不破。世人之矜言物质文明者，皆以科学揭橥，而妄托其名于惟物，何其远哉！斯宾塞尔著综合哲学，分可知、不可知为二篇，曰时间空间不可知，力不可知，物质不可知,流转不可知;而又崇重科学,以为最上。然力与物质且不可知,则科学之根已绝,虽有所建立发明,如海市寻香城耳。物质既不可知,则惟求之现象。而现象与现象之因果,于此心界虽可知,于彼物界诚有此因果否,亦不可知,则名言辄绝,无可为趋入之途矣。即实而言,惟物之与惟心,其名义虽绝相反,而真惟物论乃即真惟心论之一部。所以者何?不许因果,不许本质,惟以现所感触为征,此则所谓"现见别转,远离一切种类、名言、假立,无异诸门分别"者,是正惟心论之见量。吼模有言:触寒而生寒觉,触热而生热觉,当是时,无寒热之名言也。名为寒热,必在感觉已灭之时。若充其例,当有寒觉与热觉时,惟于自体觉有寒热,未有寒热外来之想。更充其例,掷贝珠顷,以青色对向眼识,掷贝珠顷,眼识与青色俱生。是时分别未形,但觉眼之与青泯合非二,未有青在眼外之想。故专以感觉为征者,现象有对,且不得成,况物之本质哉?故曰惟物论者,惟心论之一部也。或则变转其言曰:感觉本在神经,而神经亦为物质,以物知物,何系于心?是亦可曰惟心论者,惟物论之一部也。应之曰:心量本非一端而罄。今之言感觉者,以为内印神经;言忆念者,以为神经有遗印也。不悟显色形色,虽可以印象为缘,而数量即无印象。如人见三饭颗,若只缘印象者,感觉以后,当惟生饭颗、饭颗、饭颗之想,必不得生三饭颗之想。今有三饭颗之想者,非于尔所饭颗各各取其印象,亦非以尔所饭颗和合为一以成一种印象,必有原型观念在其事前,必有综合作用在其事后,安得云只以物质对取物质耶?虽然,此犹感觉以后事也,而当其初感觉时,亦有悟性为其助伴。如庵卢知之言曰:物映眼帘,其形皆倒,而视觉所取则非倒,明感觉亦以悟性为依。若专就神经对印为言,即无解于倒见之疑矣。又若为印象者,一日接十印象,印已模胡,何以得了了而忆?故知现量感觉,一切惟心,而甄明科学者,必不许现量为究竟。此特相似之惟物论,其于真惟物论,翻其反矣!以物质文明求幸福者,不自量度,而妄尸惟物之名,斯亦厚颜之甚也!夫真惟物论者,既举本质而空之,惟以本质为心所妄念之名，是骎骎与惟心相接。①

这就将运用观念性的因果律、探求超验性的本质物的唯物论斥为假唯物论，又将纯任直觉的"真唯物论"纳入唯心论范畴，从而彻底否定了唯物论的可能性，当然也就最终肯定了真如本体的唯一实在性。章炳麟的本体观便结穴于此。

三、经验论、唯理论和直觉认识论

综前后期而观之，章炳麟的认识论也是相当驳杂的。首先，他肯定认识来源于感觉经验，他说："黄赤碧涅修广以目异，微角清商叫啸喝于以耳异，酢甘辛咸苦涩隽永百旨以口异，芳苾腐殠腥蝼膻朽以鼻异，温寒熙湿平棘坚疏枯泽以肌骨异，是以人类为公者也。"②这是说，对于对象的色、声、味、嗅、触等属性的认识，必须分别通过眼、耳、舌、鼻、身诸感官来获得。他甚至一言以蔽之曰："以知识之全体，亦不能出乎官骸之外也。"③这当然属于经验论的认识论。

受洛克"人之精神，本如白纸"④观点的影响，章炳麟的经验论具有唯物的成分。他肯定事物的客观性，认为即使是感官接触不到的事物，也仍然存在着，如谓："余尝西登黄鹤山，瞻星汉阳，闪尸乍见，屑屑如有声，以是知河汉以外有华严焉，有钧天广乐之九奏万舞焉，体巨而吾耳目勿能以闻见也。以不闻见，毅言其灭没，其厌人乎？"⑤这是借用佛教和神话的语言，说明在浩渺的宇宙中存在着人的感官所无从把握的无量天体，若因感官无从把握便否定这些天体的存在，那是不能令人满意的。也只有当感官接触到的客观事物移入如同"白纸"的人的"精神"，方才形成认

---

① 《章太炎全集》(四)，第 452—454 页。
② 《章太炎全集》(三)，第 233 页。
③ 《章太炎选集》(注释本)，第 70 页。
④ 《章太炎选集》(注释本)，第 86 页。
⑤ 《章太炎全集》(三)，第 234 页。

识。但另一方面，受休谟"但许感觉所得，不许论其因果"①的极端经验论影响，章炳麟又因在对象与直觉（按即见量，见通现）之间特重后者而使其经验论具有了唯心成分，他说："于诸量中，见量最胜。见量既不执相在外，故知所感定非外界，即是自心现影。"②这就将外物收摄到主体的感觉之中了。

更深一层看，章炳麟并不满足于经验论，或者说他的认识论主要不在于经验论，他曾批评经验论"物物习之，而概念抽象之用少"。③ 在他看来，人的感官机能是非常有限的，他说：

> 以黄赤碧涅之异缘于人之眸子可也；以目之眚者，视火而有青炎，因是以为火之色不恒，其悖矣。取歧光之璧流离遮蔽之于白日，而白者为七色，非璧流离之成之，日色固有七，不歧光则不见也。火之有青炎，火者实射之，不眚目则亦不可见也。烛炼钧冶之上，七色而外，有幻火变火，可以镕金铁，而人目不能见。不见其光，而不得谓之无色；见者异其光，而不得谓之无恒之色。虽缘眸子以为艺极，有不缘者矣。……声一秒之动，下至于十六，高至于三万八千，而听不逮。日赤之馀炪，电赤之馀炪，光力万然蒸，而视不逮。④

这是说，人的感官由于生理方面的原因，对于许多对象是把握不到的，如日光色谱、红外线、紫外线、次声波、超声波等；由于病理方面的原因，对于许多对象则可能是把握得不正确的，如视力障碍的人所见火色异常。为了突破感官的局限性所导致的经验认识的狭隘性，就需要运用理性思维，通过"譬称"即比较推理，抽象出与具体经验有别的普遍概念，以获得更为广泛的认识。在这一点上，章炳麟颇近于荀子从"天官簿类"到"心有征知"的认识原则。他说："夫物各缘天官所合以为言，则又譬称

① 《国故论衡》，上海：上海古籍出版社 2003 年版，第 143 页。
② 《章太炎全集》（六），第 8 页。
③ 《章太炎全集》（三），第 151 页。
④ 《章太炎全集》（三），第 233—234 页。

之以期至于不合,然后为大共名也。虽然,其已可譬称者,其必非无成极,而可恣膺腹以为拟议者也。"①值得注意的是,章炳麟在主张通过"譬称"(比较推理)而获得"大共名"(普遍概念)的同时,强调了这种"譬称"必须要有一定的标准("成极"),这个标准就是譬称所欲达至的"不合"须与"物各缘天官所合以为言"相合,亦即推理必须基于已有的经验认识。就这一点看,章炳麟关于理性思维的观点是一种唯物论的唯理论。但是,受康德先验论和佛教唯识学影响,章炳麟又认为理性思维之所以可能,是因为与生俱来的"原型观念"的作用,他说:"谓此概念法尘,非由彼外故生,由此阿赖耶识原型观念而生。"②这就不是将概念的形成建基于经验认识,而是认为概念乃是人的头脑中固有的,因而也就割断了理性与感性的关系,否定了概念形成的客观基础,从而陷入唯心论的唯理论。

如果说从经验论到唯理论的复杂面相反映了章炳麟关于认识论问题思考的深化,那么在究极意义上,他的认识论乃是非理性主义的直觉论,所谓"自证而知"。③ 章炳麟认识论的终极指向在于把握真如本体,而真如本体是无法通过感性或理性加以把握的,于是他提出了"有分别智"和"无分别智"两种认识方式,他说:"明则有分别智,神则无分别智。有分别智所证唯是名相,名相妄法,所证非诚证矣。无分别智所证始是真如,是为真证耳。"④这就将感性认识和理性认识都归于"非诚证"的"有分别智",均属"妄法";唯有非理性的"无分别智"才可能冥契真如,是为"真证"。基于这种观点,章炳麟认为,认识在终极意义上正确与否,并不取决于外物,而唯在于内心。他说:"凡取一物一事,而断其合法与否,此亦惟在自心,非外界所能证也。……与其归敬于外界,不若归敬于自心。不知其心,而怖于外,以为穷大至精。譬之心有忧者,闻鸟鸣而谓鸟亦有忧;心有乐者,睹草色而谓草亦有乐。于彼外界起增益执,于此自心起损

---

① 《章太炎全集》(三),第 234 页。
② 《章太炎全集》(四),第 409—410 页。
③ 《国故论衡》,第 143 页。
④ 《菿汉三言》,沈阳:辽宁教育出版社 2000 年版,第 24 页。

减执,实惟不了依他之故。"①"道何所依据而有真伪?言何所依据而有是非?向无定轨,唯心所取。"②他的《齐物论释》基本上就是借用佛庄学说阐述这一思想。这样,章炳麟的直觉认识论与他的真如本体观达到了一致,而归于彻底的唯心论。

四、科学进化论和俱分进化论

前期章炳麟接受严复宣传的近代西方进化论思想,用以观察自然和人类社会的历史演化过程,形成了科学的进化观。他叙述从无机物到有机物、从低等生物以至于人类的自然进化过程说:"赭石赤铜著乎山,莙藻浮乎江湖,鱼浮乎薮泽,果然玃狙攀援乎大陵之麓,求明昭苏而渐为生人。人之始,皆一尺之鳞也。"③在《菌说》一文中,他也描述了由无生物以至于人类的进化链,将包括人类在内的整个自然进化过程贯串起来,各环节之间并没有绝对的分界,所谓"动与植有汗漫而无畔者也"。④

章炳麟肯定一切进化的原因都在于物种内在的竞争倾向。他说:"物苟有志,强力以与天地竞,此古今万物之所以变。"不过他也认识到,人类社会一旦形成,其进化过程便不完全同于自然界,而是一种更高级的运动形式。他说:"石也,铜也,铁也,则瞻地者以其刀辨古今之期者也。"这是说,考古者根据生产工具或生活器具判断历史分期,实际上也肯定了工具或器具是社会发展水平的标志。基于这一观点,章太炎叙述了工具或器具的改进与社会发展的关系,如神农时代的人们以石为兵,断树木为宫室;黄帝时代的人们以玉为兵,伐树木为宫室;大禹时代的人们以铜为兵,已能开凿伊阙,决江导河,使天下通畅;再往后,人们便以铁为器,更能使江水折扬,显示了超越前代的伟大力量。由此,章炳麟提出

---

① 《章太炎全集》(四),第 412 页。
② 《章太炎全集》(六),第 17 页。
③ 《章太炎全集》(三),第 21 页。
④ 参见《章太炎选集》(注释本),第 55、62—65 页。

"人之相竞也以器"的命题,表现了科学历史观的思想因素。①

基于进化论的历史观,章炳麟认为,在社会领域,与其说是"天演",不如说是"人演",因而倡言革命。他说:"拨乱反正,不在天命之有无,而在人力之难易。""人心进化,孟晋不已。以名号言,以方略言,经一竞争,必有胜于前者。……然则公理之未明,即以革命明之;旧俗之俱在,即以革命去之。革命非天雄、大黄之猛剂,而实补泻兼备之良药矣!"②可以说,在前期章炳麟那里,科学进化论的意义基本上是正面的,并且成为他进行反清革命的思想武器。

但到1906年以后,章炳麟对进化论的看法发生了重大转变。在1906年9月5日出版的《民报》第七号上,他发表了《俱分进化论》一文,对那种认为"进化终极必能达于尽美醇善之区"的说法表示怀疑乃至否定,他说:

> 彼不悟进化之所以为进化者,非由一方直进,而必由双方并进。专举一方,惟言智识进化可尔。若以道德言,则善亦进化,恶亦进化;若以生计言,则乐亦进化,苦亦进化。双方并进,如影之随形,如罔两之逐影,非有他也。智识愈高,虽欲举一废一而不可得。曩时之善恶为小,而今之善恶为大。曩时之苦乐为小,而今之苦乐为大。然则以求善、求乐为目的者,果以进化为最幸耶? 其抑以进化为最不幸耶? 进化之实不可非,而进化之用无所取。③

这是说,除了知识是单方面增长之外,在道德方面则是善恶同时增长,在生活方面也是苦乐同时增长,而且善、乐越增长,恶、苦也相应地越增长,因此,人类社会从低级到高级的演化固然是事实,但这种演化没有什么用处,并不可欲。他举例说明善恶并进:

> 太古草昧之世,以争巢窟、竞水草而相杀者,盖不可计,犹以手

---

① 参见《章太炎全集》(三),第191页。
② 《章太炎全集》(四),第179、181页。
③ 《章太炎全集》(四),第386—387页。

足之能，土丸之用，相觝相射而止。国家未立，社会未形，其杀伤犹不能甚大也。既而团体成矣，浸为戈矛剑戟矣，浸为火器矣，一战而伏尸百万，喋血千里，则杀伤已甚于太古。纵令地球统一，弭兵不用，其以智谋攻取者，必尤甚于畴昔，何者？杀人以刃，固不如杀人以术。与接为构，日以心斗，则驱其同类，使至于悲愤失望而死者，其数又多于战，其心又憯于战。此固虎豹所无而人所独有也。由是以观，则知由下级之乳哺动物以至人类，其善为进，其恶亦为进也。①

又举例说明苦乐并进：

若人则非独有五官之乐也，其乐固可以恒久，自五官而外，其乐又有可以恒久者，于是摄受之念始成，衽席之情，床笫之乐，刍豢之味，裘帛之温，无不可以常住。其始徒以形质现前为乐，其后则又出于形质以外，由饱暖妃匹而思土地，由土地而思钱帛，由钱帛而思高官厚禄。土地欤？钱帛欤？高官厚禄欤？此固不可直接以求乐者，而求乐之方便必自此始，有此而后饱暖妃匹之欲可以无往不遂也。虽然，其始之乐此者，为间接以得饱暖妃匹之欲，其卒则遂以此为可乐，而饱暖妃匹之欲亦或因此而牺牲之。又其甚者，则以名誉为乐，而土地、钱帛、高官厚禄亦或因此而牺牲之。此其为乐，岂他动物所敢望者？然而求此乐者，必非可以一踊获也，将有所营画而后获之。下者奔走喘息，面目黎黑，以求达其五官之欲，其苦犹未甚也。求土地者，求钱帛者，求高官厚禄者，非直奔走喘息、面目黎黑而已，非含垢忍辱则不可得。今夫动物之情虽异，而其喜自尊贵，不欲为外物所陵藉者，则动物之同情也。必不得已，而至于含垢忍辱，笞我詈我，踶我践我，以主人臧获之分而待我，我犹鞠躬磬折以承受之，此其为苦，盖一切生物所未有也。虽求名誉者，宁或异此？于世俗之名誉，求之道，固无以愈于前矣。道德、功业、学问之名誉，于名誉

---

① 《章太炎全集》(四)，第387页。

为最高,其求之亦愈艰苦。有时而求此道德、功业、学问之名,乃不得不举此道德、功业、学问之实而丧之。有时而求此道德、功业、学问之名,乃不得不举此可以受用道德、功业、学问之名者而亦丧之。杀身灭种,所不恤矣! 此其为苦,则又有甚于前者。以彼其苦而求是乐,其得之者犹可以自喜也,而不得者十犹八九。藉令得之,犹未知可以摄受否也。藉令可以摄受,受之愈乐,则舍之也愈苦。佛说诸天终时,现五衰相,其苦甚于人类。今观富贵利达之士,易箦告终,其苦必甚于贫子;贫子之死,其苦必甚于牛马;牛马之死,其苦必甚于鱼鳖;下至腔肠、囊状、桑椹诸物,而死时受苦之剂量,亦愈减矣。是不亦乐之愈进者,其苦亦愈进乎?①

章炳麟最后说:"世有勇猛大心之士,不远而复,吾宁使之早弃斯世,而求之于视听言思之外,以济众生而灭度之。……无勇猛大心者,则惟随顺进化,渐令厌弃。夫以进化之力,使斯世趋于为鬼为魅,则自阽穷而知所返,此法尔无可遁者。"②预言社会进化必将趋于为鬼为魅以至阽穷,呼吁人们及早离弃社会,可以说是毫无保留地否定了社会进化论。

此后章炳麟批评或否定进化论的言论尚多,如 1907 年发表的《五无论》说:

> 望进化者,其迷与求神仙无异。今自微生以至人类,进化惟在智识,而道德乃日见其反。张进化愈甚,好胜之心愈甚,而杀亦愈甚。纵令进化至千百世后,知识慧了或倍蓰于今人,而杀心方日见其炽。所以者何? 我见愈甚故。……夫耽于进化者,犹见沐浴为清凉,而欲沉于溟海。所愿与卓荦独行之士勤学无生,期于人类众生、世界一切销镕而止,毋沾沾焉以进化为可欣矣。③

1908 年发表的《四惑论》说:

---

① 《章太炎全集》(四),第 388—389 页。
② 《章太炎全集》(四),第 393—394 页。
③ 《章太炎全集》(四),第 442—443 页。

然则所谓进者，本由根识迷妄所成，而非实有此进。就据常识为言，一切物质，本自不增不减，有进于此，亦必有退于彼，何进化之足言？且有机物界，世见其进化之幻象也。而无机物界，并此幻象亦不可睹。借观地球，无时而不绕日，乃其所旋轨道，惟是循环周转，非有直进之途。譬若户枢常动，不能有分寸过于规外。夫既循环周转，则方见为进，即见其为退矣。又观月魄与海水者，终日折旋，而今月之明不能加于古月，今潮之盛不能过于古潮，安得所谓进化者？惟仅就有机物界以言进化，则幻象略可睹耳。虽然，进化者，由外缘牵引以成，而人心所向，不悉在是。幸福增进，一部人类所盲从也，他部人类则或有反对此者。以善恶言，求增进幸福者，特贪冒之异名，所以者何？有所进者，不得不先有所处，而最初所处之点，惟是兽性。循其所处之点日进不已，亦惟是扩张兽性。始之兽性，鼹鼠、陵鱼若耳；积久而扩张其兽性，乃若狻猊、白虎。兽性则同，而反愈加之厉。是则进化之恶，又甚于未进化也。以苦乐言，资生养形之事，必由操作致之。人人自宝爱其朽骨，无可奈何，而忍形以就苦，斯已勤矣，更求增进，则乐必不能与苦相偿。而不见之耕稼之骊牛乎？藜藿布野，足以疗饥，横为人伦牵引，喘息流汗，以服劳于陇上，所得稻粱，不为牛啖。纵令牛自耕田，牛自啖之，牛之所需，本不在此，苦身以求稻粱之美，曷若自放而食藜藿矣。人求进化，必事气机，欲事气机，必先穿求石炭，而人之所需，本不在此，与其自苦于地窟之中以求后乐，曷若樵苏耕获，鼓腹而游矣。夫乐不与苦相偿，谁有白痴，甘为此者？[1]

这就不仅否定了社会进化论，甚至不止于否定生物进化论，乃并宇宙进化现象也一起予以否定，可以说是彻底否定了进化论。

在20世纪初期进化论大行其道、激起人们（包括当时几乎所有精英人物）对于未来美好社会的乐观遐想之际，章炳麟提出"俱分进化"的观

---

[1]《章太炎全集》（四），第449—450页。

点,揭露进化必然的负面效应,特别指出现代科技文明潜存的巨大危害,体现出他的思想的深刻性和远见性。后来爆发的两次世界大战验证了他所说的"一战而伏尸百万,喋血千里,则杀伤已甚于太古"的预言;而所谓"人求进化,必事气机,欲事气机,必先穿求石炭"云云,则透露他已意识到现代科技文明与自然生态的严重矛盾,这也为当今生态破坏状况所证实。或许可以说,"俱分进化"就是人类社会发展的宿命,因此这一观点具有恒久的警示意义。不过,章炳麟基于佛教空观而劝导人们主动厌弃现世、勤学无生,"期于人类众生、世界一切销镕而止",企图以此终结进化,从而消除恶果,当然也只是曲高和寡、无济于事的空想。

第三章　中西学术的界分与参较：现代哲学的
　　　　　初成

　　在 19 至 20 世纪之交的思想界，严复是一位既不全同于改良派、更加区别于维新派和革命派的独特人物。[①] 在学术方面，他比王韬、郑观应等人更多地吸收了西方学术思想，但又不像康有为、谭嗣同乃至孙中山等人那样将中西新旧思想资源仓促肤浅杂糅，而是在比较深入地涵化中西学理的前提下，对两方学术思想予以界分与参较，由此展开了真正意义上的中西学术思想比较研究，显示了中国现代哲学的初步成就。比严复大致晚一辈的王国维，在社会政治观方面始终与严复不甚相契，当前

---

① 以往研究者多将严复归入维新派。严复在戊戌维新前后确实发表过不少旨在变法的著译和言论，且在戊戌政变之后也对一些维新人士（主要是六君子和光绪帝）的不幸遭遇甚表同情，但并未直接参与维新运动。在变法思想方面，毋宁说严复与维新派首领康有为和梁启超是颇相径庭的，早在 1896 年梁启超创办《时务报》之初，严复就曾对其加以告诫（见《与熊纯如书三十九》，载王栻主编《严复集》第 3 册，北京：中华书局 1986 年版，第 648 页）；而在维新运动失败后，严复更是怒斥康梁"轻举妄动，虑事不周，上负其君，下累其友，……况杂以营私揽权之意，则其罪愈上通于天矣"（见《与张元济书五》，载《严复集》第 3 册，第 533 页）；对康梁点名或不点名的批评，在严复的论著或书信中还有不少。正是由于严复不仅没有参与维新运动，而且与康梁一直存在着思想分歧，因此在戊戌政变之后缉杀或罢斥维新党人的险恶环境中，他虽然也受到参劾，却仍在北洋水师学堂总办的职位上安然无恙。有见于此，笔者认为将严复归入维新派是不恰当的，他仍然应该属于改良派人物。当然，相比前辈思想家而言，严复的改良思想又有发展，这一点，可以从《救亡决论》一文对郑观应在《盛世危言》中表达的"西学中源"观点大加讥刺而清楚地看出。

期严复作为名满天下的改良思想家时，王国维基本上还是一个无籍籍名的年轻看客；当后期严复转向保守而投靠袁世凯北洋阵营时，王国维更已矢志效忠逊清小朝廷。但是，从对中西学理的涵化、界分与参较方面来看，王国维与严复又颇为相近，因此，这两位存在着代际差异和社会政治立场差异的人物，可以在哲学思想上归于同一类型。

第一节　严复的质力本体—宇宙观和经验主义认识论

一、生平著述

严复（1854—1921），福建侯官（今属福州市）人，乳名体乾，谱名传初；投考马尾船政学堂时改名宗光，字又陵；入仕后改名复，字几道；晚号瘉壄老人，别署观我生室主人、辅自然斋主人、尊疑学者、瘉壄堂主人。严复7岁入私塾，从业师诵读经典，14岁时父亲患霍乱暴卒，家境困窘，因此辍学。当年冬季，福州马尾船厂附设船政学堂招生，严复报名应试，被船政大臣沈葆桢以第一名录取，入学后开始学习英文及西方近代科学知识。1871年，严复以优等成绩毕业，先后在建威号练习船和扬武号军舰上实习，巡历黄海及日本长崎、横滨等港口，还曾奉清廷命令到台湾勘察海岸。1877年，严复被派往英国留学，进入格林尼次海军学院（The Royal Naval College, Greenwich）学习海军专业，至1879年完成学业回国；留学期间，他与年长36岁的清朝出使英国大臣郭嵩焘时常讨论中西学术政制之异同，彼此结为忘年交。回国之后，严复即被指派为马尾船政学堂教员，旋于1880年被直隶总督李鸿章调往天津，任北洋水师学堂总教习（教务长）。由于当时仕进最看重科举功名，出于仕途考虑，严复在北洋水师学堂总教习任上，于1885年和1888年分别在福州和北京参加乡试，但均落榜。1889年，严复被李鸿章擢拔为北洋水师学堂会办（副校长），次年升任总办（校长），担任此职直至1900年。即使已有如此地位，严复却仍未忘怀功名，而于1893年再回福州参加乡试，但依旧不售，从此便绝意科场。1894 年北洋水师在黄海大战中惨败于日本以及大连、旅顺陷于敌手,乃至 1895 年中日《马关条约》的签订,使严复受到强烈刺激,他连续发表《论世变之亟》《原强》《辟韩》《救亡决论》等四篇重要论文,引介近代西方进化论学说,对中国的现实和传统予以尖锐批判,主张"以自由为体,以民主为用",通过"鼓民力""开民智""新民德"而救亡图存以至实现国家富强。为了实现"力主西学"的志愿,从 1895 年开始的十余年间,严复致力于翻译近代西方学术思想名著,先后翻译出版了赫胥黎(T. H. Huxley)的《天演论》(*Evolution and Ethics*)、亚当·斯密(A. Smith)的《原富》(*An Inquiry into the Nature and Causes of Wealth of Nations*)、斯宾塞(H. Spencer)的《群学肄言》(*The Study of Sociology*)、约翰·穆勒(J. S. Mill)的《群己权界论》(*On Liberty*)和《穆勒名学》(*A System of Logic, Ratiocinative and Inductive*)、甄克思(E. Jenks)的《社会通诠》(*A History of Politics*)、孟德斯鸠(C. L. S. Montesquieu)的《法意》(*L'Esprit des Lois*)、耶方斯(W. S. Jevons)的《名学浅说》(*primer of Logic*)等,并在翻译过程中写下大量按语,对近代西方自然科学、历史学、经济学、社会学、政治学、法学、逻辑学予以阐述,并在此基础上进行中西文化比较,基本上表达了崇西抑中的思想倾向,为当时的变法改良和社会启蒙提供了理论资源。严复的激烈言论和西学主张引起一些权臣的仇视,1897 年,湖广总督张之洞命屠仁守作《〈辟韩〉驳议》,[①]并打算处置严复,后因友好代向张之洞缓颊,此事得以平复。这年,严复与夏曾佑等在天津创办《国闻报》,并陆续在该报发表《拟上皇帝书》《有如三保》《保教余义》《保种余义》《西学门径功用》等文章,继续阐扬西学,批判传统,鼓吹变法改良。1898 年维新运动期间,严复奉旨入京,受到光绪帝召见,被询以变法事宜。政变发生后,严复随即离京返津,作《戊戌八月感事》《哭林晚翠》《古意》诸篇,对六君子死难、光

---

① 一说《〈辟韩〉驳议》为张之洞自作,而以屠仁守的名义发表。见《与五弟书》,载《严复集》第 3 册,北京:中华书局 1986 年版,第 733 页。

绪帝幽禁深表悲愤。由于《国闻报》在政变之后依旧指斥朝政,略无忌惮,严复等人因而受到言官参劾,但严复等人毕竟不是康梁同党,故清廷只是责成地方官员随时看管而已。严复等人因《国闻报》麻烦多多,遂于1899 年将该报转售给日本人经营了事。1900 年夏,八国联军进攻京津,严复仓促离津赴沪,从此了却北洋水师学堂总办一职。此后四五年间,严复曾任开平矿务局华部总办、京师大学堂附设译书局总办等职,还于1905 年远赴英国办差,在伦敦与孙中山有一次晤谈,但主张教育救国的严复与矢志革命的孙中山在思想观点上却凿枘难合。这一时期,严复对中西文化的褒贬也开始发生游移。在 1902 年发表的《与〈外交报〉主人书》和 1904 年发表的《读新译甄克思〈社会通诠〉》中,他基本上仍然坚持西化主张;但也恰恰是在分别发表于这两年的《主客平议》和《〈英文汉诂〉卮言》中,他又表达了"非新无以为进,非旧无以为守;且守且进,此其国之所以骏发而又治安也""果为国粹,固将长存。西学不兴,其为存也隐;西学大兴,其为存也章"等带有折衷意味的观点。而以 1906 年 1 月在上海寰球中国学生会演讲《论教育与国家之关系》为标志,严复便转到护持中国传统、分析批评甚至激烈抨击西方文化的立场,这一立场此后再无转变,只有日益强化。这一年,严复被聘为安庆高等学堂监督,不久又兼任上海复旦公学监督。次年因安庆高等学堂发生学潮,严复遂辞去该校监督;至 1908 年,他将复旦公学监督一职也辞掉。此后直至辛亥革命前夕,严复担任过直隶总督府新政顾问官、清廷宪政编查馆谘议官、学部审定名词馆总纂、度支部清理财政处谘议官、福建省顾问官、筹办海军事务处顾问官、资政院议员、海军部一等参谋官、海军协都统等职,还于1910 年被清廷赏给文科进士。民国建立后,严复于 1912 年 2 月被国民政府委任为京师大学堂总监督,5 月改称北京大学校长,至 10 月辞职。同年任海军部编译处总纂、总统府顾问官。1913 年,严复参与陈焕章、梁启超等人发起的孔教会,积极提倡读经。1914 年被袁世凯任命为参政院参政,提出《导扬中华民国立国精神》议案,呼吁重振忠孝节义等传统道德,议案经参政院讨论通过,由袁世凯通令各省施行。这一年,严复还发表了《民约平议》这篇重要论文,对作为西方启蒙运动经典文献的卢梭《民约论》进行了全面深刻的分析和批驳。1915 年,严复被杨度拉入筹安会,虽非出于自愿,但客观上为袁世凯称帝起了推波助澜的作用。这一年所写的《新译〈日本帝国海军之危机〉序》一文,对自己早年大力引介的近代西方进化论学说所导致的"人道之酷"予以强烈谴责。从 1915 年起,严复因长期吸食鸦片而诱发气喘病,此后便辗转于北京、上海、福州三地治病或疗养。1921 年 10 月 3 日,严复手书遗嘱六条,首条即曰"须知中国不灭,旧法可损益,必不可叛"。同月 27 日,严复病逝于福州。12月 20 日,葬于故乡阳崎鳌头山。

严复的著述,基本上收入王栻主编的《严复集》(全 5 册)之中,另有孙应祥等编《严复集补编》,台湾方面也出版了王庆成等编 18 卷本《严复合集》。严复的译著则由商务印书馆纳入"严译名著丛刊"出版。

二、质力本体—宇宙观

严复基本上没有哲学专著,[①]他只是在著译中零散地表达了一些关于本体论、宇宙论、认识论的观点。但是由于这些观点多是在中西参互的基础上而归本于近代西方学术,从而表现出不同于中国古代哲学思想的内容,因此对于中国哲学的现代转型具有不可忽视的影响作用。

关于宇宙本体,严复除了径称"本体"之外,还分别以"造物""常住""自然""最初众父""真宰""太极""自在""真因""道""第一因""不二法门"等诸多名词予以指称。在严复的观念中,所有这些名词所指称的那个对象亦即本体,具有唯一性、绝对性、永恒性、普遍性。他说:"《周易》八卦,皆常住因之代表也。作《易》者以万化皆从此出,则杂糅错综之以观其变。故《易》者,因果之书也。虽然,因而至于八,虽常住,乃非其最

---

① 《严复集》中唯有《述黑格儿惟心论》一篇近似哲学专著,但此文乃阐述黑格尔的历史辩证法,并没有表达严复自己的哲学观点。

初。必精以云，是真常住者惟太极已。"①这就强调了本体的唯一性。他又说："如老氏之自然，盖谓世间一切事物，皆有待而然，惟最初众父，无待而然，以其无待，故称自然。此在西文为 Self-existence。惟造化真宰，无极太极，为能当之。"②"彼是对待之名词，一切世间所可言者，止于对待，若真宰，则绝对者也。"③这是强调本体的绝对性。他又说："又如释氏之自在，乃言世间一切六如，变幻起灭，独有一物，不增不减，不生不灭，以其长存，故称自在。此在西文谓之 Persistence，或曰 Eternity，或曰 Conservation，惟力质本体，恒住真因，乃有此德。"④这是强调本体的永恒性。而所谓"道之本体，无大小也。语小莫破，语大无外，且无方体，何有比较？一本既立，则万象昭回"，⑤则强调了本体的普遍性。

那么严复综合《周易》、道家、佛教、西学而体认的唯一、绝对、永恒、普遍的本体，其实质是什么呢？严复认为就是"力质"，⑥即运动的物质。他说："造物立其一本，以大力运之，而万类之所以底于如是者，咸其自己而已，无所谓创造者也。"⑦这就是说，本体（造物）只是一个物质存在，其自身内含伟大的力量，处于永无止息的运动之中。由本体所化生从而秉具本体实质的宇宙万物，也无不通过自身的物质运动而成就其自己，并没有所谓"创造者"亦即宗教徒所信仰的全能的神来创造宇宙万物。严复对于神创论的否定进一步表明，在他看来，宇宙本体不是精神性的存在，而只是一个物质存在。⑧

对于运动的物质本体所化生的运动的物质宇宙，严复多有论述，如

---

① 《〈穆勒名学〉按语四〇》，载《严复集》第 4 册，第 1052 页。
② 《〈群己权界论〉译凡例》，载《严复集》第 1 册，第 133 页。
③ 《〈庄子〉评语·齐物论第二》，载《严复集》第 4 册，第 1106 页。
④ 《〈群己权界论〉译凡例》，载《严复集》第 1 册，第 133 页。
⑤ 《〈老子〉评语·三十四章》，载《严复集》第 4 册，第 1090 页。
⑥ 严复称为"力质本体"。见《〈群己权界论〉译凡例》，载《严复集》第 1 册，第 133 页。
⑦ 《〈天演论·导言一·察变〉按语》，载《严复集》第 5 册，第 1325 页。
⑧ 在同一篇中，严复还说："自达尔文出，知人为天演中一境，且演且进，来者方将，而教宗抟土之说，必不可信。"也表明了对于神创论的否定。

所谓"大宇之内,质力相推,非质无以见力,非力无以呈质",①即是说,整个宇宙不过是运动的物质和物质的运动,二者密不可分,共同构成宇宙的存有及演进;又如所谓"宇宙,皆无形者也。宇之所以可言,以有形者列于其中,而后可以指似,使无一物,则所谓方向远近皆亡;宙之所以可言,以有形者变于其际,而后可以历数,使无一事,则所谓先后久暂亦亡",②这则是说,无边际无始终的宇宙之所以实存,不过由于其中充满了运动的物质,空间正因为有运动的物质在其中存在与关联才成其为空间,时间也正因为有物质的运动在其中发生与演化才成其为时间,设若没有运动的物质和物质的运动,宇宙也就不存在了。根据这些论述,大致可以说,严复秉持一种具有唯物论倾向的质力本体—宇宙观。③

严复基于质力本体—宇宙观阐发近代西方进化论学说,他说:"所谓质力杂糅,相剂为变者,亦天演最要之义,不可忽而漏之也。……是故方其演也,必有内涵之力,以与其质相剂。力既定质,而质亦范力,质日异而力亦从而不同焉。"④举例来说,"即如日局太始,乃为星气,名涅菩剌斯,布濩六合,其质点本热至大,其抵力亦多,过于吸力。继乃由通吸力收摄成珠,太阳居中,八纬外绕,各各聚质,如今是也。……馀如动植之长,国种之成,虽为物悬殊,皆循此例矣"。⑤ 这就将"质力杂糅,相剂为变"作为宇宙万物进化的实质内容和基本规律,由此对生物进化论和社会进化论作了哲学的提升。而也就是在以"质力杂糅,相剂为变"阐发进化论的同时,严复也以进化的实例,为其本体—宇宙观注入了近代西方自然科学的内容,这正是他的本体—宇宙观显然不同于中国古代哲学思想,乃至不同于前辈改良思想家如王韬的道一观和郑观应的道器论之

---

① 《〈天演论〉自序》,载《严复集》第 5 册,第 1320 页。
② 《〈庄子〉评语·庚桑楚第二十三》,载《严复集》第 4 册,第 1139 页。
③ 严复曾对唯物论予以明确肯定,他说:"惟物派谓此心之动,皆物之变,故物尽则心尽,所言实凿凿可指,持惟心学说者,不可不深究也。"见《〈庄子〉评语·德充符第五》,载《严复集》第 4 册,第 1115 页。
④ 《〈天演论·导言二·广义〉按语》,载《严复集》第 5 册,第 1328 页。
⑤ 《〈天演论·导言二·广义〉按语》,载《严复集》第 5 册,第 1327 页。

处。这一本体—宇宙观对于严复同时乃至后来的思想家产生了深刻影响，在康有为、谭嗣同、孙中山、章炳麟等人的思想中都有反映，甚至为中国的马克思主义者接受历史唯物主义和辩证唯物主义提供了思想准备。胡汉民在1906年发表的《述侯官严氏最近政见》一文中说："自严氏书出，而物竞天择之理，厘然当于人心，而中国民气为之一变。即所谓言合群言排外言排满者，固为风潮所激发者多，而严氏之功盖亦匪细。"①确为颇有见地之论。

当然，严复晚年思想发生了很大转变，以至将唯物主义指为"最下乘法"，②将进化论的实际效果斥为"利己杀人，寡廉鲜耻"，③因此，他的质力本体—宇宙观并没有贯彻到底。但是这种转变并不能简单地视为倒退，其中包含的一位智者在对中西古今进行参互比较和深刻反思的基础上所得出的衰年定论，值得后人深长思之。

三、经验主义认识论

中年时期的严复推崇西方文化而批判中国传统，在《救亡决论》中，他说："夫陆王之学，质而言之，则直师心自用而已。自以为不出户可以知天下，而天下事与其所谓知者，果相合否？不径庭否？不复问也。自以为闭门造车，出而合辙，而门外之辙与其所造之车，果相合否？不龃龉否？又不察也。向壁虚造，顺非而泽，持之似有故，言之若成理。其甚也，如骊山博士说瓜，不问瓜之有无，议论先行蜂起，秦皇坑之，未为过也。盖陆氏于孟子，独取良知不学、万物皆备之言，而忘言性求故、既竭目力之事，惟其自视太高，所以强物就我。后世学者，乐其径易，便于惰窳敖慢之情，遂群然趋之，莫之自返。其为祸也，始于学术，终于国家。故其于己也，则认地大民众为富强，而果富强否，未尝验也；其于人也，则

---

① 胡汉民《述侯官严氏最近政见》，载《民报》第1册，北京：中华书局2006年版，第241页。
② 见《与诸儿书三》，载《严复集》第3册，第825页。
③ 见《与熊纯如书七十五》，载《严复集》第3册，第692页。

神州而外皆夷狄，其果夷狄否，未尝考也。抵死虚骄，未或稍屈。然而天下事所不可逃者，实而已矣，非虚词饰说所得自欺，又非盛气高言所可持劫也。迨及之而知，履之而艰，而天下之祸，固无救矣。胜代之所以亡，与今之所以弱者，不皆坐此也耶！前车已覆，后轸方遒，真可叹也！……然而西学格致，则其道与是适相反。一理之明，一法之立，必验之物物事事而皆然，而后定之为不易。其所验贵多，故博大；其收效也必恒，故悠久；其究极也，必道通为一，左右逢原，故高明。方其治之也，成见必不可居，饰词必不可用，不敢丝毫主张，不得稍行武断，必勤必耐，必公必虚，而后有以造其至精之域，践其至实之途。迨夫施之民生日用之间，则据理行术，操必然之券，责未然之效，先天不违，如土委地而已矣。"①此处对中国传统的批判，主要针对以陆王心学为代表的主观主义认识论；而对西方文化的推崇，则由于其贵察验、重实证的经验主义认识论。严复将这两种认识论视为败亡或者富强的关键所在；出于救亡以致富强的目的，他对经验主义认识论进行了相当全面深入的阐发。

首先，严复根据英国经验主义哲学家洛克的"白板说"，指出"盖天生人，与以灵性，本无与生俱来预具之知能"，②认识主体的"智慧之生于一本，心体为白甘，而阅历为采和，无所谓良知者矣"，③即是说，经验是认识主体获得一切知识和智慧的唯一途径，在经验发生之前，认识主体的意识乃是空无所有的，这就否定了认识的先验性和超验性，消解了主观主义认识论的理论根基。

从肯定经验是认识主体获得一切知识和智慧的唯一途径出发，严复进而强调作为经验对象的客观存在的第一性地位，他说："吾人为学穷理，志求登峰造极，第一要知读无字之书。倍根言：'凡其事其物为两间之所有者，其理即为学者之所宜穷。所以无大小，无贵贱，无秽净，知穷其理，皆资妙道。'此佛所谓墙壁瓦砾，皆说无上乘法也。赫胥黎言：'能

①《救亡决论》，载《严复集》第1册，第44—45页。
②《政治讲义》，载《严复集》第5册，第1243页。
③《〈穆勒名学〉按语三四》，载《严复集》第4册，第1050页。

观物观心者,读大地原本书;徒向书册记载中求者,为读第二手书矣.'读第二手书者,不独因人作计,终当后人;且人心见解不同,常常有悮,而我信之,从而悮矣,此格物家所最忌者。"①又说:"盖我虽意主,而物为意因,不即因而言果,则其意必不诚。此庄周所以云心止于符,而英儒贝根亦标以心亲物之义也。"②此所谓"无字之书""大地原本书""意因"云云,均指客观存在的事物,严复认为,它不仅能使认识主体避免盲从、超越陈说,而且也是认识主体获得精确笃实知识的直接来源。而设若没有客观存在的事物,"使六合旷然,无一物以接于吾心,当此之时,心且不可见,安得所谓理者哉"?③

在强调客观存在第一性的前提下,严复对于主客合一在认识中的作用、客观存在的变化与认识的特殊性、直接知识与间接知识诸问题进行了阐述。他说:"今夫水湍石碍,而砰訇作焉,其求声于水与石者,皆无当也,观于二者之冲击,而声之所以然得矣。故论理者,以对待而后形者也。"④这就说明认识是主体与客体相接触的产物,且主体对于客体的把握与其认识水平相一致,所谓"道者同道,德者同德,失者同失,皆主客观之以同物相感者",⑤由此肯定了主体作用在认识中的不可或缺性。他又说:"缘物之论,所持之理,恒非大公,世异情迁,则其言常过,学者守而不化,害亦从之。"⑥这则说明,从一时一地之事物所获得的认识,只是特殊认识,一旦时移势异,这种认识便可能由正确变成错误,因此认识必须随着客观事物的变化而变化。他还说:"吾闻学术之事,必求之初地而后得其真,自奋耳目心思之力,以得之于两间之见象者,上之上者也。其次则乞灵于简策之所流传,师友之所授业。"⑦"一人之阅历有限,故必聚古人

---

① 《西学门径功用》,载《严复集》第 1 册,第 94 页。
② 《〈穆勒名学〉按语十四》,载《严复集》第 4 册,第 1037 页。
③ 《〈阳明先生集要三种〉序》,载《严复集》第 2 册,第 238 页。
④ 《〈阳明先生集要三种〉序》,载《严复集》第 2 册,第 238 页。
⑤ 《〈老子〉评语·二十三章》,载《严复集》第 4 册,第 1084 页。
⑥ 《译斯氏〈计学〉例言》,载《严复集》第 1 册,第 100 页。
⑦ 《与〈外交报〉主人书》,载《严复集》第 3 册,第 561 页。

与异地人之阅历为之。如此则必由纪载,纪载则历史也。"①这一方面仍然强调了客观存在的第一性以及直接知识的至上性,同时也承认了通过读书学习获得间接知识的重要性。

关于认识主体通过经验获得知识的方法,严复多有论说。他说:"欲论其合,先考其分,则昭昭若揭日月而行,亘天壤不刊之大例也。"②又说:"欲知其合,先察其分。天下之物,未有不本单之形法性情以为其聚之形法性情者也。"③又说:"曲,一部分也;举一部分,则全体见矣。故《中庸》曰,其次致曲。天下惟知曲之为全者,乃可以得。故西人重分析之学,朱晦庵亦言大处不行,终由小处不理也。"④这是主张通过分析与综合方法认识事物以获得知识,而且以分析为综合的前提。他还提倡比较方法,如谓:"人心之思,历异始觉。故一言水,必有其非水者;一言风、草、木,必有其非风、非草、非木者,与之为对,而后可言、可思,何有无对独立者乎? 假使世间仅此一物,则其别既泯,其觉遂亡,觉且不能,何况思议? 故曰:天下无无对独立者也。"⑤又谓:"形气之物,无非对待。非对待,则不可思议。故对待为心知止境。"⑥这是强调客观事物无非相互比较而存在,故主体也必须通过比较方法而认识事物,否则便不免遁入释氏之"真如"或景教之"上帝"那种"未有不自相违反"的不可思议境地了。⑦

在认识方法方面,严复最为推崇的是"内籀"(或称"内导",即归纳)和"外籀"(或称"外导",即演绎),⑧他对这两种相互联系的认识方法作了

---

① 《政治讲义》,载《严复集》第 5 册,第 1244 页。

② 《原强修订稿》,载《严复集》第 1 册,第 18 页。

③ 《原强修订稿》,载《严复集》第 1 册,第 25 页。

④ 《〈老子〉评语・二十二章》,载《严复集》第 4 册,第 1083 页。

⑤ 《〈穆勒名学〉按语九》,载《严复集》第 4 册,第 1033 页。按"必有其非风、非草、非水者"一句之"水",当为"木"之误。

⑥ 《〈老子〉评语・二章》,载《严复集》第 4 册,第 1076 页。

⑦ 参见《〈穆勒名学〉按语九》,载《严复集》第 4 册,第 1033 页。

⑧ 严复一般将这两种认识方法称为"内籀""外籀";称之为"内导""外导",见于《西学门径功用》;而在《论今日教育应以物理科学为当务之急》中,严复则指出"'内籀'东译谓之'归纳',……'外籀'东译谓之'演绎'"。

大量阐述。所谓"内籀",即"察其曲而知其全者也,执其微以会其通者也";所谓"外籀",即"据公理以断众事者也,设定数以逆未然者也"。① 举例来说,"今有一小儿,不知火之烫人也,今日见烛,手触之而烂;明日又见鑪,足践之而又烂;至于第三次,无论何地,见此炎炎而光,烘烘而热者,即知其能伤人而不敢触。且苟欲伤人,且举以触之。此用内导之最浅者,其所得公例,便是火能烫人一语。其所以举火伤物者,即是外导术"。② 由此可见,内籀和外籀乃是"相为表里,绝非二途",③不过二者却有本末之别,即内籀为本,外籀为末。这是因为,"欲有所知,其最初必由内籀",④即内籀是获得知识的首要步骤;且"公例无往不由内籀",⑤即外籀所凭借的公理必基于内籀得出;更且"不得以既成外籀,遂与内籀无涉",⑥即外籀还需不断充实以内籀,从而为公理奠定愈益坚实的基础。当然,内籀虽然相对于外籀而言为本,"但内籀必资事实,而事实必由阅历",⑦即是说,唯有客观事物的存在,内籀才可能发生;也唯有通过经验去把握客观事物,内籀才可能进行,这就肯定了包括外籀在内的内籀的经验性实质。严复对内籀外籀两种认识方法作了高度评价,认为"二者即物穷理之最要涂术也",⑧"用之,而后智识日辟者也"。⑨ 着眼于中西传统在运用这两种认识方法上的差异,严复褒贬道:"西学之所以翔实,天函日启,民智滋开,而一切皆归于有用者,正以此耳。旧学之所以多无补者,其外籀非不为也,为之又未尝不如法也,第其所本者大抵心成之

---

① 《〈天演论〉自序》,载《严复集》第 5 册,第 1319—1320 页。严复对于"内籀""外籀"的定义,还见于《西学门径功用》《译斯氏〈计学〉例言》《论今日教育应以物理科学为当务之急》等篇,但最为详确的定义则见于《〈天演论〉自序》。

② 《西学门径功用》,载《严复集》第 1 册,第 94 页。

③ 《〈穆勒名学〉按语三四》,载《严复集》第 4 册,第 1050 页。

④ 《政治讲义》,载《严复集》第 5 册,第 1243—1244 页。

⑤ 《〈穆勒名学〉按语三四》,载《严复集》第 4 册,第 1050 页。

⑥ 《〈穆勒名学〉按语二七》,载《严复集》第 4 册,第 1047 页。

⑦ 《政治讲义》,载《严复集》第 5 册,第 1244 页。

⑧ 《〈天演论〉自序》,载《严复集》第 5 册,第 1320 页。

⑨ 《西学门径功用》,载《严复集》第 1 册,第 94 页。

说，持之似有故，言之似成理，媛姝者以古训而严之，初何尝取其公例而一考其所推概者之诚妄乎？此学术之所以多诬，而国计民生之所以病也。"①反复表达了以认识论作为败亡或者富强之关键的观点。

最后，严复还强调认识必须受客观存在的验证。在《穆勒名学》原书"故外籀之术有三候焉：始于内籀之实测，一也。继用联珠之推勘，二也。终以实行之印证，三也"一段后面，严复按曰："此篇所言第三候之印证，浅人骛高远者往往视为固然，意或惮于烦重而忽之。不知古人所标之例所以见破于后人者，正坐阙于印证之故。而三百年来科学公例，所由在见极，不可复摇者，非必理想之妙过古人也，亦以严于印证之故。是以明诚三候，阙一不可。阙其前二，则理无由立；而阙其后一者，尤可惧也。"②在《论今日教育应以物理科学为当务之急》中，严复简明扼要地表述一个完整的认识过程说："方其始也，必为其察验，继乃有其内籀外籀之功，而其终乃为其印证，此不易之涂术也。"③在《西学门径功用》中又说："故曰印证愈多，理愈坚确也。"④这都表明通过经验从客观存在中获得的认识，还须通过经验而在客观存在中受到检验，这既是认识完成的最终环节，也是认识发生实效的关键所在。至此，严复从认识的主体、来源、途径、方法以及归宿诸方面，论述了一整套经验主义的认识论。

如前所述，严复晚年思想发生了巨大转变，这一点，在他的认识论中也有表现。1918 年，他致书灵学会主持人俞复称："三百年科学肇开，事严左证；又知主观多妄，耳目难凭；由是历史所传都归神话。则摧陷廓清之功，不可诬也。然而世间之大、现象之多，实有发生非科学公例所能作解者。何得以不合吾例，憪然遂指为虚？"书后还附记扶乩异事，而喟然叹曰"呜呼！孰谓冥冥中无鬼神哉"！⑤ 临终前不久，针对小儿不信"迷

---

① 《〈穆勒名学〉按语二七》，载《严复集》第 4 册，第 1047 页。
② 《〈穆勒名学〉按语四二》，载《严复集》第 4 册，第 1053 页。
③ 《论今日教育应以物理科学为当务之急》，载《严复集》第 2 册，第 280 页。
④ 《西学门径功用》，载《严复集》第 1 册，第 94 页。
⑤ 《与俞复书》，载《严复集》第 3 册，第 725、727 页。

信"的言行,严复训曰:"须知世间一切宗教,自释、老以下,乃至耶、回、犹大、火教、婆罗门,一一皆有迷信,其中可疑之点,不一而足;即言孔子,纯用世法,似无迷信可言矣,而及言鬼神丧祭,以伦理学 Logic 言,亦有不通之处。但若一概不信,则立地成 Materialism,最下乘法,此其不可一也。又人生阅历,实有许多不可纯以科学通者,更不敢将幽冥之端,一概抹杀。迷信者言其必如是,固差,不迷信者言其必不如是,亦无证据。故哲学大师,如赫胥黎、斯宾塞诸公,皆于此事谓之 Unknowable,而自称为 Agnostic。盖人生智识,至此而穷,不得不置其事于不论不议之列,而各行心之所安而已。"①这些言论虽然并未完全否定经验主义认识论,但显然已认为经验主义认识论不足以解释整个世界;而在其所标榜的存疑态度中,更多的是对于超验存在的同情。严复在认识论方面的这种转变,也是一个不应简单地目为退步、而应深入思考的问题。

第二节　王国维的哲学观及其精深的哲学研究

一、生平著述

王国维(1877—1927),浙江海宁盐官镇人,原名国桢,字静庵,又字伯隅,初号礼堂,又号观堂,亦号永观、人间等。四岁丧母,赖祖姑母和叔祖母抚养。七岁入塾发蒙。十六岁入州学,参加海宁岁试,考中秀才,始读"前四史"。十七岁赴省城杭州应乡试,不中。次年考入杭州崇文书院,曾逐条批驳俞樾《群经平议》。二十岁娶莫氏女,同年起在本邑沈氏、陈氏家塾任教。二十一岁再赴杭州参加乡试,仍不中。1898 年 2 月入上海时务报馆任书记员,同时在罗振玉创办的东文学社学习,渐得罗氏器重。同年 10 月,《时务报》因倡导变法被清廷查禁,王国维失业,即受罗振玉之聘管理东文学社庶务,并协助罗氏编辑《农学报》,同时仍在东文学社免费学习。1900 年,东文学社因时局纷乱而停办,王国维归里自习。

---

① 《与诸儿书三》,载《严复集》第 3 册,第 825 页。按"伦理学"当为"论理学"即逻辑学之误。

次年春,应时任湖北农务学堂监督罗振玉之邀赴武昌,为该校译述讲义和其他农科书籍。5月回上海,任罗振玉创办的《教育世界》杂志主编。同年秋,获罗振玉资助赴日本留学,就读于东京物理学校。越明年春,脚疾发作,回国疗养,旋入罗振玉任监督的南洋公学东文学堂为执事,不久又经罗振玉举荐,被通州师范学堂聘为心理学、哲学和伦理学教师,任教期间研读康德《纯粹理性批判》和叔本华《意志及表象之世界》以及洛克、休谟等西方哲学家著作,兼为《农学报》《教育世界》撰文,并开始研究甲骨文。1904年转入罗振玉创办于苏州的江苏师范学堂,任心理学、伦理学、社会学、哲学等课程主讲教师。该年撰写《〈红楼梦〉评论》《论性》《释理》《叔本华与尼采》等论著。1905年编成《静庵文集》,收入研究西方哲学和教育学的论著和古体诗作,由商务印书馆出版。同年辞去江苏师范学堂教职,归家赋闲。此后几年写成《论近年之学术界》《论新学语之输入》《论哲学家及美学家之天职》《奏定经学科大学文学科大学章程书后》《原命》《屈子文学之精神》《论教育之宗旨》等文。1906年春随罗振玉至北京,不久因父亲去世奔丧归家,葬父守制。次年4月再次抵京,经罗振玉介绍,任学部总务司行走和图书馆编辑,主持编译和审定教科书事宜;撰《三十自序》,表明因“哲学上之说大都可爱者不可信,可信者不可爱”,①故拟弃哲学而致力于文学创作和研究;开始涉猎敦煌卷子,校理《敦煌石室遗书》。是年7月因莫氏病危返里,待莫氏病卒丧事完毕后于9月再回京。明年初因继母去世又离京奔丧,居家期间娶继室潘氏;4月携家眷同赴北京,辑成《唐五代二十家词辑》《曲录》,翻译出版《辩学》两种,撰写《人间词话》,首倡“意境说”。1909年开始研究唐宋金元词作剧本,此后几年撰成《戏曲考源》《宋大曲考》《曲调源流表》《录曲徐谈》《古剧脚色考》等文,译匈牙利裔英国人斯坦因所著《中亚细亚探险记》;改任名词馆协修。1911年在为罗振玉创办的《国学丛刊》所作序文中提出“学无中西”的观点。同年武昌起义爆发后,携眷随罗振玉东渡日本,寓居京

---

① 《王国维文集》第3卷,北京:中国文史出版社1997年版,第473页。

都。旅日期间撰成《简牍检署考》《宋元戏曲史》《明堂寝庙通考》《布帛通考》《秦郡考》《汉郡考》《流沙坠简》《宋代金文著录表》《国朝金文著录表》《洛诰解》《鬼方昆夷玁狁考》等文著,研究领域拓展到古代制度、历史地理、边疆史、文字学等方面。1915 年 3 月携眷返梓,不久又带长子随罗振玉再去日本,撰成《尔雅草木虫鱼鸟兽释例》《三代地理小记》《胡服考》《古礼器略说》《生霸死霸考》等文,又涉及训诂学和古天文历法。1916 年春,应侨居上海的英国籍犹太裔富豪哈同之聘,回国主管《学术杂志》编辑事务,撰成《史籀篇疏证》《殷礼小记》《说商颂》《说周颂》《周开国年表》《周书顾命考》《周乐考》《毛公鼎考释》《两汉博士考》《汉魏博士考》《科斗文字说》《汉代石文考》《魏石经考》等多篇关于古史古文字的著作。1917 年初短暂赴日,寄寓罗振玉宅,旋返上海,撰成《殷卜辞中所见先公先王考》《殷周制度论》《太史公行年考》《古本竹书纪年辑校》《两周金石文韵读》《唐韵别考》《韵学馀说》等论著,研究范围扩及音韵学,次年更补辑、校勘多种音韵学古籍。时任北京大学校长蔡元培邀其担任北大教职,辞未应聘,而入哈同开办的仓圣明智大学任教授。1919 年,结合敦煌文献研究,将兴趣集中到西北历史地理,撰成《摩尼教流行中国考》《西胡考》《西域井渠考》《九姓回鹘可汗碑图记》《西域杂考》以及敦煌文献跋语多篇。1921 年辑成《观堂集林》二十卷,撰《连绵字谱》。1922 年接受北京大学国学门通讯导师之聘,但声明与北大只是有名无实的关系,不受北大薪酬。1923 年被清逊帝爱新觉罗·溥仪任命为南书房行走,赴京任职,期间撰成《殷虚文字类编序》《金文编序》《散氏盘考释》等文。1924 年 11 月,直系第三军总司令冯玉祥率部进京,废止民国对清逊帝的优待条件,逼迫溥仪迁出紫禁城,王国维因此一度萌生死志,由于家人严密看管而未遂,转而对《水经注》进行研究,并撰《高宗肜日说》《陈宝说》《书顾命同瑂说》《释天》等文。1925 年应聘任清华国学研究院经史小学导师,讲授《古史新证》《尚书》《仪礼》《说文》等课程,撰《最近二三十年中国新发见之学问》《西辽都城虎思斡耳朵考》《鞑靼年表》《鞑靼考》《元朝秘史地名索引》《耶律文正公年谱》《古行记四种校录》《月氏未西徙大夏时故地考》《辽金时蒙古考》《长春真人西游记注》等论著。1926 年,先是长子病故,后又与罗振玉龃龉以至绝交,身心颇受刺激。1927 年撰《南宋人所传蒙古史料考》《元朝秘史之主因亦儿坚考》《金长城考》《鞑靼后考》《黑车子室韦考》《蒙古札记》《中国历代尺度》《莽量考》等文。是年 6 月 2 日,在无任何先兆的情况下自沉于昆明湖,终年五十一岁,被清逊帝溥仪赐谥"忠悫",遗嘱有"五十之年,只欠一死。经此世变,义无再辱"之语,①给世人留下了殉清廷、殉文化理想、惧怕北伐军、罗振玉逼债、尸谏清逊帝出逃日本等种种疑信难定的猜测,但无论原因为何,总而言之,这位在诸多领域都做出了开创性成果且其成果几乎都达到了非常精深水平的天才学者的早逝,实在是中国学术界无可弥补的巨大损失!

二、非功利性哲学观

1905 年,王国维为自编《静庵文集》作序曰:

> 余之研究哲学,始于辛壬之间。癸卯春,始读汗德之《纯理批评》,苦其不可解,读几半而辍。嗣读叔本华之书而大好之。自癸卯之夏以至甲辰之冬,皆与叔本华之书为伴侣之时代也。其所尤惬心者,则在叔本华之《知识论》,汗德之说得因之以上窥。然于其人生哲学观,其观察之精锐与议论之犀利,亦未尝不心怡神释也。后渐觉其有矛盾之处,去夏所作《红楼梦评论》,其立论虽全在叔氏之立脚地,然于第四章内已提出绝大之疑问。旋悟叔氏之说,半出于其主观的气质,而无关于客观的知识。此意于《叔本华及尼采》一文中始畅发之。今岁之春,复返而读汗德之书,嗣今以后,将以数年之力研究汗德。他日稍有所进,取前说而读之,亦一快也。故并诸杂文刊而行之,以存此二三年间思想上之陈迹云尔。光绪三十一年秋八月海宁王国维自序。②

---

① 《王国维文集》第 3 卷,第 475 页。
② 《王国维文集》第 3 卷,第 469 页。

　　由此可见王国维乃是于 1901 年（辛丑）、1902 年（壬寅）之间开始对哲学产生兴趣，至 1903 年（癸卯）、1904 年（甲辰）便已研读当时最为前沿的康德（即汗德）和叔本华的哲学著作，到 1905 年（光绪三十一年）还打算将这一研究坚持数年。王国维这段学思经历在他 1907 年所撰《自序一》中也有交代，但与 1905 年自序略有出入，他说：

　　　　体素羸弱，性复忧郁，人生之问题，日往复于吾前，自是始决从事于哲学。而此时为余读书之指导者，亦即藤田君也。次岁（按即 1903 年）春，始读翻尔彭之《社会学》，及文之《名学》，海甫定《心理学》之半。而所购哲学之书亦至，于是暂辍心理学而读巴尔善之《哲学概论》，文特尔彭之《哲学史》，当时之读此等书，固与前日之读英文读本之道无异。幸而已得读日文，则与日文之此类书参照而观之，遂得通其大略。既卒《哲学概论》《哲学史》，次年（按即 1904 年）始读汗德之《纯理批评》，至《先天分析论》几全不可解，更辍不读，而读叔本华之《意志及表象之世界》一书。叔氏之书，思精而笔锐，是岁前后读二过，次及于其《充足理由之原则论》《自然中之意志论》及其文集等，尤以其《意志及表象之世界》中《汗德哲学之批评》一篇，为通汗德哲学关键。至二十九岁（按即 1905 年），更返而读汗德之书，则非复前日之窒碍矣。嗣是于汗德之《纯理批评》外，兼及其伦理学及美学。至今年从事第四次之研究，则窒碍更少，而觉其窒碍之处大抵其说之不可持处而已。此则当日志学之初所不及料，而在今日亦得以自慰藉者也。此外如洛克、休蒙之书，亦时涉猎及之。①

然而，也就是在 1907 年，王国维又写了一篇《自序二》，其中有谓：

　　　　余疲于哲学有日矣！哲学上之说，大都可爱者不可信，可信者不可爱。余知真理，而余又爱其谬误。伟大之形而上学，高严之伦理学，与纯粹之美学，此吾人所酷嗜也。然求其可信者，则宁在知识

---

① 《王国维文集》第 3 卷，第 471 页。

论上之实证论,伦理学上之快乐论,与美学上之经验论。知其可信而不能爱,觉其可爱而不能信,此近二三年中最大之烦闷,而近日之嗜好所以渐由哲学而移于文学,而欲于其中求直接之慰藉者也。要之,余之性质,欲为哲学家则感情苦多而知力苦寡,欲为诗人则又苦感情寡而理性多。诗歌乎?哲学乎?他日以何者终吾身,所不敢知,抑在二者之间乎?今日之哲学界,自赫尔德曼以后,未有敢立一家系统者也。居今日而欲自立一新系统,自创一新哲学,非愚则狂也。近二十年之哲学家,如德之芬德,英之斯宾塞尔,但搜集科学之结果,或古人之说而综合之、修正之耳。此皆第二流之作者,又皆所谓可信而不可爱者也。此外所谓哲学家,则实哲学史家耳。以余之力,加之以学问,以研究哲学史,或可操成功之券,然为哲学家则不能,为哲学史则又不喜,此亦疲于哲学之一原因也。①

自此以后,王国维便诀别哲学而转入文史领域,他盘桓于哲学界的时间充其量不过六七年而已,但就在这短短的时间中,他对中国哲学作出了独特而重大的贡献。

王国维对中国哲学作出的首要贡献,就是为哲学辩诬和正名。1903年,他发表《哲学辨惑》一文,针对包括湖广总督遥领参顶督办政务大臣张之洞和管学大臣张百熙在内的朝野人士诟病哲学的种种言论而致辩,其一曰:

> 哲学非有害之学。今之诟病哲学者,岂不曰自由平等民权之说由哲学出,今弃绝哲学,则此等邪说可以熄乎?夫此等说之当否,姑置不论。夫哲学中亦非无如此之说,然此等思想于哲学中不占重要之位置。霍布士之绝对国权论,与福禄特尔、卢骚之绝对民权论,皆为哲学说之一。今以福禄特尔、卢骚之故而废哲学,何不一思霍布士之说乎?且古之时有倡民权者矣,孟子是也。今若举天下之言民

① 《王国维文集》第3卷,第473页。

权，而归罪于孟子，废孟子而不立诸学官，斯亦过矣。欲废哲学者何异于是？且今之言自由平等、言革命者，果皆自哲学上之研究出欤？抑但习闻他人之说而称道之欤？夫周秦与宋代，中国哲学最盛之时也，而君主之威权不因之而稍替。明祖之兴，而李自成、洪秀全之乱，宁皆有哲学家说以鼓舞之欤？故不研究哲学则已，苟研究哲学，则必博稽众说而唯真理之是从。其视今日浅薄之革命家，方鄙弃之不暇，而又奚惑焉？则竟以此归狱于哲学者，非也！且自由平等说非哲学之原理，乃法学、政治学之原理也。今不以此等说废法学、政治学，何独至于哲学而废之？此余所不解者一也。

其二曰：

哲学非无益之学。于是说者曰：哲学即令无害，决非有益，非叩虚课寂之谈，即骛广志荒之论。此说不独我国为然，虽东西洋亦有之。夫彼所谓无益者，岂不以哲学之于人生日用之生活无关系乎？夫但就人生日用之生活言，则岂徒哲学为无益，物理学、化学、博物学，凡所谓纯粹科学，皆与吾人日用之生活无丝毫之关系。其有实用于人者，不过医、工、农等学而已。然人之所以为人者，岂徒饮食男女，芸芸以生、厌厌以死云尔哉？饮食男女，人与禽兽之所同。其所以异于禽兽者，则岂不以理性乎哉？宇宙之变化，人事之错综，日夜相迫于前，而要求吾人之解释，不得其解，则心不宁。叔本华谓人为形而上学之动物，洵不诬也。哲学实对此要求，而与吾人以解释。夫有益于身者与有益于心者之孰轩孰轾，固未易论定者。巴尔善曰："人心一日存，则哲学一日不亡。"使说者而非人则已；说者而为人，则已于冥冥之中认哲学之必要，而犹必诋之为无用，此其不可解者二也。

其三曰：

尤可异者，则我国上下日日言教育，而不喜言哲学。夫既言教育，则不得不言教育学。教育学者实不过心理学、伦理学、美学之应用。心理学之为自然科学而与哲学分离，仅曩日之事耳。若伦理学与美学则尚俨然为哲学中之二大部。今夫人之心意，有知力，有意志，有感情，此三者之理想，曰真，曰善，曰美。哲学实综合此三者而论其原理者也。教育之宗旨亦不外造就真善美之人物，故谓教育学上之理想即哲学上之理想，无不可也。试读西洋之哲学史、教育学史，哲学者而非教育学者有之矣，未有教育学者而不通哲学者也。不通哲学而言教育，与不通物理、化学而言工学，不通生理学、解剖学而言医学，何以异？今日日言教育，言伦理，而独欲废哲学，此其不可解者三也。

其四曰：

哲学为中国固有之学。今之欲废哲学者，实坐不知哲学为中国固有之学故。今姑舍诸子不论，独就六经与宋儒之说言之。夫六经与宋儒之说，非著于功令而当时所奉为正学者乎？周子"太极"之说，张子"正蒙"之论，邵子之《皇极经世》，皆深入哲学之问题。此岂独宋儒之说为然，六经亦有之，《易》之"太极"，《书》之"降衷"，《礼》之"中庸"，自说者言之，谓之非虚非寂得乎？今欲废哲学，则六经及宋学皆在所当废，此其所不解者四也。

其五曰：

说者曰：哲学既为中国所固有，则研究中国之哲学足矣，奚以西洋哲学为？此又不然。余非谓西洋哲学之必胜于中国，然吾国古书大率繁散而无纪，残缺而不完，虽有真理，不易寻绎，以视西洋哲学之系统灿然，步伐严整者，其形式上之孰优孰劣，固自不可掩也。且今之言教育学者，将用《论语》《学记》作课本乎？抑将博采西洋之教育学以充之也？于教育学然，于哲学何独不然？且欲通中国哲学，又非通西洋之哲学不易明也。近世中国哲学之不振，其原因虽繁，然古书之难解，未始非其一端也。苟通西洋之哲学以治吾中国之哲学，则其所得当不止此。异日昌大吾国固有之哲学者，必在深通西

洋哲学之人,无疑也。今欲治中国哲学而废西洋哲学,其不可解者
五也。

王国维最后说:"余非欲使人人为哲学家,又非欲使人人研究哲学,但专门教育中,哲学一科必与诸学科并立,而欲养成教育家,则此科尤为要。"①率先明确提出了在教育系统中建立哲学学科的要求,由此奠定了其作为中国哲学学科开创者的地位。

王国维为哲学辩护并力主建立哲学学科的观点,在 1906 年发表的《奏定经学科大学文学科大学章程书后》中得到继续发挥。此文专门针对由张之洞所作成的《奏定学校章程》,指出其根本之误在于缺少哲学一科,反驳张之洞作为拒斥哲学学科之理由的必以哲学为有害之学、必以哲学为无用之学、必以外国之哲学与中国古来之学术不相容等一系列在王国维看来纯属错误的观点,认为"若不改此根本之谬误,则他日此二科中所养成之人才,其优于占毕帖括之学者几何? 而我国之经学文学不至坠于地不已",②对于哲学的高度重视以及对于建立哲学学科的强烈期盼,真可谓情见乎词!

王国维对于哲学的高度重视以及对于建立哲学学科的强烈期盼,基于他对哲学特质的独到认识。1905 年,他发表了《论哲学家与美术家之天职》一文,用充满激情的语言盛赞哲学与美术(亦即文学艺术)的崇高地位和深远影响,他说:

> 天下有最神圣、最尊贵而无与于当世之用者,哲学与美术是也。天下之人嚣然谓之曰"无用",无损于哲学、美术之价值也。至为此学者自忘其神圣之位置,而求以合当世之用,于是二者之价值失。夫哲学与美术之所志者,真理也。真理者,天下万世之真理,而非一时之真理也。其有发明此真理(哲学家),或以记号表之(美术)者,天下万世之功绩,而非一时之功绩也。唯其为天下万世之真理,故

① 以上引文见《王国维文集》第 3 卷,第 3—5 页。
②《王国维文集》第 3 卷,第 71 页。

不能尽与一时一国之利益合，且有时不能相容，此即其神圣之所存也。

世人喜言功用，吾姑以其功用言之。夫人之所以异于禽兽者，岂不以其有纯粹之知识与微妙之感情哉？至于生活之欲，人与禽兽无以或异。后者政治家及实业家之所供给，前者之慰藉满足非求诸哲学及美术不可。就其所贡献于人之事业言之，其性质之贵贱，固以殊矣。至就其功效之所及言之，则哲学家与美术家之事业，虽千载以下，四海之外，苟其所发明之真理，与其所表之之记号之尚存，则人类之知识感情由此而得其满足慰藉者，曾尤以异于昔。而政治家及实业家之事业，其及于五世十世者希矣。此又久暂之别也。然则人而无所贡献于哲学美术，斯亦已耳；苟为真正之哲学家、美术家，又何慊乎政治家哉！

……今夫人积年月之研究，而一旦豁然悟宇宙人生之真理，或以胸中惝恍不可捉摸之意境，一旦表诸文字、绘画、雕刻之上，此固彼天赋之能力之发展，而此时之快乐，决非南面王之所能易者也。且此宇宙人生而尚如故，则其所发明所表示之宇宙人生之真理之势力与价值，必仍如故。之二者，所以酬哲学家、美术家者固已多矣。若夫忘哲学、美术之神圣，而以为道德、政治之手段者，正使其著作无价值者也。愿今后之哲学美术家毋忘其天职，而失其独立之位置，则幸甚！①

正是由于体认到哲学最神圣、最尊贵、能够发明天下万世之真理，王国维才不遗馀力地维护哲学，推尊哲学，从而形成了颇不同于时流的非功利性哲学观，他也因此得以"于局促之生活中，以思索玩赏为消遣之法，以自遣于声色货利之域"，②由此在比较纯粹的哲学研究中取得了甚高成就。

---

① 《王国维文集》第3卷，第6—8页。
② 《王国维文集》第3卷，第474页。

三、纯粹性学术追求

王国维相当自觉地追求学术的纯粹性,这一点,从他对于当时学界的评论可以看出。在《论近年之学术界》中,他虽然肯定学术与时代背景深相关联,但显然认为学术之为学术,必须自有标准。如他评论严复说:"唯近七八年前,侯官严氏(复)所译之赫胥黎《天演论》(赫氏原书名《进化论与伦理学》,译义不全)出,一新世人之耳目,比之佛典,其殆摄摩腾之四十二章经乎?嗣是以后,达尔文、斯宾塞之名腾于众人之口,物竞天择之语见于通俗之文。顾严氏所奉者,英吉利之功利论及进化论之哲学耳,其兴味之所存,不存于纯粹哲学,而存于哲学之各分科,如经济、社会等学,其所最好者也。故严氏之学风,非哲学的,而宁科学的也,此其所以不能感动吾国之思想界者也。"又如批评康有为、谭嗣同说:"其有蒙西洋学说之影响而改造古代之学说,于吾国思想界上占一时之势力者,则有南海康有为之《孔子改制考》《春秋董氏学》,浏阳谭嗣同之《仁学》。康氏以元统天之说,大有泛神论之臭味,其崇拜孔子也颇模仿基督教,其以预言者自居,又居然抱穆罕默德之野心者也。其震人耳目之处,在脱数千年思想之束缚,而易之以西洋已失势力之迷信,此其学问上之事业不得不与其政治上之企图同归于失败者也,然康氏之于学术非有固有之兴味,不过以之为政治上之手段,《荀子》所谓'今之学者以为禽犊者也'。谭氏之说则出于上海教会中所译之治心免病法,其形而上学之'以太'说,半唯物论,半神秘论也。人之读此书者,其兴味不在此等幼稚之形而上学,而在其政治上之意见。谭氏此书之目的,亦在此而不在彼,而与南海氏同也。"他还指摘当时的学界思潮和学术杂志说:"近三四年,法国十八世纪之自然主义,由日本之介绍而入于中国,一时学海波涛沸渭矣。然附和此说者,非出于知识,而出于情意,彼等于自然主义之根本思想固懵无所知,聊借其枝叶之语以图遂其政治上之目的耳。由学术之方面观之,谓之无价值可也。""庚辛以还,各种杂志接踵而起,其执笔者,非喜事之学生,则亡命之逋臣也。此等杂志,本不知学问为何物,而但有政治上之目的,虽时有学术上之议论,不但剽窃灭裂而已。如《新民丛报》中之《汉德哲学》,其纰缪十且八九也。其稍有一顾之价值者,则《浙江潮》中某氏之《续无鬼论》,作者忘其科学家之本分,而闯入形而上学,以鼓吹其素朴浅薄之唯物论,其科学上之引证亦甚疏略,然其唯有学术上之目的,则固有可褒者。"他揭橥学术宗旨道:"故欲学术之发达,必视学术为目的,而不视为手段而后可。汗德《伦理学》之格言曰:'当视人人为一目的,不可视为手段。'岂特人之对人当如是而已乎,对学术亦何独不然?""未有不视学术为一目的而能发达者。学术之发达,存于其独立而已!"①所谓视学术为目的,并以学术独立为学术发达的条件,无疑都体现了对于学术纯粹性的追求。

    基于纯粹性学术追求,王国维对中西哲学做出了诸多相当精深的研究成果,在中国哲学方面有对老子、孔子、墨子、列子、子思子、孟子、荀子、周秦诸子、周敦颐、戴震、阮元等人思想的阐论;在西方哲学方面则有对古希腊苏格拉底、柏拉图、雅里大德勒(即亚里士多德),近代德国康德、叔本华、尼采,英国倍根(即培根)、霍布士、洛克、休蒙(即休谟)、斯宾塞,荷兰斯披洛若(即斯宾诺莎),法国卢骚(即卢梭)等人学说的述评。如果说,王国维运用形而上学、本体论、道义论、伦理学、美学、教育学、政治学等新范畴开创性地归纳中国古代哲学思想资料虽属不易,但对中国古代哲学思想的阐论由于有前代学者的成果作为借镜因而毕竟不算太难;那么,其对西方哲学较为系统而深入的把握,在 20 世纪初年实可谓凤毛麟角。例如在《述近世教育思想与哲学之关系》中,王国维勾勒了自柏庚(即培根)经廓美纽司(即夸美纽斯)、特嘉尔德(即笛卡儿)、洛克、伍尔夫、卢骚直至汗德(即康德)的思想发展脉络,阐述了各家思想的内容,并涉及了拉普烈、孟德尼、夏尔伦、弗理约利、斐奈伦、罗尔兰、拉德楷、贝斯达禄奇、芝拉普、巴瑟德、班罗希、尼爱摩尔、休怀尔兹、威凯尔曼、兰馨、海尔台尔、格代、希尔列尔、巴尔善等多家在上述思想发展脉络中所

_____
① 以上引文见《王国维文集》第 3 卷,第 37—39 页。

占地位。① 又如在《释理》中，王国维说：

> 天下之物，绝无无理由而存在者，其存在也，必有所以存在之故，此即物之充足理由也。在知识界，则既有所与之前提，必有所与之结论随之。在自然界，则既有所与之原因，必有所与之结果随之。然吾人若就外界之认识而皆以判断表之，则一切自然界中之原因即知识上之前提，一切结果即其结论也。若视知识为自然之一部，则前提与结论之关系亦得视为因果律之一种。故欧洲上古及中世之哲学，皆不区别此二者，而视为一物。至近世之拉衣白尼志（按即莱布尼兹）始分晰之，而总名之曰充足理由之原则，于其《单子论》之小诗中，括之为公式曰："由此原则，则苟无必然，或不得不然之充足理由，则一切事实不能存在，而一切判断不能成立。"汗德亦从其说而立形式的原则与物质的原则之区别，前者之公式曰："一切命题必有其论据。"后者之公式曰："一切事物必有其原因。"其学派中之克珊范台尔更明言之曰："知识上之理由（论据）必不可与事实上之理由（原因）相混，前者属名学，后者属形而上学；前者思想之根本原则，后者经验之根本原则也。原因对实物而言，论据则专就吾人之表象言也。"至叔本华而复就充足理由之原则为深邃之研究曰："此原则就客观上言之，为世界普遍之法则；就主观上言之，乃吾人之知力普遍之形式也。"②

又说：

> 汗德以理性之批评为其哲学上之最大事业，而其对理性之概念，则有甚暧昧者。彼首分理性为纯粹及实践二种，纯粹理性指知力之全体，殆与知性之意义无异。彼于《纯粹理性批评》之《绪论》中曰："理性者，吾人知先天的原理的能力是也。"实践理性则谓合理的

---

① 参见《王国维文集》第 3 卷，第 9—22 页。
② 《王国维文集》第 3 卷，第 254—255 页。

意志之自律，自是"理性"二字始有特别之意义。而其所谓纯粹理性中，又有狭义之理性。其下狭义理性之定义也，亦互相矛盾。彼于理性与悟性之别，实不能深知，故于《先天辩证论》中曰："理性者，吾人推理之能力。"又曰："单纯判断，则悟性之所为也。"叔本华于《汗德哲学之批评》中曰："由汗德之意，谓若有一判断，而有经验的、先天的、或超名学的根据，则其判断乃悟性之所为；如其根据而为名学的，如名学上之推理式等，则理性之所为也。"此外尚有种种之定义，其义各不同，其对悟性也亦然。要之，汗德以通常所谓理性者谓之悟性，而与理性以特别之意义，谓吾人于空间及时间中，结合感觉以成直观者，感性之事；而结合直观而为自然界之经验者，悟性之事；至结合经验之判断以为形而上学之知识者，理性之事也。自此特别之解释，而汗德以后之哲学家遂以理性为吾人超感觉之能力，而能直知本体之世界及其关系者也。特如希哀林（即谢林）、海额尔（即黑格尔）之徒，乘云驭风而组织理性之系统。然于吾人之知力中果有此能力否？本体之世界果能由此能力知之否？均非所问也。至叔本华出，始严立悟性与理性之区别，彼于充足理由之论文中，证明直观中已有悟性之作用存，吾人有悟性之作用，斯有直观之世界；有理性之作用而始有概念之世界。故所谓理性者，不过制造概念及分合之之作用而已。由此作用，吾人之事业已足以远胜于动物。至超感觉之能力，则吾人所未尝经验也。彼于其《意志及观念之世界》及《充足理由之论文》中辨之累千万言，然后"理性之概念"灿然复明于世。[1]

其他还有《原命》中对康德自由意志说的概述和质疑，等等。[2] 凡此皆反映出王国维对西方哲学、尤其是康德和叔本华哲学的稔熟或专精程度实非其同时代人物所可比拟。

---

[1]《王国维文集》第 3 卷，第 256—257 页。
[2] 参见《王国维文集》第 3 卷，第 264—270 页。

尤有进者,王国维对西方哲学的稔熟专精虽然难能可贵,但尚可通过研读像文德尔班(王国维译作文特尔彭)《哲学史》之类的作品以及各家代表性哲学著作而得以实现;而他几无依傍地对中西学理及其文化特质和民族性格作出的比较评论,则完全是他在精研双方学术文化的前提下所形成的睿识,开新文化运动时期中西文化比较之风的先河,因而更加值得钦佩。他比较中西文化特质及民族性格说:"抑我国人之特质,实际的也,通俗的也;西洋人之特质,思辨的也,科学的也,长于抽象而精于分类,对世界一切有形无形之事物,无往而不用综括及分析之二法,故言语之多,自然之理也。吾国人之所长,宁在于实践之方面,而于理论之方面则以具体的知识为满足,至分类之事,则除迫于实际之需要外,殆不欲穷究之也。"①又说:"泰西之伦理皆出自科学,惟骛理论,不问实行之如何。泰东之伦理则重修德之实行,不问理论之如何。此为实行的,彼为思辨的也,是由于东西地理及人种关系之异,又其道德思想之根本与道德的生活之状态亦异,故有此差别也。"②这种对中西文化作宏观的类型性析论的思路,后来多为新文化人物所沿袭。至于王国维对中西学理的比较评论更是所在多有,如 1904 年著《论性》说:

> (张载)又曰:"气本之虚,则湛而无形;感而生,则聚而有象。有象斯有对,对必反其为;有反斯有仇,仇必和而解。"此即海额尔氏(即黑格尔)之《辩证法》所谓"由正生反,由反生合"者也。"象"者,海氏之所谓"正";"对"者,"反"也;和解者,正反之合也。③

同年著《释理》说:

> 其在西洋各国语中,则英语之 Reason 与我国今日"理"字之义大略相同,而与法国语之 Raison,其语源同出于拉丁语之 Ratio。此语又自动词 Retus(思索之意)而变为名词者也。英语又谓推理之能

①《王国维文集》第 3 卷,第 40 页。
②《王国维文集》第 3 卷,第 107—108 页。
③《王国维文集》第 3 卷,第 248—249 页。

力曰 Discourse，同时又用为言语之义，此又与意大利语之 Discorso 同出于拉丁语之 Discursus，与希腊语之 Logos 皆有言语及理性之两义者也。其在德意志语，则其表理性也曰 Vernunft，此由 Vernehmen 之语出。此语非但"听"字之抽象名词，而实谓知言语所传之思想者也。由此观之，古代二大国语及近世三大国语，皆以思索（分合概念之力）之能力，及言语之能力，即他动物之所无而为人类之独有者，谓之曰"理性"、Logos（希）、Ratio（拉）、Vernunft（德）、Raison（法）、Reason（英）。而从吾人理性之思索之径路，则下一判断，必不可无其理由。于是拉丁语之 Ratio、法语之 Raison、英语之 Reason 等，于理性外，又有理由之意义。至德语之 Vernunft，则但指理性，而理由则别以 Grunde 之语表之。吾国之"理"字，其义则与前者为近，兼有理性与理由二义。①

1905 年著《论新学语之输入》说：

> Intuition 之语，源出于拉丁之 In 及 Tuitus 二语，Tuitus 者，观之意味也；盖观之作用，于五官中为最要，故悉取由他官之知觉，而以其最要之名名之也。Idea 之语，源出于希腊语之 Idea 及 Idein，亦观之意也。以其源来自五官，故谓之观；以其所观之物既去而象尚存，故谓之念。或有谓之"想念"者，然考张湛《列子注序》所谓"想念以著物自丧"者，则"想念"二字乃伦理学上之语，而非心理学上之语，其劣于观念也审矣。至 Conception 之为"概念"，苟用中国古语，则谓之"共名"亦可（《荀子·正名篇》），然一为名学上之语，一为文法上之语，苟混此二者，此灭名学与文法之区别也。②

1906 年著《书辜氏汤生英译〈中庸〉后》说：

> 中国语之不能译为外国语者，何可胜道！如《中庸》之第一句，

---

①《王国维文集》第 3 卷，第 254 页。
②《王国维文集》第 3 卷，第 42 页。

无论何人不能精密译之。外国语中之无我国"天"字之相当字,与我国语中之无 God 之相当字无以异。吾国之所谓"天",非苍苍之谓,又非天帝之谓,实介二者之间,而以苍苍之物质具天帝之精神者也。[1]

同年著《周濂溪之哲学说》有谓:

周子以宇宙为 Makrokosmos,以人为 Mikrokosmos。谓既就宇宙有所断定,则可以同一之形式,就人而断定之。又就人而有所究明者,扩而大之,即宇宙之真理也。所谓"无极而太极"及"阴阳一太极也,太极本无极也"之原理,恰如赫尔德曼所谓"无意识"(Das Unbewusste)之原理,以示其非 Abstrakter Monismus,而为 Konkreter Monismus 者也;而亦其以太极为阴阳二气之内含,如赫氏之 Immanenter Dualismus。赫氏之所谓无意识,非仅抽象的,而内含"意志"与"观念"之具体的原理也。周子之所谓"无极"亦非仅抽象的,而内含阴阳二气,以为万化之原之具体的原理也。周子恐但言"无极",则人或误认为虚无抽象,故加以"太极"之字耳。抑吾人以周子之"无极"为"无意识",非仅就类似上言之也,宋儒注释中已明言之。游九言论周子哲学曰:"人肖天地。试以吾心验之,方其寂然无思,万善未发,是无极也;虽云未发,而此心昭然,灵源不昧,是太极也。欲知太极,先识吾心,澄神端虑而见焉。"是即由吾人之心而推之,以"无极"为"无意识"者也。彼赫尔德曼先就人心研究"无意识"之存在,认其为人心之根本,而后验之万有,遂名宇宙之原理为"无意识",非与此若合符节哉!《太极图说》中自"无极而太极"以下,至"大哉易也斯其至矣",凡二百二十八字,是实伊洛关闽之渊源,太极性理之学之开拓者,而千古不磨之作也。彼以为"无极"即为"太极"之"理"而存焉者,"阴阳"即为"太极"之"气"而发表者。既

---

[1]《王国维文集》第 3 卷,第 47 页。

有阴阳二气互相推移消长,乃由其配合之度如何,而成"五行",以遂万化,以现万有。此与赫氏立"意志"与"观念"而以之为"无意识"之内含的属性,为万化之原理者,何以异耶?①

1907 年著《孔子之学说》则谓:

> 今以《易》理、叔本华氏之说互相比较,则其原理虽大有径庭,然叔氏之物质、物力与《易》之阴阳二气,皆使物变化之本质或动力,在其变化之外,则二者之说相似也。此外,因果律为伴一切变化之法则,故有变化即有因果律。孔子虽不说此,然儒之"天理",子思之"诚",叔本华之"意志",皆为宇宙之本原,发现万有之一大活动力,固不甚相异也。若夫老子之"道"为"恍兮惚兮""窈兮冥兮",绝对的自然之道,与斯披诺若(按即斯宾诺莎)之一元的"理"相似。②

这些中西比较论无疑都体现了王国维追求学术纯粹性的实绩,其所达至的广博精深程度是后来也喜欢进行中西比较的新文化人物无一企及的。

四、经验论取向

王国维对于他所谓"可爱"的"伟大之形而上学"当有相当清晰的了解,观其多处所说"周子之言'太极',张子之言'太虚',程子、朱子之言'理',皆视为宇宙人生之根本,与《中庸》之言'诚'无异",③"宇宙万物无不相对者,天与地对,日与月对,寒与暑对,人与物对,皆相对的也。道者,宇宙万物之根本,无一物足与之相对者,故绝对的也",④"康德氏之说曰:吾人之知识,惟存于现象界中,不能入本体界也。彼于《纯理二律相背论》中云:宇宙不可无第一原因,又第一原因非实在。盖一论现象界,

---

① 《王国维文集》第 3 卷,第 228—229 页。
② 《王国维文集》第 3 卷,第 115 页。
③ 《王国维文集》第 3 卷,第 44 页。
④ 《王国维文集》第 3 卷,第 103 页。

而一预想现象界以外之物者也。叔本华氏之意与之同,以为无第一原因。然叔氏谓存于现界之变化外者,尚有'物质'与'物力'。物质者,为一切变化发生之根本,不为变化所侵,不增不减者也。物力者,己不变化,而能使一切变化,不增不减者也。是二者,超然于时间空间以外。此外,叔氏又说世界之本体之'意志'是盲目的冲动而使现象界发现之根本力,又超绝时间、空间、因果律,而为绝对无差别之物也。要之,物质与物力乃生原因结果之原子,而意志则统一切万有,而使之发现之大活力,即世界之本体也",①"《太极图》及《太极图说》由宇宙根源之本体始,以演绎的推论人之心性及人伦五常。《通书》则由人之心性及人伦五常始,以归纳的溯论宇宙极源之本体",②如此等等,可以为证。但是,受近代实验科学所导致的哲学界实证之风影响,王国维认为这种"可爱"的"伟大之形而上学"是不可信的,甚至是谬误,因此,除了1904年所撰《〈红楼梦〉评论》有"宇宙一生活之欲而已"③一语稍及本体之悬想而外,王国维似乎再未谈论过"可爱者不可信"的本体问题,相反,他往往将历来属于形而上学的问题纳入经验论范畴予以解说,其1904年所作《论性》及1906年所作《原命》便典型地反映了经验论取向。

在《论性》中,王国维梳理了自尧、舜历经商汤、仲虺、刘康公、孔子、告子、孟子、荀子、董仲舒、扬雄、韩愈、李翱、王安石、苏轼、周敦颐、张载、程颢、程颐、朱熹、陆九渊以迄王守仁等关于人性的论说,指出几乎所有这些论说由于各持空想的一元人性论立场而往往互相反对,又由于一元人性论难以自圆其说而持论者终必陷入自我矛盾的境地,如其曰:

> 今《孟子》之言曰"人之性善",《荀子》之言曰"人之性恶",二者皆互相反对之说也,然皆持之而有故,言之而成理,然则吾人之于人性固有不可知者在欤? 孔子之所以罕言性与命者,固非无故欤? 且

---

① 《王国维文集》第3卷,第113—114页。
② 《王国维文集》第3卷,第228页。
③ 《王国维文集》第1卷,第9页。

于人性论中,不但得容反对之说而已,于一人之说中亦不得不自相矛盾。《孟子》曰"人之性善,在求其放心而已",然使之放其心者谁欤?《荀子》曰"人之性恶,其善者伪(人为)也",然所以能伪者何故欤? 汗德曰"道德之于人心,无上之命令也",何以未几而又有根恶之说欤? 叔本华曰"吾人之根本,生活之欲也",然所谓拒绝生活之欲者又何自来欤? 古今东西之论性,未有不自相矛盾者![1]

王国维认为古今东西人性论之所以反对矛盾,就是因为超出了经验的范围,他说:

夫立于经验之上以言性,虽所论者非真性,然尚不至于矛盾也。至超乎经验之外而求其说明之统一,则虽反对之说,吾人得持其一,然不至自相矛盾不止,何则? 超乎经验之外,吾人固有言论之自由,然至欲说明经验上之事实时,则又不得不自圆其说,而复反于二元论。故古今言性者之自相矛盾,必然之理也。[2]

至此,王国维将人性论导入经验领域,而得出实存的人性乃具善恶二端的结论;他进而认为不是形而上的本体决定人性,相反乃是善恶二元的人性派生出宗教与哲学。他说:

呜呼! 善恶之相对立,吾人经验上之事实也。自生民以来至于今,世界之事变,孰非此善恶二性之争斗乎? 政治与道德,宗教与哲学,孰非由此而起乎? 故世界之宗教,无不著二神教之色彩。野蛮之神虽多至不可稽,然不外二种,即有爱而祀之者,有畏而祀之者,即善神与恶神是已。至文明国之宗教,于上帝之外,其不豫想恶魔者殆稀也。在印度之婆罗门教,则造世界之神谓之"梵天"(Brahma),维持世界者谓之"吠舍那"(Aishnu),而破坏之者谓之"湿婆"(Siva)。以为今日乃湿婆之治世,梵天与吠舍那之治世已过

---

[1]《王国维文集》第 3 卷,第 242 页。
[2]《王国维文集》第 3 卷,第 243—244 页。

去矣。其后乃有三位一体之说,此则犹论理学之由二元论而变为超绝的一元论也。迤印度以西,则波斯之火教,立阿尔穆兹(Ormuzd)与阿利曼(Ahriman)之二神。阿尔穆兹,善神也,光明之神也,平和之神。阿利曼则主恶与暗黑及争斗。犹太教之耶和华(Jehovah)与撒旦(Satan),实自此出者也。希腊神话中之亚波箩(Apolo)与地哇尼速斯(Dionysus)之关系亦颇似之。嗣是以后,基督教之理知派亦承此思想,谓世界万物之形式为神,而其物质则堕落之魔鬼也。暗黑且恶之魔鬼,与光明且善之神相对抗,而各欲加其势力于人,现在之世界,即神与魔鬼之战地也。夫所谓神者,非吾人善性之写象乎? 所谓魔鬼者,非吾人恶性之小影乎? 他如犹太、基督二教之堕落之说,佛教及基督教之忏悔之说,皆示善恶二性之争斗。盖人性苟善,则堕落之说为妄;既恶矣,又安知堕落之为恶乎? 善则无事于忏悔;恶而知所以忏悔,则其善端之存在,又不可诬也。夫岂独宗教而已,历史之所纪述,诗人之所悲歌,又孰非此善恶二性之争斗乎? 但前者主纪外界之争,后者主述内界之争,过此以往,则吾不知其区别也。吾人之经验上善恶二性之相对立如此,故由经验以推论人性者,虽不知与性果有当与否,然尚不与经验相矛盾,故得而持其说也。超绝的一元论亦务与经验上之事实相调和,故亦不见有显著之矛盾。至执性善性恶之一元论者,当其就性言性时,以性为吾人不可经验之一物故,故皆得而持其说;然欲以之说明经验或应用于修身之事业,则矛盾即随之而起。余故表而出之,使后之学者勿徒为此无益之议论也。[1]

这就相当彻底地否弃了超验的人性论,实质上也是否弃了一切形而上学,而将哲学规定于"可信"的经验范围之内。

《原命》主要讨论康德关于定业论与自由意志论的观点。所谓定业论的意思是,"吾人之行为皆为动机所决定,虽吾人有时于二行为间或二

---

[1] 《王国维文集》第3卷,第251—252页。

动机间若能选择其一者，然就实际言之，不过动机之强者制动机之弱者，而己之选择作用无与焉。故吾人行为之善恶皆必然的，因之吾人品性之善恶亦必然的，而非吾人自由所为也"；所谓意志自由论的意思则是"吾人于二动机间有自由之选择力，而为一事与否，一存于吾人之自由，故吾人对自己之行为及品性不能不自负其责任"。[1] 这两种观点在西洋哲学史上一直争论不决，"盖从定业论之说，则吾人对自己之行为无丝毫之责任，善人不足敬，而恶人有辞矣。从意志自由论之说，则最普遍最必然之因果律为之破灭，此又爱真理者之所不任受也"，[2]于是康德对此二说加以调和。王国维述介康德的观点曰：

> 在现象之世界中，一切事物必有他事物以为其原因，而此原因复有他原因以为之原因，如此递衍以至于无穷，无往而不发见因果之关系。故吾人之经验的品性中，在在为因果律所决定，故必然而非自由也。此则定业论之说，真也。然现象之世界外，尚有本体之世界，故吾人经验的品性外，亦尚有睿智的品性。而空间时间及因果律只能应用于现象之世界，本体之世界则立于此等知识之形式外。故吾人之睿智的品性，自由的，非必然的也。此则意志自由论之说，亦真也。故同一事实，自现象之方面言之，则可谓之必然；而自本体之方面而言之，则可谓之自由。而自由之结果，得现于现象之世界中，所谓无上命法是也。即吾人之处一事也，无论实际上能如此与否，必有当如此不当如此之感；他人亦不问我能如此否，苟不如此，必加以呵责。使意志而不自由，则吾人不能感其当然，他人亦不能加以责备也。今有一妄言者于此，自其经验的品性言之，则其原因存于不良之教育，腐败之社会，或本有不德之性质，或缺羞恶之感情，又有妄言所得之利益之观念为其目前之动机，以决定此行为。而吾人之研究妄言之原因也，亦得与研究自然中之结果之原因同。

---

[1]《王国维文集》第 3 卷，第 267—268 页。
[2]《王国维文集》第 3 卷，第 268 页。

然吾人决不因其固有之性质故，决不因其现在之境遇故，亦决不因前此之生活状态故，而不加以责备，其视此等原因若不存在者，然而以此行为为彼之所自造，何则？吾人之实践理性实离一切经验的条件而独立，以于吾人之动作中生一新方向。故妄言之罪，自其经验的品性言之，虽为必然的；然睿智的品性不能不负其责任也。①

康德通过划分现象界与本体界两层，意图分别安顿定业论和自由意志论，以此调和两者的张力，但他显然更加倾向于自由意志论，认为自由意志可以涉入现象界并发生作用。王国维不同意康德的倾向，而认为一切事物都是由不可穷尽的原因所决定的，"此原因不存于现在，必存于过去；不存于个人之精神，必存于民族之精神。而此等表面的自由，不过不可见之原因战胜可见之原因耳，其为原因所决定，仍与自然界之事变无以异也"。② 他进而解释定业论与道德责任的关系说：

　　然则吾人之行为既为必然的而非自由的，则责任之观念又何自起乎？曰：一切行为，必有外界及内界之原因，此原因不存于现在，必存于过去；不存于意识，必存于无意识。而此种原因又必有其原因，而吾人对此等原因，但为其所决定，而不能加以选择。如汗德所引妄言之例，固半出于教育及社会之影响，而吾人之入如此之社会，受如此之教育，亦有他原因以决定之，而此等原因往往为吾人所不及觉。现在之行为之不适于人生之目的，一若当时全可以自由者，于是有责任及悔恨之感情起，而此等感情以为心理上一种之势力故，故足为决定后日行为之原因，此责任之感情之实践上之价值也。故吾人责任之感情，仅足以影响后此之行为，而不足以推前此之行为之自由也。余以此二论之争与命之问题相联络，故批评之于此，又使世人知责任之观念自有实在上之价值，不必藉意志自由论为羽

① 《王国维文集》第 3 卷，第 268—269 页。
② 《王国维文集》第 3 卷，第 269 页。

翼也。①

由此基本上否定了意志自由的存在,而将人类社会一切现象如同自然界中的事物一样归入决定论的范畴。这种科学主义的取向无疑是新文化运动中的"赛先生"以及科学与人生观论战中的科学派的思想资源之一。但王国维早于新文化运动和科学与人生观论战上十年甚至十多年就已了解到近代以降在西方大行其道的科学主义思潮,并据其实证论和决定论研判古今东西哲学问题,由此表现出王国维思想的敏锐和学力的精深。吊诡的是,王国维虽然理性地依从其时哲学的科学化趋势,但在情感上却并不接受这种趋势,因此他旋即跳脱哲学范围而投入文史领域,在文史领域做出了异常卓越的成就,这当然是文史专业的大幸,但对于筚路蓝缕的现代中国哲学来说,却留下了无尽的遗憾!

---

① 《王国维文集》第 3 卷,第 269—270 页。

第四章 崇尚西化与否弃传统：现代哲学的荡越

自鸦片战争以降，国势日蹙，民生日敝，危亡日甚，士人或知识分子救亡图存的心情也日益迫切，对每况愈下的现实政治乃至传统文化的批判也日益激烈，相应地对蒸蒸日上的西方文化的崇尚也日益炽热。这种势头，从王韬到前期康有为、前期严复以及谭嗣同已见端倪，再经樊锥、易鼐、吴虞、易白沙、钱玄同等人物推波助澜，至清末民初事实上形成了一股全盘反传统和全盘西化的社会思潮。发展到新文化运动时期，这一思潮更加汹涌澎湃，而挺立潮头者就是陈独秀和胡适。中国传统思想观念的框架至此便被西方文化完全冲开了。

第一节 陈独秀的激进主义中西文化观

一、生平著述

陈独秀（1879—1942），中国共产党主要创始人和早期领导人。原名乾生，字仲甫，号实庵，笔名众多，安徽怀宁（今安庆）人。1896年（清光绪二十二年）中秀才，后入杭州求是书院学习。1901年留学日本。1903年与章士钊等在上海创办《国民日日报》。1904年创办《安徽俗话报》，宣传反帝爱国思想，进行革命活动。1907年第三次赴日求学，入早稻田大学。

1911 年(宣统三年)辛亥革命后回国任安徽省都督府秘书长,后参加"二次革命"。1915 年 9 月在上海创办《青年杂志》(自第二卷起改名《新青年》),揭开新文化运动的序幕。1917 年被聘任为北京大学文科学长。1918 年与李大钊等创办《每周评论》。以《新青年》《每周评论》和北京大学为主要阵地,积极提倡民主与科学,提倡文学革命,反对封建的旧思想、旧文化、旧礼教,成为新文化运动的倡导者。1919 年领导五四运动。6 月因起草、散发《北京市民宣言》而被捕,9 月出狱。五四运动后,接受和宣传马克思主义,参加同资产阶级改良主义和无政府主义思潮的斗争。1920 年初与李大钊开始酝酿组建中国共产党,2 月到上海,深入工人群众,开展建党活动。5 月发起组织马克思主义研究会,8 月创建上海共产党早期组织,取名"中国共产党",任书记,并推动各地建立党组织,成为党的主要创建人之一。同年应邀去广州任教育委员会委员长。1921 年 7 月在中共一大上当选中央局书记,9 月回上海主持中央工作。1922 年 7 月主持召开中共二大,被推举为中央执委会委员长。9 月被孙中山指定为"国民党改组方案起草委员会"成员之一。11 月作为中共代表团团长赴莫斯科出席共产国际四大,被选为国际执委会委员。1923 年 6 月召开中共三大,通过国共合作决议,再次当选为中执委委员长。后在中共四大、五大上继续当选为中共中央总书记。其间领导了五卅运动,发动群众参加北伐战争,组织领导上海工人第三次武装起义,参与成立上海市民政府等一系列重大革命活动。大革命后期,犯了右倾机会主义错误。1927 年 7 月离开中央领导岗位,后参加中国托派组织。1929 年 11 月被开除党籍。1931 年各个托派小组织统一起来成立"中国共产党左派反对派",任书记。1932 年 10 月在上海被国民党当局逮捕,拒不投降。1937 年 8 月获释,出狱后主张发动群众抗日,拒绝国民党的高官厚禄,在四川江津(今属重庆市)以教书为生。后病逝。主要著作收入《独秀文存》《陈独秀著作选编》。[①]

---

① 引自《辞海(第 7 版)》,上海:上海辞书出版社 2020 年版,第 512 页。

二、全盘反传统和全盘西化的文化观

陈独秀一生从倾向维新的士人演变为服膺革命的激进者,又从激进者演变为新文化运动领袖,再从新文化运动领袖演变为马克思列宁主义者,最终从马列主义者演变为托洛茨基派与新文化人物的混合体,如其晚年自谓,其"一生差不多是消耗在政治生涯中"[1]。因此,他的文章基本上都是关于思想文化或社会政治问题的感想或意见,学术著作已属罕觏,专门的哲学论著更付阙如。他曾自承"我并没有什么学问"[2],"我这几十篇文章,不但不是文学的作品,而且没有什么有系统的论证,不过直述我的种种直觉罢了"[3],这应该不是过谦之语。但是尽管如此,陈独秀在中国现代哲学思想史上却仍是一位不容忽略的人物,占据着不可或缺的思想环节,这是因为他空前地最为全面深刻猛烈地提出了全盘反传统和全盘西化的观点,致使自 19 世纪后期开始向着西方文化逐步打开的中国传统思想框架几乎完全被冲垮,中西文化在中国主流社会思想领域的主从地位几乎彻底颠倒,一贯被视为天经地义的传统观念的权威地位开始动摇甚至倾覆,相反曾被指为异端邪说的思潮公行于世,这种思想领域的巨变是比西方列强的侵略更为惊心动魄的"三千年未有之大变局"! 当然并不是说陈独秀一人造成了这种局面,只不过他是当时这样一大批极具鼓动性和影响力的新文化人物的代表,他们因缘际会,叱咤风云,实现了他们的时代意义。陈独秀后来说:"五四运动是中国现代社会发展之必然的产物,无论是功是罪,都不应该专归到那几个人;可是蔡先生、适之和我乃是当时在思想言论上负主要责任的人。"[4]当为平实之论。

陈独秀一生数变,但其思想特征总体上可以全盘反传统(特别是全

---

① 《陈独秀著作选》第 3 卷,上海:上海人民出版社 1993 年版,第 413 页。
② 《陈独秀著作选》第 2 卷,第 94 页。
③ 《陈独秀著作选》第 2 卷,第 379 页。
④ 《陈独秀著作选》第 3 卷,第 545 页。蔡先生指蔡元培,适之即胡适。

盘反儒家传统)、全盘西化加以概括。全盘反传统在他是至终未变,或许后来态度稍有缓和;全盘西化则有从欧美转向苏俄、复在扬弃欧美与苏俄的前提下回归欧美的曲折,但统而言之是趋从于西方。陈独秀集中表达全盘反传统、全盘西化的观点,是在1915年创办《青年杂志》之后至1920年演变为马列主义者之前这段时间,而在这段时间以前,他的这种思想特征早已显露端倪。如1903年《安徽爱国会演说》中说:"盖中国人性质,只争生死,不争荣辱,但求偷生苟活于世上,灭国为奴皆甘心受之。外国人性质,只争荣辱,不争生死,宁为国民而死,不为奴隶而生。"①同年《哭江希颜》诗曰"历史三千年黑暗,同胞四百兆颠连"。② 1914年《生机(致〈甲寅杂志〉记者)》甚至有谓"国人唯一之希望,外人之分割耳"。③ 同年《爱国心与自觉心》一文更发挥此旨曰:"近世欧美人之视国家也,为国人共谋安宁幸福之团体,人民权利,载在宪章;犬马民众,以奉一人,虽有健者,莫敢出此。……吾国伊古以来,号为建设国家者,凡数十次,皆未尝为吾人谋福利,且为戕害吾人福利之蟊贼。吾人数千年以来所积贮之财产,所造作之事物,悉为此数十次建设国家者破坏无余。凡百施政,皆以谋一姓之兴亡,非计及国民之忧乐。即有圣君贤相,发政施仁,亦为其福祚攸长之计,决非以国民之幸福与权利为准的也。若而国家实无立国之必要,更无爱国之可言!……且平情论之,亡国为奴,岂国人之所愿,惟详察政情,在急激者即亡国瓜分,亦以为非可恐可悲之事。国家者,保障人民之权利,谋益人民之幸福者也。不此之务,其国也存之无所荣,亡之无所惜。若中国之为国,外无以御侮,内无以保民,不独无以保民,且适以残民,朝野同科,人民绝望,如此国家,一日不亡,外债一日不止;滥用国家威权,敛钱杀人,杀人敛钱,亦未能一日获已;拥众攘权,民罹锋镝,党同伐异,诛及妇孺,吾民何辜,遭此荼毒!'奚我后,后来其苏。'海外之师至,吾民必且有垂涕而迎之者矣。……呜呼! 国家国家,尔行尔

---

①《陈独秀著作选》第1卷,第14—15页。
②《陈独秀著作选》第1卷,第20页。
③《陈独秀著作选》第1卷,第103页。

法，吾人诚无之不为忧，有之不为喜。吾人非咒尔亡，实不禁以此自觉也。"①凡此可见陈独秀对中国传统与现实的愤恨以及对欧美国家的向往，以至于流露出即使国亡人奴于欧美亦所心甘的偏激情绪。②

1915 年 9 月，陈独秀主编的《青年杂志》(一年后改名为《新青年》)第一卷第一号出刊，他自己作为主要撰稿人，于此后五六年间在该刊发表了大量宣扬全盘反传统和全盘西化观点的文章和通信，其中尤为激烈者有《敬告青年》(1915)、《法兰西人与近世文明》(1915)、《抵抗力》(1915)、《东西民族根本思想之差异》(1915)、《一九一六年》(1916)、《吾人最后之觉悟》(1916)、《新青年》(1916)、《我之爱国主义》(1916)、《驳康有为致总统总理书》(1916)、《孔子之道与现代生活》(1916)、《袁世凯复活》(1916)、《答常乃惪(古文与孔教)》(1916)、《文学革命论》(1917)、《再答常乃惪(古文与孔教)》(1917)、《答傅桂馨(孔教)》(1917)、《答俞颂华(宗教与孔子)》(1917)、《答佩剑青年(孔教)》(1917)、《四答常乃惪(孔教与家庭)》(1917)、《旧思想与国体问题》(1917)、《道德之概念及其学说之派别》(1917)、《再答俞颂华(孔教)》(1917)、《答胡子承(思想革新)》(1917)、《答钱玄同(世界语)》(1917)、《近代西洋教育》(1917)、《复辟与尊孔》(1917)、《学术与国粹》(1918)、《四答钱玄同(中国今后之文字问题)》(1918)、《今日中国之政治问题》(1918)、《〈新青年〉罪案之答辩书》(1919)诸篇。

陈独秀发表的全盘反传统言论主要有：

举凡残民害理之妖言，率能征之故训，而不可谓诬，谬种流传，

---

① 《陈独秀著作选》第 1 卷，第 113—119 页。
② 类似论调，陈独秀后来还不止一次发过，如《答李协丞(园林)》(1917)谓"吾国有子弟不能教，有土地不能耕，为人类全体计，以大好河山，安插此辈游民，使他种勤俭多能者迫于衣食，岂得谓平？ 审是则人之谋我，何足异哉"(《陈独秀著作选》第 1 卷，第 327 页)《国防军问题(告四国银行团)》(1919)警告政府"你们若是闹极了，恐怕还有国民要请外国来保护的那一天"(《陈独秀著作选》第 1 卷，第 436—437 页)，《欢迎英美舰队》(1919)说英美派遣舰队到东洋来"是东洋一线光明的希望，因为我们东洋各国的国民都被本国的军阀压迫得无路可走，不得不希望有别的救星"(《陈独秀著作选》第 1 卷，第 498 页)。

岂自今始？固有之伦理、法律、学术、礼俗，无一非封建制度之遗，持较晰种之所为，以并世之人，而思想差迟几及千载！尊重廿四朝之历史性，而不作改进之图，则驱吾民于二十世纪之世界以外，纳之奴隶牛马黑暗沟中而已，复何说哉！于此而言保守，诚不知为何项制度文物可以适用生存于今世。吾宁忍过去国粹之消亡，而不忍现在及将来之民族不适世界之生存而归消灭也！①

盖吾人自有史以讫一九一五年，于政治，于社会，于道德，于学术，所造之罪孽，所蒙之羞辱，虽倾江汉不可浣也！当此除旧布新之际，理应从头忏悔，改过自新。一九一五年与一九一六年间，在历史上画一鸿沟之界，自开辟以讫一九一五年，皆以古代史目之，从前种种事，至一九一六年死；以后种种事，自一九一六年生。②

充满吾人之神经，填塞吾人之骨髓，虽尸解魂消，焚其骨，扬其灰，用显微镜点点验之，皆各有"做官发财"四大字。做官以张其威，发财以逞其欲。一若做官发财为人生唯一之目的。人间种种善行，凡不利此目的者，一切牺牲之而无所顾惜；人间种种罪恶，凡有利此目的者，一切奉行之而无所忌惮。此等卑劣思维，乃远祖以来历世遗传之缺点（孔门即有干禄之学）与夫社会之恶习相演而日深。③

经数千年之专制政治，自秦汉以讫洪宪皇帝，无不以利禄奔走天下，吾国民遂沉迷于利禄而不自觉，卑鄙龌龊之国民性由此铸成。……浮词夸诞，立言之不诚也。居丧守节，道德之不诚也。时亡而往拜，圣人之不诚也。吾人习于不诚也久矣！④

孔子生长封建时代，所提倡之道德，封建时代之道德也；所垂示之礼教即生活状态，封建时代之礼教、封建时代之生活状态也；所主张之政治，封建时代之政治也。封建时代之道德、礼教、生活、政治，

---

① 《陈独秀著作选》第1卷，第131—132页。
② 《陈独秀著作选》第1卷，第171页。
③ 《陈独秀著作选》第1卷，第185页。
④ 《陈独秀著作选》第1卷，第210—211页。

所心营目注,其范围不越少数君主贵族之权利与名誉,于多数国民之幸福无与焉。何以明之?儒家之言,社会道德与生活莫大于礼,古代政治莫重于刑,而《曲礼》曰"礼不下庶人,刑不上大夫",此非孔子之道及封建时代精神之铁证也耶?……吾知其纤悉周匝者,即在数千年前宗法时代封建时代,亦只行于公卿士大夫之人伦日用,而不行之于庶人,更何能行于数千年后之今日共和时代国家时代乎?①

若以孔子教义挽救世风浇漓,振作社会道德,未免南辕北辙也。儒者作伪干禄,实为吾华民德堕落之源泉。宗法社会之奴隶道德,病在分别尊卑,课卑者以片面之义务,于是君虐臣,父虐子,姑虐媳,夫虐妻,主虐奴,长虐幼。社会上种种之不道德,种种罪恶,施之者以为当然之权利,受之者皆服从于奴隶道德下而莫之能违,弱者多衔怨以殁世,强者则激而倒行逆施矣。以此种道德支配今日之社会,维系今日之人心,欲其不浇漓堕落也,是扬汤止沸耳,岂但南辕北辙而已哉!②

孔教为吾国历史上有力之学说,为吾人精神上无形统一人心之具,鄙人皆绝对承认之,而不怀丝毫疑义。盖秦火以还,百家学绝,汉武独尊儒家,厥后支配中国人心而统一之者,惟孔子而已。以此原因,二千年来讫于今日,政治上、社会上、学术思想上遂造成如斯之果。设全中国自秦汉以来,或墨教不废,或百家并立而竞进,则晚周即当欧洲之希腊,吾国历史必与已成者不同。为学深思之士,谅不河汉斯言。及今不图根本之革新,仍欲以封建时代宗法社会之孔教统一全国之人心,据已往之成绩,推方来之效果,将何以适应生存于二十世纪之世界乎?吾人爱国心倘不为爱孔心所排而去,正应以其为历史上有力之学说,正应以其为吾人精神上无形统一人心之具,而发愤废弃之也!③

①《陈独秀著作选》第1卷,第235—236页。
②《陈独秀著作选》第1卷,第275页。
③《陈独秀著作选》第1卷,第279—280页。

自于吾国旧日三纲五伦之道德，则既非利己，又非利人；既非个人，又非社会，乃封建时代以家族主义为根据之奴隶道德也。此种道德之在今日，已无讨论之价值，其或有恋恋不舍者，奴性未除，不敢以国民自居者耳。①

其实孔子精华，乃在祖述儒家，组织有系统之伦理学说，宗教玄学，皆非所长。其伦理学说虽不可行之今世，而在宗法社会封建时代诚属名产。吾人所不满意者，以其为不适于现代社会之伦理学说，然犹支配今日之人心，以为文明改进之大阻力耳。且其说已成完全之系统，未可枝枝节节以图改良，故不得不起而根本排斥之，盖以其伦理学说与现代思想及生活绝无牵就调和之馀地也。②

全部十三经，不容于民主国家者盖十之九九，此物不遭焚禁，孔庙不毁，共和招牌当然挂不长久。今之左袒孔教者，罔不心怀复辟。其有不心怀复辟者，更属主张不能一致贯彻之妄人也。③

然中国文字既难传载新事新理，且为腐毒思想之巢窟，废之诚不足惜。（康有为谓美国共和之盛，而与中国七相反，无能取法，其一即云"必烧中国数千年之历史书传，俾无四千年之风俗以为阻碍"。在康氏乃故作此语以难国人，在吾辈则以为烧之何妨！）至于废国语之说，则益为众人所疑矣。鄙意以为今日"国家""民族""家族""婚姻"等观念，皆野蛮时代狭隘之偏见所遗留，根底甚深，即先生与仆亦未必能免俗，此国语之所以不易废也。倘是等观念悉数捐除，国且无之，何有于国语？④

陈独秀有关全盘西化或崇西贬中（东）的言论也所在多有，例如：

欧俗以横厉无前为上德，亚洲以闲逸恬淡为美风，东西民族强

①《陈独秀著作选》第1卷，第300页。
②《陈独秀著作选》第1卷，第309页。
③《陈独秀著作选》第1卷，第320页。
④《陈独秀著作选》第1卷，第376页。

弱之原因，斯其一矣。……近代欧洲之所以优越他族者，科学之兴，其功不在人权说下，若舟车之有两轮焉。今且日新月异，举凡一事之兴，一物之细，罔不诉之科学法则，以定其得失从违，其效将使人间之思想云为一遵理性，而迷信斩焉，而无知妄作之风息焉。国人而欲脱蒙昧时代，羞为浅化之民，则急起直追，当以科学与人权并重。①

近世文明，东西洋绝别为二。代表东洋文明者，曰印度，曰中国。此二种文明虽不无相异之点，而大体相同，其质量举未能脱古代文明之窠臼，名为"近世"，其实犹古之遗也。可称曰"近世文明"者，乃欧罗巴人之所独有，即西洋文明也，亦谓之欧罗巴文明。移植亚美利加，风靡亚细亚者，皆此物也。欧罗巴之文明，欧罗巴各国人民皆有所贡献，而其先发主动者率为法兰西人。②

西洋民族以战争为本位，东洋民族以安息为本位。……西洋民族性，恶侮辱，宁斗死；东洋民族性，恶斗死，宁忍辱。民族而具如斯卑劣无耻之根性，尚有何等颜面高谈礼教文明而不羞愧！……西洋民族以个人为本位，东洋民族以家族为本位。……欲转善因，是在以个人本位主义易家族本位主义。……西洋民族以法治为本位，以实利为本位；东洋民族以感情为本位，以虚文为本位。……浅见者自表面论之，每称以虚文感情为重者，为风俗淳厚之征，其实施之者多外饰厚情，内恒愤忌，以君子始，以小人终，受之者习为贪惰，自促其生以弱其群耳。以此为俗，何厚之有？以法治实利为重者，未尝无刻薄寡恩之嫌，然其结果，社会各人不相依赖，人自为战，以独立之生计，成独立之人格，各守分际，不相侵渔，以小人始，以君子终，社会经济，亦因以厘然有叙。以此为俗，吾则以为淳厚之征也。③

儒者三纲之说，为吾伦理政治之大原，共贯同条，莫可偏废。三

---

① 《陈独秀著作选》第1卷，第132—135页。
② 《陈独秀著作选》第1卷，第136页。
③ 《陈独秀著作选》第1卷，第165—169页。

纲之根本义，阶级制度是也。所谓名教，所谓礼教，皆以拥护此别尊卑明贵贱制度者也。近世西洋之道德政治，乃以自由平等独立之说为大原，与阶级制度极端相反。此东西文明之一大分水岭也。……自西洋文明输入吾国，最初促吾人之觉悟者为学术，相形见绌，举国所知矣；其次为政治，年来政象所证明已有不克守缺抱残之势。继今以往，国人所怀疑莫决者，当为伦理问题，此而不能觉悟，则前之所谓觉悟者，非彻底之觉悟，盖犹在惝恍迷离之境。吾敢断言曰：伦理的觉悟为吾人最后觉悟之最后觉悟。①

晰族之勤勉，半由于体魄之强，半由于习惯之善。吾华惰民，即不终朝闲散，亦不解时间上之经济为何事，可贵有限之光阴，掷之闲谈而不惜焉，掷之博弈而不惜焉，掷之睡眠宴饮而不惜焉。西人之与人约会也，恒以何时何分为期；华人则往往约日相见。西人之行路也，恒一往无前；华人则往往瞻顾徘徊于中道，若无所事事。劳动神圣，晰族之恒言；养尊处优，吾华之风尚。②

今日庄严灿烂之欧洲，何自而来乎？曰：革命之赐也。欧语所谓革命者，为革故更新之义，与中土所谓朝代鼎革，绝不相类。故自文艺复兴以来，政治界有革命，宗教界亦有革命，伦理道德亦有革命，文学艺术亦莫不有革命，莫不因革命而新兴而进化。近代欧洲文明史，宜可谓之革命史。故曰今日庄严灿烂之欧洲乃革命之赐也。吾苟偷庸懦之国民，畏革命如蛇蝎，故政治界虽经三次革命，而黑暗未尝稍减。其原因之小部分，则为三次革命皆虎头蛇尾，未能充分以鲜血洗净旧污；其大部分则为盘踞吾人精神界根深底固之伦理道德文学艺术诸端，莫不黑幕层张，垢污深积，并此虎头蛇尾之革命而未有焉。此单独政治革命所以于吾之社会不生若何变化，不收若何效果也。推其总因，乃在吾人疾视革命，不知其为开发文明之

---

① 《陈独秀著作选》第1卷，第179页。
② 《陈独秀著作选》第1卷，第208页。

利器故。①

　　吾之社会倘必需宗教,余虽非耶教徒,由良心判断之,敢曰推行耶教胜于崇奉孔子多矣,以其利益社会之量视孔教为广也。事实如此,望迂儒勿惊疑吾言。②

　　吾国教育,方始萌芽,方之欧美,犹未及万一。即此万一之萌芽,其成分十之八仍属科举之变相,旧文教之延续居其十之一有五,其真正近于欧美教育者,仅少而几于无有。甚愿国中教者学者速速发心体会欧美文明教育之果为何物,否即教育日渐扩张,去欧美之文明仍远也。③

　　吾国今日教育界之现象,上焉者为盲目的国粹主义,下焉者科举之变相耳,此先生所谓伪教育也。现代西洋之真教育,乃自动的而非他动的,乃启发的而非灌输的,乃实用的而非虚文的,乃社会的而非私人的,乃直视的而非幻想的,乃世俗的而非神圣的,乃全身的而非单独脑部的,乃推理的而非记忆的,乃科学的而非历史的。东洋式之伪教育胥反乎此,欲求竞进,乌可得哉!④

陈独秀还有一些一并表达全盘反传统和全盘西化观点的言论,其曰:

　　记者非谓孔教一无可取,惟以其根本的伦理道德适与欧化背道而驰,势难并行不悖。吾人倘以新输入之欧化为是,则不得不以旧有之孔教为非;倘以旧有之孔教为是,则不得不以新输入之欧化为非。新旧之间,绝无调和两存之馀地,吾人只得任取其一。……吾华之秽德彰闻于世界者,莫如宫监男伎二事,公然行诸首都。自共和新说得势以来,此数千年或数百年者恶德一旦革除,岂非欧化之

---

① 《陈独秀著作选》第 1 卷,第 260 页。
② 《陈独秀著作选》第 1 卷,第 306 页。
③ 《陈独秀著作选》第 1 卷,第 307 页。
④ 《陈独秀著作选》第 1 卷,第 313 页。

明效大验乎?①

中国学术隆于晚周,差比欧罗巴古之希腊。所不同者,欧罗巴之学术,自希腊讫今,日进不已,近数百年,百科朋兴,益非古人所能梦见;中国之学术则自晚周而后日就衰落耳。以保存国粹论,晚周以来之学术,披沙岂不可以得金? 然今之欧罗巴,学术之隆远迈往古,吾人直径取用,较之取法二千年前学术初兴之晚周、希腊,诚劳少而获多。犹之欲得金玉者,不必舍五都之市而远适迂道,披沙以求之也。况夫沙中之金,量少而不易识别。彼盲目之国粹论者,守缺抱残,往往国而不粹,以沙为金,岂不更可悯乎?②

无论政治学术道德文章,西洋的法子和中国的法子绝对是两样,断断不可调和牵就的。这两样孰好孰歹,是另外一个问题,现在不必议论。但或是仍旧用中国的老法子,或是改用西洋的新法子,这个国是,不可不首先决定。若是决计守旧,一切都应该采用中国的老法子,不必白费金钱派什么留学生,办什么学校,来研究西洋学问。若是决计革新,一切都应该采用西洋的新法子,不必拿什么国粹,什么国情的鬼话来捣乱。……我们中国已经被历代悖谬的学说败坏得不成样子了,目下政治上社会上种种暗云密布,也都有几种悖谬学说在那里作祟。慢说一班老腐败了,就是头脑不清的青年,也往往为悖谬学说所惑。我所以放胆一言,以促我青年之猛醒!③

本志同人本来无罪,只因为拥护那德莫克拉西(Democracy)和赛因斯(Science)两位先生,才犯了这几条滔天的大罪。要拥护那德先生,便不得不反对孔教、礼法、贞节、旧伦理、旧政治;要拥护那赛先生,便不得不反对旧艺术、旧宗教;要拥护德先生又要拥护赛先生,便不得不反对国粹和旧文学。……西洋人因为拥护德、赛两先

---

① 《陈独秀著作选》第1卷,第281—282页。按此条与下引第三条似乎容许在传统与西化之间选择,但旋即丑诋传统而赞美西化,断绝了传统的归途而只留出西化一路。
② 《陈独秀著作选》第1卷,第372页。
③ 《陈独秀著作选》第1卷,第386—387页。

生,闹了多少事,流了多少血,德、赛两先生才渐渐从黑暗中把他们救出,引到光明世界。我们现在认定只有这两位先生可以救治中国政治上道德上学术上思想上一切的黑暗。若因为拥护这两位先生,一切政府的压迫,社会的攻击笑骂,就是断头流血,都不推辞!①

概括而言,陈独秀认定中国传统(特别是数千年来作为中华民族精神命脉的儒家传统)自始至终彻头彻尾都是罪恶,完完全全不适于现代社会②,国人只有毫无保留地脱胎换骨般地接受现代西方文化,亦即全盘西化(陈独秀所谓欧化),才是唯一出路。这种言论在当时乃至后来对于民族心理和社会意识的震撼是非常强烈、深刻而长久的。

1920 年,陈独秀在短时间内完成了向着马列主义的思想转变。在这年 3 月发表于《新青年》的《马尔塞斯人口论与中国人口问题》中,陈独秀还说:"我向来有两种信念,一是相信进化无穷期,古往今来只有在一时代是补偏救弊的贤哲,时间上没有'万世师表'的圣人,也没有'推诸万世而皆准'的制度;一是相信在复杂的人类社会,只有一方面的真理,对于社会各有一种救济的学说,空间上没有包医百病的良方。我对于马尔塞斯的人口论,就是这种见解。不但马尔塞斯人口论是这样,就是近代别的著名学说,象达尔文自然淘汰说,弥尔自由论,布鲁东私有财产论,马克斯唯物史观,克鲁泡特金互助论,也都是这样。"③可见其时他还将马克思学说与其他学说等量齐观,由此表明他还不是马克思主义者。但到 5 月发表于《新青年》的《上海厚生纱厂湖南女工问题》和《答知耻(工人底时间、工资问题)》中,陈独秀已经运用剩余价值理论揭露资本家对于工人的剥削,并且指出欧美、日本的"个人的工业主义"亦即资本主义是遍地荆棘的错路。④ 8 月发表于《新青年》的《谈政治》一文更是宣扬劳动阶

---

① 《陈独秀著作选》第 1 卷,第 442—443 页。
② 陈独秀也说过孔子学说"虽不可行之今世,而在宗法社会封建时代诚属名产","记者非谓孔教一无可取",但那只是在他受到驳斥的情况下对其偏颇之论的转圜。
③ 《陈独秀著作选》第 2 卷,第 106 页。
④ 参见《陈独秀著作选》第 2 卷,第 138—145 页。

级以阶级战争征服资产阶级,并以强权永久制服他们;赞成列宁的"劳动专政",甚至依据《共产党宣言》的观点批驳"戴着德谟克拉西假面的资产阶级"。[1] 迄于同年11月创办《共产党》月刊,发表创刊短言,提出阶级战争、劳动专政、社会主义的诉求,指斥民主政治、代议政治、议会道路都是资本家及其走狗的欺骗[2],陈独秀便确凿无疑地转变为马列主义者了。不过,陈独秀并没有对马列主义进行深入研究和阐述,基本上没有关于马列主义的理论建树。[3] 此后直到1927年,他的工作重点在于遵照共产国际的指示建立和领导中国共产党,并根据党的方针政策进行社会政治活动,此间所撰文章也多是围绕社会政治事件发表的意见,其中时或表达一些马列主义观点,如同前一阶段关于中西思想文化比较的文章大大减少,而且在不多的此类文章中,以往所推崇的欧美国家变成了被批判或攻击的对象,取代欧美受到维护和推崇者则是苏俄。如谓:

> 其实苏俄在国家的组织上,或为省,或为自治区,或为联邦,一任民族之自由;在政治的组织上,各级苏维埃皆得随时撤回其所举上级苏维埃代表,全俄苏维埃得随时撤回其所举人民委员会之委员。现在世界上能这样自由民主的更有何国?……殊不知俄国目前只是物资不足,不能向共产主义猛进,至于一般政治上的建设,不但比中国,比欧美哪国都好。经济的恐慌是没有的;失业的困苦是没有的;政治的阴谋与暗斗是没有的;国家的财政是有严格的预算决算的;城市乡间的生活必需品是可以自给的,六年未曾借过一文外债;红军的知识和学生一般,拥戴个人争政权争地盘,他们做梦也想不到;市上虽有警察,我们不容易看见,因为他们从来不肯站在街

---

[1] 参见《陈独秀著作选》第2卷,第154—164页。

[2] 参见《陈独秀著作选》第2卷,第200—201页。

[3] 陈独秀此间以马克思为题的文章只有两篇,一是《马克思学说》(1922),简要述介"剩余价值""唯物史观""阶级争斗""劳工专政"亦即马克思主义的政治经济学、社会历史哲学和科学社会主义;二是《马克思的两大精神》(1922),将马克思的精神归纳为"实际研究的精神"和"实际活动的精神",乃是一种感想性和动员性的短文。

心指挥市民，然而争斗失窃的事竟不大有。①

　　帝国主义的列强眼见他们不愿意的中俄直接谈判与恢复国交行将实现，并且协定中，俄国已放弃了他们所不愿放弃的许多权利，他们在中国的机关报怎得不忌妒毁谤！……请你们试问英、美、法、日、意等帝国主义者，去要求他们同俄国一样放弃租界租地及庚子赔款，取消治外法权及领事裁判权，废弃妨碍中国主权及利益的旧约，关税平等，看他们肯是不肯？②

　　列强不但不肯抛弃租界，而且正在设法扩大租界；不但不肯抛弃兵营，而且正在极力增加驻华舰队；不但不肯抛弃赔款，而且须付生金金币；不但不肯取消治外法权及领判权，而且正在努力扩张此等权；不但不肯和我订立平等的关税税则，而且对于他们恩许的二五加税会议还是故意留难。列强所给我们的这些痛苦，拿来比较比较此次中俄协定，其是非事实，十分明白了。③

　　说到十月革命的俄罗斯之真情实况，因革命而得救的，第一是占国民十分之八的农民得着了土地，其次是工人得着了政治上教育上的优越权利，再其次是科学者、技术家得着了最优的待遇，就是小工业家、小商人亦因受国家企业之雇佣，免了被大资本企业压迫的忧危，吃亏的只有贵族、大地主、大资本家等最少数的人。因此我们可以说，俄罗斯十月革命是真有利于最大多数人民——农民、工人、小工商业家——的革命。俄罗斯十月革命更有一个重要的主义是，在国内保障全俄人民经济生活脱离外国帝国主义的宰割而独立，在世界给一切被压迫民族反抗帝国主义之一个有力的暗示。中国的贵族、大地主、大资本家，比俄罗斯更是少数，其余最大多数的人民——农民、工人、小工商业家——所受国际资本帝国主义的欺压，比十月革命前俄罗斯人民所受的更是厉害多少倍。因此我们以为

---

① 《陈独秀著作选》第2卷，第544—545页。
② 《陈独秀著作选》第2卷，第646—647页。
③ 《陈独秀著作选》第2卷，第652页。

中国最大多数的人民应该接受俄罗斯十月革命的精神,而不应该误信谣言把他看做洪水猛兽。即令他对于帝国主义者、贵族、大地主、大资本家是洪水猛兽,而俄罗斯最大多数人民却已由他而得救了!①

应该明白在帝国主义及其走狗第二国际党的势力统治下的世界,决没有解决民族问题之可能。要民族解放成功,是必须依照第三国际党所指示,亦即列宁主义所指示,联合世界被压迫的阶级与被压迫的民族,共同打破帝国主义束缚全世界被压迫者的锁链。②

可见此时陈独秀对于西方的依违发生了转移,但根本取向并没有改变,而其全盘反传统的思路更是一以贯之。在陈独秀看来,即使是已经落后了甚至变得反动了的欧美文化,还是胜于东方或中国文化,他说:"西洋文化我们固然不能满意,但是东方文化我们更是领教了,他的效果人人都是知道的,我们但有一毫一忽羞恶心,也不至以此自夸。"③"我们不是迷信欧洲文化以为极则,我们是说东方文化在人类文化中比欧洲文化更为幼稚。"④他一如既往地将复杂政治人物的负面作为的复杂原因简单地归结为尊孔,强调孔子应为所有负面作为承担罪责,如谓:"从前戊戌政变后,反动政治与尊孔运动一时并起;袁世凯要做皇帝,同时尊孔祀天也闹的很起劲;现在南京的军民两长又接到曹锟通电募捐修理孔庙,拟各捐洋五千元。每逢中国政治反动一次,孔圣人便走运一次,可见反动势力和孔圣人本是一家眷属。"⑤这当然就将孔子儒家置于全盘否定的地步。他认定东洋思想、亚洲文化的具体内容就是尊君抑民、尊男抑女、知足常乐、能忍自安、轻物质而重心灵乃至生焚寡妇(如印度)和殉节、阉宦(如中国)等。⑥ 他继续诅咒作为中华先民智慧结晶和中国文化主要载

① 《陈独秀著作选》第 2 卷,第 802 页。
② 《陈独秀著作选》第 2 卷,第 868 页。
③ 《陈独秀著作选》第 2 卷,第 124 页。
④ 《陈独秀著作选》第 2 卷,第 602 页。
⑤ 《陈独秀著作选》第 2 卷,第 570—571 页。
⑥ 参见《陈独秀著作选》第 2 卷,第 656—657 页。

体的汉字是"倒运的象形字",谩骂提倡东方文化是"祸国殃民亡国灭种的议论"。[①] 为了全盘反传统,已经演变为马列主义者的陈独秀积极寻求与信奉欧美文化的西化派亦即其以往的同志结成联合战线,他说:

> 中国国民经济基础还停顿在家庭的农业、手工业上面,所以政治仍然是封建军阀的,社会思想仍然是封建宗法的。号称新派的学者如蔡元培、梁启超、张君迈、章秋桐、梁漱溟等,固然不像王敬轩、朱宗熹、辜鸿铭、林琴南等那样糊涂,然仍旧一只脚站在封建宗法的思想上面,一只脚或半只脚踏在近代思想上面,真正了解近代资产阶级思想文化的人,只有胡适之。张君迈和梁漱溟的昏乱思想被适之教训的开口不得,实在是中国思想界一线曙光。适之所信的实验主义和我们所信的唯物史观,自然大有不同之点,而在扫荡封建宗法思想的革命战线上,实有联合之必要。[②]

这种联合战线的实例,就是 1923 年科学与人生观论战中以陈独秀为代表的唯物史观派与以丁文江、胡适为代表的科学派联手攻击以张君劢、梁启超为代表的玄学派。那场论战在当时并没有显分胜负,只不过科学派急急忙忙自我标榜打败了"玄学鬼";而从学理和事实诸方面看,玄学派关于科学规律不可能完全主宰精神活动的基本观点其实比科学派的"科学万能论"更具有合理性和说服力,所以陈独秀在此所谓"张君迈和梁漱溟的昏乱思想被适之教训的开口不得",实属谵言。至于那场论战中唯物史观派与科学派的交锋,则构成其时马列主义与自由主义思想斗争的另一种面相。

1927 年陈独秀被终止中共中央总书记职务后,反复以书信方式批评中共中央的政治路线,至 1929 年发展为攻击共产国际和斯大林,公然将已被共产国际和联共(布)党开除的托洛茨基引为同志,仿效托洛茨基自

---

① 参见《陈独秀著作选》第 2 卷,第 602—603 页。
②《陈独秀著作选》第 2 卷,第 517—518 页。"张君迈"当做"张君劢"。

称为反对派。① 同年 11 月被中共中央开除党籍后,他撰写长篇《告全党同志书》,强烈批评共产国际、斯大林和中共中央,公开宣称"我此时已根本承认托洛茨基同志的主张是合乎马克思列宁主义的","我们每个党员都负有拯救党的责任,应该回复到布尔什维克精神与政治路线,一致强固的团结起来,毫不隐讳地站在托洛茨基同志所领导的国际反对派即真正马克思列宁主义的旗帜之下,坚决的、不可调和的、不中途妥协的和国际的及中共中央的机会主义者奋斗到底"。② 这就确切无误地表明他又从马列主义者演变成为托派。③ 此后他的西化取向再次从苏俄转移到欧美,不过保持了对欧美资本主义的批判态度,而只是张扬其民主制度以反对苏俄的专制。在 1938 年致郑学稼的信中,他说:

> 弟主张重新估定布尔什维克的论理及其人物(老托也在内)之价值,乃为一班"俄迷"尤其是吃过莫斯科面包的朋友而发。在我自己则已估定他们的价值。我认为纳粹是普鲁士与布尔什维克之混合物。弟评论他们都用科学的态度,并非依任何教派的观点,更不屑以布尔什维克正统自居也。鄙见很难得人赞同。读来书"布尔什维克与法西斯为孪生儿"之说,不禁拍掌大悦! 弟久拟写一册《俄国革命的教训》,将我辈以前的见解彻底推翻,惜精神不佳,一时尚不能执笔耳。弟希望大作早成,得一读为快。此间日前有传告兄在某校演说,谓只有希特勒胜利,中国民族解放才有希望。今读来书,尊见似不如此,想系传言之误也。鄙意只有英美胜利,中国民族虽说不上解放,而政治经济才有发展希望。④

---

① 参见《陈独秀著作选》第 2 卷,第 74—84 页。
② 《陈独秀著作选》第 3 卷,第 85—105 页。
③ 陈独秀后来还有《给托派国际书记局的信》(1934)、《致托洛斯基》(1939),都可以证明他作为托派人物是毫无疑问的。需要说明的是,在此只是判定陈独秀最终确实演变为托派,而不涉及托派的是非这一在中央党史和国际共运史学界存在争议的问题,那不是本文必须解决的问题。
④ 《陈独秀著作选》第 3 卷,第 528 页。

在 1940 年给连根的信中，他说：

> 你们错误的根由，第一是不懂得资产阶级民主政治之真实价值（自列托以下均如此），把民主政治当着是资产阶级的统治方式，是伪善，是欺骗，而不懂得民主政治的真实内容是：法院以外机关无捕人权，无参政权不纳税，非议会通过政府无征税权，政府之反对党有组织言论出版自由，工人有罢工权，农民有耕种土地权，思想宗教自由，等等，这都是大众所需要，也是十三世纪以来大众以鲜血斗争七百馀年，才得到今天的所谓"资产阶级的民主政治"，这正是俄、意、德所要推翻的。所谓"无产阶级的民主政治"和资产阶级的民主只是实施的范围广狭不同，并不是在内容上另有一套无[产阶]级的民主。十月以来，拿"无产阶级的民主"这一空洞的抽象名词做武器，来打毁资产阶级的实际民主，才至有今天的史大林统治的苏联，意、德还是跟着学话。现在你们又拿这一空洞的名词做武器，来为希特勒攻打资产阶级民主的英美。第二是不懂得法西斯和英法美帝国主义者阶级作用不同（帝国主义是金融寡头结合中产阶级，只能容忍无产阶级的组织宣传至某种程度；法西斯则是金融寡头结合流氓无产阶级及右派急进小资产阶级，根本铲除无产阶级组织与宣传），不懂得法西斯的经济制度比起英美帝国主义来，是由日渐国际化的局面回转到国家化、自给自足的封建化，而认为只是简单的政制不同。政制是由它阶级的经济的推动，不是凭空产生的。即以政制的表面而论，德意俄的格柏乌政治和英美法的议会政制是小小的不同吗？①

在同年致西流的信中，他说：

> 以大众民主代替资产阶级的民主是进步的，以德、俄的独裁代替英、法、美的民主是退步的。……民主之内容固然包含议会制度，

①《陈独秀著作选》第 3 卷，第 547—548 页。

而议会制度并不等于民主之全内容。许多年来许多人把民主和议会制度当做一件东西,排斥议会制度,同时便排斥民主,这正是苏俄堕落之最大原因。议会制度会成为过去,会成为历史残影,民主则不然也。苏维埃制若没有民主内容,仍旧是一种形式民主的代议制,甚至像俄国的苏维埃,比资产阶级的形式民主议会还不如。……科学、近代民主制、社会主义,乃是近代人类社会三大天才的发明,至可宝贵,不幸十月以来轻率的把民主制和资产阶级统治一同推翻,以独裁代替了民主,民主的基本内容被推翻,所谓"无产阶级民主""大众民主"只是一些无实际内容的空洞名词,一种抵制资产阶级民主的门面语而已。①

尽管西化取向随着个人际遇而翻来覆去,但陈独秀崇西贬中、全盘反传统、全盘西化的思想观点却是始终一贯。直到晚年他仍然斥责汉字是"坑人的中国字,实是教育普及的大障碍"。② 他照旧将他所认为负面的现实社会政治问题与孔子相牵连,其曰"请看近数十年的历史,每逢民主运动失败一次,反动潮流便高涨一次,同时孔子便被人高抬一次,这是何等自然的逻辑","中国经过了两次民主革命,而进步党人所号召的'贤人政治''东方文化',袁世凯、徐世昌所提倡的'特别国情''固有道德',还成为有力的主张。所谓'贤人政治',所谓'东方文化',所谓'特别国情',所谓'固有道德',哪一样不是孔子的礼教在作祟呢? 哪一样不是和人权民主背道而驰呢"!③ 他断言尊孔是中华民族的永久霉运,甚至谳定尊孔人物不啻亡国奴和卖国贼,其曰"如果孔子永久是万世师表,中国民族将不免万世倒霉,将一直倒霉到孔子之徒都公认外国统监就是君,忠于统监就是忠于君。那时万世师表的孔子仍旧是万世师表,'三月无君则皇皇如也'的孔子之徒,只要能过事君的瘾,盗贼夷狄都无所择,冯道、

---

① 《陈独秀著作选》第 3 卷,第 553—555 页。
② 《陈独秀著作选》第 3 卷,第 311 页。
③ 《陈独秀著作选》第 3 卷,第 386、389 页。

姚枢、许衡、李光地、曾国藩、郑孝胥、罗振玉等，正是他们的典型人物"！①
他继续推崇西方而贬斥中国道"欧洲人在中世纪受了宗教和王权的束
缚，学术政治的思想一切都没有自由。自文艺复兴前后，科学、艺术、宗
教、政治各方面都有过为自由而战的流血的剧烈斗争，因此才有光华灿
烂的今日。欧洲近代五六百年的历史，乃是为自由而战的历史。东方比
西方落后，正因为一切学术思想都为古来传统的政教所束缚，不能自由
发展"，②"如果经过了鸦片战争、甲午战争、庚子战争，以至今日敌人的飞
机、大炮、坦克车，还不能唤醒我们的痴人迷梦，还死守着前资本主义社
会固有的生产制、武器、道德和文化，跟着以最前进政党自命的蠢材，大
反其'唯武器论'，和大唱其'大刀向鬼子们头上砍去'的歌，大吹其'大刀
旋舞起来，"皇军"便要发抖'的法螺，或者承袭着张之洞'中学为体西学
为用'这种半吊子的见解，反对全部欧化，一方面主张采用现代生产制与
军器，一方面主张保存固有的道德与文化，高唱东方的精神文化胜过西
欧的物质文明，如此则中国永远不会欧化，即是近代资本主义的生产制、
武器、道德和文化永远不会走进中国来，永远死守固有的生产制、武器、
道德和文化，中国永远还是农民无知、商人无耻、士大夫无知而又无耻的
中国，永远没有什么民族野心，如果这样永远糊涂下去，我们对得起子孙
吗"！③　综括言之，陈独秀是将全盘反传统、全盘西化的思想观点贯彻到
底的人物。

　　陈独秀全盘反传统、全盘西化的思想观点，在中国传统道德文化之
末流已不足以对抗现代西方强力文化、社会思想的僵固业已诱发亡国灭

①《陈独秀著作选》第 3 卷，第 389 页。在同一篇文章中，陈独秀也说"在现代知识的评定之下，
　孔子有没有价值？我敢肯定的说有"，"我向来反对拿二千年前孔子的礼教来支配现代人的
　思想行为，却从来不曾认为孔子的伦理政治学说在他的时代也没有价值"（《陈独秀著作选》
　第 3 卷，第 377、385 页），表明陈独秀后期反孔反儒反传统的态度稍有缓和，这一点从 1939 年
　他对养母过世的哀情亦可证明（参见唐宝林、林茂生编《陈独秀年谱》，上海：上海人民出版社
　1988 年版，第 514 页）。不过无论如何，对传统的否定仍是陈独秀思想的主导方面。
②《陈独秀著作选》第 3 卷，第 440 页。
③《陈独秀著作选》第 3 卷，第 492 页。

种的巨大现实危机的情势下,对于唤起国人摈弃传统末流,急起直追西方,实现救亡图存,确有不容否定的时代意义。观其所谓"我要拉国人向康庄大道走"①的自我期许,及其发表的《欧战后东洋民族之觉悟及要求》(1918)、《人种差别待遇问题》(1919)、《一九二三年列强对华之回顾》(1924)、《商界反对外人干涉中国内政第二声》(1924)、《投降条件下之中国教育权》(1924)、《寸铁·大同主义与弱小民族》(1924)、《沙面罢工与民族主义者》(1924)等一系列文章,可见全盘反传统、全盘西化的陈独秀的民族意识和爱国情怀是无可怀疑的,他的那些寄望于外国列强解救中国民众倒悬之苦的言论只能视为愤激之词。其实对于新文化人物群体的时代意义也应作如是观。但是,从长时段视域来看,全盘反传统和全盘西化对于固有传统,特别是悠久高明、博厚精深、具有丰富安身立命德慧的儒家传统的根本否定,严重破坏了数千年间积淀形成的中华民族的伦理关系、生活方式、风俗习惯、道德准则、社会规范乃至超越信念,进而深刻解构了中华民族的价值观、自信心、认同感和凝聚力,致使在克服了国人生存危机之后,中华民族却几乎完全失去了精神归宿,以至于思想歧异,心灵漫荡,情志外驰,往而不返。尤有进者,全盘反传统和全盘西化荡涤了国人对于圣贤和经典的神圣感和敬畏心,非圣无法成为社会时尚和政治正确,反之则是落伍甚至反动;辱骂圣贤糟蹋经典成为暴得大名的有效手段,动辄将固有传统作为罪恶之渊薮和时弊之根由成为社会政治运动的套路;批判浪潮彼伏此起愈益高涨,中华民族也就与自己的文化根源愈益疏离乃至背逆,而这种无根的族裔是很易于被他者消泯或主动消泯于他者的。所谓亡人国族者必先亡其文化,此之谓也!有鉴于此,对于全盘反传统和全盘西化的思想观点,既应历史地予以肯定,更须历史地予以扬弃,拨乱反正,正本清源,弘扬中华民族优秀传统,重立中华民族精神命脉!

①《陈独秀著作选》第 2 卷,第 603 页。

第二节　胡适的实用主义哲学观和文化观

一、生平著述

胡适（1891—1962），安徽绩溪人，原名嗣穈，学名洪骍，字希疆，后改名适，字适之。1910 年（清宣统二年）赴美留学，先在康奈尔大学读农科，后改文科。1915 年入哥伦比亚大学研究院，师从杜威，服膺实用主义哲学。1917 年回国，任北京大学教授、文学院院长，因提倡文学革命而成为新文化运动领袖之一。长期从事文化、教育工作。在文学、哲学、历史等领域都有开创性贡献。1938 年出任驻美大使。1946 年任北京大学校长。1949 年寄居美国，任普林斯顿大学葛思德东方图书馆馆长。1957 年返台湾出任"中央研究院"院长，是现代中国自由主义代表人物。著有《中国哲学史大纲》（上卷）、《白话文学史》（上卷）、《胡适文存》等。①

二、实用主义哲学观

胡适虽然在留学美国期间主修哲学，并曾自誓"自今以往，当屏绝万事，专治哲学"②，且回国进入北京大学之初担任的课程也是中国哲学史，因而有"哲学是我的职业"之语。③　但直到晚年他都说："有时我自称为历史家，有时又称为思想史家，但我从未自称我是哲学家，或其他各行的什么专家。今天我几乎是六十六岁半的人了，我仍然不知道我主修何科。"④这是实话，而非自谦，因为胡适一生在哲学研究方面的成果寥寥无几，更谈不上哲学体系的独创，他终生服膺并引介给国人的只是他的老师杜威的实验主义。胡适说："杜威教授当然更是对我有终身影响的学者之一"，"我治中国思想与中国历史的各种著作，都是围绕着'方法'这

---

① 引自《辞海（第 7 版）》，上海：上海辞书出版社 2020 年版，第 1757 页。
② 转引自罗志田《再造文明之梦——胡适传》，成都：四川人民出版社 1995 年版，第 99 页。
③《胡适文集（3）》，北京：北京大学出版社 1998 年版，第 366 页。
④《胡适文集（1）》，第 214 页。

一观念打转的。'方法'实在主宰了我四十多年来所有的著述。从基本上说,我这一点实在得益于杜威的影响","杜威对有系统思想的分析帮助了我对一般科学研究的基本步骤的了解。他也帮助了我对我国近千年来——尤其是近三百年来——古典学术和史学家治学的方法,诸如'考据学''考证学'等等","近几十年来我总欢喜把科学法则说成'大胆的假设,小心的求证'。我总是一直承认我对一切科学研究法则中所共有的重要程序的理解,是得力于杜威的教导"。①

实验主义(Experimentalism)是实际主义(Pragmatism)、工具主义(Instrumentalism)等哲学派别的别称或总称,这种哲学所最注重的是实验的方法,用其创始人皮耳士的话说,就是"科学试验室的态度"(the laboratory attitude),"那就是说,科学实验室的方法和配备,可以使我们的意思、思想明白。你无论同做科学实验的人讲什么,他总是说让我来实验一下,看这句话会发生什么效果,这个效果就是你所说的话的意义。如果照你说的话做一个实验,实验出来某种效果,你那句话就是有意思的。如果你的话没有法子实验,实验不出效果,那么你的话就没有意思,就是瞎说、胡说"。② 显而易见,实验主义就是要以类似科学实验手段所得出的结果来判定思想言论或理论观点的有效或无效,"一切有意义的思想都会发生实际上的效果,这种效果便是那思想的意义。若要问那思想有无意义或有什么意义,只消求出那思想能发生何种实际的效果;只消问若承认他时有什么效果,若不认他时又有什么效果。若不论认他或不认他,都不发生什么影响,都没有实际上的分别,那就可说这个思想全无意义,不过是胡说的废话"。③ 正因这种效果至上的特点,实验主义也被称为实用主义。

实验主义作为一种哲学体系,主要包括实在论、真理论、方法论三个

---

① 《胡适文集(1)》,第 263—269 页。按"他也帮助了我对我国近千年来——尤其是近三百年来——古典学术和史学家治学的方法"一句似缺句子成分,但原文如此。
② 《胡适文集(12)》,第 364 页。
③ 《胡适文集(2)》,第 214 页。

方面。关于实在,胡适阐述道:

> 我们所谓"实在"(Reality)含有三大部分:(A)感觉,(B)感觉与感觉之间及意象与意象之间的种种关系,(C)旧有的真理。从前的旧派哲学都说实在是永远不变的,詹姆斯一派人说实在是常常变的,是常常加添的,常常由我们自己改造的。上文所说实在的三部分之中,我们且先说感觉。感觉之来,就同大水汹涌,是不由我们自主的。但是我们各有特别的兴趣,兴趣不同,所留意的感觉也不同。因为我们所注意的部分不同,所以各人心目中的实在也就不同。一个诗人和一个植物学者同走出门游玩,那诗人眼里只见得日朗风轻,花明鸟媚;那植物学者只见得道旁长的是什么草,篱上开的是什么花,河边栽的是什么树。这两个人的宇宙是大不相同的。
>
> 再说感觉的关系和意象的关系。一样的满天星斗,在诗人的眼里和在天文学者的眼里,便有种种不同的关系。一样的两件事,你只见得时间的先后,我却见得因果的关系。一样的一篇演说,你觉得这人声调高低得宜,我觉得这人论理完密。一百个大钱,你可以摆成两座五十的,也可以摆成四座二十五的,也可以摆成十座十个的。
>
> 那旧有的真理更不用说了。总而言之,实在是我们自己改造过的实在,这个实在里面含有无数人造的分子。实在是一个很服从的女孩子,他百依百顺的由我们替他涂抹起来,装扮起来。"实在好比一块大理石到了我们手里,由我们雕成什么像"。宇宙是经过我们自己创造的工夫的。"无论知识的生活或行为的生活,我们都是创造的。实在的名的一部分和实的一部分,都有我们增加的分子"。①

胡适很清楚"实在论就是宇宙论,也就是世界观",②亦即关于客观存有的认识,但他仍然认同詹姆斯、杜威的观点,将"实在"收摄到主观感觉

①《胡适文集(2)》,第225—226页。
②《胡适文集(12)》,第274页。

（"旧有的真理"终归是以往的主观感觉），以"实在"为任人涂抹的女孩子、任人雕琢的大理石，可见他是以主观感觉统驭客观存有，以客观存有服从主观意愿。

关于真理，胡适阐述说：

> 什么是"真理"（Truth）？这个问题在西洋哲学史上是一个顶重要的问题。那些旧派的哲学家说真理就是同"实在"相符合的意象。这个意象和"实在"相符合，便是真的；那个意象和"实在"不相符合，便是假的。这话很宽泛。我们须要问：什么叫做"和实在相符合"？旧派的哲学家说"真的意象就是实在的摹本（Copy）"。詹姆士问道："譬如墙上的钟，我们闭了眼睛可以想像钟的模样，那还可说是一种摹本。但是我们心里起的钟的用处的观念也是摹本吗？摹的是什么呢？又如我们说钟的法条有弹性，这个观念摹的又是什么呢？这就可见一切不能有摹本的意象，那'和实在相符合'一句话又怎么解说呢？"

> 詹姆士和旁的实验哲学家都攻击这种真理论，以为这学说是一种静止的、惰性的真理论。旧派的意思好像是只要把实在直抄下来说完了事；只要得到了实在的摹本就够了，思想的功用就算圆满了，好像我们中国在前清时代奏折上批了"知道了，钦此"五个大字就完了。这些实验哲学家是不甘心的，他们要问："假定这个观念是真的，这可于人生实际上有什么影响吗？这个真理可以实现吗？这个道理是真是假，可影响那几部分的经验吗？总而言之，这个真理现兑成人生经验，值得多少呢？"

> ……

> 真理并不是天上掉下来的，也不是人胎里带来的。真理原来是人造的，是为了人造的，是人造出来供人用的，是因为他们大有用处所以才给他们"真理"的美名的。我们所谓真理，原不过是人的一种工具。真理和我手里这张纸、这条粉笔、这块黑板、这把茶壶，是一

样的东西，都是我们的工具。因为从前这种观念曾经发生功效，故从前的人叫他做"真理"。因为他的用处至今还在，所以我们还叫他做"真理"。万一明天发生他种事实，从前的观念不适用了，他就不是"真理"了，我们就该去找别的真理来代他了。譬如"三纲五伦"的话，古人认为真理，因为这种话在古时宗法的社会很有点用处。但是现在时势变了，国体变了，"三纲"便少了君臣一纲，"五伦"便少了君臣一伦。还有"父为子纲""夫为妻纲"两条也不能成立。古时的"天经地义"现在变成废语了，有许多守旧的人觉得这是很可痛惜的。其实这有什么可惜？衣服破了，该换新的；这支粉笔写完了，该换一支；这个道理不适用了，该换一个。这是平常的道理，有什么可惜？"天圆地方"说不适用了，我们换上一个"地圆说"，有谁替"天圆地方"说开追悼会吗？

真理所以成为公认的真理，正因为他替我们摆过渡，做过媒。摆渡的船破了，再造一个；帆船太慢了，换上一只汽船。这个媒婆不行，打他一顿媒拳，赶他出去，另外请一位靠得住的朋友做大媒。

这便是实验主义的真理论。[1]

由此可见，实验主义的真理观并不是或不只是主观认识与客观存在相符合，而主要在于观念或理论对于人生有无实际效用；且因人生世世代代处于不断变动之中，曾经有效用的观念或理论亦即"真理"可能随着变动而失去效用，从而曾经的"真理"也就不再成其为真理。这显然是一种主观的、实用的、情境主义的真理观，无法涵盖人类对于自然、社会、历史乃至人本身的具有真理性而又客观、超功利且恒常的认识。另外还须指出的是，胡适在此以轻佻的语气将"古时的'天经地义'"比附为穿破的衣服、写完的粉笔，可以毫不怜惜地弃旧换新，这是极不恰当的！遑论传统观念并非如身外之物那样易于弃换，实际上许多传统观念应该为文明人类永远无条件持守，例如孝道，难道鞠育操劳终生的父母因为老迈无

---

[1]《胡适文集(2)》，第221—223页。

用了就可以弃旧换新吗？

关于方法，这是实验主义、特别是杜威哲学的重点所在，"杜威始终只认实验主义是一种方法论。……杜威把詹姆士论实验主义的话总括起来，作为实验主义的三个意义：第一，实验主义是一种方法；第二，是一种真理论；第三，是一种实在论。……但杜威指出实验主义虽有这三种意义，其实还只是一种方法论"。① 胡适认同杜威的观点，也说"实验主义自然也是一种主义，但实验主义只是一个方法，只是一个研究问题的方法"②，因此，他对实验主义、主要是杜威哲学的方法论作了最多的阐述，他说：

> 杜威认为有系统的思想通常要通过五个阶段：
>
> 第一阶段为思想之前奏（antecedent），是一个困惑、疑虑的阶段，这一阶段导致思想者认真去思考。
>
> 第二阶段为决定这疑虑和困惑究在何处。
>
> 第三阶段[为解决这些困惑和疑虑]思想者自己会去寻找一个[解决问题的]假设，或面临一些[现成的]假设的解决方法任凭选择。
>
> 第四阶段，在此阶段中，思想者只有在这些假设中选择其一作为对他的困惑和疑虑的可能解决的办法。
>
> 第五也是最后阶段，思想的人在这一阶段要求证，把他[大胆]选择的假设，[小心的]证明出来，那是他对他的疑虑和困惑最满意的解决。③

又说：

> 杜威论思想，分作五步说：（一）疑难的境地；（二）指定疑难之点究竟在什么地方；（三）假定种种解决疑难的方法；（四）把每种假

① 《胡适文集（3）》，第 286—287 页。
② 《胡适文集（3）》，第 365 页。
③ 《胡适文集（1）》，第 267—268 页。

定所涵的结果——想出来,看那一个假定能够解决这个困难;(五)证实这种解决使人信用,或证明这种解决的谬误,使人不信用。

……

杜威一系的哲学家论思想的作用,最注意"假设"。试看上文所说的五步之中,最重要的就是第三步。第一步和第二步的工夫只是要引起这第三步的种种假设;以下第四第五步只是把第三步的假设演绎出来,加上评判,加上证验,以定那种假设是否适用的解决法。这第三步的假设是承上起下的关键,是归纳法和演绎法的关头。①

又说:

仔细分析起来,凡是有条理的思想,大概都可以分作五步:(1)感觉困难;(2)寻出疑难所在;(3)暗示的涌现;(4)评判各种暗示的解决,假定一个最适用的解决;(5)证实(就是困难的解决)。②

又说:

杜威先生以为有条理的思想的发生,大概可以分为五个步骤,这是他的一个很大的贡献,我现在简单的叙述一下。

第一步,思想的来源,或者说,思想的起点。思想不是悬空的。胡思乱想不算思想。凡是真正有条理的思想,一定是有来源、有背景、有一个起点的。这个起点是什么呢? 思想都起源于困难的问题。人生的动作碰了壁,碰了钉子,碰到一个困难的环境,行动发生了障碍,要想打破这个困难,因而才有思想。……

第二步,认清困难障碍在那一点,把困难加以分析,知道困难究竟在那一点。……

第三步叫作提示,或者称为暗示。凡遇到了三岔路口的问题,有大困难的时候,第三步就不是自动而是被动。你过去的知识、学

---

① 《胡适文集(2)》,第233—238页。
② 《胡适文集(3)》,第289页。

问、经验，到今天都发生作用了。你的脑子里这边一个假设，那边一个假设。这些提示的东西那里来的呢？都是不自觉的涌上来的。所以第三步往往是不自觉的。假如你没有学问知识和好的活的经验，看到三岔路口的问题就手足无措，不知道怎样下手，没有主意，没有法子。如果你的知识是死的，学问是书本上得来的，经验是贫乏的，那你还是没有主意，没有法子，看不出道理来。所以第三步是很重要的。不过有时候有些人经验太多了，知识太丰富了，往往东一个意见，西一个意见，前一个意见，后一个意见，就要发生第四步。

第四步就是批评、评判，判断这许多提示、暗示当中，那一个意见比较最能解决所碰到的困难问题。……在许多主意中怎样批评判断那个主意适用或不适用呢？这又得回到第一步去：感觉到需要思想，就是因为有困难问题；再认清楚了困难问题，看困难究竟在什么地方；再从推出来的许多暗示、意见当中看看那一条可以找出结果来。……拿这个困难作一个标准，作一个尺度，来量这些提出来的暗示，挑一个作假定的姑且的解决方案，这是第四步。不过这还是一个假设，还没有证实。

第五步是思想的最后一点，思想的终点，就是证实。要问提出来的这个假定的解决方案是不是可以解决困难问题，是不是满意，是不是最满意，要证实它！……到了最后证实，这个思想才算解决了问题，结果是假设变成了真理，悬想变成满意适用的工具，这是思想的最后终点。①

这些就是胡适转述的主要几条杜威哲学方法论的"五步法"。他也曾将"五步法"缩略为四步，有谓：

我说研究社会问题，应当有四个目的，现在就用治病底方法来形容。第一，要知道病在什么地方。第二，病是怎样起的，他的原因

---

① 《胡适文集(12)》，第375—378页。

在那里。第三，已经知道病在那里，就得开方给他，还要知某种药材底性质，能治什么病。第四，怎样用药，若是那病人身体太弱，就要想个用药的方法，是打针呢？是下补药呢？若是下药，是饭前呢？是饭后呢？是每天一次是每天两次呢？医生医治病人，短不了这四步。研究社会问题的人也是这样。①

此处第一、二步相当于"五步法"的第二步，但可以理解为隐含了"五步法"的第一步；第三、四步对应于"五步法"的第三、四步；而"五步法"的第五步即证实在此则付阙如。有时候胡适又将"五步法"更进一步简括为"三步法"，如谓：

> 凡是有价值的思想，都是从这个那个具体的问题下手的。先研究了问题的种种方面的种种的事实，看看究竟病在何处，这是思想的第一步工夫。然后根据于一生经验学问，提出种种解决的方法，提出种种医病的丹方，这是思想的第二步工夫。然后用一生的经验学问，加上想像的能力，推想每一种假定的解决法该有什么样的效果，推想这种效果是否真能解决眼前这个困难问题。推想的结果，拣定一种假定的解决，认为我的主张，这是思想的第三步工夫。②

此条与上述"四步法"相类，也是涵括了"五步法"的前四步而遗漏了关键性的第五步。不过胡适所表述的"三步法"大多还是照顾到了"五步法"的全部内容，如其所谓：

> 实验的方法至少注重三件事：（一）从具体的事实与境地下手；（二）一切学说理想，一切知识，都只是待证的假设，并非天经地义；（三）一切学说与理想都须用实行来试验过，实验是真理的唯一试金石。③

---

① 《胡适文集（12）》，第568页。
② 《胡适文集（2）》，第252页。
③ 《胡适文集（2）》，第280页。

实验主义自然也是一种主义，但实验主义只是一个方法，只是一个研究问题的方法。他的方法是：细心搜求事实，大胆提出假设，再细心求实证。①

杜威说，思想总是起于一种疑惑与困难的情境；接着就是研究事实的真相，并提出种种可能的假定以解决起初的疑难；最后用种种方法证明或证实那一种假定能够圆满地解决或应付原先激起我们思想的那个疑难问题或疑难的情境。这就是杜威的思想论。过去四十年我曾经努力使它普遍化。②

我且略说科学方法的要点：第一注重事实。科学方法是用事实作起点的，不要问孔子怎么说，柏拉图怎么说，康德怎么说，我们须要先从研究事实下手，凡游历调查统计等事都属于此项。第二注重假设。单研究事实，算不得科学方法。王阳明对着庭前的竹子做了七天的"格物"工夫，格不出什么道理来，反病倒了，这是笨伯的"格物"方法。科学家最重"假设"（Hypothesis）。观察事物之后，自然有几个假定的意思，我们应该把每一个假设所涵的意义彻底想出，看那意义是否可以解释所观察的事实，是否可以解决所遇的疑难。所以要博学，正是因为博学方才可以有许多假设，学问只是供给我们种种假设的来源。第三注重证实。许多假设之中，我们挑出一个认为最合用的假设，但是这个假设是否真正合用，必须实地证明。有时候证实是很容易的，有时候必须用"试验"方才可以证实。证实了的假设，方可说是"真"的。一切古人今人的主张，东哲西哲的学说，若不曾经过这一层证实的工夫，只可作为待证的假设，不配认作真理。③

这些论说大致都是以第一步涵括"五步法"的第一、二步，以第二步

---

① 《胡适文集（3）》，第 365 页。
② 《胡适文集（12）》，第 430 页。
③ 《胡适文集（12）》，第 561—562 页。

涵括"五步法"的第三、四步，以第三步对应"五步法"的第五步。然而，胡适对于方法论的简化并未到"三步法"为止，他一直有心将实验主义方法论提炼为简明的格言，以便更易于传播和为人接受，从而形成更广泛的影响，他说：

> 我曾经有许多时候想用文字把方法做成一个公式、一个口号、一个标语，把方法扼要地说出来，但是从来没有一个满意的表现方式。现在我想起我二三十年来关于方法的文章里面有两句话也许可以算是讲治学方法的一种很简单扼要的话，那两句话就是"大胆的假设，小心的求证"。……这十个字是我二三十年来见之于文字，常常在嘴里向青年朋友们说的。①

大约从 1920 年代初到 1960 年代前后，"大胆的假设，小心的求证"在胡适文著中屡见不鲜，②至此，实验主义方法论就日益被胡适的所谓"十字真言"所取代。

当实验主义方法论被提炼为"十字真言"，"大胆的假设"俨然成为合理的观念而公行于世，又辅之以尼采所谓"重新估定一切价值"的强烈自信和赫胥黎所谓"拿证据来"的怀疑心理与审判态度，③再加上实验主义的主观主义实在论和真理论的支持，这种方法论便被当做一件似乎普遍适用的武器，对自然领域、社会领域、精神领域、历史领域乃至超验领域的那些因空间无限广袤、时间无限久远、现象无限复杂、存在无限奥妙以致暂时甚至永远无法实证的对象横加破斥，实际上恰恰表现出狭隘而肤浅的理性的僭妄。至于所谓"小心的求证"基本上只是对于理性的僭妄的掩饰，事实上往往不是以证据验证假设，反而是以假设为标准去取舍证据，假设已经先在地规定了求证的范围和结果。这种情况不仅见于胡

---

① 《胡适文集（12）》，第 131 页。
② 例见胡适于 1919 至 1921 年写作的《清代学者的治学方法》（《胡适文集（2）》，第 302 页）、1959 年发表的《杜威在中国》演讲稿（《胡适文集（12）》，第 430 页）和 1959 年用英语讲述而由唐德刚于 20 世纪 70 年代末翻译出版的《胡适口述自传》（《胡适文集（1）》，第 269 页）。
③ 参见《胡适文集（3）》，第 272、278 页。

适"整理国故"的工作之中,而且表现在他对中西文化的认识上。

三、全盘西化和全盘反传统的文化观

生当西方文化高歌猛进、磅礴于世而中国文化江河日下、难以为继的时代,成长于乡土、启蒙于经史的胡适也曾对固有文化怀抱由衷的敬意、深切的同情、诚挚的忧虑以及振兴的志愿,在留学美国四年后的1914年所写《非留学篇》中,胡适说:

> 当吾国文明全盛之时,泱泱国风,为东洋诸国所表则。稽之远古,则有重译之来朝。洎乎唐代,百济、新罗、日本、交趾,争遣子弟来学于太学。中华经籍,都为异国之典谟,纸贵鸡林,以觇诗人之声价,猗欤盛哉,大国之风也![1]

> 以数千年之古国,东亚文明之领袖,曾几何时,乃一变而北面受学,称弟子国,天下之大耻,孰有过于此者乎?

> 吾国今日所处,为旧文明与新文明过渡之时代。旧文明非不可宝贵也,不适时耳。人将以飞行机无烟炮袭我,我乃以弓箭鸟铳当之;人方探赜研几,役使雷电,供人牛马,我乃以布帆之舟、单轮之车当之;人方倡世界平等、人类均产之说,我乃以天王圣明、君主万能当之;人方倡生存竞争、优胜劣败之理,我乃以揖让不争之说当之;人方穷思殚虑,欲与他星球交通,我乃持天圆地方之说,以为吾国居天下之中,四境之上皆蛮夷戎狄也;此新旧二文明之相隔,乃如汪洋大海,渺不可渡。留学者,过渡之舟楫也;留学生者,篙师也,舵工也,乘风而来,张帆而渡,及于彼岸,乃采三山之神药,乞国医之金舟,然后扬帆而归,载宝而返。其责任所在,将令携来甘露,遍洒神州;海外灵芝,遍栽祖国;以他人之所长,补我所不足。庶令吾国古文明得新生机而益发扬光大,为神州造一新旧混合之新文明,此过

---

[1]《胡适文集(9)》,第665页。

渡时代人物之天职也。①

他还批评那些昧于祖国历史文化而无爱国之心、一味惊羡西方现代文明的留学生说:

> 今吾国留学生,乃不知其国古代文化之发达、文学之优美、历史之光荣、民俗之敦厚,一入他国,目眩于其物质文明之进步,则惊叹颠倒,以为吾国视此真有天堂地狱之别。于是由惊叹而艳羡,由艳羡而鄙弃故国,而出主入奴之势成矣! 于是人之唾余,都成珠玉;人之瓦砾,都成琼瑶。及其归也,遂欲举吾国数千年之礼教文字风节俗尚,一扫而空之,以为不如是不足以言改革也!②

此言何等痛切! 却不料曾几何时,胡适自己竟成为他所批评的那种人物,而且有过之而无不及! 1917 年 3 月,追随杜威服膺实验主义的胡适即将结束七年留学生活回国,此时他在日记中抄录了荷马史诗《伊利亚特》里一段话的英译:You shall know the difference now that we are back again(如今我们已回来,你们请看分晓罢),并注记此语"可作吾辈留学生之先锋旗也"。③ 那么胡适想要国人所看的"分晓"是什么呢? 就是他所谓的"再造中国文明",④而这种"再造"是以不断激进的方式进行的,是在"新即是善,旧即是恶"的价值观指导下进行的,是基于"必破而后立"的认识进行的,⑤因此,胡适便对中国历史文化传统及其现实延续给予了完全、彻底、持续、激烈的否定,亦即全盘反传统。他对中国历史文化传统质疑道:

> (1) 对于习俗相传下来的制度风俗,要问:"这种制度现在还有存在的价值吗?"(2) 对于古代遗传下来的圣贤教训,要问:"这句话

---

① 《胡适文集(9)》,第 666 页。

② 《胡适文集(9)》,第 673 页。

③ 胡适 1917 年 3 月 8 日日记,转引自罗志田《再造文明之梦——胡适传》,第 148 页。胡适后来还多次引用这段话,见《胡适文集(11)》,第 611 页;《胡适文集(12)》,第 564 页。

④ 参见《胡适文集(2)》,第 551 页;《胡适文集(5)》,第 508 页。

⑤ 参见罗志田《再造文明之梦——胡适传》,第 174—194 页。

在今日还是不错吗?"(3)对于社会上糊涂公认的行为与信仰,都要问:"大家公认的,就不会错了吗? 人家这样做,我也该这样做吗? 难道没有别样做法比这个更好,更有理,更有益的吗?"尼采说现今时代是一个"重新估定一切价值"(Transvaluation of all values)的时代。"重新估定一切价值"八个字便是评判的态度的最好解释。①

他并不是以客观求实的态度研究评价所怀疑的对象,而是采取实验主义的主观主义思想方法,以感觉揉捏事实,以假设规定证据,从而对中国历史文化传统作了过度的否定和过激的斥骂。他说:

> 在东周以前的历史,是没有一个字可以信的! 以后呢? 大部分也是不可靠的! ······四部书里边的经、史、子三种,大多是不可靠的!②

> 我披肝沥胆地奉告人们:只为了我十分相信"烂纸堆"里有无数无数的老鬼,能吃人,能迷人,害人的厉害胜过柏斯德(Pasteur)发现的种种病菌。只为了我自己自信,虽然不能杀菌,却颇能"捉妖""打鬼"。······这是整理国故的目的与功用。这是整理国故的好结果。······这里面有绝好的结果。用精密的方法考出古文化的真相,用明白晓畅的文字报告出来,叫有眼的都可以看见,有脑筋的都可以明白。这是化黑暗为光明,化神奇为臭腐,化玄妙为平常,化神圣为凡庸:这才是"重新估定一切价值"。他的功用可以解放人心,可以保护人们不受鬼怪迷惑。③

除了以疆域太大这一条不成其为理由的理由猜测《禹贡》一篇不可靠,胡适再没有提出任何一条有说服力的证据表明东周以前的历史不可信;特别是他所谓"宁可疑而错,不可信而错"的疑古方针,④更是偏颇至

---

① 《胡适文集(2)》,第 552 页
② 《胡适文集(12)》,第 92—93 页。
③ 《胡适文集(4)》,第 117 页。
④ 《胡适文集(12)》,第 92 页。

极,荒谬绝伦! 因此他自诩的"用精密的方法考出古文化的真相"就完全是自欺欺人! 他一口骂尽中国历史文化传统为鬼怪,只能透露出他的文化心理已经完全扭曲! 基于这种扭曲的文化心理,从 1920 年代前后至 1960 年代初的四十多年间,胡适对中国传统及现实进行了持续不断反反复复的丑诋,其代表性言论有谓:

> 梁先生难道不睁眼看看古往今来的多妻制度、娼妓制度,整千整万的提倡醉酒的诗,整千整万恭维婊子的诗,《金瓶梅》与《品花宝鉴》,壮阳酒与春宫秘戏图。这种东西是不是代表一个知足安分寡欲摄生的民族的文化?[①]

> 我们试睁开眼看看:这遍地的乩坛道院,这遍地的仙方鬼照相,这样不发达的交通,这样不发达的实业——我们那里配排斥科学? 至于"人生观",我们只有做官发财的人生观,只有靠天吃饭的人生观,只有求神问卜的人生观,只有《安士全书》的人生观,只有《太上感应篇》的人生观——中国人的人生观还不曾和科学行见面礼呢![②]

> 东方人在过去的时代,也曾制造器物,做出一点利用厚生的文明。但后世的懒惰子孙得过且过,不肯用手用脑去和物质抗争,并且编出"不以人易天"的懒人哲学,于是不久便被物质战胜了。天旱了,只会求雨;河决了,只会拜金龙大王;风浪大了,只会祷告观音菩萨或天后娘娘;荒年了,只好逃荒去;瘟疫来了,只好闭门等死;病上身了,只好求神许愿;树砍完了,只好烧茅草;山都精光了,只好对着叹气。这样又愚又懒的民族,不能征服物质,便完全被压死在物质环境之下,成了一分像人九分像鬼的不长进民族。[③]

> 我们的大病原,依我看来,是我们的老祖宗造孽太深了,祸延到我们今日。二三十年前人人都知道鸦片、小脚、八股为"三大害";前

---

① 《胡适文集(3)》,第 190 页。胡适此言反驳梁漱溟《东西文化及其哲学》中的观点。
② 《胡适文集(3)》,第 154 页。
③ 《胡适文集(5)》,第 514 页。

几年有人指出贫、病、愚昧、贪污、纷乱为中国的"五鬼";今年有人指出仪文主义、贯通主义、亲故主义为"三个亡国性的主义"。这些话,现在的青年人都看做老生常谈了,然而这些大病根的真实是绝对无可讳的。这些大毛病都不是一朝一夕发生的,都是千百年来老祖宗给我们留下的遗产。这些病痛,"有一于此,未或不亡",何况我们竟是兼而有之,种种亡国灭种的大病都丛集在一个民族国家的身上!向来所谓"东方病夫国",往往单指我们身体上的多病与软弱,其实我们身体上的病痛固然不轻,精神上的病痛更多,又更难治。即如"缠脚",岂但是残贼肢体而已!把半个民族的分子不当人看待,让她们做了牛马,还要砍折她们的两腿,这种精神上的风狂惨酷,是千百年不容易洗刷得干净的!又如"八股",岂但是一种文章格式而已!把全国的最优秀分子的聪明才力都用在变文字戏法上,这种精神上的病态养成的思想习惯也是千百年不容易改变的——这些老祖宗遗留下的孽障,是我们这个民族的根本病。在这个心身都病的民族遗传上,无论什么良法美意一到中国都成了"逾淮之橘",都变成四不像了。①

至于我们所独有的宝贝,骈文、律诗、八股、小脚、太监、姨太太、五世同居的大家庭、贞节牌坊、地狱活现的监狱、廷杖、板子夹棍的法庭……虽然"丰富",虽然"在这世界无不足以单独成一系统",究竟都是使我们抬不起头来的文物制度。即如寿生先生指出的"那更光辉万丈"的宋明理学,说起来也真正可怜!讲了七八百年的理学,没有一个理学圣贤起来指出裹小脚是不人道的野蛮行为,只见大家崇信"饿死事极小,失节事极大"的吃人礼教,请问那万丈光辉究竟照耀到那里去了?②

我认为我们东方这些老文明中没有多少精神成分。一个文明

---

① 《胡适文集(5)》,第380页。
② 《胡适文集(5)》,第388页。胡适此言反驳寿生《我们要有信心》中的观点。

容忍像妇女缠足那样惨无人道的习惯到一千年之久,而差不多没有一声抗议,还有什么精神文明可说? 一个文明容忍"种姓制度"(the caste system)到好几千年之久,还有多大精神成分可说? 一个文明把人生看做苦痛而不值得过的,把贫穷和行乞看做美德,把疾病看做天祸,又有些什么精神价值可说? 试想像一个老叫化婆子死在极度贫困里,但临死还念着"南无阿弥陀佛"——临死还相信她的灵魂可以到阿弥陀佛所主宰的极乐世界去——试想像这个老叫化婆子有多大精神价值可说? 现在,正是我们东方人应当开始承认那些老文明中很少精神价值或完全没有精神价值的时候了;那些老文明本来只属于人类衰老的时代——年老身衰了,心智也颓唐了,就觉得没法子对付大自然的力量了。的确,充分认识那些老文明中并没有多大精神成分,甚或已没有一点生活气力,似乎正是对科学和技术的近代文明要有充分了解所必需的一种智识上的准备;因为这个近代文明正是歌颂人生的文明,正是要利用人类智慧改善种种生活条件的文明。①

胡适还指斥中国传统价值说"试看一个'忠'字,一个'节'字,害死了多少中国人"!② 并将孔子开创的儒家传统鄙薄为"孔渣孔滓",叫喊"这

---

① 《胡适文集(12)》,第 704 页。这段言论出自胡适于 1961 年 11 月 16 日在美国国际开发总署于台北举办的"亚东区科学教育会议"上发表的演讲,该文稿刊于同年 12 月 1 日台北《文星》杂志第 9 卷第 2 期。徐复观旋即在同年同月《民主评论》第 12 卷第 24 期发表《中国人的耻辱 东方人的耻辱》一文痛斥道:"他以一切下流的辞句来诬蔑中国文化,诬蔑东方文化,我应当向中国人,向东方人宣布出来,胡博士之担任中央研究院院长,是中国人的耻辱,是东方人的耻辱。我之所以如此说,并不是因为他不懂文学,不懂史学,不懂哲学,不懂中国的,更不懂西方的,不懂过去的,更不懂现代的。而是因为他过了七十之年,感到对人类任何学问都沾不到边,于是由过分的自卑心理,发而为狂悖的言论,想用诬蔑中国文化、东方文化的方法,以掩饰自己的无知,向西方人卖俏,因而得点残羹冷汁,来维持早经掉到厕所里去了的招牌,这未免太脸厚心黑了。"(见《徐复观文集》修订本第 1 卷,武汉:湖北人民出版社 2009 年第 2 版,第 325 页)由此引发以徐复观、胡秋原等传统派为一方,以居浩然、李敖等西化派为另一方的中西文化论战,迁延数年而以诉诸刑事告终。关于这场论战的过程情况,参见刘述先《文化论争的回顾与批评》(载氏著《文化与哲学的探索》,台北学生书局 1986 年版)。
② 《胡适文集(2)》,第 273 页。

块孔丘的招牌——无论是老店，是冒牌——不能不拿下来，捣碎，烧去"！① 又连带责备老子、庄子是"东方的懒惰圣人"。② 胡适认定秉承这种"恶劣"传统的中国人全都背负着原罪，唯一的救赎只有老老实实认罪！ 他在二十多年间喋喋不休地教训国人道：

> 我们必须承认我们自己百事不如人，不但物质上不如人，不但机械上不如人，并且政治社会道德都不如人。何以百事不如人呢？不要尽说是帝国主义者害了我们，那是我们自己欺骗自己的话！⋯⋯今日的第一要务是要造成一种新的心理：要肯认错，要大彻大悟地承认我们自己百不如人。第二步便是死心塌地的去学人家。③

> 我们如果还想把这个国家整顿起来，如果还希望这个民族在世界上占一个地位，只有一条生路，就是我们自己要认错！ 我们必须承认我们自己百事不如人，不但物质机械上不如人，不但政治制度不如人，并且道德不如人，知识不如人，文学不如人，音乐不如人，艺术不如人，身体不如人！ 肯认错了，方才肯死心塌地的去学人家。④

> 我们的民族信心必须站在"反省"的唯一基础之上，反省就是要闭门思过，要诚心诚意的想，我们祖宗的罪孽深重，我们自己的罪孽深重，要认清了罪孽所在，然后我们可以用全副精力去消灾灭罪。⋯⋯反省的结果应该使我们明白那五千年的精神文明，那"光辉万丈"的宋明理学，那并不太丰富的固有文化，都是无济于事的银样镴枪头。⑤

> 我十分诚挚的对全国人说：我们今日还要反省，还要闭门思过，还要认清祖宗和我们自己的罪孽深重，决不是这样浅薄的"与欧美

---

① 《胡适文集(2)》，第608—610页。
② 《胡适文集(4)》，第6页。
③ 《胡适文集(4)》，第27—28页。
④ 《胡适文集(5)》，第515页。
⑤ 《胡适文集(5)》，第389—390页。

文化接触"就可以脱胎换骨的。我们要认清那个容忍拥戴"小脚、八股、太监、姨太太、骈文、律诗、五世同居的大家庭、贞节牌坊、地狱的监牢、夹棍板子的法庭"到几千几百年之久的固有文化,是不足迷恋的,是不能引我们向上的。那里面浮沉着的几个圣贤豪杰,其中当然有值得我们崇敬的人,但那几十颗星儿终究照不亮那满天的黑暗。①

我们今日所受的苦痛,都是我们这个民族努力不够的当然结果。我们事事不如人:科学不如人,工业生产不如人,教育不如人,知识水准不如人,社会政治组织不如人。②

由上可见,自 1917 年回国直至 1962 年去世,胡适几十年间评论中国历史文化传统的基调就是怀疑、否定、诬蔑、丑化乃至消解。而在另一方面,对于在他看来"已经成为世界文明的现代西方文明",③胡适则极力赞美,实质上主张"全盘西化"。1929 年,在《文化的冲突》一文中,胡适将当时国人对待西方文化的态度区分为三种,"第一种态度是抗拒,第二种态度是全盘接受,第三种态度是有选择性的采纳"。④ 他认为,第一种抗拒的态度已经没有人坚持,故不必讨论。而第三种选择性的态度"似乎是最合乎理性的上策,因此,这不仅是国内的提倡者,也是自命为中国之友和中国文明的热爱者的一些外国作家所鼓吹的一种最有力的态度",⑤甚至他自己"曾经也是这种选择性过程的倡导者之一",⑥不过,胡适立刻声明:"现在我表示后悔,因为我认为谨慎选择的态度是不可能的,而且

①《胡适文集(5)》,第 396 页。
②《胡适文集(11)》,第 802 页。
③《胡适文集(11)》,第 167 页。胡适对西方文明的赞美例见《我们对于西洋近代文明的态度》(《胡适文集(4)》,第 3—14 页)、《论六经不够作领袖人才的来源》(《胡适文集(5)》,第 419—422 页)、《介绍我自己的思想》(《胡适文集(5)》,第 507—519 页)、《五十年来的美国》(《胡适文集(12)》,第 823—830 页)、《科学发展所需要的社会改革》(《胡适文集(12)》,第 703—707 页)。
④《胡适文集(11)》,第 167 页。
⑤《胡适文集(11)》,第 167 页。
⑥《胡适文集(11)》,第 169 页。

也实在不必要。"①这就明白无误地表明胡适的态度是"一心一意接受"或"全盘接受"现代西方文明,亦即全盘西化。② 1935 年,胡适进一步剖陈衷曲道:

> 在陈序经先生的长文里,他提起吴景超先生曾把我算作主张文化折衷的一个人,这一点大概是吴先生偶然的错误。但陈序经先生也说我"虽然不能列为全盘西化派,而乃折衷派中之一支流",这个看法也是错误的。我前几年曾在上海出版的 *Christian Year-book* 里发表过一篇 *The Cultural Conflict in China*(手头无此册,记不清是那一年的年鉴了),我很明白的指出文化折衷的不可能,我是主张全盘西化的。但我同时指出,文化自有一种"惰性",全盘西化的结果自然会有一种折衷的倾向。例如中国人接受了基督教的,久而久之,自然和欧洲的基督徒不同,他自成一个"中国基督徒"。又如陈独秀先生的接受共产主义,我总觉得他只是一个"中国的共产主义者",和莫斯科的共产党不同。现在的人说"折衷",说"中国本位",都是空谈。此时没有别的路可走,只有努力全盘接受这个新世界的新文明。全盘接受了,旧文化的"惰性"自然会使他成为一个折衷调和的中国本位新文化。若我们自命做领袖的人也空谈折衷选择,结果只要抱残守阙而已。古人说:"取法乎上,仅得其中;取法乎中,风斯下矣。"这是最可玩味的真理。我们不妨拼命走极端,文化的惰性自然会把我们拖向折衷调和上去的。关于这个问题,我将来也许作专文发表。此时我只借此声明我是完全赞成陈序经先生的全盘西化论的。③

胡适在此虽然预设了中西文化折衷的结局,但这种结局对他而言乃是迫不得已的,无可奈何的,而不是他的主观愿望;他的主观愿望就是

---

① 《胡适文集(11)》,第 169 页。
② 参见《胡适文集(11)》,第 167 页。
③ 《胡适文集(11)》,第 671 页。

"全盘西化","努力全盘接受这个新世界的新文明","拼命走极端",正因此,他才指出吴景超、陈序经将他作为"主张文化折衷的一个人"或"折衷派中之一支流"都是错误的,而声明完全赞成全盘西化论者陈序经。其实,所谓通过"拼命走极端"而达到折衷结局的设想是非常荒诞的,有谁能够保证偏激与惰性之间的张力可以达致一个恰好的平衡点? 事实只能是折衷未成而人心已乱,民气已瘝,族群已散,国势已堕! 所以,胡适此说根本就是全盘西化论的障眼法! 此后不久,胡适又提出以"充分世界化"的口号取代"全盘西化",但这并不意味着他放弃了全盘西化的立场,而只是为了使口号的含义稍具弹性,从而不仅避免遭受批评、引发争论,而且可能获取同情、包容论敌;也就是说,口号的转换只是一种策略,"这里面本来没有'折衷调和'的存心,只不过是为了应用上的便利而已"。① 综上所述,胡适的中西文化观可以概括为全盘反传统和全盘西化。

胡适的全盘反传统和全盘西化,应该具有以决绝手段挽救国族危亡乃至迅速实现富强的动机,例如他说:"我们的问题是救国,救这衰病的民族,救这半死的文化。在这件大工作的历程里,无论什么文化,凡可以使我们起死回生、返老还童的,都可以充分采用,都应该充分收受。我们救国建国,正如大匠建屋,只求材料可以应用,不管他来自何方。"②他在外患深重时代所体现的民族立场,也表明他是一位爱国主义者,这一点,由《"协和外交"原来还是"焦土外交"》《今日的危机》《中华民国华北军第七军团第五十九军抗日战死将士公墓碑》《解决中日的任何悬案?》《沉默的忍受》《敬告日本国民》《华北问题》《敬告宋哲元先生》等文可资证明。③ 不过无论如何,全盘反传统和全盘西化的文化观,在思想认识上是片面的,在情感倾向上是偏颇的,在社会影响上是恶劣的。中国五千年传统

---

① 参见《胡适文集(5)》,第453—455页。另参见《胡适文集(11)》,第607—608页。

②《胡适文集(5)》,第515页。

③ 上列诸文见《胡适文集(11)》,第437—442、447—450、451—453、454—456、604—606、640—644、654—655、717—719页。

文化决不可能完全都是糟粕，西方文化也决不可能完全都是精华，中西文化必然都是精华与糟粕共存，必然都需要进行扬弃。而主体上对于自然、社会、人生一体关照的中国传统德性文化，虽然在近代以来骤遇西方强力文化而一时难以招架，甚至堕入悲惨境况，但德性文化毕竟是走出丛林告别野蛮的人类的理想归宿，是比强力文化更加可欲的人类文化，决不应该因西方文化暴发户式的勘天役物就被抛弃，而应该在充分吸收强力文化的同时，护持德性文化的精髓，最终以德性文化转化强力文化，从而实现生机盎然的自然宇宙和大同太平的人类社会。胡适以实用主义的狭隘短浅的眼光看待源远流长、博大精深的中国传统文化，以震慑惊羡的态度对待现代西方文化，以社会名流的身份持续发表大量全盘反传统和全盘西化的言论，对中华民族的价值观、认同感、自尊心和自信力造成极大破坏，对一波接一波的历史虚无主义、反传统和西化思潮起到推波助澜作用，这些都是必须予以认真清算和严肃批判的。

第五章　嘉纳西学并护持传统：现代哲学的含弘

　　全盘西化、全盘反传统观念在新文化运动时期大行其道，成为社会主流思潮，但同时也激起持续而强烈的反弹，孔教派、东方文化派、甲寅派、学衡派、国故派等文化保守主义派别先后与西化派展开思想斗争。文化保守主义方面的言说姑置不论，即从当时最为新进的《青年杂志》（即《新青年》）和《每周评论》所载张永言来信、"崇拜王敬轩先生者"来信以及陈独秀《答常乃悳（古文与孔教）》《再答常乃悳（古文与孔教）》《三答常乃悳（儒教与家庭）》《答俞颂华（宗教与孔子）》《答佩剑青年（孔教）》《再答俞颂华（孔教）》《质问〈东方杂志〉记者——〈东方杂志〉与复辟问题》《答张寿朋（文学改良与孔教）》《答爱真（五毒）》《关于北京大学的谣言》诸文所透露的常乃悳、俞颂华、佩剑青年、《东方杂志》记者、张寿朋、爱真、林琴南、张厚载等人的观点，[1]便可概见其时抵制"扬西抑东"[2]思潮的社会状况。在新文化运动时期所有与全盘西化、全盘反传统思潮交锋的人物中，理论更为完备、观点更具有说服力、影响也更为广大者当推梁漱溟和张君劢。

---

① 依次见《陈独秀著作选》第 1 卷，第 181—182、382—383、250—252、265—266、276、278—280、281—282、308—310、401—407、421、426、503—505 页。
② 见《陈独秀著作选》第 1 卷，第 182 页。

梁、张二人都对西方文化具有比较深入的了解和相当充分的肯定,但在终极认同上却都崇奉儒家。从终极认同来看,他们与传统儒家一脉相承。但从对西方文化的了解和肯定来看,他们又超越了传统儒家,而同属今人所谓的"现代新儒家"。梁、张的出场,也就标志着现代新儒家登上现代中国思想舞台,逐渐成为现代中国思想界的重要一翼。

第一节　梁漱溟基于意欲本体的文化哲学

一、生平著述

梁漱溟(1893—1988),中国哲学家、社会活动家。原名焕鼎,字寿铭,蒙古族,广西桂林人。早年加入同盟会。1916 年作《究元决疑论》。1917 年任北京大学印度哲学讲席,1924 年辞离北大后,从事乡村建设实践活动。曾任河南村治学院教务长并接办北平《村治月刊》。1931 年在邹平创办山东乡村建设研究院,任研究部主任、院长,倡导乡村建设运动。全国性抗战时期,主张团结抗日,参与发起组织统一建国同志会,后改组为中国民主政团同盟,任中央常委并为其机关报《光明报》社长。1946 年任民盟秘书长。中华人民共和国成立后,为第一、二、三、四届全国政协委员,第五、六届全国政协常委,并任中国孔子研究会顾问,中国文化书院院务委员会主席等职。一生致力于研究儒家学说和中国传统文化,被视为现代新儒学创始人之一。主要著作有《东西文化及其哲学》《乡村建设理论》《中国文化要义》《人心与人生》等。①

二、意欲本体论

梁漱溟是思想家、社会活动家,而并不以哲学作为志业,并不致思于

---

① 引自《辞海(第 7 版)》,上海:上海辞书出版社 2020 年版,第 2658 页。

哲学体系的建构，①他反复表明"人人都懂一点哲学最好，但无需在大学里办哲学系，培养以哲学为职业的人。一个人在大学里学哲学，等毕了业再教别人哲学，这是顶冤枉的"，②"就以人生问题之烦闷不解，令我不知不觉走向哲学，出入乎东西百家。然一旦于人生道理若有所会，则亦不复多求。假如视哲学为人人应该懂得一点的学问，则我正是这样懂得一点而已，这是与专门治哲学的人不同处"，③"我常说，我从无意讲哲学，我是不知不觉走入哲学之中，经人指明而后才恍然'原来这就叫哲学'。其所以无意讲哲学，就为当初把文学哲学那一类东西都认为无用而排斥之故。所谓不知不觉走入其中，即是从最初那种实用主义不知不觉慢慢加以深化，加以组织"。④ 这些表述都确是事实，一方面梁漱溟终究不以哲学家成就自己，另一方面他却不乏哲学思想。在1916年所著《究元决疑论》中，可见他对宇宙本体的把握，他说：

> 鲁滂所谓第一本体不可思议之以太者，略当佛之如来藏或阿赖耶。《起信论》云："不生不灭，与生灭和合，非一非异，能摄一切法生一切法"者是也。鲁君所获虽精，不能如佛穷了，此际亦未容细辨。以太涡动形成原子，而成此世界，此涡动即所谓忽然念起。何由而动，菩萨不能尽究，故鲁君亦莫能知莫能言也。世有问无明何自来者，此涡动便是无明，其何自则非所得言。涡动不离以太，无明不离真心。涡动形成世界，心生种种法生。然虽成世界，犹是以太。故《起信论》云："是心从本已来自性清净而有无明，为无明所染有其染心，虽有染心而常恒不变。"又云："众生本来常住涅槃，菩提之法非

---

① 梁先生说："所以'我无意乎学问''我不是学问家''以哲学家看我非知我者'……如此累次自白（见前出各书），在我绝非无味的声明。我希望我的朋友遇到有人问起梁某究是怎样一个人，便为我回答说：'他是一个有思想的人。'或说：'他是一个有思想又且本着他的思想而行动的人。'这样便恰如其分，最好不过。如其说'他是一个思想家，同时又是一社会改造运动者'，那便是十分恭维了。"见《梁漱溟全集》第3卷，济南：山东人民出版社1990年版，第6页。
② 《梁漱溟全集》第2卷，济南：山东人民出版社1990年版，第138页。
③ 《梁漱溟全集》第3卷，第5页。
④ 《梁漱溟全集》第6卷，济南：山东人民出版社1992年版，第1020页。

可修相,非可作相,毕竟无碍。"又云:"因无明风动,心与无明俱无形相,不相舍离,而心非动性,无明灭,相续则灭。"此相续即质力不灭之律。然涡动失则质力随灭;故无明灭,相续则灭也。"然所言灭者唯心相灭,非心体灭。如风依水而有动相,若水灭者则风相断绝,无所依止。以水不灭,风相相续;唯风灭故,动相随灭,非是水灭。"(《起信论》)盖灭者谓质力之相续灭,而消归于以太,非以太灭。①

又说:

不可思议义云何?谓所究元者以无性故,则百不是:非色非空,非自非他,非内非外,非能非所,非体非用,非一非异,非有非无,非生非灭,非断非常,非来非去,非因非果;以周遍法界故,则莫不是:即色即空乃至即因即果。夫莫不是而百不是,斯真绝对者。②

这是将西方的以太和佛教的如来藏或阿赖耶以及中国传统哲学中的元等范畴同视为宇宙本体,刻画本体无是无不是的体用两面一如性状,描述本体生成万物的机理及其与万物的关系,说明万物无常而本体永恒,凡此体现了对于本体的相当精深的理解。③在五年后出版的《东西文化及其哲学》中,梁漱溟通过对小乘佛教形而上学的评论,进一步表现了他的本体观,其曰:

---

① 《梁漱溟全集》第1卷,济南:山东人民出版社1989年版,第6页。按"此际亦来容细辨"之"来"当做"未"。

② 《梁漱溟全集》第1卷,第9—10页。

③ 1923年,梁先生对《究元决疑论》表达的本体观进行了反思,他说:"此段以鲁洀的《物质新论》和佛家的《楞严经》《起信论》来比附,立论最是不当。且不论鲁洀的话可靠不可靠,亦不论自安斯坦(按即爱因斯坦)的发明以来物质的观念变更,从前科学上假定的'以太'取消,而此以'以太'立说者能否成立;根本上这种以相仿佛的话头来比附立论,是使人思想混沌的一条路,是学术上的大障,万要不得的。而且'以太涡动'附会'忽然念起'也实在可笑的。我们求知首当致谨于方法,而若鲁洀《物质新论》的主张,是否从谨严的方法求得来的,盖甚难言。至若《起信论》的宇宙缘起说,其方法更难了。无方法而讲话,则只是乱讲的而已,其是非诚否,未从而辨也。所以这一全段话内中的是是非非,直无可说,通体要不得。"(《梁漱溟全集》第1卷,第21—22页)这实际上只是受时代风气影响而检讨立论的方法,否定比附而强调实证,却并不意谓梁先生在传统的且为唯一可能的形而上学意义上对本体性状和功能的认识不当。

小乘色心并举，乍看上去亦可曰物心二元，但其实是不然。从他那色与心彼此不相属、亦无所共属去说，应为物心二元，却是色心都是所谓"有为法"，他们俱目为非真实的，那里能以他为本体呢？又印度人之求宇宙本体，都是要解脱了以契合本体的；小乘是要解脱到"无为法"的，他所要解脱以去者正在色心，那么色心不是他的本体是很明的。他既然解脱在"无为"，又说"无为"是真常，那么很象是本体喽。但他又不说"无为"为万有所自出，并且还说"无为"离色心而定有，那么"无为"又怎能算他本体呢？要晓得小乘的说话实在不是在那里答对什么宇宙本体的问题，他只是将宇宙万有分门别类来看，至于万有归总一个的观念，他并没有。[1]

从色与心既不相属又无共属而判定此二者皆非本体，可见梁漱溟认为本体是绝对一元的；从色与心俱为滞碍的实有而判定其皆非本体，可见他又认为本体是毕竟空无所有的；从真常"无为"非但不能生成宇宙万物，且超绝于宇宙万物而判定其非本体，可见他还认为本体是宇宙万物之源且与宇宙万物同在。这种以本体为极虚而极实、无在无不在的夐然绝对的一的认识，显然是对中西传统（特别是儒道两家）本体观的精深理解。

梁漱溟不仅对传统本体观具有精深的理解，而且平易晓畅地阐述了他自己的宇宙观和本体观，他说：

照我们的意思，尽宇宙是一生活，只是生活，初无宇宙。由生活相续，故尔宇宙似乎恒在，其实宇宙是多的相续，不似一的宛在。宇宙实成于生活之上，托乎生活而存者也。这样大的生活是生活的真象，生活的真解。……我们为我们的必需及省事起见，我们缩小了生活的范围，单就着生活的表层去说。那么，生活即是在某范围内的"事的相续"。这个"事"是什么？照我们的意思，一问一答即唯识

---

① 《梁漱溟全集》第1卷，第408页。

家所谓一"见分"一"相分"是为一"事",一"事",一"事",又一"事",……如是涌出不已,是为"相续"。为什么这样连续的涌出不已？因为我们问之不已——追寻不已。一问即有一答——自己所为的答。问不已答不已,所以"事"之涌出不已,因此生活就成了无已的"相续"。这探问或追寻的工具其数有六,即眼、耳、鼻、舌、身、意。凡刹那间之一感觉或一念皆为一问一答的一"事"。在这些工具之后,则有为此等工具所自产出而操之以事寻问者,我们叫他大潜力或大要求或大意欲——没尽的意欲。当乎这些工具之前的,则有殆成定局,在一期内——人的一生——不变更,虽还是要相续而转,而貌似坚顽重滞之宇宙——"真异熟果"。现在所谓小范围的生活——表层生活——就是这"大意欲"对于这"殆成定局之宇宙"的努力,用这六样工具居间活动所连续而发一问一答的"事"是也。所以我们把生活叫作"事的相续"。这个差不多成定局的宇宙——真异熟果——是由我们前此的自己而成功这样的。这个东西可以叫作"前此的我"或"已成的我",而现在的意欲就是"现在的我"。所以我们所说小范围生活的解释即是"现在的我"对于"前此的我"之一种奋斗努力。所谓"前此的我"或"已成的我"就是物质世界能为我们所得到的,如白色、声响、坚硬等皆感觉对他现出来的影子呈露我们之前者。而这时有一种看不见、听不到、摸不着的非物质的东西,就是所谓"现在的我"。这个"现在的我",大家或谓之"心"或"精神",就是当下向前的一活动,是与"已成的我"——物质——相对待的。①

梁漱溟这段话的大意是,整个宇宙都由生活构成；而生活就是相续不断、永无止息的事；所谓"事"在根本上即刹那起灭的感觉或意念,其表著则为不已的探问或追寻；这种感觉或意念以及探问或追寻有赖于眼、耳、鼻、舌、身、意六识方得以实现；而六识又出自无始无终、无边无际、无穷无尽的意欲并受意欲的支配。据此可以作出的反向演绎是,意欲产出

---

①《梁漱溟全集》第1卷,第376—377页。

并支配六识,六识生发刹那起灭的感觉或意念以及不已的探问或追寻,刹那起灭的感觉或意念以及不已的探问或追寻造成相续不断、永无止息的事,相续不断、永无止息的事汇成生活的洪流,生活的洪流构成整个宇宙。显而易见,在这样一个宇宙论架构中,意欲为其根本,亦即本体。梁漱溟这段话还说明,已成的物质宇宙不过是秉具为意欲所支配的六识的人们以往生活的凝固,而当下的生活则是秉具为意欲所支配的六识的人们对于凝固的以往生活的奋斗,因此可以说,意欲乃是时空中的一切存有的始基和根因,也就是本体。

在梁漱溟的所有著述中,比较集中地表达他自己的本体观的大概仅此一处,寥寥数语,不成体系,但思想观点却是清楚的,可以概括为意欲本体论。虽然梁漱溟自承他的这些思想观点"只是一点佛家的意思","完全是出于佛家思想",[1]但应该还受到当时流行的叔本华唯意志论和柏格森生命哲学的影响。不过叔本华对生命意志的最终否定与梁漱溟对意欲的承认尚存抵牾;而柏格森的生命冲动、时间绵延、创造进化诸说则与梁漱溟的意欲本体、事的相续、探问追寻诸说甚相契合,由此推断梁漱溟至少有取于柏格森当不为过,这一点,从他在《究元决疑论》中所谓"此迁流相续者,鲁滂所谓变化无休息,达尔文、斯宾塞所谓进化,叔本华所谓求生之欲,柏格森所谓生活,所谓生成进化,莫不是此,而柏格森之所明尤极可惊可喜",[2]可资证明。

三、理性认识论

梁漱溟早年研究佛家量论(即认识论),对于形成认识的现量、比量、非量三者,特别重视非量的作用,他说:

> 知识是由于现量和比量构成的,这话本来不错。但是现量与比量之间还应当有一种作用,单靠现量和比量是不成功的。因为照唯

---

[1]《梁漱溟全集》第 1 卷,第 376 页。
[2]《梁漱溟全集》第 1 卷,第 13 页。

识家的说法,现量是无分别、无所得的——除去影象之外,都是全然无所得,毫没有一点意义。如是从头一次见黑无所得,则累若干次仍无所得,这时间比量智岂非无从施其简、综的作用?所以在现量与比量中间,另外有一种作用,就是附于感觉——心王——之"受""想"二心所。"受""想"二心所是能得到一种不甚清楚而且说不出来的意味的。如此从第一次所得"黑"的意味积至许多次,经比量智之综合作用贯穿起来,同时即从白、黄、红、绿……种种意味简别清楚,如是比量得施其简、综的作用,然后才有抽象的意义出来。"受""想"二心所对于意味的认识就是直觉。故从现量的感觉到比量的抽象概念,中间还须有"直觉"之一阶段,单靠现量与比量是不成功的。……所以直觉就是"非量",因为现量对于本质是不增不减的,比量亦是将如此种种的感觉加以简综的作用而不增不减得出的抽象的意义,故此二者所得皆真,虽时有错,然非其本性;唯直觉横增于其实则本性既妄,故为非量。但是我们所以不用"非量"而用直觉者,因为唯识家所谓"非量"系包括"似现量"与"似比量"而言,乃是消极的名词,否定的名词,表示不出于现量比量之外的一种特殊心理作用,故不如用直觉为当。①

与此同时,梁漱溟谈到儒家认识论说:"这个知和能,也就是孟子所说的不虑而知的良知,不学而能的良能,在今日我们谓之直觉。这种求对求善的本能、直觉,是人人都有的。"②"此敏锐的直觉,就是孔子所谓仁。……儒家完全要听凭直觉,所以唯一重要的就在直觉敏锐明利,而唯一怕的就在直觉迟钝麻疲;所有的恶都由于直觉麻疲,更无别的原因。所以孔子教人就是'求仁'。人类所有的一切诸德本无不出自此直觉,即无不出自孔子所谓'仁',所以一个'仁'就将种种美德都可代表了。……'仁'就是本能、情感、直觉,是已竟说过的了。在直觉、情感作用盛的时

---

① 《梁漱溟全集》第 1 卷,第 399—401 页。
② 《梁漱溟全集》第 1 卷,第 452 页。

候,理智就退伏;理智起了的时候,总是直觉、情感平下去;所以二者很有相违的倾向。孔子说'刚毅木讷近仁',又说'巧言令色鲜矣仁'。我们都可以看出这'仁'与'不仁'的分别:一个是通身充满了真实情感,而理智少畅达的样子;一个是脸上嘴头露出了理智的慧巧伶俐,而情感不真实的样子。大约理智是给人作一个计算的工具,而计算实始于为我。所以理智虽然是无私的,静观的,并非坏的,却每随占有冲动而来。因这妨碍情感和连带自私之两点,所以孔家很排斥理智。"①由此可见,梁漱溟将佛家的非量、儒家的良知良能甚至仁都对应于现代心理学的直觉范畴,认定唯有直觉才可能成就认识以及作用于对象世界的德性,而对排抑情感、明分物(人)我、专注利害、工于算计的理智予以贬斥。

在 1949 年完成并出版的《中国文化要义》中,梁漱溟追述道:"二十七年前我亦还不认识理性,同意克鲁泡特金道德出于本能之说,而不同意罗素本能、理智、灵性三分法。及至有悟于理性、理智之必须分开,而后恍然罗素之三分法为不易之论——罗素所云灵性相当于我所谓理性。"②由此梁漱溟便以大致相当于罗素所谓"灵性"的理性取代了大致相当于克鲁泡特金所谓"本能"的直觉,而集中地以理性和理智两个范畴来处理认识论问题了。

那么理性和理智各自的涵义是什么? 其相互关系如何? 梁漱溟在漫长的生涯中对此作出了大量的、基本主旨一贯相承的论说,其荦荦大端有谓:

> 所谓理性,是指吾人所有平静通达的心理。吾人心里平平静静没有什么事,这个时候,彼此之间无论说什么话,顶容易说得通。这似乎很浅、很寻常,然而这实在是宇宙间顶可宝贵的东西,人之所以异于禽兽者就在这一点。③

---

① 《梁漱溟全集》第 1 卷,第 453—455 页。
② 《梁漱溟全集》第 1 卷,第 306 页。梁先生对罗素三分法的理解过程另见《梁漱溟全集》第 3 卷,第 599 页。
③ 《梁漱溟全集》第 2 卷,第 181 页。近似说法见于《梁漱溟全集》第 3 卷,第 123 页。

理性，一面是开明的——反乎愚蔽，一面是和平的——反乎强暴。故惟理性抬头，愚蔽与强暴可免。①

宇宙间的理，我们可以粗分为二：一种是情理，一种是物理。情理出于人情好恶，偏于主观；物理存于事物，经人考验得来，偏于客观。辨察物理靠理智，体认情理靠理性。理性、理智二词，通常混用不甚分，这里虽分亦非截然二物。大抵理智要冷静才得尽其用，就必须屏抑一切感情；而理性则离好恶无可见。……所谓理性，要无外父慈子孝的伦理情谊和好善改过的人生向上。②

中国人之所谓理性与西洋人之所谓理性不同。西洋人之所谓理性，当然也是平静通晓，但是只差"而有情"三个字；中国人的理性就是多"而有情"三个字。……理性主义有两种，一是法国的理性主义，是一个冷静分析的理智；一是中国人的理性主义，是平静通晓而有情的。"而有情"三个字最重要，因系指情理而言。③

理性、理智为心思作用之两面，知的一面曰理智，情的一面曰理性，二者本来密切相联不离。譬如计算数目，计算之心是理智，而求正确之心便是理性。数目算错了，不容自昧，就是一极有力的感情，这一感情是无私的，不是为了什么生活问题。分析、计算、假设、推理。……理智之用无穷，而独不作主张，作主张的是理性。理性之取舍不一，而要以无私的感情为中心。④

理智者，人心之妙用；理性者，人心之美德。后者为体，前者为用。虽体用不二，而为了认识人心，有必要分别指出之。……理智、理性各有其所认识之理。理智静以观物，其所得者可云"物理"，是夹杂一毫感情（主观好恶）不得的。理性反之，要以无私的感情为中

---

① 《梁漱溟全集》第 2 卷，第 183 页。
② 《梁漱溟全集》第 2 卷，第 185—186 页。按此段"体认情理靠理性"一句后有脱误，径予补正。
③ 《梁漱溟全集》第 2 卷，第 314 页。"平静通晓而有情"一语，实际上也正是梁先生使用的理性概念与通常理性概念的区别所在。
④ 《梁漱溟全集》第 3 卷，第 125—126 页。

心，即从不自欺其好恶而为判断焉，其所得者可云"情理"。例如正义感，即对于正义（某一具体事例）欣然接受拥护之情，而对于非正义者则嫌恶拒绝之也。离开此感情，求所谓正义，其可得乎？然一切情理虽必于情感上见之，似动而非静矣，却不是冲动，是一种不失清明自觉的感情。①

比如人当他作了不公平的事，他自己知道，其良心不容自昧。又如当他理曲而强辩时，未尝不知自己之非。这足以证明他心中有个不自私，这就是理性。理性是大公无我的，理性中无自私。②

所谓理者既有此不同，似当分别予以不同名称。前者为人情上的理，不妨简称"情理"；后者为物理上的理，不妨简称"物理"。假如大家承认可以这样分开的话，我们再来看人类对此不同之两种理的认识，是否亦出自两种不同之认识力。我以为在认识上是有分别的，即后者的认识不容稍存主观爱憎迎拒，而前者则离却主观之爱好与憎恶便无从认识。现时流行有"正义感"的一句话，正义感是一种感情，对于正义便欣然接受，对于不合正义的便厌恶拒绝。正义感即是正义之认识力，离开这种感情，正义就不可得。一切是非善恶之理皆同此例。善就在乎崇敬悦服赞叹的心情上，恶就存乎嫌恶愤嫉不平的心情上。反之，我们若不为求善而意在求真，则非屏除一切感情、极其冷静不可。必须屏除感情而后其认识乃明切锐入者，我谓之理智。必须藉好恶之情以为判别者，我谓之理性。③

物理的认识出于理智对外思索之功；情理则发之自内，若不容已。前者要冷静，后者于静中有动（指当下好恶之情）。物理、情理

---

① 《梁漱溟全集》第 3 卷，第 603 页。梁先生以体用分指理性和理智的言论，还见于《梁漱溟全集》第 5 卷，济南：山东人民出版社 1992 年版，第 869 页；《梁漱溟全集》第 7 卷，济南：山东人民出版社 1993 年版，第 275 页。
② 《梁漱溟全集》第 5 卷，第 870 页。
③ 《梁漱溟全集》第 6 卷，第 405 页。

各有其所由认识的能力非一,前者称理智,后者宜别名为理性。如前云"反躬自问始逼真"者,即诉之理性自觉之谓也。①

综上可见,梁漱溟认为,理性主要以人情为认识对象,其认识方式为情智双运而以情主智,其情之主要内容为清明自觉、中正和平、大公无私,其指向在于求善成德;理智则以物理为认识对象,其认识方式为专任智性而杜绝情感,其指向在于求真成识;理性和理智是人类兼具的两种认识能力,但理性为体为主,理智为用为从。梁漱溟对理性(其早年所谓直觉)与理智在认识上的不同效果予以比较,他说:

> 事实象是圆的,若认定一点,拿理智往下去推,则为一条直线,不能圆,结果就是走不通。譬如以爱人爱物这个道理顺着往下推去,必至流于墨子兼爱、基督博爱的派头,再推就到了佛教的慈悲不杀,再推不但不杀动物,也要不杀害植物才对,乃至一石一木也要不毁坏他才对,那么那个路你怎么走呢?你如果不能做到最后尽头一步,那么你的推理何以无端中途不往下推?你要晓得不但后来不能推,从头原不应判定一理而推也!所以孔子主张"亲亲而仁民,仁民而爱物",在我的直觉上对于亲族是情厚些,就厚些;对于旁人略差些,就差些;对于生物又差些,就又差些;对于木石更差了,就更差些。你若判定情厚多爱为定理,而以理智往下推寻,把他作成客观道理而秉持之,反倒成了形式,没有真情,谬戾可笑,何如完全听凭直觉!然而一般人总要推寻定理,若照他那意思看,孔家所谓"钓而不网,弋不射宿""君子远庖厨"未免不通,既要钓何如网,既不网也就莫钓;既要弋就射宿,既不射宿也就莫弋;既不忍食肉就不要杀生,既杀生又何必远庖厨。一般人是要讲理的,孔子是不讲理的;一般人是求其通的,孔子则简直不通!然而结果一般人之通却成不通,而孔子之不通则通之至。盖孔子总任他的直觉,没有自己打架;

---

① 《梁漱溟全集》第7卷,第275页。

而一般人念念讲理，事实上只讲一半，要用理智推理，结果仍得凭直
觉。我们的行为动作实际上都是直觉支配我们的，理智支配他不
动。一边自己要用理智，一边自己实不听他，临时直觉叫我们往那
边去，我们就往那边去，这种自己矛盾打架，不过人自己不觉罢了，
其实是无时无刻不这样的，留心细省就知道了。调和折衷是宇宙的
法则，你不遵守，其实已竟无时不遵守了。极端的事，一偏的事，那
里是极端？那里是一偏？他对于真的极端还是折衷，他对于真的一
偏还是调和。其实无论何人自认为彻底往下推的，也都是不讲
理——就是说没有一人不是不往下推的。所以一般人心里总是有
许多道理、见解、主张的，而孔子则无成心，他是空洞无丝毫主张的。
他因此就无常师，就述而不作。孔子的这种不认定，有似佛家的"不
着有"，但全非一事。不过孔子这种空洞无主张，只是述而不作，则
与佛陀一般一样。我只看见世上仅此两人是此态度，外此无有已。
我只看见他两人仅此一点相同，外此无有已。盖愈是看得周全，愈
是看得通，也必愈无主张；惟其那只见一隅的，东一点，西一点，倒有
很多主张。①

这显然认为理性（直觉）是比理智更圆通、更中正、更涵容，从而也就
是更高明的认识能力。相应地，梁漱溟对理智不乏批评，如谓"人之所以
不同于其他动物者，也就是人类的最大长处，即在其头脑能冷静；头脑能
冷静才能分别计算，这就是理智。但人类之最大危险亦正在此，即在其
心理上易流于阴冷，在人情世故利害得失上易有许多计较，化一切生活
为手段，不能当下得到满足"，"这时的人，理智的活动太强太盛，这是他
一切成功之母，科学由此而开出，社会的组织性机械性由此而进入，西洋
文化所以有其特异的征服世界的威力全在此，……西洋文化所以有其特

①《梁漱溟全集》第 1 卷，第 450—451 页。按"亲亲而仁民，仁民而爱物"语出《孟子·尽心上》；
"钓而不网"当做"钓而不纲"，语出《论语·述而》。

异的虎狼吞噬性盖在此"！①

由此又可见出,梁漱溟将理性和理智两种认识能力分属于中国与西方。他强调中国人富于理性:"如果有人问我:中国文化的特点或长处在那里? 我便回答就在这里,就在能发挥人类的理性。我尝说中国文化是人类文化的早熟,现在更正确地指实来说,那就是人类理性开发的早。想明白中国过去的文化及中国本来的前途,都要先明白这个东西——理性。"②"此根于人类理性而发育的文化,任何人类遇着都象是寻到了自己的家,如水归壑,不求自至。尤其从理性来的'天下一家'的精神,不存狭隘的种族意识、国家意识,自一面说,也许是中国人失败的缘由,然而毕竟从这里不费力地融合进来许多外邦异族。因理性的伟大而中国民族伟大。"③他分判中西认识能力的差异说:"近代西洋发达了理智,中国古人则发达了理性。无论中国书、外国书,书里面总是讲了许多理,但持中国古书以与近代西洋书相较,一则讲的多是情理(忠、恕、信、义等),一则讲的多是物理(自然科学、社会科学),显然异趣。"④"西洋因工商业将人训练成一种喜欢分析解剖的脾气,将一切都看成是机械的、可以割裂的,这正是理智。中国农夫因其对付的是囫囵的、不可分的生物,所以引发了他的活趣,这正是理性,而不是理智。"⑤"西洋偏长于理智而短于理性,中国偏长于理性而短于理智。"⑥"中国人既理性早启,冷静不足,展转相引,乃愈来愈长于理性,愈短于理智。西洋人反此,他们恰是长于理智而短于理性。"⑦"理智在人类心理上属于知的一面,而理性则属于情的一面。近代西洋人发达了理智,而中国人早早发达了理性。"⑧"假如中国文

---

① 《梁漱溟全集》第2卷,第120页。
② 《梁漱溟全集》第2卷,第181页。按"中国本来的前途"之"本来"疑当做"未来"。
③ 《梁漱溟全集》第2卷,第185页。
④ 《梁漱溟全集》第2卷,第186页。近似说法见于《梁漱溟全集》第3卷,第127页。
⑤ 《梁漱溟全集》第2卷,第314—315页。
⑥ 《梁漱溟全集》第3卷,第127页。
⑦ 《梁漱溟全集》第3卷,第276页。梁先生于下文分五点论证了中国长于理性、西方长于理智的观点。
⑧ 《梁漱溟全集》第6卷,第107页。

化和西洋文化有分别的话，我以为就在中国长于理性而短于理智，西洋长于理智而短于理性。"①他的这些观点乃是引申自他对东西（中西）文化的研究。

四、三路向与三期重现的文化哲学

梁漱溟自述研究东西（以下主要集中于中西）文化的动因说：

> 这个问题自是世界的问题，欧美人、日本人、中国人都当研究解决的。而直逼得刀临头顶、火灼肌肤，呼吸之间就要身丧命倾的，却独在中国人。因为现在并不是两文化对垒的激战，实实在在是东方化存亡的问题。现在的世界，东方化不是已经临到绝地了么？形势如此，是用不着讳言的。请放眼一看，世界上哪一块不是西方化的领土？凡秉用东方化的国民，若日本、暹罗、印度、安南、缅甸、高丽之类，不是改从西方化，便为西方化所强据。改了可以图存，不改立就覆亡。东方化的唯一根据地的中国数十年来为这种大潮流所冲动，一天比一天紧迫，到现在已经撞进门来，而这为东方化浸润最深的国民，不同凡众，要他领纳西方化大是不易。逼得急了，只肯截取一二，总不肯整个的承受。起初的时候，惊于火炮铁甲之利，声光化电之妙，想着不得不学他的，大约咸丰末同治初以迄光绪二十几年，都是这个思想。大家试去检看那个时候的名臣奏议、通人著述、书院文课、试场闱墨及一切号为时务书的，无非是此。所以曾文正、李文忠的大施设就是上海制造局、马尾的船厂、北洋的海军，以为西洋所长、中国所短，不过这些东西而已，但把他学来便了。曾不晓得这些东西有他的来历（西方化），不是可以截蔓摘果就挪到自己家里来的，而实与自家遗传的教化（东方化）大有冲突之点，轻轻一改，已经失了故步。到甲午海军覆没，始又种下观念变更的动机，慢慢觉悟

①《梁漱溟全集》第 6 卷，第 404 页。

得问题所争尚不在此,把眼光挪到学术、教育、种种实业与政治制度上去,而尤归本政治制度之改革,较前可以算得一大进步,大约光绪二十年以后到宣统末年民国初年都是这个思想。所以当时最盛的就是兴学论、立宪论与革命论,而所有的大成绩无过于废科举、办学堂、日本留学、师范法政之盈千累万,宣诏预备立宪,设资政院、咨议局,二十二省代表请开国会与辛亥革命成功。在大家心目中都以为但能如其所求,便不难接武日本,抗跻欧美,曾不留意这种制度(代议制度、民主制度)是什么样精神产生的,与这东方化所养的国民是何等的凿枘不入;并且不待远求,就是他们那立宪家、革命家的头脑,试去解剖他,仍旧什九东方式,并未领会到西方化是什么东西(这种实例极多,容后细论)。八年以来闹得天翻地覆,乃看出这种活剥生吞的改革的无功又且贻祸,而后晓得既不是什么坚甲利兵的问题,也不是什么政治制度的问题,实实在在是两文化根本不同的问题,方始有人注意到改革思想,把西方化为根本的引入,这是最近一二年的新倾向。差不多六十年功夫才渐渐寻到这个根本上来,把六十年支支节节的问题一齐揭过,直向咽喉处着刀,逼问到东方化的应存应废。若以往事相例,六十年间西方化对于东方化已经是节节进逼、节节斩伐,到现在岂不是就要绝其根株了么?这种形势明明逼来,我们真无从闪避,要赶快谋应付之方。①

由此可见,正是中国文化遭受西方文化毁灭性打击而濒临生死存亡危急局面的情势,促使梁漱溟不能不自已地投入中西文化研究,以期使国人清醒认识并明确抉择:"一、倘然东方化与西方化果真不并立又无可通,到今日是要绝根株了,那我们须要自觉的如何彻底的改革,赶快应付上去,不要与东方化同归于尽。二、倘然东方化为西方化的压迫不必虑,东方化却要翻身的,那与今日的局面如何求其通,也须有真实的解决,积

---

① 《梁漱溟全集》第1卷,第255—256页。与这段话相近的意思另见于同卷第332—336页,但彼处阐述更加详细。

极的作去，不要作梦发呆卒致倾覆。三、倘然东方化与西方化果有调和融通之道，那也一定不是现在这种'参用西法'可以算数的，须要赶快有个清楚明白的解决，好打开一条活路。"①

何谓文化？梁漱溟界定道："所谓一家文化不过是一个民族生活的种种方面，总括起来，不外三方面：（一）精神生活方面，如宗教、哲学、科学、艺术等是。宗教、文艺是偏于感情的，哲学、科学是偏于理智的。（二）社会生活方面，我们对于周围的人——家族、朋友、社会、国家、世界——之间的生活方法都属于社会生活一方面，如社会组织、伦理习惯、政治制度及经济关系是。（三）物质生活方面，如饮食、起居种种享用，人类对于自然界求生存的各种是。我们人类的生活大致不外此三方面，所谓文化可从此三方面来下观察。"②这当然是采取广义的文化概念，梁漱溟说："文化就是吾人生活所依靠之一切。……俗常以文字、文学、思想、学术、教育、出版等为文化，乃是狭义的。我今说文化就是吾人生活所依靠之一切，意在指示人们，文化是极其实在的东西。文化之本义，应在经济、政治乃至一切无所不包。"③梁漱溟还对文化与文明这两个概念作出区分，他说："所谓文明是我们在生活中的成绩品——譬如中国所制造的器皿和中国的政治制度等都是中国文明的一部分。生活中呆实的制作品算是文明，生活上抽象的样法是文化。不过文化与文明也可以说是一个东西的两方面，如一种政治制度亦可说是一民族的制作品——文明，亦可以说一民族生活的样法——文化。"④

从广义文化的视野来看，中西文化何以如此强弱异势呢？表层的解释可以说是因为中国文化历久如一，西方文化逐日翻新；⑤中国文化即古化，西方文化即新化；⑥中国文化是崇尚天才的艺术化，西方文化是要求

---

① 《梁漱溟全集》第1卷，第256—257页。
② 《梁漱溟全集》第1卷，第339页。
③ 《梁漱溟全集》第3卷，第9页。另参见《梁漱溟全集》第1卷，第611页。
④ 《梁漱溟全集》第1卷，第380—381页。
⑤ 《梁漱溟全集》第1卷，第261页。
⑥ 《梁漱溟全集》第1卷，第340页。

客观共认的确实知识的科学化；①中国文化散漫、消极、和平、无力，西方文化集中、积极、斗争、强力；②如此等等，但归根到底是由于中西文化的根本或源泉不同。梁漱溟说：

> 我以为我们去求一家文化的根本或源泉有个方法。你且看文化是什么东西呢？不过是那一民族生活的样法罢了。生活又是什么呢？生活就是没尽的意欲（Will）——此所谓"意欲"与叔本华所谓"意欲"略相近——和那不断的满足与不满足罢了。通是个民族，通是个生活，何以他那表现出来的生活样法成了两异的采色？不过是他那为生活样法最初本因的意欲分出两异的方向，所以发挥出来的便两样罢了。然则你要去求一家文化的根本或源泉，你只要去看文化的根原的意欲，这家的方向如何与他家的不同。你要去寻这方向怎样不同，你只要他已知的特异采色推他那原出发点，不难一目了然。③

又说：

> 生活的根本在意欲，而文化不过是生活之样法，那么，文化之所以不同，由于意欲之所向不同，是很明的。要求这个根本的方向，你只要从这一家文化的特异彩色，推求他的原出发点，自可一目了然。④

文化是生活的样法，生活是没尽的意欲，因此文化归根到底决定于意欲，从而梁漱溟的文化观与其本体观相贯通，而获具文化哲学的性质。作为本体的意欲固然是绝对的一，但落实于现象界则表现为繁复的多，因而由意欲所决定的文化也就异彩纷呈，在梁漱溟看来，其大别有三：

（一）本来的路向：就是奋力取得所要求的东西，设法满足他的

---

① 《梁漱溟全集》第 1 卷，第 355 页。
② 《梁漱溟全集》第 2 卷，第 191 页。
③ 《梁漱溟全集》第 1 卷，第 352 页。
④ 《梁漱溟全集》第 1 卷，第 382 页。

要求；换一句话说就是奋斗的态度。遇到问题都是对于前面去下手，这种下手的结果就是改造局面，使其可以满足我们的要求。这是生活本来的路向。（二）遇到问题不去要求解决，改造局面，就在这种境地上求我自己的满足。譬如屋小而漏，假使照本来的路向，一定要求另换一间房屋，而持第二种路向的遇到这种问题，他并不要求另换一间房屋，而就在此种境地之下变换自己的意思而满足，并且一般的有兴趣。这时下手的地方并不在前面，眼睛并不望前看，而向旁边看。他并不想奋斗的改造局面，而是回想的随遇而安。他所持应付问题的方法，只是自己意欲的调和罢了。（三）走这条路向的人，其解决问题的方法与前两条路向都不同，遇到问题他就想根本取销这种问题或要求。这时他既不象第一条路向的改造局面，也不象第三（按似当做二）条路向的变更自己的意思，只想根本上将此问题取销。这也是应付困难的一个方法，但是最违背生活本性，因为生活的本性是向前要求的。凡对于种种欲望都持禁欲态度的都归于这条路。所有人类的生活大约不出这三个路径样法：（一）向前面要求；（二）对于自己的意思变换、调和、持中；（三）转身向后去要求。这是三个不同的路向，这三个不同的路向非常重要，所有我们观察文化的说法都以此为根据。①

具体来说，西方（特指古希腊和近代）文化采取的是第一路向：

现在我们从第一步所求得的西方文化的三大特异彩色，去推看他所从来之意欲方向，即可一望而知他们所走是第一路向——向前的路向：（一）征服自然之异采。西方文化之物质生活方面现出征服自然之采色，不就是对于自然向前奋斗的态度吗？所谓灿烂的物质文明，不是对于环境要求改造的结果吗？（二）科学方法的异采。科学方法要变更现状，打碎、分析来观察，不又是向前面下手克服对面

---

① 《梁漱溟全集》第 1 卷，第 381—382 页。另参见《梁漱溟全集》第 2 卷，第 81—83 页。

的东西的态度吗？科学精神于种种观念、信仰之怀疑而打破扫荡，不是锐利迈往的结果吗？（三）德谟克拉西的异采。德谟克拉西不是对于种种威权势力反抗奋斗争持出来的吗？这不是由人们对人们持向前要求的态度吗？这西方化为向前的路向真是显明的很，我们在第二章里所下的西方化答案"西方化是以意欲向前要求为根本精神的"，就是由这样的观察得到的。①

中国文化采取的是第二路向：

中国文化是以意欲自为、调和、持中为其根本精神的。……质而言之，我观察的中国人是走第二条路向。②

中国人另有他的路向态度与西方人不同的，就是他所走并非第一条向前要求的路向态度。中国人的思想是安分、知足、寡欲、摄生，而绝没有提倡要求物质享乐的，却亦没有印度的禁欲思想（和尚道士的不娶妻、尚苦行是印度文化的摹仿，非中国原有的）。不论境遇如何他都可以满足安受，并不定要求改造一个局面，象我们第二章里所叙东西人士所观察，东方文化无征服自然态度而为与自然融洽游乐的，实在不差。这就是什么？即所谓人类生活的第二条路向态度是也。③

第三路向所对应的则是印度文化：

印度文化是以意欲反身向后要求为其根本精神的。……印度人是走第三条路向。④

原来印度人既不象西方人的要求幸福，也不象中国人的安遇知足，他是努力于解脱这个生活的，既非向前，又非持中，乃是翻转向

①《梁漱溟全集》第 1 卷，第 382—383 页。另参见同卷第 353—370 页。
②《梁漱溟全集》第 1 卷，第 383 页。
③《梁漱溟全集》第 1 卷，第 392—393 页。另参见同卷第 477—480 页。
④《梁漱溟全集》第 1 卷，第 383 页。

后，即我们所谓第三条路向。①

以向前的意欲结成团体、发明科技、征服自然的西方文化，无疑比意欲持中、随遇而安的中国文化和意欲向后、取销问题的印度文化更加强悍，这就是中国、印度等东方文化遭遇生死存亡危机的根本原因。

西方、中国、印度所代表的人类文化三路向乃是各走一路，若无外来刺激或自感途穷，则将永无改变。以中国为例来说："假使西方文化不同我们接触，中国是完全闭关与外间不通风的，就是再走三百年、五百年、一千年，亦断不会有这些轮船、火车、飞行艇、科学方法和德谟克拉西产生出来。中国不是尚未进于科学，而是已不能进于科学；中国不是尚未进于资本主义，而是已不能进于资本主义；中国不是尚未进于德谟克拉西，而是已不能进于德谟克拉西。……假使没有外力进门，环境不变，它会要长此终古。"②又如印度："其物质文明之无成就与社会生活之不进化，不但不及西方，且直不如中国。他的文化中具无甚可说，唯一独盛的只有宗教之一物，而哲学、文学、科学、艺术附属之，于生活三方面成了精神生活的畸形发展，而于精神生活各方面又为宗教的畸形发达，这实在特别古怪之至！所以他与西方人非一条线而自有其所趋之方向不待说，而与中国亦绝非一路。"③由此可见梁漱溟信持人类文化多元并进的观点（他称之为流派观），而与那种认为人类文化完全始终遵循同一条道路、不同地域族群文化之间的差异只是先进与落后之别的一元线性文化观（他称之为阶梯观）亦即以西方为圭臬的西化思潮针锋相对。④

梁漱溟不仅肯定以中西印为代表的人类文化多元并进，而且认为多元并进的人类文化并无分好坏，而只有合宜与否的问题，他说：

> 人类生活只有三大根本态度，如我在第三章中所说，由三大根

---

① 《梁漱溟全集》第 1 卷，第 394 页。
② 《梁漱溟全集》第 3 卷，第 47—48 页。另参见《梁漱溟全集》第 1 卷，第 391—393 页。
③ 《梁漱溟全集》第 1 卷，第 393 页。
④ 参见《梁漱溟全集》第 3 卷，第 47 页。

本态度演为各别不同的三大系文化，世界的三大系文化实出于此。论起来，这三态度都因人类生活中的三大项问题而各有其必要与不适用，如我前面历段所说，最妙是随问题的转移而变其态度——问题问到那里，就持那种态度。却人类自己在未尝试经验过时，无从看得这般清楚而警醒自己留心这个分际，于是古希腊人、古中国人、古印度人各以其种种关系因缘凑合，不觉就单自走上了一路，以其聪明才力成功三大派的文明——迥然不同的三样成绩。这自其成绩论，无所谓谁家的好坏，都是对人类有很伟大的贡献；却自其态度论，则有个合宜不合宜。希腊人态度要对些，因为人类原处在第一项问题之下；中国人态度和印度人态度就嫌拿出的太早了些，因为问题还不到。……西洋文化的胜利，只在其适应人类目前的问题；而中国文化、印度文化在今日的失败，也非其本身有什么好坏可言，不过就在不合时宜罢了。①

虽然承认中国文化和印度文化当前的失败，但在根本上将中西印三大文化置于平等地位，并且隐涵着中西印三大文化在历史的进程中可能发生主从异位的意思；这个意思由梁漱溟的世界文化三期重现说而明确表达出来。

如上所述，梁漱溟肯定西方文化是当时合宜的文化，因而也就是对于不合时宜的中国文化和印度文化取得胜利的文化；但他又指出西方文化的合宜正在转变为不合宜，"我们从客观的观察所得，看出为现在全世界向导的西方文化已经有表著的变迁"。② 首先，在经济方面，盲目生产、恶劣竞争以致破坏社会、戕贼人性的近代西方资本主义生产方式难以为继，"人当此际简直会要溃裂横决，断不会容他长久如此，因此而呼求经济制度的改正，真乃出乎不容已！……以社会为本位、分配为本位是一定的，这样一来就致人类文化要有一根本变革，由第一路向改变为第二

---

① 《梁漱溟全集》第 1 卷，第 525—526 页。另参见同卷第 529 页。
② 《梁漱溟全集》第 1 卷，第 488 页。

路向,亦即由西洋态度改变为中国态度。……所谓这条路——就前面下手改造环境以求满足的路——已走到了尽头处,固谓改造到这一步无可更改造,亦谓到这一步将有新问题,这个办法不复适用。盖人类将从人对物质的问题之时代而转入人对人的问题之时代"。①　其次,在心理方面,自古希腊以来西方人那种工于算计的意识发生变化,"于是西方人两眼睛的视线渐渐乃与孔子两眼视线所集相接近到一处。孔子是全力照注在人类情志方面的,孔子与墨子的不同处,孔子与西洋人的不同处,其根本所争只在这一点。西洋人向不留意到此,现在留意到了,乃稍稍望见孔子之门矣。我们所怕者,只怕西洋人始终看不到此耳,但得他看到此处,就不怕他不走孔子的路!此话自非一言能尽,然亦不妨简单说两句。头一层,他既看到了人类生活本来是怎么一回事,则他将不能不顺从着生活本性而任听本能冲动的活泼流畅,一改那算账而统驭抑制冲动的态度;第二层,他既看到人类生活本来是怎么一回事而不能统驭抑制冲动了,则他不能不有一种先事的调理,俾冲动发出来就是好的、妥洽的、没毛病没危险的,那就不外乎要养得一种和乐恬静的心理才行,即这般活泼和乐的生活便是'仁的生活',便是孔子的生活。孔子的生活要去说明,只这么两层,初无他义。……这人生新路途不是别的,是我所谓第二条路。……因为自有所取得的态度、算计着走的路子,一改而为无目的、无所为、非算计着走,即不说为孔子的路,无论如何也是第二条路了"。②　再次,在哲学思想方面,"此刻西洋哲学界的新风气竟是东方采色,此无论如何不能否认的。东方人讲哲学都是想求得一个生命,西方人只想求得知识,但此刻则无不走入求生命一路了。……现在的哲学采色不但是东方的,直接了当就是中国的——中国哲学的方法为直觉,所着眼研究者在'生'。……现今西方思想界已彰明的要求改变他们从来人生态度,而且他们要求趋向之所指就是中国的路,孔家的路。……理

---

① 《梁漱溟全集》第1卷,第493—494页。梁先生对近代西方资本主义生产方式的叙述和批评,见同卷第488—495页。

② 《梁漱溟全集》第1卷,第498页。

智与直觉的消长,西洋派与中国派之消长也"。① 梁漱溟总括道:"盖第一路走到今日,病痛百出,今世人都想抛弃他,而走这第二路,大有往者中世人要抛弃他所走的路而走第一路的神情。尤其是第一路走完,第二问题移进,不合时宜的中国态度遂达其真必要之会,于是照样也拣择批评的重新把中国人态度拿出来。"②他由此进一步预言人类文化的前景说:"而最近未来文化之兴,实足以引进了第三问题,所以中国化复兴之后,将继之以印度化复兴。于是古文明之希腊、中国、印度三派竟于三期间次第重现一遭。"③这就是梁漱溟在漫长生涯中反复阐述的世界文化三期重现说。④

关于人类文化三路向说与世界文化三期重现说的关系,梁漱溟以文艺复兴以后的西方文化路向为例,加以解释说:"第一要注意重新提出这态度的'重'字。这态度原来从前曾经走过的,现在又重新拿出来,实在与从前大有不同了。头一次是无意中走上去的,而这时——从黑暗觉醒时——是有意选择取舍而走的。他撇弃第三条路而取第一条路是经过批评判断的心理而来的。在头一次走上去的人因为未经批评判别,可以无意中得之,亦可以无意中失之。而重新采取这条路的人,他是要一直走下去不放手,除非把这一条路走到尽头不能再走,才可以转弯。本来希腊人——第一次走这条路的人的理性方面就非常发达,头脑明睿清晰,而此刻重新有意走这条路的人于所谓批评、选择更看出他心理方面理智的活动。"⑤这是说,三路向是古代人类在意欲支配下不自觉地走上去的,而三期重现则是近代以来人类按照外界物质、内界生命、无生本体等切身问题的发生次序而作的自觉选择;共时性的三路向由此转换为历时性的三期重现。梁漱溟说:"我并非有意把他们弄得这般齐整好玩,无

---

① 《梁漱溟全集》第 1 卷,第 503—505 页。

② 《梁漱溟全集》第 1 卷,第 526 页。

③ 《梁漱溟全集》第 1 卷,第 527 页。

④ 主要参见《梁漱溟全集》第 1 卷,第 504 页;《梁漱溟全集》第 3 卷,第 260 页;《梁漱溟全集》第 5 卷,第 74—75 页;《梁漱溟全集》第 7 卷,第 325—327、364 页。

⑤ 《梁漱溟全集》第 1 卷,第 390 页。

奈人类生活中的问题实有这么三层次,其文化的路径就有这么三转折,而古人又恰好把这三路都已各别走过,所以事实上没法要他不重现一遭。"①

　　值得注意的是,尽管梁漱溟认定第一路向的西方文化已经千疮百孔、难以为继而必将转入第二路向,但他完全不认为第二路向的中国文化就已经脱离险境而可以安享其成。他提出自己"几经审慎而后决定"的关于中国文化振兴的思路说:

　　　　第一,要排斥印度的态度,丝毫不能容留;
　　　　第二,对于西方文化是全盘承受,而根本改过,就是对其态度要改一改;
　　　　第三,批评的把中国原来态度重新拿出来。②

　　这三条思路的提出,乃是基于梁漱溟认识到中国文化"步骤凌乱、成熟太早、不合时宜"的"致误所由",在西方文化面前"节节失败、忍辱茹痛、听其蹂躏、仅得不死"以及"国内军阀之蹂躏""生计更穷得要死""天灾一来,全没对付,甘受其虐"的"所受病痛",在现实社会中"怎样能让个人权利稳固、社会秩序安宁"的"眼前急需",在世界范围内"如何要鉴于西洋化弊害而知所戒,并预备促进世界第二路文化之实现"的"四外情势"。③ 因此,他断然排斥比中国文化更加不合时宜的意欲向后的印度文化,而高度肯定虽然"于今日的西洋人为更益其痛苦,而于从来的中国人则适可以救其偏"④的意欲向前的西方文化,他说:

　　　　第三态度的提出,此刻还早的很,是极明显的。而我们以前只为一步走错,以致贻误到那个天地,此刻难道还要一误再误不知鉴戒吗?……我们因未走第一路便走第二路而受的病痛,从第三态度

①《梁漱溟全集》第1卷,第527页。
②《梁漱溟全集》第1卷,第528页。
③ 具见《梁漱溟全集》第1卷,第529—531页。
④《梁漱溟全集》第1卷,第531页。

将有所补救呢,还是要病上加病? 我们没有抵抗天行的能力,甘受水旱天灾之虐,是将从学佛而得补救,还是将从学佛而益荒事功? 我们学术思想的不清明,是将从学佛而得药治,还是将从学佛而益没有头绪? 国际所受的欺凌,国内武人的横暴,以及生计的穷促等等我都不必再数。一言总括,这都是因不象西洋那样持向前图谋此世界生活之态度而吃的亏! 你若再倡导印度那样不注意图谋此世界生活之态度,岂非要更把这般人害到底? ……在此处只有赶紧参取西洋态度,那屈己让人的态度方且不合用,何况一味教人止息向前争求态度的佛教? 我在《唯识述义》序文警告大家:"假使佛化大兴,中国之乱便无已。"就是为此而发。①

而对西方文化的全盘承受,根本上就是承受其德谟克拉西(民主)精神和科学精神,"其实这两种精神完全是对的,只能为无条件的承认,即我所谓对西方化要'全盘承受'。怎样引进这两种精神实在是当今所急的,否则我们将永此不配谈人格,我们将永此不配谈学术"!② 至于对西方文化态度的根本改过,梁漱溟说:"我们此刻无论为眼前急需的护持生命财产个人权利的安全而定乱入治,或促进未来世界文化之开辟而得合理生活,都非参取第一态度、大家奋往向前不可。但又如果不根本的把他含融到第二态度的人生里面,将不能防止他的危险,将不能避免他的错误,将不能适合于今世第一和第二路的过渡时代。我们最好是感觉着这局面的不可安而奋发,莫为要从前面有所取得而奔去。""我意不过提倡一种奋往向前的风气,而同时排斥那向外逐物的颓流。"③这当然是要从形式上仿效西方文化向前的态度,但剔除作为其核心的逐物贪欲。

在表达弃绝印度文化、析取西方文化的思路之后,梁漱溟落脚于"批评的把中国原来态度重新拿出来"的思路,其大意为:

①《梁漱溟全集》第 1 卷,第 533—535 页。
②《梁漱溟全集》第 1 卷,第 532—533 页。
③《梁漱溟全集》第 1 卷,第 537—538 页。

现在只有先根本启发一种人生，全超脱了个人的为我，物质的歆慕，处处的算账，有所为的而为，直从里面发出来活气——罗素所谓创造冲动——含融了向前的态度，随感而应，方有所谓情感的动作。情感的动作只能于此得之。只有这样向前的动作才真有力量，才继续有活气，不会沮丧，不生厌苦，并且从他自己的活动上得了他的乐趣。只有这样向前的动作可以弥补了中国人夙来缺短，解救了中国人现在的痛苦，又避免了西洋的弊害，应付了世界的需要，完全适合我们从上以来研究三文化之所审度。这就是我所谓刚的态度，我所谓适宜的第二路人生。本来中国人从前就是走这条路，却是一向总偏阴柔坤静一边，近于老子，而不是孔子阳刚乾动的态度。若如孔子之刚的态度，便为适宜的第二路人生。

这就是以中国固有的孔子儒家"无欲则刚"的精神为核心，而辅之以取代偏于阴柔坤静的中国末流人生观、剔除了物欲内容而保持了奋往向前形式的西方态度，构成新型的中国文化。从其以孔子阳刚乾动精神为根本而含融西方奋往向前态度来看，这种新型中国文化不出"中体西用"的范围；而在批评前提下对中国原来态度的重新拿出，则颇近"批判继承"的路数。可以说，梁漱溟的文化理想就是要以经过双向扬弃而呈显中西精华、主以孔子之刚健精神而辅以西方之奋往态度的新型中国文化来拯救现代中国的危亡，进而也为第一路向过渡到第二路向做出铺垫。

梁漱溟研究中西文化的动机在于探讨中国文化近代衰落的原因及其复兴之道；他提出的人类文化三路向说，将几乎濒临绝境的中国文化与世界主要文化、特别是如日中天的西方文化置于平等地位，体现了鲜明的文化自信；他更进一步提出世界文化三期重现说，预言作为第一期代表的西方文化行将转入作为第二期代表的中国文化，这在西化思潮汹涌横决的时代不啻力挽狂澜的中流砥柱；凡此均表明他是一位远见卓识、特立独行的文化民族主义者。而他对于孔子儒家的终极信仰以及对于西方文化的开放接纳,则贞定了他的现代新儒家思想归属。[①]

第二节 张君劢的自由意志人生观及其和会中西归宗儒家的文化观

一、生平著述

张君劢(1887—1969),江苏宝山(今属上海)人,原名嘉森,号立斋。清光绪秀才。1906 年(光绪三十二年)留学日本,在早稻田大学修习法律与政治学。回国后任翰林院庶吉士。1913 年入德国柏林大学,获政治学博士学位。回国后任上海《时事新报》总编辑、国际政务评议会书记长,北京大学、燕京大学教授。1923 年演讲人生观问题,引起思想界一场玄学与科学的论战。1932 年出版《再生》月刊。1934 年与张东荪等组织中国国家社会党,主张实行"国家社会主义"。抗日战争全面爆发后任国民参政会参政员、民族文化学院院长、民盟中央常委。1946 年参加中国政治协商会议。8 月将国社党改组为民社党。11 月,因同意民社党参加国民党包办的"国民大会",被民盟劝退。1947 年任民社党中央主席。1949 年去国外,后病故于美国圣弗朗西斯科。著有《立国之道》《新儒家思想

[①] 梁先生约于 1911 年至 1920 年间研修佛法,持戒甚谨;然 1921 年转向儒家,此后直至终年反复自承归属于儒,言论著述对儒家思想多所维护与阐扬,对于儒家传统在现当代中国的延续厥功至伟,因而将其定位为现代新儒家基本上不成问题。不过又当注意,梁先生曾于 1974 年明确表示"我与熊(十力)先生虽然同一倾心东方古人之学,以此相交游,共讲习者四十多年,踪迹之密少有其比,然彼此思想实不相同,熊先生应归属儒家,我则佛家也"(《梁漱溟全集》第 7 卷,第 271 页);他还在 1980 年对美国学者艾恺说"我虽然宣布放弃佛教,但实际上我并没有真正放弃它"([美]艾恺著,郑大华等译《梁漱溟传》,长沙:湖南出版社 1992 年版,第 348 页)。对于梁先生这种徘徊儒佛的思想状况,学者陈来的解释是:"在人的层面,即政治、社会、文化、伦理方面是儒家,是中国文化的价值;而在生死信仰和宗教经验上,则是服膺于佛家。……这并不是表层的并列,而彰示了他个人所特有的'双重性终极关怀'。由于他很少谈及内心对生死的信仰,所以在他的生命的大多场合的表现,是儒家的行动、信念、价值与人格。"(氏著《梁漱溟与密宗》,载《河北学刊》2009 年第 6 期)

史》等,为现代新儒家代表之一。①

二、"科玄论战"中的现代新儒家风貌

作为中国现代思想史上一个重要学术思想派别的现代新儒家,是在新文化运动时期开始产生的。此前已有章太炎、刘师培等为代表的"国粹派",痛陈"学亡则国亡,国亡则族亡",揭扬文化保守主义徽帜;而到新文化运动时期,杜亚泉、钱智修相继主编的《东方杂志》和章士钊主编主撰的《甲寅》周刊继之而起,以文化保守主义的思想观念与《新青年》自由主义西化派相拮抗。尤其是梁漱溟在新文化运动时期反孔教、反儒学达到高潮之时,毅然为孔子出头说话,他在 1922 年出版的《东西文化及其哲学》更以与新文化运动人物的主张截然有别的观点,揭开了现代新儒家形成发展的历史序幕。

张君劢对东西文化问题也十分重视,有着他自己的看法,如其留德回国后不久,在江苏中华教育改进社所作《欧洲文化之危机及中国新文化之趋向》讲演中,就提出了很系统的思想,并且对梁漱溟的文化哲学有所关注,虽然他不是很赞同梁漱溟的孔学观,但他对梁氏的文化哲学之类于黑格尔的理论贡献还是予以肯定性评价:"梁先生此书,虽名曰《东西文化及其哲学》,以吾人观之,非关于三方面文化及哲学之研究,乃梁先生对于三方文化之特点,自己拟定一个方式而贯串之。所谓三方面文化之特点,西洋向前要求,中国为调和持中,印度为转身向后要求。此种说法,可谓为梁先生自身之文化哲学,与黑格尔以一人自由说明亚洲文化,以少数人之自由说明希腊罗马文化,以全体人之自由说明现代欧洲历史,有相似之处。梁先生之贡献在此,而不在三方面文化之研究。"②更重要的是,张君劢在中国现代思想史上,从不同于梁漱溟侧重于文化哲学的视角,而是从人生观的角度,即以"科学与人生观"论战中"一造"之

---

① 引自《辞海(第 7 版)》,上海:上海辞书出版社 2020 年版,第 5545 页。
②《明日之中国文化》,长沙:岳麓书社 2012 年版,第 31 页。

主角的身份,①在客观上紧随梁氏之后拉开现代新儒家形成发展的历史序幕。②

张君劢年长于梁漱溟,很早就形成关于民族文化的自主意识、独立意识、本位意识、创造意识的思想,但他早年全身心地追随梁启超从事政治活动,并不很重视学术,加以一赴日本,数至欧洲,多年游学在外,中国学术文化界对他并不十分了解。直到"科玄论战"骤起,他才以现代新儒家风貌跃登中国哲坛。

1923 年 2 月 14 日,张君劢应吴文藻邀请,为一批即将赴美国学习科学的清华学生作了一场关于"人生观"的演讲。他依据倭伊铿《大思想家的人生观》一书中阐述的科学并非万能的思想来讲述他对人生观问题的看法,他说:

> 诸君平日所学,皆科学也。科学之中,有一定之原理原则,而此原理原则,皆有证据。譬如二加二等于四,三角形中三角之度数之和等于两直角;此数学上之原理原则也。……诸君久读教科书,必以为天下事皆有公例,皆为因果律所支配。实则使诸君闭目一思,则知大多数之问题,必不若是之明确。而此类问题,并非哲学上高尚之原理,而即在于人生日用之中。甲一说,乙一说,漫无是非真伪

---

① 1923 年展开的"科学与人生观"论战,亦称"科学与玄学"论战或"人生观论战",是 20 世纪 20 年代中国思想界著名的重要论战之一。先是张君劢在清华学校演讲,认为人生观有不同于科学的特点,其问题的解决"决非科学所能为力,恒赖诸人类之自身而已"。丁文江闻之而斥张君劢"玄学鬼附身",撰文公开批评,认为人生观也要受论理学的公例、定义和方法的支配,由此而展开论战。胡适、梁启超、王星拱、唐钺、张东荪、范寿康、吴稚晖、林宰平等纷纷撰文发表意见,渐渐形成以张君劢和梁启超为代表的"玄学派",以丁文江、胡适、吴稚晖为代表的"科学派";陈独秀、瞿秋白等马克思主义者后来也撰文参与论战而形成"唯物史观派"。通过这场论战,中国现代哲学的三大思潮即现代新儒学、自由主义、马克思主义初步展示了未来的发展方向,论战中提出的问题和一些观点也时常出现在其后各自的哲学思想中。

② 唯其如此,论者多喜梁、张并举,将他们归为一派,称之为现代新儒学的倡行者或基于文化保守主义而对现代化的批评者,梁、张二氏的比较研究亦因之而成为广泛关注的研究课题。他们二人的思想有一定程度的共同处,但如美国学者艾恺所说:"他的文化理论不像梁漱溟的,是比较粗略的;却因而比梁氏的理论,就其他中国知识分子们的文化哲学言,更有其代表性。"(《世界范围内的反现代化思潮·中国的文化守成主义者张君劢》,引见郑大华编《两栖奇才》,上海:东方出版中心 1999 年版,第 289 页)

之标准。此何物欤？曰人生。同为人生，因彼此观察点不同，而意见各异，故天下古今之最不同一者，莫若人生观。①

接着，他进一步说明人生观没有公例可循："人生观之中心点，是曰我。与我对待者，则非我也。而此非我之中，有种种区别。就其生育我者言之，则为父母；就其与我为配偶者言之，则为夫妇；就我所属之团体言之，则为社会为国家；就财产支配之方法言之，则有私有财产制公有财产制；就重物质或轻物质言之，则有精神文明与物质文明。凡此问题，东西古今，意见极不一致，决不如数学或物理化学问题之有一定公式。"②他又指出，我与亲族、我与异姓、我与财产、我对社会制度之激渐态度、我的内在心灵与外在物质、我与所属之全体、我与他我、我对于世界之希望、我对于世界背后有无造物主之信仰，"凡此九项皆以我为中心，或关于我以外之物，或关于我以外之人，东西万国，上下古今，无一定之解决者，则以此类问题，皆关于人生，而人生为活的，故不如死物质之易以一例相绳也"③。他由此进而将科学与人生观加以比较：第一，科学为客观的，而人生观则为主观的；第二，科学为论理学的，为方法论所支配，而人生观则起于直觉；第三，科学可以分析方法下手，而人生观则为综合的；第四，科学为因果律所支配，而人生观则为自由意志的；第五，科学起于对象相同之现象，而人生观则起于人格之单一性。"就以上所言观之，则人生观之特点所在，曰主观的，曰直觉的，曰综合的，曰自由意志的，曰单一性的。惟其有此五点，故科学无论如何发达，而人生观问题之解决，决非科学所能为力，惟赖诸人类之自身而已。"④"盖人生观，既无客观标准，故惟有追求之于己，而决不能以他人之现成之人生观，作为我之人生观者也。人生观虽非制成之品，然有关人生观之问题，可为诸君告者，有以下各项：

---

① 《人生观》，引见张君劢、丁文江编《科学与人生观》，济南：山东人民出版社1992年版，第33页。
② 《科学与人生观》，第33页。
③ 《科学与人生观》，第34—35页。
④ 《科学与人生观》，第38页。

曰精神与物质，曰男女之爱，曰个人与社会，曰国家与世界。"①他最后强调自己本次演讲的主旨道："方今国中竞言新文化，而文化转移之枢纽，不外乎人生观。吾有吾之文化，西洋有西洋之文化。西洋之有益者如何采之，有害者如何革除之；凡此取舍之间，皆决之于观点。观点定，而后精神上之思潮，物质上之制度，乃可按图而索。此则人生观之关系于文化者所以若是其大也。诸君学于中国，不久即至美洲，将来沟通文化之责即在诸君双肩上。所以敢望诸君对此问题时时放在心头，不可于一场演说后便尔了事也。"②由此不难看出，张君劢发表这样一篇演讲，其目的显然是要对那些即将赴美留学而又会以科学为职业的中国学生进行一次"人生观"教育，试图使他们认识到科学不是世界上的一切，亦非万能；西方文明绝不是人类文明的唯一标准，中国固有文化自有其价值；人生观问题的解决并不能依靠科学而要依靠人自己，并且，人生观问题说到底是个文化问题。

张君劢的这篇演讲稿登在《清华周刊》第二七二期上，胡适读到后大为不快，丁文江亦勃然大怒而与张君劢面辩良久，并在《努力周刊》上发表了《玄学与科学——评张君劢的"人生观"》和《玄学与科学——答张君劢》两篇长文，着重指出"科学的材料是所有人类心理的内容，凡是真的概念推论，科学都可以研究，都要求研究。科学的目的是要摒除个人的主观成见——人生观最大的障碍，求人人所能共认的真理。科学的方法，是辨别事实的真伪，把真事实取出来详细的分类，然后求他们的秩序关系，想一种最简单明了的话来概括他。所以科学的万能，科学的普遍，科学的贯通，不在他的材料，在他的方法"；③"科学不但无所谓向外，而且是教育同修养最好的工具，因为天天求真理，时时想破除成见，不但使学科学的人有求真理的能力，而且有爱真理的诚心。无论遇见什么事，都能平心静气去分析研究，从复杂中求简单，从紊乱中求秩序；拿论理来训

---

① 《科学与人生观》，第 39 页。
② 《科学与人生观》，第 40 页。
③ 丁文江：《玄学与科学——评张君劢的"人生观"》，《科学与人生观》，第 53 页。

练他的意想，而意想力愈增；用经验来指示他的直觉，而直觉力愈活。了然于宇宙生物心理种种的关系，才能够知道生活的乐趣"。① 这实际将张君劢演讲中提出的人生观能否同科学分家、能否在科学方法之外寻求人生观的是非真伪问题，转换成为科学的知识论及其分类原则如何处理人生观与科学以及精神科学与物质科学之关系的问题。

对此，张君劢也在《努力周刊》发表《再论人生观与科学并答丁在君》，进一步系统阐述他的思想；该文又为《晨报副刊》连载，引起更大反响。在这篇洋洋万言的文章中，他批评丁文江"中了迷信科学之毒"，并旁征博引地申论科学不能支配人生观，强调支配人生观的不是理智，而是情感和意志。他认为包括人生观在内的精神科学与数学、物理学、天文学等物质科学是不同的；物质科学是经过观察、比较与试验之后得出的一定的自然公例，这些自然公例一经成立便不可动摇，而一言及精神科学如政治与生计之类就根本没有什么公例可求，因为精神科学的客观规律只限于已经过去的事情，对于未来则是不可能进行推演的，故依严格的科学定义来说，精神科学已不可认为是科学，当然，属于精神科学范畴的人生观自然也不是科学。他说：

> 人生者，变也，活动也，自由也，创造也。惟如是，忽君主，忽民主，试问论理学上之三公例（曰同一，曰矛盾，曰排中），何者能证其合不合乎？ 论理学上之两大方法（曰内纳，曰外绎），何者能推定其前后之相生乎？ 忽而资本主义忽而社会主义，试问论理学上之三公例，何者能证其合不合乎？ 论理学上之两大方法，何者能推定其前后之相生乎？②

据此，他断言科学上之因果律只可用于物质科学，而人生观则因其"顷刻万变"，由良心所命而起，"决不为科学所支配"，科学上之因果律对人生观实无能为力。既然"科学决不能支配人生，乃不能不舍科学而别

---

① 《科学与人生观》，第 53—54 页。
② 《再论人生观与科学并答丁在君》，《科学与人生观》，第 80 页。

求一种解释于哲学或玄学中(或曰形上学)"。① 他十分看重 19 世纪末叶以来西方柏格森、倭伊铿、詹姆士等人的"新玄学",说:"此新玄学之特点,曰人生之自由自在,不受机械律之支配,曰自由意志说之阐发,曰人类行为可以参加宇宙实在。盖振拔人群于机械主义之苦海中,而鼓其努力前进之气,莫逾于此。"② 他一再引用康德的"断言命令"、倭伊铿的"精神生活"、柏格森的"生命力"、詹姆士的"经验"、欧立克的"生活冲动"和"精神元素"以及直觉、自由意志等概念,为精神领域的自主性创造理论基础。并且他又反省中国传统的儒家人生观,尤其是宋明儒的心性之学,"所谓明明德,吾日三省,克己复礼之省修功夫,皆有至理存乎其中,不得以空谈目之"。③ 他认为以"国家主义""工商政策""自然界之智识"三者为主要特征的"现代欧洲文明"随着第一次世界大战的爆发及其结果已宣告破产,"现代欧洲文明"那三大特征已成"三重网罗",桎梏着人类社会和人类文化的进步与发展,"实为人类前途莫大之危险","循欧洲之道而不变,必循欧洲败亡之覆辙;不循欧洲之道,而采所谓寡均平安政策,恐不特大势所不许,抑亦目眩于欧美物质文明之成功者所不甘",④ 而"苟明人生之意义,此种急功之念自可消除"⑤,故他不仅"尤觉内生活修养之说不可不竭力提倡",⑥ 而且更加痛陈道:

> 当此人欲横流之际,号为服国民之公职者,不复知有主义,不复知有廉耻,不复知有出处进退之准则。其以事务为生者,相率于放弃责任;其以政治为生者,朝秦暮楚,苟图饱暖,甚且为一己之私,牺牲国家之命脉而不惜。若此人心风俗,⋯⋯诚欲求发聋振聩之药,惟在新宋学之复活,所谓实际上之必要者此也。⑦

---

① 《科学与人生观》,第 102 页。
② 《科学与人生观》,第 100 页。
③ 《科学与人生观》,第 118 页。
④ 《科学与人生观》,第 112 页。
⑤ 《科学与人生观》,第 112—113 页。
⑥ 《科学与人生观》,第 113 页。
⑦ 《科学与人生观》,第 113 页。

他又针对丁文江引管仲所谓"衣食足而后知礼节,仓廪实而后知荣辱"反驳道:"若夫国事鼎沸纲纪凌夷之日,则治乱之真理,应将管子之言而颠倒之,曰:'知礼节而后衣食足,知荣辱而后仓廪实。'吾之所以欲提倡宋学者,其微意在此。"①张君劢的这些表述说明他反对科学支配人生观,提倡"玄学"或"新宋学",旨在为人类社会和世界文化,尤其是中国社会与中国文化寻找新的出路。唯其如此,他才说:"若固守科学的教育而不变,其最好之结果,则发明耳,工商致富耳;再进也,则为阶级斗争,为社会革命。此皆欧洲已往之覆辙,吾何苦循之而不变乎?"②并说:"物质文明之内容定矣,吾乃发问曰:苟今后吾国以西方文明四大特色为标准,从而步趋之,则其利害当如何? 以言乎思想上之唯心唯物与夫目的机械之争,今日欧美之迷信科学者,已不如十九世纪初年之甚,故欲以机械主义支配中国之思想界,此必不可得者矣。若夫深信富国强兵之政策者如国中尚不乏人,而国家前途最大之危险亦即在此。"③

稍后张君劢在中国大学所作《科学之评价》演讲中,再次阐述科学的目的在求一定之因果关系,此方法最成功的地方无过于物理界,而对于不受因果支配的心理学、生物学特别是社会、历史领域,如"文学之创作,思想之途径,乃至个人之意志与社会进化之关系,谓知可以一一测定,这是科学家的梦语了";④"科学家但说因果,但论官觉之所及,至于官觉之所不及"如"伦理学上善恶是非之标准,以及人类之美德如忠孝笃敬之类","则科学家所不管";⑤"若谓论理的推理由于习惯而来(经验派哲学之言),道德为环境所支配,这是科学欲以有形解释无形之故,乃将人类精神之独立一笔抹杀了"。⑥ 他指出科学能给人类带来物质文明,却不能带来精神文明,因此不可太重视科学而忽视人生观问题。人生在世,存

---

① 《科学与人生观》,第 119 页。
② 《科学与人生观》,第 108 页。
③ 《科学与人生观》,第 110 页。
④ 《科学之评价》,《科学与人生观》,第 223 页。
⑤ 《科学与人生观》,第 224 页。
⑥ 《科学与人生观》。

在着形上、审美、意志、理智、身体五大方面的问题,科学主义注重于身体和理智,却忽略了形上和情意(审美、意志),故而科学绝不是万能的。"人生原不能离开物质,然一国之文明,致令人以物质文明目之,则是有极大原因在。而其原因之可数者,利用科学之智识,专为营利之计,国家大政策,以拓地致富为目的,故人目之为物质文明";[1]科学在欧洲造就了巨大的物质文明,这"是科学上最大的成绩",但"专求向外发展,不求内部的安适,这种文明是绝对不能持久的"。[2] 所以他告诫"诸君认清今后发展之途径,不可蹈前人覆辙。什么国家主义、军阀主义、工商主义,都成过去;乃至思想方面,若专恃有益于实用之科学知识,而忘却形上方面,忘却精神方面,忘却艺术方面,是决非国家前途之福",[3]并据之而提出要正确处理好欧洲以往思潮与吾人今日思潮之关系,"若以欧洲以往之思潮为官觉主义,而以吾人之思潮作为超官觉主义,则其利害得失当如下表:第一,官觉主义之结果:实验科学发达,侧重理智,工商立国,国家主义。第二,超官觉主义之结果之预测:重精神(或内生活)之修养,侧重情意,物质生活外发达艺术,国际主义。今后吾国将何去何从,是文化发端之始的极大问题,望诸君再三注意"。[4] 后来张君劢回忆并评论道:

> 回想当年"人生观"之论战,起于我一篇"人生观"演讲。吴君文藻为清华大学生时,约我演讲。时我方自欧洲返国,受柏格森与倭伊铿之影响,鼓吹"人类有思想有自由意志"之学说。此乃哲学层与玄学层上之立言,胡适之读之大为不快,某日晚在宴会席告我——"我们将对你宣战"。及驳论印出,乃出于丁在君起稿,于是论战交锋达一二年之久。我自身坦然处之,不以为意,因我内心乃知此为哲学上之悬案,无两造胜败是非定论之可言。

> 今日试将此一论战为之评价。我以为此乃吾国思想幼稚迷信

---

[1]《科学与人生观》,第 225 页。
[2]《科学与人生观》,第 225 页。
[3]《科学与人生观》,第 225—226 页。
[4]《科学与人生观》,第 226—227 页。

科学万能之表现。欧洲各国受科学洗礼之后，亦同有此现象。法国拉曼脱里（Lamettrie，1709—1751）著《人生机器》一书，费尔巴哈（Feuerbach，1804—1872）主张唯物主义、命定论与无神论。德国唯物主义思想较后于法国，至十九世纪乃始开展。其代表之者为伏格脱（Vogt，1817—1895）、蒲许纳（Buchner，1824—1899）、海克尔（Haeckel，1834—1919）等。此三人均主张世界构成之基本要素为物质，力与能，由物质生力，由力生热与运动。其实一也。此等学者之论调，以之与吴稚晖黑漆一团之宇宙观相比较，可谓为一鼻出气。丁在君有一枪打死后，人之精神安在之责问，其基本信仰与吴氏正同。我无以名之，名之曰唯物主义之先驱而已。此种唯物主义与中共之唯物辩证法大有异同，然其否认人类之精神与知识与伦理观念之起于彼此、黑白、是非之心灵作用，则异流而起于同源。试问宇宙之现象，有物质有生物人类，可谓复杂万端，岂"物质"一种元素所能解释？奈简单头脑风靡一时，致陷全国于疯狂状态，吾人惟有努力于今后之澄清，而往事之谁负其责？置之不问可矣。①

这场由《人生观》演讲而引发的"科玄论战"，是以"玄学鬼"被人唾骂、广大知识青年同情、支持和接受科学派的思想而告终的。徐复观尝忆其"年少时在沪购一书曰《人生观之论战》，于京沪车中总读一过，内容多不甚了了，唯知有一派人士斥君劢、东荪两位先生为'玄学鬼'。玄学鬼即系反科学、反民主，罪在不赦。自此，'玄学鬼'三字，深入脑际，有人提及二张之姓名者，辄生不快之感"②；杨允元也有类似的经历和感受："中学时代读到'科学与玄学'的论战（这时候已在论战后好几年），才知道张君劢之名。大概当时一般青年像作者一样，都是充分赞同当日新文化运动领袖胡适和地质学家丁文江所倡导的'科学的人生观'，尤其是为

①《文化与反思·我之哲学思想》，《中西印哲学文集》上册，台北：台湾学生书局 1981 年版，第 38—39 页。
② 引见《张君劢传记资料》（五），台湾天一出版社 1979 年版，第 140—141 页。

胡适所特别称道的吴稚老的嬉笑怒骂的文章所激动。对于张君劢呢，只知道他是讲什么莫测高深的倭伊铿柏格森的哲学的，我们好像觉得丁文江骂他为'玄学鬼'，似乎是一点也不冤枉的。"①即使"内心对于张君劢先生以及梁任公确有一些同情"的当年"还是一个中学生"的劳幹，虽接受"自然科学不能完全解决人类的社会问题自是事实"，却仍坚信"科学方法也是正确的方法，而且张君劢先生以生机主义来反对自然科学也并不能打动人的心弦。就当时中国的客观需要言，当国家受列强重重压制之下，科学确实是一个翻身的工具，讨论科学的弊害已落在第二义。科玄之争的胜负，已超过了理智的问题而落在一般青年人情感问题之上"。②

正因充分注意到"科学与人生观"论战后，"简单头脑风靡一时，致陷全国于疯狂状态"，所以，1934 年和 1963 年，张君劢又两次发表《人生观论战之回顾》，1940 年还发表了《胡适思想界路线评论》，在全面批判胡适思想的同时，对他自己的人生观及哲学理论又作了进一步的阐述。他批评"极端地提倡科学研究"的胡适道："中国经书以及某种范围的史书，表现了形成中国传统一部分的道德原理和价值判断。胡适认为经史只是发见事实的资料，而忽视其中的道德价值，并且还引记中国的怀疑主义精神，从这两方面看，他确是……在中国造成精神真空的人。"③由此可见他对于主要是胡适、丁文江、吴稚晖和他本人参加的"着重于道德价值和自由意志的人生观论战"④以及他在这场论战中提出的思想观念的看重，"科玄论战"确乎成为他毕生挥之不去的一个"情意结"。他虽坦承自己当年对于"人生自由"的提倡"不免过于充满了热与力"，但他仍郑重指出到现在"仍丝毫没有变更"。⑤ 对于现代性和科学之流弊的反思、对于知识与道德关系的探求以及对于儒家思想特别是儒家义理心性之学的重

① 杨允元：《在印度讲学时的张君劢》，引见郑大华编《两栖奇才》，第 70 页。
② 劳幹：《记张君劢先生并述科学与人生观论战的影响》，引见郑大华编《两栖奇才》，第 64 页。
③ 《新儒家思想史》，北京：中国人民大学出版社 2006 年版，第 601 页。
④ 这是张君劢对"科玄论战"的提法，引见《新儒家思想史》，第 601 页。
⑤ 《人生观论战之回顾》，《中西印哲学文集》下册，第 1000 页。

视，成为贯穿张君劢思想的一条重要线索。

从现代新儒学思潮史的角度看，张君劢的《人生观》演讲犹如稍早梁漱溟的《东西文化及其哲学》，"实质上是对五四时期中西文化论战的深化"。[①] 尽管进路有所不同，但张君劢在《人生观》中明言："方今中国竞言新文化，而文化转移之枢纽，不外乎人生观。""思潮之变迁，即人生观之变迁也。"又说："盖人生观，既无客观标准，故惟有返求于己，而决不能以他人之现成之人生观，作为我之人生观者也。"其所提倡的"返求于己"正是儒家的基本精神，这与梁漱溟《东西文化及其哲学》断言中国文化的复兴就是中国人生态度的复兴、从这里动才是真动完全一致，都是明确为儒家人生观张目，"而张君劢所倡导的反求诸己的人生观无疑是接着梁漱溟《东西文化及其哲学》的话题讲的"。[②] 并且梁、张二氏都将西方人文主义思潮与他们所体认的儒学传统有机结合，认为这不仅是解决中国现实问题、而且是根治西方社会和文化危机的不二法门。他们就这样通过强调人之"理性"以弘扬民族文化意识，以热烈的理想高擎起道德人文主义精神巨帜，从而形塑了其后现代新儒学的发展方向和基本理路。因此，"张君劢的演讲以及他后来的论战文章，从某种意义来讲，形塑了现代新儒学的致思方向，张君劢本人也因此而成了现代新儒学的'开启者'之一"。[③]

三、和会中西归宗儒家的文化观

（一）文化保守主义立场的文化观

现代新儒家无不持守文化保守主义的基本立场，他们的文化思想都是基于这一立场提出来的，故而现代新儒学乃是中国近现代文化保守主义思潮的重要一翼。

---

① 颜炳罡：《当代新儒学引论》，北京：北京图书馆出版社 1996 年版，第 158 页。
②《当代新儒学引论》，第 158—159 页。
③ 郑大华：《张君劢传》，北京：商务印书馆 2012 年版，第 127 页。

中国近现代的文化保守主义，既受西方文化保守主义的影响，是世界范围内文化保守主义思潮组成部分之一；又有相对独立性，展露出自身的演进轨迹，存在着自身发展的内在理路。据美国学者艾恺的研究，"文化保守主义"（又称"文化守成主义"）是伴随着西方现代化运动的产生和发展而最早在西方世界出现的，其代表者主要有德国的哈曼、谢林、赫德、斐希特、希洛克，英国的柏克、科柏特、柯尔雪基，法国的格斯特、托克维尔等。他们"都以各种传统形式（或理想化）的社会当做社会完善的试验"，并都对个人的物质私利"有深刻的厌恶，唯恐它会毁坏所有建基于道德原则的人群关系。他们对工业化的结果不是心存疑惧，而是彻底仇恨，特别是现代都市生活及其病态与非人性化。他们强调社会重于个人，有机的群体关系高于法律关系及法定权利，……渴望共有的道德价值和对真理的共同认识与分享，……高度评价人类存在的非理性、非功利方面——艺术、宗教等等"；此外，他们面对理性主义，"却常亟思建立一种认识论，为道德价值建立一个基础"。① 这种文化保守主义无疑是一种出现于现代化过程中、基于对"工业化的结果"的反思而生发出来的对西方现代化运动的批判思潮，其基本特征则是力图以价值理性来批判以工业化为主导的现代化进程中出现的工具理性的过分膨胀，并进而解决由之带来的人伦疏离、道德沦丧、意义迷失等一系列问题。

中国近现代的文化保守主义受到西方文化保守主义的影响或启迪。如被论者称为"生平长于西学而服膺古训"的辜鸿铭，②就是在 18 世纪末 19 世纪初西方浪漫主义思潮影响下走上文化保守之途的。这诚如 1928 年辜氏去世不久有人评曰："其尊崇儒家，提倡中国礼教之道德精神，亦缘一己之思想见解确立以后，返而求之中国学术文明，见此中有与卡莱尔、罗斯金、爱默生之说相类似者，不禁爱不忍释，于是钻研之，启发之，

---

① ［美］艾恺《世界范围内的反现代化思潮——论文化守成主义》，贵阳：贵州人民出版社 1991 年版，第 76—77 页。

② 刘成禺、马伯驹《洪宪纪事诗三种》，转引自黄兴涛《文化怪杰辜鸿铭》，北京：中华书局 1995 年版，第 5 页。

孜孜焉。举此吾国固有之宝藏，以炫示西人。"①而卡莱尔、罗斯金、爱默生正是当时西方文化保守主义的代表人物。又如张君劢本治西学，是实证主义和社会达尔文主义的信徒，但 1919 年以后他转变为坚守文化保守主义的现代新儒家，如此巨变的契机乃是倭伊铿、柏格森（亦为西方文化保守主义的代表）对其思想的影响。张氏曾自述："我初窥哲学门径，从倭伊铿、柏格森入手。梁任公先生游欧，途经纳耶，与倭氏匆匆一晤，引起我研究倭氏哲学之兴趣。同时每年一度去巴黎，兼读柏氏著书。"②倭伊铿、柏格森对过度追求物质文明的西方现代化的批评及其对理想化的道德价值和精神生活的赞誉，确是张君劢新儒学思想体系的理论来源之一。

但是，中国近现代文化保守主义并不单纯是对西方文化保守主义的移植，而有着自身形成发展的源流。其源可上溯至清朝同治年间洋务派明确提出的"中体西用"论，此后有这种立场者不乏其人。总之，中国"'文化保守主义'是指那种立足于传统文化，力图融会古今，也有选择地吸纳外来文化，以适应时代需要的思想倾向或思想派别。他们在政治上可以很进步、很革命，甚至十分激进，但是对待民族文化传统很谨慎、很保守，温情脉脉，谨守先业，唯恐'弃我故常'。有这种思想的人，在中国近现代思想史上可谓屡见不鲜，章太炎是一个例子，曾经参加过辛亥革命的现代新儒家熊十力也是一个典型的例子"，③张君劢当然也是其中具有典型性的一位。这显然与中国文化保守主义形成发展于近代以来中西撞击、民族危机日重的特定社会文化背景有关，这就使得张君劢自然在文化保守主义立场上来阐明其和会中西而以儒为宗的文化思想。

张君劢一生，始终持守着对以科学主义、知识主义、权力至上、物质主义、功利主义等为主要特征的西方文化进行批判的文化保守主义立

---

① 《悼辜鸿铭先生》，载 1928 年 5 月 7 日《大公报》。
② 《中西印哲学文集》上册，第 44 页。
③ 方克立：《现代新儒学与中国现代化》，引见《方克立集》，上海：上海辞书出版社 2005 年版，第 218 页。

场。他之所以如此，一方面是与近代以来中国急剧变革背景下所形成发展起来的文化保守主义思潮相吻合，另一方面又与他亲历了第一、二次世界大战，深切感受到以科学主义、知识主义、权力至上、物质主义、功利主义等为主要特征的西方文化给人类带来的惨痛灾难有重大关系，故其持守文化保守主义立场又是与世界范围内的文化保守主义思潮相吻合的。

在 20 世纪 20 年代发表的《欧洲文化之危机及中国新文化之趋向》演讲中，①张君劢就已指出欧洲文化已经发展到末路，欧洲人都在企盼政治、社会和文化变革；而陷欧洲文化于危机的原因有三，一是思想上的变动即反主智主义开始取代主智主义，二是社会组织的动摇即社会主义开始受到人们的普遍重视，三是欧战的结果给人类造成了极大的破坏。在《人生观》的讲演以及相关文章中，张君劢更对以科学主义、物质主义、功利主义和军国霸权主义等为主要特征的欧洲文化有十分明确的批判。1949 年，他又注意到始于第一次世界大战的"对于现代文化悲观的心理"，经过二次大战以后"更为厉害"了，"有许多实际问题，出现于国际政治上，譬如原子弹问题，国家主权与世界政府问题，民主政治与独裁政治问题，资本主义、社会主义与共产主义问题"，而在这些"实际问题的背后，另有几种更深刻更基本的问题"。一是"语言混乱"，如"英美人说民主，说世界上最好的政治是民主，俄国共产党人则说我的民主比你的民主更好。英美方面所谓的民主，是言论自由，结社自由，反对党存在，等等；俄国共产党所谓的民主是为穷苦大众谋幸福，铲除资本阶级。两方面所用之'民主'名辞虽一样，但意义之差别如此。……因此在学术、语言、政治上名辞发生种种混乱与曲解之现象，在这情形下，人类精神上已没有交通的共同媒介如货币存在"。二是"人生价值标准不一"，道德意识沦落，"为达到目的起见，可不择手段"，如"朋友相交，为彼此互有益

---

① 这是张君劢 1922 年 2 月在中华教育改进社发表的演讲，是他从德国留学归来后发表的第一篇演讲和文章。该文原载《东方杂志》第 19 卷第 3 期，又见 1922 年 2 月 12 日《时事新报》副刊《学灯》，今收入翁贺凯编《张君劢卷》，北京：中国人民大学出版社 2014 年版。

处，现在在结交之始，即有出卖朋友之目的"。三是"理性的暗晦""尚力不尚理""权力政治""又复成为现代政治上的流行名辞"，"科学愈发达，权力政治愈流行，国家与国家间，理性的机会愈少"。可见，"危机实在是很大的，而且暂时不易把它融化或消灭掉"。而这种危机发展下去，无非有三条路可供选择："（一）求一个妥协，以讨论办交涉的方式觅一个妥协，但是这种方法在我看来很渺茫。（二）如欧洲经过几十年宗教战争之后，终于得到一个'容忍'的原则，即国家间如宗教之新旧教一般，相容并存。（三）大鱼吃小鱼。在权力政治之中小国的地位减低了，有造成我们战国时代的趋势，出了秦始皇，到那时候，一切自由、理性都没有了，人类也临到垂亡的时候。"①直到晚年，他仍强调"现在，我们生存于思想、文化、政治的矛盾斗争时代之中"，"西洋文明，经过了第一第二次世界大战之后，使我们发现了一种非常严重的问题，……所谓西洋文化，知识即力量，毕竟就是权力的思想，它的知识，最明白地表现于自然科学上面的，即是现代技术的完成。今天，那些西洋文明，已经到达了原子力的时代"，但致使世界不安的问题却不但没有因此而解决，反而陷于一种更加"没有把握的矛盾状态"。这就"必须对西洋文化加以批判了"。

张君劢认为"所谓西洋文明，如果探索它的源流，大概有以下四种：第一是希腊的学问，第二是基督教，第三是罗马的法律，第四是现代的科学技术。然而造成西洋文明的四种要素，竟是互相对立、冲突，而且矛盾的东西。譬如说：基督教和自然科学，竟然展开了斗争的历史，在欧洲一切的一切，都是这种对立斗争的状态。此外有似宗教和自然科学的对立斗争情形，还有阶级和个人，国民和国家的斗争等等"，而这反映出西方思想、知识在本质上存在着问题；"所谓西洋的思想、知识，如果我们加以考察一下，便可知道，从希腊时代到今天，它是一贯不变的。西洋的知识，重视逻辑，结果对于定义，争论不休，再从定义演进到概念。一方，西洋式的知识，採取抽象化的方向。第一性质和第二性质相合，从具体事

_____

① 《世界文化之危机》《现代文化之危机》，参阅《中西印哲学文集》上册，第 206—217 页。

物的'真'字出发,它们的概念便离开了。并且一方被抽象化的逻辑杰作所造成的东西,反使人们发生错觉,认为这才算是'真'的东西。西洋式的知识,是有这种性质的";"还有一种,非常看重专门化,而流于个别的细目的讨论。经济是经济,政治是政治,把政治和经济分做两件事情。讨论社会的时候,忘掉了个人,讨论个人的时候,忘掉了社会。这是西洋式知识的一种特征"。在他看来,"下定义是必要的,……然而由此发生了困难的事情:定义就是知识。譬如对于道德下一定义。知识的世界所下道德的定义,竟然把道德的范围束缚起来。知识结果变成了能够左右道德的东西"。总之,"西洋文化的本质,在于知识。不过所谓知识,对于人是不要求义务的。然而东方的学问,最初是把知与德置于不可分离的境地,无论《大学》《中庸》《论语》《孟子》,它们都是把知与德的关系视为不可分离的东西"。由此,他指出"儒家的精神,可以解决现代的矛盾",儒家强调知与德不可分离,提倡"道并行而不悖","不但有形而下学的世界,并且还有形而上学的世界",这些都是贡献于世界而解决现代矛盾的。①

　　然而另一方面,这样一种强烈的批判,又并不意味着张君劢全面否定西方文化,相反地,他认为"中国旧文化腐败已极,应有外来的血清剂来注射他一番。故西方人生观如个人独立之精神,如政治上之民主主义,如科学上之实验方法,应该尽量输入。如不输入,则中国文化必无活力"②。他主张对中西文化都要有一种分析的态度:"文化有总根源,有条理,此后不可笼笼统统说西洋文化、东洋文化,应将西洋文化在物质上精神上应采取者,一一列举出来;中国文化应保存者,亦一一列举出来。"③

　　张君劢基于自由意志人生观应制衡科学及物质文明成果并为科学之指导的认识,不仅对于那种不同于科学主义、知识主义、权力至上、物质主义、功利主义等的西方思想文化予以高度评价,而且自觉认同和接

①《现代世界的纷乱与儒家哲学的价值》,参阅《中西印哲学文集》下册,第814—819页。
②《欧洲文化之危机及中国新文化之趋向》,《中西印哲学文集》上册,第225页。
③《欧洲文化之危机及中国新文化之趋向》,《中西印哲学文集》上册,第225页。

受。张君劢早年居德留学期间，即曾区分"近时之哲学潮流"有"生活哲学"与"思想哲学"两大派："生活哲学以生活（Leben，life）为哲学之出发点者也，思想哲学以思想（Denken，thinking）为哲学之出发点者也"；"思想哲学，以物理学、数学之观念，为基础观念者也"，"以思为出发点"，"以思为唯一根据，故重理性（Reason）、重概念（Idea）。以论理学上之思想规则与夫认识论为其独一无二之研究方法"；而由尼采发其端的生活哲学则"本生理、心理原素之分析，而有智识皆由生活起之说"，"以为思想不过生活之一部，欲求思想，舍自去生活（Erleben）而外无他法，故重本能（Instinct）、重直觉（Intuition）、重冲动（Impulse）、重行为（Action）。换言之，真理不在区区正名定义，而在实生活是矣"。① 他对"因反抗主智主义、自然主义而起""以精神生活为哲学系统之中心"的倭伊铿极为推崇，指出"倭氏著作之中，无在而无'生活'二字，如生活观（Iebensanschauung）、生活过程（Lebensproess）、生活秩序（Lebensordnunbg）、生活系统（Lebenssystem），为其书中习见之字，其各书尤好以生活为名，如《大思想家之生活观》（Die Lebensanschauungen der grossen Denker），如《生活之价值及意义》（Sinn und Wert des Lebens）、《认识与生活》（Erkennen und Leben）、《精神生活内容之奋斗》（Der Kampf um einen geistigen Lebensinhalt）皆是也"，②"倭氏哲学中，其原始要终之点，曰精神生活（Geistesieben）。精神生活者，就人言之，则人之所以为人；就世界之大言之，则为弥纶宇宙之真理，其义至广大而精微矣"，③"倭氏生于十九世纪之后半，此时期中最近著之现象，则主智主义也、自然主义也，学者本思想之原则，以求一名词之定义一事物之公例，为人生莫大天则。自孔德实证哲学行世，达尔文进化论行世，一若世界真理，即在自然世界现象之中，而以此二主义之影响，于是为科学发达，为物质文明。始焉以为科学宰制自然，终焉人生反为物质之奴隶，是

---

① 参阅《倭伊铿精神生活哲学大概》，《中西印哲学文集》下册，第1095—1096页。
② 《中西印哲学文集》下册，第1097页。
③ 《中西印哲学文集》下册，第1102页。

始之所以制物者,而终为物之所制矣。于斯时也,倭氏起而大声疾呼曰:'人生目的,非徒正名定义也,非徒机器工厂也。'盖与十九世纪之文明,毅然表示不两立之态度者,莫若倭伊铿,而倭氏所以为先知先觉者在此矣"。① 他又认为"大抵西方哲学家不仅以解释人类行为为满足,必进求宇宙之真源,于是其终焉必归于神,如黑格尔以思想为出发点,而其所谓绝对知(Wissen)者即神也。柏格森之出发点,变也,生机也,而此所谓变所谓生机,亦即柏氏宗教论中之神也。惟倭氏亦然,人也,宇宙之真源也,二者同属于精神生活者也",②故对柏格森其人其学亦极推尊,称"康德以来之哲学家,其推倒众说,独辟径蹊者,柏格森殆一人而已"③,"昔之哲学家之根本义,曰常,曰不变,而柏氏之根本义则曰变曰动"④,柏格森宣称"生命冲动"就是"绵延"亦即"真正的时间",它是唯一的实在,"绵延"是自由的创造过程,而物质则是"绵延"停滞或削弱的结果。这样的生命哲学,在张君劢看来,"灿烂缤纷",令人"忽而惊疑,忽而神往",⑤它促进人们"有前进之勇气,有不断之努力"⑥。在《科学与人生观》中,张君劢又指出:

> 十九世纪末年以来,玄学运动之所以勃兴者,盖有数故。科学家以官觉达坦(Sense-data)为张本,苟其解释,能满足人心之要求,斯亦已矣。无如其所谓解释者,不外乎前后现象之相关,而宇宙之神秘初不之及。此其反动之因一也。科学家以理智(即论理公例)解释一切,而活社会之事实,非论理或定义所能限定。此其反动之因二也。科学家好以因果律为根据,然验之人事其出于因果外者,往往而有。心灵之顷刻万变,更非因果所能范围,于是哲学家起而

---

① 《中西印哲学文集》下册,第1099—1100页。
② 《中西印哲学文集》下册,第1094—1095页。
③ 《法国哲学家柏格森谈话记》,《中西印哲学文集》下册,第1235页。
④ 《法国哲学家柏格森谈话记》,《中西印哲学文集》下册,第1235页。
⑤ 《中西印哲学文集》下册,第1237页。
⑥ 《张东荪著〈思想与社会〉序》,《中西印哲学文集》上册,第119页。

大倡自由意志之说。此其反动之因三也。既不以形下为满意，乃求所以达乎形上；而形上之中，其所慰安人心者，则曰宗教；于是有提倡宗教改革者如倭伊铿，亦有自实用主义以明宗教之为用者，则曰詹姆士。此其反动之因四也。要之，此二三十年之欧洲思潮，名曰反机械主义可也，名曰反主智主义可也，名曰反定命主义可也，名曰反非宗教论亦可也。若吾人略仿孔德时代三分之法，而求现时代之特征之一，吾必名之曰新玄学时代。此新玄学之特点，曰人生之自由自在，不受机械律之支配，曰自由意志说之阐发，曰人类行为可以参加宇宙实在。①

在《张东荪著〈思想与社会〉序》中，张君劢则明确表示其所持者乃"反智主义之论调"，但"所谓反智主义，其大潮流虽一，而立言各异，如詹氏之工具论，为倭氏所批评，如柏氏之生力超乎理智，为黎卡德氏所反驳；而就其相同者言之，不外乎理智之范畴，不能举生者而能尽之。理智为生之一部，故生之范围大于理智，惟有力返诸生，方足以去理智矫揉造作之弊。此其所言，不论为柏氏，为倭氏，为詹氏，为杜氏，因无一而不同意者也。彼等反对之目标，为黑格尔之逻辑统系，下自第一概念之无，上达于绝对之上帝之所以演进者，无一不在于所列举范畴之中，在黑氏以为哲学之大成，莫过于是，而在柏氏、倭氏、詹氏观之，则以为生之复杂，决非理智所得而说明，或即有说明，而与生之真面目正相反也"。② 这就是张君劢所认同和接受其影响的西方思想文化传统。而这又正是前述艾恺所谓世界范围内文化保守主义思潮的先驱。正是对于这样一种西方思想的认同和接受，使张君劢确认并终生持守文化保守主义的立场。他以现代新儒家风貌登上中国哲坛而发表的第一篇演讲《人生观》即深受倭伊铿精神生活哲学影响而又有所申发。他的这种思想更进而引领了现当代新儒学乃至整个中国现当代文化保守主义思潮的发展路向，如他对柏格森主义

① 引见张君劢、丁文江编《科学与人生观》第 99—100 页。按"官党达坦"即感觉材料之意。
②《张东荪著〈思想与社会〉序》，《中西印哲学文集》上册，第 117—118 页。

的介绍与大力提倡,就扩大了中国哲学学者的知识视野。

（二）比较哲学视域下的文化观

作为现代新儒家,张君劢以儒为宗,将他所认同接受的西方思想与中国文化传统相融合,从而形成其文化思想。这使其虽然特别注意区分中西哲学的特质,①但另一方面又十分注重在中国哲学、尤其是儒家哲学思想中寻找那些与其所认同接受的西方思想相同或相近之处,相互诠释,相互融通和结合。如他早年即曾指出倭伊铿的精神生活哲学与孔子儒家"惟天下至诚为能尽其性,能尽其性则能尽人之性,能尽人之性则能尽物之性,能尽物之性则可以赞天地之化育"的思想"颇相类":"孔子之所谓诚,即奥氏所谓精神生活也;孔子之所谓以诚尽人性物性者,即奥氏所谓以精神生活贯彻心物二者也。奥氏之所谓克制奋斗,则又孔子克己复礼之说也。"两者所不同的只是在于孔子为"抽象之论",而倭伊铿"则有科学根据"。② 张君劢将倭伊铿的精神生活哲学与孔子儒家"惟天下至诚为能尽其性"云云相互诠释、融通和结合,当然有一定道理,因为两者确实存在"颇相类"之处,"首先,它们都具有主观唯心主义和神秘主义的性质;其次,'精神生活'和'诚'都是第一性的东西,是一切事物的本质,是它们存在的基础和发展的动力;再次,两者所要达到的最高境界是'天人合一'或'与天地合一'";但也应看到倭伊铿的精神生活哲学与孔子儒

---

① 如谓"中西哲学思想有根本上之异点:第一,中国哲学家意在于求善,其所祈向者为一种价值论。以吾国名辞言之,为是非善恶之所归。西方哲人所致力者为求真,为认识论。此其异一。第二,吾国哲人富于理性,少谭信仰。……因此养成吾国学者之传统,或重义理或事考证,而与印度、近东与欧西承受耶教后之发挥宗教信仰者大不相同。……然在吾国哲学理论背后,亦有一种信念,如孔子云'朝闻道夕死可矣',孟子云'天下无道,以身殉道',宋儒云'为天地立心,为生民立命,为万世开太平'。此种议论,与宗教家之所谓信仰异,然不失其信心,可名之曰理性的信念(Rational Convention)。此其异二。第三,印度、近东与欧西习于信仰,乃有耶稣天国降临之说,……其在哲学上为绝对论,欲以一套范畴概括天下事理。吾国儒家亦有一种道统与殉道观念,以一己之躬行实践为主。及乎环境与己之信念两不相容,则以朝闻道夕死可矣态度出之。此即所谓成仁取义,以求社会之改善。其所以死者,为正义之所归。与欧西人与犹太人之迷信所谓弥赛亚降临者,迥乎不同。此其异三",见《中华民族精神——气节》,《中西印哲学文集》上册,第597—598页。

② 《致林宰平学长函告倭氏晤谈及德国哲学思想要略》,《中西印哲学文集》下册,第1117页。

家"惟天下至诚为能尽其性"云云,"无论就其内涵还是范围而言都有所区别,如倭伊铿的'精神生活'是与物质生活相对立的一个概念,《中庸》的'诚'指的是道德修养所达到的高度自觉境界"。

张君劢认为"虽然东西哲学之间的鸿沟似乎很大,却也有某些共同的特质。哲学终究是期图对人生和宇宙的了悟。因此,途径上容有不同,目的却是一样的"[1],中西哲学的目标是一样的,"都是追求永恒真理,无论是伦理方面或理论知识方面——这种永恒真理在感官上是无法发现的,只有从思想或心灵中才可发现"[2],故其"一方面反对独立于世界一般哲学之外来研究中国哲学的做法,另一方面又主张要根据自己的需要来融通中西方哲学,以形成一种新的多元局面,所谓'自力更生中之多形结构'",[3]这就使他每每通过比较的方法来论析中西思想。譬如张君劢注意到"像苏格拉底一样,孔子希望发现每一文字的特质,这样他能正确地为某一名称下定义。我们不能说,苏格拉底所求的是名词的定义,所谈的是逻辑,而孔子所谈的只是伦理。孔子的'正名'和苏格拉底的'定义',虽然两人以不同方式用不同语言表达,可是所表达的东西实际上是相同的"。[4] 他曾将孟子与柏拉图作比较研究,并列为其东西哲学比较研究开宗明义之第一篇,认为"孟子与柏氏不谋而合之点五。(一)曰以心官之思为出发点。(二)曰以知类为方法。(三)曰以正心为主身之本。(四)曰以德性为人所同具。(五)曰以道为归宿",[5]"以上所举五项,非谓其字句之相同,乃指其思想之相同,大概人之所以为人(即理性动物之谓)之概念,与夫德性之由来,发出于心官之思,而无异于耳目之感觉,此乃两人所以由形下走入于形上,而各项相同之点自随之而来矣";[6]又说

---

① 张君劢:《新儒家思想史》,北京:中国人民大学出版社 2006 年版,第 26 页。
②《新儒家思想史》,第 30 页。
③ 郭齐勇:《张君劢的哲学系统》,引见郭氏《现当代新儒学思潮研究》,北京:人民出版社 2017 年版,第 158 页。
④《新儒家思想史》,第 27 页。
⑤《孟子与柏拉图》,《中西印哲学文集》下册,第 732 页。
⑥《孟子与柏拉图》,《中西印哲学文集》下册,第 759 页。

"孟子与柏氏所以相类，更可以孟子之言之有关于六律、规矩者明之。《离娄》篇曰：'离娄之明，公输子之巧，不以规矩，不能成方圆。师旷之聪，不以六律，不能正五音。尧舜之道，不以仁政，不能平治天下。……''圣人既竭目力焉，继之以规矩准绳，以为方圆平直，不可胜用焉。既竭耳力焉，继之以六律五音，不可胜用焉。既竭心思焉，继之以不忍人之政，而仁覆天下矣。''规矩，方圆之至也。圣人，人伦之至也。'孟子之言，与柏氏学院外墙上所悬通告曰不通数学者不必入内之言，自不相同，然孟子心中知以数学中之方圆与音乐中之六律为学问之极致，则与柏氏无异。柏氏共和国中所以训练其治国者自二十岁至三十岁十年间为治数学之年。对于数学中各科目，先说明其所以治学之方法。……柏氏学院治学之方法，不为实用，乃为发展思想。吾知二人晤对一堂之日，定有其心心相印之处也。"①他还称"孟子是儒学中将'思'置于哲学之主要地位的第一人"，并认为孟子类于笛卡尔，"孟子以一种特殊的方式，修正孔子之说，而强调'心之官则思……'，有如法国笛卡尔说法'我思故我在'，以为现代哲学之出发点；谓两者同具重要性，盖不为过也"，②"笛卡尔学说，反映西洋哲学之发展，可以想见其如何重要。而孟子之'心之官则思'的理论，在东方亦有其重要性，而能与笛卡尔之说相比拟。……如果追溯宋朝陆九渊的哲学，及明朝王阳明的哲学，便不能不认孟子'思'的学说，实为一种前驱与发源的著作"。③ 此外，他又比较康德与孟子道："现代哲学中康德氏两大著作，其《实践理性》中之道德论与《纯粹理性》中之超验综合说，一则名之曰断言命令，一则出于心之自动。康氏此次学说使吾人恍然于西方现代哲学虽以近代所发明之科学知识为背景，然其基础不外乎儒家所谓心之所同然之义理。惟'心之所同然'实现于理论方面，乃有康氏之十二范畴，惟'心之所同然'实现于是非善恶之判断，乃有康氏

---

① 《孟子与柏拉图》，《中西印哲学文集》下册，第758—759页。
② 《孟子哲学》，《中西印哲学文集》下册，第657页。
③ 《孟子哲学》，《中西印哲学文集》下册，第657页。

所谓良心。"①由此可见,"在张氏看来,孟子虽然没有认识论,但是他在道德上的先验主义立场必会让他支持康德在认识论中的先验主义。即如果孟子要是在现代,必定会赞成先验主义的认识论"。②

此类比较性研究及论述,在张君劢的论著中在在有所体现,如他以比较哲学视域论道:

> 中国为位于亚洲之国家,然其思想方法乃近于西方而远于东方。中国不属于东方国家之创作宗教者,如印度、回教国与犹太等。中国所着重者为此世界之研究,尤重人伦与道德问题。罗杰氏《学生哲学史》中称,希腊人缺少宗教热忱,因此注重理性方面之追求与美术方面之表现。此乃希腊人所以为欧洲建立其哲学与科学之基础。中华民族富于常识,爱好学术,关于宇宙现象,一一为之记载,可以一部廿四史著作为其证明。然中华民族不长于新信仰之建立,尤不感觉有所谓上帝使者降临之默西亚观念。孔子一生之言行,最能代表中国人重视入世反对出世之心理。孔子对于子路事鬼神之问答之曰:"不能事人,焉能事鬼?"子路又敢问死,孔子答曰:"未知生,焉知死?"孔子又告子路曰:"诲汝,知之乎? 知之为知之,不知为不知。"孔子对于可知之事与不可知之事,划分一条界线,因此有人称孔子为怀疑主义者。然不论孔子对鬼神死后之态度如何,孔子一生用全力于此世界之上。孔子之影响,使数千年来之中国人从事于学术研究,缺少宗教狂热之表现。然亦正以孔子未尝与人以出世之信仰,乃有道教之建立与佛教自印度之传入,正所以满足国人关于宗教经验之要求。③

他的理学研究也是在比较哲学的视域下进行的,尝谓:"新儒家哲学之开展,颇与希腊哲学史之开展相类似。周濂溪、张横渠于新儒家哲学

---

①《儒家哲学之复兴》,《中西印哲学文集》上册,第485—486页。
② 郭齐勇:《张君劢的哲学系统》,引见郭氏《现当代新儒学思潮研究》,第160页。
③《中国哲学中之理性与直觉》,《中西印哲学文集》上册,第74—75页。

之初期,潜心于新宇宙观之造成,与希腊哲人亚纳克齐门达氏以'无限'为本,与亚纳克齐米纳司氏之以气为本之宇宙论绝相类似。濂溪名之曰太极,横渠名之曰太虚太和。其第二期为伦理的反省时期。其在希腊主其事者为苏格拉底为智者派,其在吾国则程明道程伊川,拾濂溪横渠之宇宙论,而求所谓理、道、识仁、涵养与致知之方。"①在其《新儒家思想史》中更有许多比较性论述,如他不仅"指出朱熹与亚里士多德相同之处",②而且从不同层面进行详尽比较研究后指出:"就研究现象世界而言,他是亚里士多德主义者;从他的唯心论而言,又是柏拉图主义者。"③或者说朱熹在自然哲学方面是亚里士多德主义者,而在道德价值哲学上则是柏拉图主义者,这是很深刻的观点。又如,张君劢尽管未深入展开,但十分敏锐地指出陆九渊否认形上、形下两层次的区分及其对"心"的特别重视,"使他接近菲希德(Fichte)那种唯心论者,陆九渊所谓的'心'代替了菲希德所谓的'自我'"。④ 再如张氏对王阳明的研究也是在比较哲学视域下进行的,他指出"王阳明不但是中国的伟大思想家,也是世界的伟大思想家,在东西方哲学史上都占有非常重要的地位",⑤他认为阳明"形上学与黑格尔的精神哲学很相似。自然为精神的自我表现提供可塑性的材料","先生从黑格尔式的形上学出发,根据黑格尔形上学,知人心的价值活动为实在之中心。可是,先生思想也接近柏克莱的观念论:存在即知觉。可是,我们不要将阳明先生的思想视为自我中心的知识论,因为先生认为,从本体上看,知是宇宙之本体,因此,知是普遍于一切主体的,并不限于人心","先生的哲学体系与康德'批判哲学'也有很大的不同。先生是彻底的存有论的唯心论者,因此,不承认康德所谓现象与本体之分,也不将知识分为所与(感觉)与组织作用(感性和悟性的形式)两个因素。

①《中国哲学中之理性与直觉》,《中西印哲学文集》上册,第77页。
②《新儒家思想史》,第207、208页。
③《新儒家思想史》,第207页。
④《新儒家思想史》,第241页。
⑤《新儒家思想史》,第297页。

先生认为知的活动或过程以及心之所知均为同一实在的一部分"，"虽然这位中国哲学家的论调很像西方的理性主义者，同样的，柏克莱和康德的一些说法在他思想体系也有重要的地位"。① 他又认为阳明"以'人心'为私欲，'道心'为天理，并认为心的这两种情形是相互排斥的。他认为私欲障蔽吾心，使吾心无知。这也是西哲笛卡尔的看法，笛卡尔认为人陷于自我狭窄的范围内，摆脱私欲即是清洁吾心而达到道心"。② 张君劢还指出：

> 在阳明先生的思想体系中，宇宙是个合理的整体。然而，他不必诉诸柏拉图式的理型以作为人生的典范，相反的落实世界之合理的东西则是他的理想。他赞成康德所谓思想形式内在吾心之说，他称之为性或理。一般而言，他的思想与黑格尔绝对主义哲学毫无相通之处，在黑格尔哲学中，理性是以辩证的形式展开的。不过，有一点，他却很相似于黑格尔，即经验世界乃精神的逐渐具体表现。阳明先生之重视行，预见了法国柏格森主义者及美国实用主义者，但有一点不同，即阳明先生之要求行是基于理，而柏格森主义者及实用主义者之要求行却是基于反智主义的。我们可以确定，在中国这位伟大思想家的思想体系中，含有西方唯心论及实用主义哲学精华。阳明先生在世界哲学家中将永远占有崇高的地位。③

由上述三例来看，张君劢"能尽量避免那种削足适履的做法，对西方某家某派的哲学系统不做全盘地移植套用，而是能够做到同中见异、异中见同。一方面，能够保持中国哲学的主体性，比他之前的中国哲学史研究者如谢无量、胡适之与冯友兰都更加接地气，有本土哲学气息。另一方面，张氏亦不忘以西方哲学中较接近的观点来诠释传统，对传统哲学进行现代性的创造性转化。当然，在哲学史的梳理方面，他也没能像

---

① 《新儒家思想史》，第 308 页。
② 《新儒家思想史》，第 320 页。
③ 《新儒家思想史》，第 327 页。

后来的牟宗三那样,建立'量身定制'的、明确的核心概念来定位宋明理学;在哲学系统建造方面,亦未能像牟氏那样建立自己精密的认识论,对良知与认知的转化关系亦语焉不详"。① 诸如此类的研究,就不仅使张君劢重建的理学(新儒学),而且使他全部文化思想都具有极其显明的比较哲学意味。

(三)和会中西而归宗儒家

张君劢并不是为了对中西哲学作比较而进行比较性研究,而是自有其目的。这首先是为了通过比较来汇通中西以形成、提出他自己的文化思想,如他早年在"科玄论战"中认为中国学术史上的汉宋之争、理学中的朱陆之辩与"欧洲哲学史经验派或理性派,或曰唯心派唯物派之争"相类,②后来在《新儒家思想史》中说,在"心是否先天具足,或是否因外境而生"问题上,朱熹和陆九渊各执一端,"差异很大,尤其是阳明加入这个论争以后,更是如此。因此,到明末清初,这个问题已演变成全面性的争论";"这个争论相当于欧洲思想史上理性主义和经验主义之争"。③ 他做这样的比较性论析,目的乃是要指出东西传统"一重德性,一重智识,此自古昔已然,而今为尤甚。……重德性而轻知识,则为科学之不发达。重知识而轻德性,终必陷于转以智力为戕贼同胞同种之利器","儒家哲学以人生为目的,尤注重于知识与道德之并行不悖。至于西欧之注重自然界,注重逻辑,注重语义,可谓为吾国人注意力之所不及。惟其念念不忘众人公有之知识与道德,以求人生问题之解决,且前后各代继续本乎'行健不息'之旨以为之,此乃中国文化所以历久常存而不至于误入迷途者也。其所以推究知识道德者,不外乎众人之心同然,不外乎众人所公有之理性,不外乎此公有之理性之暂没而复现,此则儒家哲学之一般性

---

①《张君劢的哲学系统》,引见郭齐勇《现当代新儒学思潮研究》,第170—171页。
②《再论人生观与科学并答丁在君》,《科学与人生观》(一),沈阳:辽宁教育出版社1998年版,第104页。
③《新儒家思想史》,第233页。

也"①，故"吾侪今日之进德，不能但记识仁定性或致知主敬之言，而自谓已尽格致诚正之外事。同时亦不必步趋西方学术机关之后，但以宇宙现象之研究为事，而置身心问题于不顾。……盖德性与智识二者既为人类得之自天之能，使之平均发展而同等表现于人类社会之中，乃学术上不偏不倚之善德，而惜乎古今中外之未有能严格遵之者也"。②

张君劢曾就做中西哲学比较研究何以必从柏拉图与孟子入手讲道："西方文化之要素三，曰希腊罗马，曰耶教，曰现代思想。此三者之中，希腊思想始终贯彻于古代中世，与现代为其骨干，如耶教之传至欧洲，初期依柏拉图，后期依亚历斯多德为其媒介，现代西方思想之复活，始于希腊古书由君士坦丁堡移至于意大利。至于近时英德人口中有哲学不外两派，一曰柏拉图派，二曰亚历斯多德派。此可以见西方文化，迄今犹在有形无形中为希腊学者势力所支配。吾人诚能从中、希思想之相同处，谋吾国思想界之复活与中西文化之接近，或者由流溯源，较诸移植西方现代科哲学者，或可变得其由本见末之一脉相沿，彼此贯通之处。"③就是说，要通过源头上的比较，寻找出中、希思想相同处而加以疏通，使中西思想合而为一，从而在赋予中国传统思想以新内容的同时，激活中国思想的生命力，复兴中华文化。

张氏晚年回视平生，以其亲历感受，指出在身处当今东西文化既相矛盾冲突、又相交流融合时代中的人们，应以开放心智，通过客观而理性的研究，会合东西而镕于一炉：

> 吾人今日所处为东西文化对峙之日，彼此优劣之势至为明显。名为近代化之大潮流中，实则伏有东西冲突之暗流。举其显著者言之：
>
> 第一，东方各国咸认现代化（即西化）之必要，然其内心隐藏东

---

① 《儒家哲学处于西方哲学环境中之觉悟》，《中西印哲学文集》上册，第 488 页。
② 《民族文化书院缘起》，《中西印哲学文集》下册，第 1425 页。
③ 《孟子与柏拉图》，《中西印哲学文集》下册，第 730—731 页。

方文化之复兴或遇事以东方文化之名为自己辩护,此为东西对立中矛盾之一。

第二,所谓现代化,实即西化。西化之范围如何,以工业技术为限乎,以政治为限乎,抑广及于治学方法与道德伦理乎? 此界限如不先明白划定,则民族主义的想法,或曰东方文化特点之想法,随时起而作祟。此为东西对立中矛盾之二。

第三,既已名曰现代化,而其中又分小派别。其在学术方面或重科学而轻玄学,如胡适、丁文江;或重科学的社会主义,是为毛泽东与其同志。其在政治方面,或以为应遵民主政治路线,或以为应走暴力革命路线。此为东西对立中矛盾之三。

以上三种矛盾,为五四以来时起时伏之现象。倘国人不图谋所以矫正之法,而但知以力胜人,则政治与学术,永远混合一处,文化不能自由发展,而政治永无自致于清明之日矣。其所以矫正之法将如之何? 曰廓大心胸,以求东西之会通而已。

吾人处此文化交流时代,应会合东西,镕铸于一炉之中,知自己之所长所短,而后就其长者而守之,就其短者而去之。知西方之所长所短,西方之所长所短,不论其为近代为古代为玄学为科学,一律平等视之,悉心研究之后,再定去取。此乃今后廓大自己闻见智识以求文化复兴之惟一办法也。倘不尽人之长,而先有成见,如玄学与科学之争,如民主政治与无产独裁之争,此皆先自狭小其心胸以自树藩篱于学术与政治之中也。[1]

他通过客观而理性的比较研究,肯认西方文化确有所长,如谓:"人生于宇宙之中,有其四周所遭值之事物,类聚而研究之。有日月星辰,是为天文;有山峙水流,是为地理;有一二三四及或断或续之量,是为数学;有花果草木,是为植物;有禽兽昆虫鱼鳖,是为动物。再推而广之,有元素之分合,是为化学;有物之质与能,是为物理。凡此诸学,自有天地以

---

[1]《老当益壮之自白》,《中西印哲学文集》上册,第160—161页。

降，与之同时并起。然人之知而条理之首，因时因地而异，或起于古代如天文名数之学，或起于近代如化学物理。然此各种学问，超然于人世富贵功名之外，自成一天地。其中有恒常之真理，或为理论之当然，或有益于日用，可以供学者千百年之穷索，而成为理智或精神之宝藏。此东西之共知者也。然其孜孜矻矻以为之，而不为用舍行藏之环境所惑者，则西方之成就似乎远在东方之上。此乃学问为独立王国之义入于人心之深浅，有以致之也。"并坦承与西方文化相比较，在学问的"节目与详细之处"，中国文化"远不如西方"："孔孟所指示之学问之大方向，曰博学、慎思、明辨、笃行；曰格物、致知、正心、诚意、修身、齐家、治国、平天下，即在今日言之，可谓为把握要点，概括一切者也。然其节目与详细之处，远不如西方。举例以明之：（第一）学问不离语言文字。每一种学问，有其概念、命题，一贯之理，与乎体系。营国学者凭其直觉，指示其要点，洞中肯綮，以云逻辑之学，虽由墨家名家发其端，然一部完整之逻辑学，吾国缺焉不具。因此各家学说独有发凡起例之言，少首尾完具之作。……（第二）东方所谓学问，由人事入手。西方所谓学问，由自然界现象入手。由人事入手者，不易见类之所以可分。由自然界现象入手者，物类之别，如以物为大共名，先有显然易见死物活物之分，其次为动物植物，再则动物之中又各有类，植物之中又各有类。然类之所以分，依逻辑言之，必先有其根本理由。……吾国二千年来之学问，如理学之性质；如训诂学之性质；如理学与佛道之辨；如孟荀之言性；如东林派与颜习斋之论性；如形上与形下之分；如太极与理与气之关系，所以此一是非，彼一是非者，何一不起于定义之不立，范围之不明，致朱子欲以一禅字摈斥象山，后来者和顾亭林、颜习斋、戴东原更以同一方法施之于理学乎。学问之主题何在不明，学问之分类无确定标准。以合全国之力，从事于分科研究，以造成建设性的发展，而不以彼此攻讦为破坏性的批评乎。"①因此，他力主东西文化会通："在超自然（Super-natural）观念之下，孔子之尊天，谓为同有

---

① 《文化核心问题——学问之独立王国论》，《中西印哲学文集》上册，第 167、171—174 页。

信仰则可,谓为所信重点之不同则可。孔子虽不信神,然形而上者谓之道,固儒家之言也,此可以会通者一。人伦为儒家思想之中心,以明德,止至善为旨归,希腊亦信足乎己而无待乎外之谓德,且谓德为最高之善,此可以相通者二。希腊重视智识,尤其于数学为求真之法门。亚里斯大德好分科之学,以生物学为其专长。吾国对于学问之分科,远不如西方精密,然对于西方学问智识之输入,勉力为之,惟恐不及。徐光启之译作与江南制造局中译书局所从事,足以证之,此可以相通者三。因此相同之故,吾人处于今日,唯有鼓励之扩张之,合之于一炉之中,以促成相通而不失其本色而已。"①

张君劢"以为吾人处于现世界,应知东西彼此之所以同,然后能不丧其所固有,而更求其发扬光大。同时不可不知东西彼此之所以异,然后能知己之短,而择人之长以补之"。② 择西方文化之长以补中国文化之短,方能更彰显中国文化固有的价值;"这样做的目的,是证明中国的土地是固厚而广阔的,足供建立新思想之用",③"足以增吾人儒家复兴之勇气"。④ 他正是通过对东西哲学的比较,揭示中国哲学有四点"独一无二的特性":

(一)中国人在哲学方面的兴趣集中在道德价值方面。中国人认为人是宇宙的中心,人与人之间的关系应是哲学家首先考虑的对象。孔子说"弟子入则孝,出则弟,谨而信,泛爱众而亲仁。行有余力,则以学文",这种情操运用到社会各分子身上,如君臣、父子、夫妇等,都必须具有不同的道德规范。中国人对于宇宙的看法,采取目的论观点。这是中国思想的基本态度,目的观使中国人的兴趣倾向道德价值方面,因此,对中国人而言,道德价值比逻辑、知识论或任何纯粹抽象知识具有更重要的功用。

---

① 《民主政治之开始·范畴与学问理论》,《中西印哲学文集》上册,第30—31页。
② 《孟子与柏拉图》,《中西印哲学文集》上册,第761页。
③ 《中国现代化与儒家思想复兴》,《中西印哲学文集》上册,第593页。
④ 《儒家哲学之复兴》,《中西印哲学文集》上册,第485页。

（二）中国人希望解释宇宙间一切现象，因此，他们想解决世界创造问题。他们认为天是道的根源，并以自然界阴阳二力或变化来解释这种关系。他们的形上学永远是理性主义的，不带超自然主义色彩。这种诉诸理性最有名的例子是老子的《道德经》、孟子的理性主义、周敦颐的宇宙论以及张载和朱熹等对理与气的讨论。显示抽象的理论分析，乃是宋代中国思想中最主要的部分。中国思想家认为上帝和自然之间没有关系。如果形而上与形而下之间有区别的话，也只是程度上的，不是根本的；凡是形而下的都可以归溯到形而上的，凡是形而上的都应该用这世界的现象来加以解释。

（三）中国人在哲学上最大的兴趣是对心灵的控制。中国人认为，由于心常为物欲和偏狭所蔽，所以，净心为得道的先决条件。一旦把自私的念头消灭，心便能不偏不倚，明朗和远见了。周敦颐的无欲、朱熹的致知和专心、王阳明的知行合一，这些便是达到真理标准的三条道路。

（四）重视自己所学的身体力行，甚至为了道可以牺牲生命。人若有志于道并愿献身于道，首先要做的便是将自己所信的原则付诸实行——自己身体力行，在自己的家庭生活以及对国家所尽的义务中具体地表现出来。朱熹和王阳明被认为是值得效法的最好榜样。明朝末年，东林党的许多哲人为了对皇帝忠言直谏而牺牲性命，这表示儒家或新儒家学者是准备为自己的信仰而牺牲的。宋末文天祥之死、明末刘宗周之死，便是这种殉道精神的典型。孔子说："志士仁人，无求生以害仁，有杀生以成仁。"[①]

他据此而认为中国哲学足可与西方学说相媲美，中国哲学家的创造性思维并不落人之后，中国哲学，尤其是儒学传统完全可以为现代中国思想提供"固厚而广阔的"精神土壤。他曾详尽比较研究中西形上学后说："吾先哲对于形上学之理论，虽为单辞片义，不如西方论此者之源源本本，系统秩然，然其理论中之大经大法，较之廿世纪之西方，固无愧色。

---

① 参阅《新儒家思想史》，第33—35页。

吾人何为自惭形秽而不昌言之乎?"①并且,张氏还进而指出"中国是儒家的天下。中国人的人生观极大部分是受孔子的影响;说得更正确一点,我们可以说,儒家的观点建筑在中国古代传统之上,因此,孔子和中国人的观点,都是从这个根源而来的"。② 这就犹如现代西方文化根源于希腊思想一样,"建筑在中国古代传统之上"的孔子儒家的思想成为渗入到中国人血液中的历史文化基因。所以,当他考虑现代中国思想文化建设必须顺应人类社会和人类文化发展潮流而和会中西问题时,就要申述"应以儒学为本,而沟通东西"道:"为什么不说以中国的道学墨家为本? 因为道家主清静无为,不看重知识,不重修齐治平之大道。墨家虽重逻辑,有天志非攻的道理,但太偏重实用,而亦不能据以融摄西方之关于自然社会的理论知识。惟儒家学说圆通广大,高明精微,确是中国思想的主流。"③

他更很郑重地说:"在一般人的心目中,'儒家'一词代表的是一种旧学说或旧规范,而'现代化'一词所指的则是从旧到新的一种改变,或对新环境的一种适应。然而,如果人们深究儒家思想的根源,显然,儒家思想是基于一些原则的:如理智的自主,智慧的发展,思考与反省的活动,以及质疑与分析的方式。如果这一看法不错,则儒家思想的复兴适足以导致一种新的思想方法,这种新的思想方法将是中国现代化过程中的基础。我的看法是:儒家思想的复兴有助于或者是中国现代化的先驱。人们甚至可以说,在中国人心目中根深蒂固的儒家思想足可为导致中国现代化的基本方法。"④就是说,以儒学为核心的中国文化传统是中华民族的根与魂,是中华民族的精神命脉,中国的现代化应该并且必须立基于此。

张君劢的文化观既区别于盲目崇洋的"全盘西化"派,又有别于抱残

①《中西形上学之所以异趣与现时之彼此同归》,《中西印哲学文集》上册,第 411 页。
②《新儒家思想史》,第 15 页。
③《儒学之复兴》,《中西印哲学文集》上册,第 574 页。
④《中国现代化与儒家思想复兴》,《中西印哲学文集》上册,第 579 页。

守阙的"国粹派"。就前者而言,他从来没有像西化派那样把传统与现代化截然对立,而是认为"就作为哲学和道德标准而言,儒家是可以现代化的。儒家思想中并没有与现代社会所谓人性尊严或权利不合的地方";①他更痛感西方哲学东来之后虽对中国思想界有很大影响,但置身于"思想、文化、政治矛盾斗争的时代"而洞察西方文化终有弊端,这终将"令国人走到儒家传统哲学万不可放弃之一途"。就后者而言,他在将近半个世纪致力于中国传统儒学的研究与弘扬的同时,对现代西方哲学也进行了广泛而深刻的探讨和积极传播。他对倭伊铿、柏格森、杜里舒、罗素、怀特海、萨特、康德等人哲学思想的研究最深,传播最早,并在中国学术界产生了很大影响。他曾系统介绍黑格尔哲学,使中国学者对黑格尔哲学有了更全面的了解。他又曾向中国学者们介绍现象学与存在主义哲学。他不仅以开放的心智对待西方文化,而且在《立国之道》中更明确指出:

> 一时代之社会,自有一时代之哲学为其背景。吾族今日所处之时代、所遇之邻国,既与昔异,除吾民族具有一种勇气另辟途径外,别无可以苟且偷生迁延度日之法。其政治上,当有卢棱、陆克辈之理,以辟政治上之途径;其在哲学上,当如笛卡尔及康德辈以立哲学之系统;其在科学上,当如加利雷、奈端、达尔文之勇于探求真理,与夫十九世纪初德国科学家于各方面之努力。诚能如是,则新文化之基础,自不难之于成立。有此新基础,国民对于祖宗之遗产,有增益而无浪费,其崇敬之心,亦有增无减。所谓于创新之中,以求保存之法者,即此义也。②

他晚年自我总结说:"近年以来自己思想上起一种转变,曰与其对于西方某派左祖或右祖,反不如以吾国儒家哲学思想为本位,刷新条理,更采西方哲学中可以与儒家相通者,互为比较,互为衡量,互为引证。或者

---

①《新儒家思想史》,第 602 页。
②《立国之道》,桂林:商务印书馆 1938 年版,第 132 页。

儒家之说,得西方学者之助,更加明朗清晰。而西方哲学家言,因其移植吾国,更得所以发荣滋长。盖唯有采西方学说之长,而后吾国学说方能达于方法严谨,意义明确,分析精到,合于现代生活。亦唯有以吾国儒家哲学为本位,而后本大道并行万物并育之旨,可集合众家之说,以汇为一大洪流,兼可以发挥吾国慎思明辨而加上笃行之长。"①这种"但问吾人如何采人之长以补己之短"②的文化思想,与抱残守阙的"国粹派"显然有着重大区别。总之,张君劢在哲学思想史研究中自觉运用比较研究方法,既坚持中国哲学的主体性,又注重以西方哲学中比较接近的观点来解释传统,从而形成一种具有鲜明特色的研究范式,这就是他所谓"对于旧文化之特长,要宣扬并加以发挥;对于欧西文化,不仅学其表面,当求其深处,但此'借材异地'之心,并不动摇吾人对本国文化之信念"的基本文化策略。③

四、民族主义本位与自由精神

(一)民族主义与自由精神

张君劢的现代新儒学思想,以民族主义本位与自由精神为两大基本特色,而这两大基本特色在张君劢的现代新儒学思想体系中又是有机交融的。换言之,从政治文化角度看张君劢的现代新儒学思想,"一方面强调民族意识、民族精神和民族文化对于民族建国的作用;另一方面强调国家基本政治制度的改造或构设对于民族国家'一体化'和民族建国的关键意义",④这就呈现出自由民族主义的特质。

对于近现代中国人来说,民族主义观念是西风东渐的产物。西文nationalism 一词被中文译为"民族主义""国家主义""族国主义""国民主

---

①《新儒家哲学之基本范畴》,《中西印哲学文集》下册,第 518 页。

②《明日之中国文化》,第 49 页。

③《立国之道》,第 7 页。

④ 翁贺凯《现代中国的自由民族主义——张君劢民族建国思想评传》,北京:法律出版社 2010 年版,第 59 页。

义""国族主义"，等等，渐多取作"民族主义"。而民族主义本来甚有歧义，内容上可分为种族民族主义、政治民族主义、文化民族主义、经济民族主义，态度上可分为理性民族主义和狭隘民族主义，立场上则又有官方民族主义和民间民族主义的区分。尽管有如此之多的歧义性，但一般说来，民族主义是一种将民族（国家）作为忠诚的焦点，并赋予民族成员共同的认同与尊严的集体感情，这种集体感情成为特定社会共同体的意识，居于这意识核心的概念是民族（nation）。

近代现西方，围绕 nation 观念，英美式的建立在个人自由之上的国家观念与德意志以绝对精神为象征的国家哲学有着明显差异，而"以强调国家至上为特征的德国政治哲学"则成为现代民族主义的重要典型。"德国式的国家观念，对中国近代思想界影响深远"。[①] 在中国，尽管1874 年前后王韬就已使用过"民族"一词，[②]但要到 1895 年中国惨败于日本之后，"民族"才渐渐被普遍使用。戊戌变法失败后亡命日本的梁启超，是中国最早宣传民族主义的思想家，他说："民族主义者，世界最光明、正大、公平之主义也，不使他族侵我之自由，我亦毋侵他族之自由。其在于本国也，人之独立；其在于世界也，国之独立。使能率由此主义，各明其界限以及于未来永劫，岂非天地间一大快事！"[③]他反对当时盛极一时的"排满复仇"论，主张合满、汉各民族为一大中华民族，以相对于世界其他现代民族国家。他又极力推崇伯伦知理的国家学说，称卢梭立于18 世纪而为 19 世纪之母，伯伦知理立于 19 世纪而为 20 世纪之母，"自伯氏出，然后定国家之界说，知国家之性质、精神、作用为何物，于是国家主义乃大兴于世。前之所谓国家为人民而生者，今则转而云人民为国家而生，使国民皆以爱国为第一之义务，而盛强之国乃立，十九世纪末世界之政治则是也。而自今以往，此义愈益为各国之原力，无可疑也。伯伦

---

① 刘泽华总主编、邓丽兰本卷主编《中国政治思想通史·现代卷》，北京：中国人民大学出版社2014 年版，第 8 页。

② 参阅彭英明《关于我国民族概念历史的初步考察》，载《民族研究》1985 年第 2 期。

③ 《国家思想变迁异同论》，《饮冰室合集·文集之六》，北京：中华书局 1989 年版，第 20 页。

知理之关系于世界何如也".① 此时的民族主义宣传者同时又强烈向往自由民主,在他们看来,反对清廷不仅仅因为其是异族统治,还因为其是专制主义王朝,故而与他们鼓倡民族主义相伴随的,是对自由民主思想的宣传:"民权之集,是为国权;民而无权,国权何有?"②由此看来,在中国近代思想史上,民族主义与自由主义一开始就有着不解之缘。

就在梁启超等如此大力鼓倡民族主义的时候,张君劢东渡日本在早稻田大学求学,并开始编译《穆勒约翰议院政治论》,他由此比较了专制政体与立宪政体的优劣,指出专制政体下的国民由于"日夕惟刑宪之是惧"而不敢放言高论,其思想活动毫无进步可期,这样习久成风,自然成为一麻木不仁之世界,专制政体亦因此而不可能长治久安,必然沦落劣败淘汰的命运,"故曰专制国之末路,惟坐以待毙耳"。③ 与之不同,立宪政体下,"(一)凡宪法既定,人民权利之确保,各得安心活动之自由,以致社会个人之进步。(二)人民既享有议政之权,自然热心于各般事业,即一市一邑,亦迥非专制国之比,而其理乱之状态自异"。④ 正因为立宪政体具有专制政体不可比拟的优越性,所以,"二十世纪之列国,其必尽趋于立宪者"。⑤ 他还探讨了立宪与国族的关系问题,提出"国族者何物耶?凡人类之一部相互间以共同之感情而同受治于自主的政府之下者也",⑥认为凡有同国族之感情者,应结合其人民以立于同一政府之下,但这种结合是在不同民族间真正同化基础上的自主结合。他据此而主张放弃狭隘的民族复仇主义,汉满两族团结起来,"凡同族而异心术者,与异族而异心术者,正可一律看待,而今日国民刀锋所向,所愿天下同心协力者,即此专制腐败之政府耳,案之各国所以获得自由民权之先例,又安见

①《论学术之势力左右世界》,载《新民丛报》第一号,1902年2月8日。
②《二十世纪之中国》,引见张枬、王忍之编《辛亥革命前十年间时论选集》第一卷上册,三联书店1960年版,第69页。
③ 翁贺凯编《张君劢卷》,第4页。
④《张君劢卷》,第6页。
⑤《张君劢卷》,第5页。
⑥《张君劢卷》,第11页。

我之果不可得耶!"①这样,在张君劢思想开始形成的早年求学时期,由于受到穆勒思想和梁启超所宣传的西方民族主义、国家主义学说的影响,民族主义与自由主义就有机结合在一起。尽管他的思想后来不断发展以臻成熟,但民族主义本位与自由精神,尤其是这二者的有机结合始终是他坚持的基本原则。换言之,《穆勒约翰议院政治论》不仅为张君劢毕生的政治思想奠定了一个基调,而且更为他的全部现代新儒家思想打下了底色。唯其如此,他后来才会在《明日之中国文化》中既称颂"民族国家实为各民族之最高组织;有之则存,无之则亡",又赞许"就民主政治百余年之成绩言之,不能不谓为人类历史中之伟大成功也",并指出:"民主政治之内容,不外乎承认各人之自由平等,如生命、财产、出版、信教等等自由之保护,如各人均享有公民参政之权。"②

以宪政谋求民族建国,这是张君劢思想中最主要的内容,也是他一生追求的最重要的目标。这思想呼应了如何构建国家与个人之关系这样一个近代政治学主题,同时也反映了近代以来中国社会的现实发展需要,是 20 世纪时代精神的反映。这里要说的是,他这方面的思想充分体现了民族主义本位与自由精神,尤其是这二者有机结合的基本特色。张君劢在居德访学期间深受魏玛宪法之父柏吕斯的影响,对柏氏提出的"法治国"思想极为倾心,曾专撰《德国新宪起草者柏吕斯之国家观念及其在德国政治学说上之地位》③予以评价。他后来进一步指出:"所谓法治国者,是以法律治国,不是以人治国。但这还是表面上的话,法治国云者,尚有其特别意义。"

所谓"法治国"的"特别意义",就在于认定国家须合于人民之意志,承认人民有自由权利,"欧洲十七、十八世纪的思想,认定国家是合于人民之意志。卢骚的《民约论》便是要以一般人民之意志即所谓总意来治理国家的,所以人民在国内,应该参与国是。……既承认人民的意志,既

---

①《张君劢卷》,第 12—13 页。

②《明日之中国文化》,第 43、45、44 页。

③ 该文原载《东方杂志》第 27 卷第 24 号,1930 年 12 月 25 日。今收入翁贺凯编《张君劢卷》。

承认人民有参政权，便非承认人民有权利不可，如果不承认人民本身的权利，法治国的精神，还是无从实现"。就是说，"所谓法治国，不仅是以法律来治国，而是看重人民的权利。在专制时代不承认人民有人格，更不承认人格上有权利，所以专制的国家，是不配成为法治国的"。① 到 20 世纪 40 年代，经历过两次世界大战与政局的风云变幻，张君劢更进一步明确指出："鸦片战争后，欧洲国家踏进我们国土，我们最初所认识的是船坚炮利，最后乃知道近代国家的基础在立宪政治，在民主政治，在以人权为基础的政治。"② 又说："人身自由，……人权保障，实在是民主政治的基础。"③ 张君劢实际上揭示了"宪法旨在维护尊严和价值的自我 (Self)"，"宪法的功能可以被阐释为规定和维护人权"的道理。④

那么，作为"民主政治最重要的基础"或宪政之基的人权是什么呢？人权又何以会成为"法治国基础"呢？张君劢说：

> 人权就是一个人所以为人之必要权利，不是因债务关系而发生之债权，也不是因亲属关系而发生之继承权，而是一种基本权利，没有这种基本权利，便不能算是人。法国人叫这样权利为主观权，主是自己的意思。从前国家要怎样便怎样，人民不能自主，现在承认人权即是说人之所以为人者，自有其本身之权利。但国家何以会给人民以权利呢？因为人民的力量，便是国家的力量，如果不拿人民当着一国的主人看待，则国家的政治一定不能清明，非先承认人民是人，是有人格的，然后才谈到治国。……国家看人民太无价值，一国国民如果没有居住，不能生活，那里还谈得到人权？既没有人权，国家那能会有力量？所以人民的生活、居住等等的权利，应该在宪

---

① 《法治与独裁——在广州法学院演讲》，载《再生》第 2 卷第 10 期，1934 年 7 月 1 日。引见翁贺凯编《张君劢卷》第 343—344 页。
② 《中华民国民主宪法十讲》，《宪政之道》，北京：清华大学出版社 2006 年版，第 136 页。
③ 《宪政之道》，第 156 页。
④ ［美］卡尔·J. 弗里德里希：《超验正义：宪政的宗教之维》，北京：生活·读书·新知三联书店 1997 年版，第 15 页。

法上有保障，应该受到国家的保护，国家怠于这种责任，便是不承认人民有权利，便是看轻人民的价值，国家对待人民如此，于是人民也感觉不到国家的可贵了。欧洲又承认人民有人格，承认人民有权利，所以欧洲法治国的基础才能确立。①

他又自问自答道："到底所谓'人权'，其意义何在？既称为国家，大权操之于国家之手，人民对于政府，不能不服从其命令。但国家无论何种命令，是不是人民都应该服从呢？……孟子尝云：'君之视臣如草芥，则臣视君如寇仇。'……可见国家对于人民，无论权力怎么强大，总要划定一个范围，说这是你的命，这是你的财产，这是你的思想和你的行动范围。在这个范围内，便是各个人民天生的与不能移让的权利。在这范围内，国家是不能随便干涉强制的。在这范围内，各个人所享有的权利，便叫人权。"②这样，张君劢就揭示了生命、生存、财产和思想等基本"人权"的先天性、不可让渡性，并进而赋予其哲学基础——"人权就是一个人所以为人之必要权利"——"所谓人权的意义，在哲学上看即是康德所谓拿人当目的，不拿人当手段、工具，也就是说人类有其独立的人格，政府应待其人民为有人格之人民，不待之如奴隶"③。

张君劢的思想既呼应了如何构建国家与个人之关系这样一个近代政治学的主题，④则自然会对政府权力与个人自由关系问题予以格外关注。如果说20世纪20年代，他主持起草的《国是会议宪草》对于人民的

---

① 《法治与独裁——在广州法学院演讲》，翁贺凯编《张君劢卷》，第343页。

② 《中华民国民主宪法十讲》，《宪政之道》，第156—157页。

③ 《民主政治的哲学基础》，《中西印哲学文集》上册，第247页。

④ 在"如何构建国家与个人的关系"这一"政治学的主题"上，"近代西方思想中，英美思想与欧陆思想"存在着明显差异，并形成了两种不同的传统。现代中国的国家观念来自西方，"英美自由主义的国家观虽然在五四前后及抗战胜利前后流行一时，但在中国思想界占主流地位的仍是德国式的国家至上的国家哲学"。（参阅刘泽华总主编《中国政治思想通史·现代卷》第7、8页）而据我们的分析，承受了英美思想与欧陆思想两种传统影响的张君劢，在如何构建国家与个人的关系问题上，实际是试图寻求英美思想与欧陆思想的平衡或调和，或者说是在探寻一条英美思想与欧陆思想之间的中和之路。

自由权利采取的是法律限制主义（或间接保障主义），在人民所享有的人身、住宅、通讯、言论、著作、集会、结社等种种自由权的后面都写有"非依法律不得侵犯（或限制）之"的字样，①那么，中经译述拉斯基（张氏译作"赖斯几"）的《政治典范》以及在《新路》第一期《发刊辞》中提出"立国原则，在乎两党或多党政治；各出心思，以待判决于国民，则人人有所贡献；彼此互相监督，立朝之党，有所惮而不敢为恶，在野之党，有所待而展其怀抱，诚各方心思才力有所发挥之良制也"，到 30 年代，他"紧扣自由与权力的矛盾，反思自由主义与极权主义颉颃递嬗的历史逻辑以及中国现代化的现实困境"②而提出的"修正的民主政治"，则试图在国家权力与人民自由之间寻找更好的平衡点。他认为对于一个国家来说，自由和权力"仿佛人之两足、车之两轮，缺其一即不能运用自如"；③"权力与自由，权力是一架敏活机器之运转力，这是属于物的一方面。自由是人类前进的动力，这是属于心的方面"；④"权力是计划，是系统，是轨道，自由是意志，是机动，是精神"，"没有系统与轨道，将无以端其方向，结果不免于乱；若无机动与精神，将无以促其向上，结果不免于死亡"。⑤ 关键在于要使自由与权力、国家（民族）与个人有机协调，形成平衡，"权力者，所以便行政之执行，自由者，所以保障社会文化和个人思想"；⑥"一方得便捷之政府，

---

① 郑大华评曰："各国宪法关于人民权利自由的规定，主要有两种形式，一为宪法保障主义（或直接保障主义），一为法律限制主义（或间接保障主义）。前者由宪法规定各种自由权利的范围，宪法一旦实行，人民随即享有宪法规定的各种自由权利，一切与宪法精神相抵触的法律都无效；后者虽然也把人民所应享有的种种自由权利写入了宪法，但在各种自由权利后面又加有'非依法律不得侵犯或限制之'的规定，亦即普通法律可以限制人民的自由权利。因此，两者比较，宪法保障主义比法律限制主义更有利于对人民各种权利的保障。张君劢在草拟《国是会议宪草》时，对人民权利自由不采取宪法保障主义，而采取法律限制主义，这不能不说是他对国家蓝图设计的一大失误，也因此而受到了社会舆论的广泛批评。"（《张君劢传》，第 90 页）

② 高力克：《一个超越左右的现代性方案——张君劢的"立国之道"》，载《华东师范大学学报》2012 年第 2 期。

③《立国之道》，第 95 页。

④《立国之道》，第 372 页。

⑤《立国之道》，第 370 页。

⑥《立国之道》，第 25 页。

他方得自由发展之个人"，①从而实现国家的正常运作。这也就是他所提出的"政治制度之纯粹意义"："（1）国家行政贵乎统一与敏捷，尤须有继续性，故权力为不可缺乏之要素。（2）一国之健全与否，视其各分子能否自由发展，而自由发展中最精密部分，则为思想和创造之能力。所以自由发展亦为立国不可缺之要素。"②而当民族处于危机的"生死关头"更应认识到："大家如不能再一致对外，但知各之门户，则国家灭亡即在眼前，从何有民众自由可言？总而言之，个人自由寄托于国家身上，国家全体亦赖个人自由而得其巩固之道。此即今后立国之要义。从这个观点来说，中国民主政治之一线光明，即在自由与权力平衡之中。"③

因此，张君劢的"修正的民主政治"，其所谓"修正"并不是要舍弃自由精神走向极权或独裁，而是为了更好地保护民主政治的稳定性与质量，故而并未背离其宪政民主的一贯立场。他"虽然名义上提出了一个折中方案，希望将民主与独裁各取其长，然仍以民主为精神"。④"从现实需要来看，这是鉴于国内国外的形势，即抗战的需要、政府效率之提升，使政府与人民互不妨碍。……从历史经验来看，这是鉴于苏俄与意、德左右两种新集团主义（Noe-totalitarianism）之大反动，而欲'求一两得其平之法，即政府不因议会而动摇，议会不因其权力过度而自取灭亡'"，"而从学理上看，这种修正主张则未尝不是调和英美与欧陆传统的表现。张氏比较欧陆理性主义的国家观（主要是黑格尔的国家观）与英国经验主义的国家观，即一体的国家观与作为人民对立面而需要监督的国家观，认为不必附和英美人的观点，即不能将世界大战的责任归咎于黑格尔，而应该考虑到 19 世纪德国建国的背景"。⑤

---

① 《立国之道》，第 99 页。
② 《立国之道》，第 149 页。
③ 《立国之道》，第 99 页。
④ 翁贺凯：《现代中国的自由民族主义——张君劢民族建国思想评传》，第 113 页。
⑤ 郭齐勇：《张君劢的哲学系统》，引见郭氏《现当代新儒学思潮研究》，第 152—153 页。

（二）与国家主义派的异同

民族主义本位与自由精神，尤其是这二者有机结合的基本特色，在张君劢的民族建国思想中也有充分体现。他在疏解"民族主义"一词时，特别强调"民族建国"四个字应"将重点摆在'国家'二字上"，他说：

> 民族主义这个名词，在中国流行很久。有的以民族一词与国家一词合在一起，名曰民族国家，或曰民族建国。有的以为民族一词与国家一词意义相同。其误会盖由于外国 Nation（内兴）一词之歧异意义而生；因内兴一字既可以做民族解，又可以做国家解。国家的内容与民族的要件是不同的，可以说纯然是两事。现在所风行的"民族自决""民族团结"等口号，不过表示语言、风俗、历史之相同，使民族有所自觉，构成一体而已。民族本身的种种条件虽已具备，然不一定构成国家组织。所以谈到民族建国四个字，我们应该将重点摆在国家二字上。知道国家的内容是什么？其基础又是什么？然后方可达到民族建国的目的。只知道民族团结、民族自决，而忽略了国家基础，民族建国是不可能的。①

为了更加明晰地将民族主义、民族建国思想的侧重点放在"国"上，他虽引德国学者伯伦知理关于民族是自然概念、国家是价值概念以及英国学者霍尔关于民族是种族概念、国家是法律—政治概念的区分来证明民族与国家在概念内涵上完全不同，但又指出自古以来，国家与民族本就是互为因果的，正因有此因果关联才会很容易地演变而成为现代民族国家，"民族性之共同以期达乎国家之完善组织，自为势顺理明之学说"。② 他如此强调"国家"的重要性，似与曾琦、李璜等国家主义派的思想主张颇为接近，如曾、李等倡言："人类之有今日，均由'国家主义'御外治内之功。""国家主义者，合国情而顺潮流之主义也。国家主义者，救中国惟一之良方也。欲中国政治上轨道，外交占优势，社会得安宁，当以

①《立国之道》，第 28 页。
②《立国之道》，第 43 页。

'国家主义'为宗旨,以全民革命为手段,合四万万人之力,内除国贼,外抗强权,立定大计,以实践国民天职,贯彻民主精神。"[1]并且也正因为有接近的政治主张,张君劢创立的国家社会党才与曾、李等创立的中国青年党合并为民主社会党。但张氏与国家主义派的思想主张又有所不同,他曾就为什么要在中国特别强调将"民族建国"四个字的"重点摆在'国家'二字上"说道:

> 须知民族主义,不过建国之一方面,其余有待于政治组织之完善。欧洲民族建国运动开始时,早有一种新的政治运动,如民约论、国民主权论、个人应该享有自由权利、政府应该得被统治者同意等等议论,皆为此新运动之各种条目,求其在个人自由独立之中能得一种完善的政治组织。……集合各个自由平等者,以成为国家之总汇,此即国民主权所在。简单地说,以民主运动当做政治改善之基础。所谓宪法、议会政治、地方自治、立法权之规定等等,就是从民主运动中产生出来的。[2]

中华民族在民族之要件上,如风俗、语言、文字等,早经具备。但举国之劳苦大众生活何以不能改善? 对外何以丧失主权和土地? 其中缘故不在民族条件之具备与否,而在乎国家组织之不健全。[3] 与欧洲民族建国运动先有鼓倡"个人自由独立"的文化思潮,并在这思潮激荡下养成人们自由、独立、民主、平等的自觉意识,形成"完善的政治组织",然后"集合各个自由平等者以成为国家之总汇"相比较,中国问题的关键显然"不在民族条件之具备与否,而在乎国家组织之不健全"。这样的认识使得张君劢至少在下列三点上与国家主义派有所不同:

其一,国家主义派虽然也说要"贯彻民主精神",但更强调所谓"中心

---

[1] 曾琦:《曾慕韩先生遗著国家主义者的四大论据》,引见沈云龙主编《近代中国史料丛刊》第68辑,台北:文海出版社1982年版,第133—135页。
[2]《立国之道》,第32—33页。
[3]《立国之道》,第31页。

思想与中心人物"的极端重要性，认为"夫一国之有'中心思想'，则国是所由以定者也。一国之有'中心人物'，则国民所望而趋也"；反之，"夫一国无中心思想，则众论纷纭，而莫衷一是。一国无中心人物，则民心惶惑，而靡所造人人。古今中外，罔不如是"。中国国事之所以扰攘不已，其根本原因就在于没有"中心思想与中心人物"，故今日之中国"惟有先努力于中心思想之制造。有中心思想，然后中心人物可得而出"。① 而张氏虽然也强调社会精英尤其是政治精英的重要作用，认为"盖一国之存亡，在乎政治家之深识远见，懂得世界潮流之趋向与夫本国人情风俗邪正之故，自可使国家由衰而盛，由亡而存。不然，仅仅靠知识阶级鼓吹大炮飞机之购买与民主政治等之重要，则此国家如轮船在海上乱航，依然不能得一定方向之所在"；②"一个个的政治家的善良操守，构成其集体的道德——或曰国家道德"，③但他更十分注重"精神自由"在民族建国中的极端重要性。他所谓"精神自由"，表现于政治上，就是要改变几千年来专制政体下形成的那种"命令式之政治，命令式之道德，与夫社会类此之风尚"，使国民能"于自己工作，于参与政治，于对外时之举国一致，皆能一切出自于行动，不以他人之干涉而后然"。④ 同时，国家切实保障人民的生命、财产、言论、结社以及参政议政之自由权力，一切政治上的设施都要以民意为前提和基础，努力铲除"几千年来人民受统治于帝王，政治上之工作，等于一己之功名，故有意于致身显要者，争权夺利，无所不至"的现象。⑤ 他还说："我认为欧战以前欧洲立国之大宗旨，如下层民众之解放，个人人格之尊重，与夫思想自由之保护，这是十九世纪以前之成绩，大家不要以为过去后不适用。至于现时欧洲之潮流，如民族意识之加强，如政府权力之集中，如民众行动之团体化、纪律化，如行政之有一

---

① 参阅曾琦：《论中心思想与中心人物》，见少年中国学会编《国家主义论文集》第一集，上海：中华书局1925年版，第83—85页。

② 《立国之道》，第282页。

③ 《政制与法制》，北京：清华大学出版社2008年版，第24页。

④ 《明日之中国文化》，第124页。

⑤ 《明日之中国文化》，第125页。

定计划,这都值得我们采用。但是在这两方面,各采所长,是不容易的事。因为注意于领袖之权力,便忽略民意之尊重。反过来说,注意于人民之自由,可以缩小政府权力,尊重民意表现,可以减少行政效率。这两方面的调和虽不容易,但是不是不可能。"①基于这种认识,张氏一方面把"造成以精神自由为基础之民族文化"作为民族建国运动中文化建设的"总纲领",②把批评的矛头指向了当政者即国民党政府的领袖:"凡为政治家者,但知民族立国之可贵,至于国家组织之是否完善,则略而不问,不可谓为善学德相俾斯麦与意之志士马志尼者矣。"③

其二,国家主义派十分强调社会道德在建立和治理民族国家中的重要性,认为"一国之社会能秩然有序而日趋进步,全赖有最高道德以维系之";"在昔君主国家以忠为教,忠君即其最高道德也。民主国家之最高道德在爱国,实则爱国即爱己","爱国为人之良能,合乎人心,顺乎自然"。④ 张氏当然毫无疑问是坚定的爱国主义者,毕生致力探求民族复兴之道,为提高民族自信力而出版《民族复兴之学术基础》等著作,并且他也很重视道德在民族建国中的重要性,认为"无集体的道德"是绝不可能立足于世界民族之林的。⑤ 但他在强调要"从教养入手,俾三万万九千万人民咸认识甘为中华民族之人民"、⑥即形成高度自觉统一之民族意识的同时,又指出一个国家的兴亡强弱关键在于是否有健全的国民,要教育国民以"养成民众为国家主人之资格",为政者要"爱"民即解放民众,使他们真正成为国家的主人,而不再把他们当做牛马对待;要"养"民即发展经济,改善并提高人民的生活水平,使他们"暖衣、饱食与安居";要"教"民即对民众进行启蒙,使他们具有健全的知识,懂得公民的权利和

---

① 《中国教育哲学之方向》,《中西印哲学文集》上册,第 303—304 页。
② 《明日之中国文化》,第 121 页。
③ 《立国之道》,第 42 页。
④ 曾琦:《曾慕韩先生遗著国家主义者的四大论据》。
⑤ 参阅《立国之道》,第 38 页。
⑥ 《中华民族复兴之精神的基础》,《民族复兴之学术基础》,北平再生杂志社 1935 年版,第 74 页;引见翁贺凯编《张君劢卷》第 324 页。

义务,并能判断政治上的是非得失,从而能够真正发挥起作为国家主人的作用。[1] 他还指出传统的忠君爱国存在着致使学者不可能依凭其自由精神而追求学问之"独立王国"的弊端:"吾国文人学士,不论其为在野党或在朝党,念念不忘效忠于国家。泾阳'君父'二字,其明证也。其在野之身如顾亭林氏者,有天下兴亡匹夫有责之言。则学者以追求独立王国为事,殆不可得矣。"[2] 此外,众所周知,张氏又最为重视法律建设,指出"从国家本身看来,没有法律,国家便无从维持其秩序;从人民全体看来,没有法律,也不能保持其安宁"。[3] 法律乃是"民族建国之最高原则",故中国要想完成民族建国而成为一个近代国家,就必须养成法治习惯,养成真诚的守法精神。张氏还把道德建设、民族意识之自觉与法律建设有机结合,在评论黑格尔的国家观时说:"黑氏持国家一体与有机体之说,故于宪法之出于人为而不出于自然长成者,以为必不能持久。盖各民族有其民族精神与民族历史,斯宪法应之而生。若视宪法为可以一朝制就者,则其法之宜否,实为一大问题。……宪法之保障,在于民族之总精神,即民族能自知自觉此宪法之必要者,则宪法乃能推行。可知宪法之为物,非若机器之可以一朝采办,实与民族之知识与道德,有不可离之关系矣。"[4]

其三,国家主义派强调国家之所以能成立的要素"不特在经济所需的实质,特别在历史所付的灵魂",故"一个民族的'国性'的成立是基于他对过去的回忆;这种回忆并且是全民族,无分阶级,都一样具有的"。[5]"既生在一个国家里,便无法逃脱这个民族性,则一个国民的精神在在都含有他祖国所积累,同族所共有的那种精神。因此我们所以在理论与事实方面都能够证得祖国的灵魂便是国民的灵魂"。[6] 张氏认为一个民族

---

① 参阅《立国之道》,第 368 页。
②《文化核心问题——学问之独立王国论》,《中西印哲学文集》上册,第 179 页。
③《法治与独裁》,引见翁贺凯编《张君劢卷》,第 342 页。
④《黑格尔之哲学系统及其国家哲学历史哲学》,《民族复兴之学术基础》,第 158 页。
⑤ 李璜:《释国家主义》,见少年中国学会编《国家主义论文集》第一集,第 8 页。
⑥《国家主义论文集》第一集,第 14 页。

"总得先有自尊心和自信心，然后才可以立国"，①故其强调民族复兴和民族建国的关键在于提高民族的自信力，而要提高民族自信力就须尊重本国的历史文化，否则，"便等于自己不相信自己；自己不相信自己，则不能为人，岂有一国人民不尊重自己文化而可以立国的？"②他据之而对当时思想界出现的数典忘祖、全面否定中国历史文化传统、"视吾国所固有者皆陈规朽败"的现象批评道：

> 吾国人近来注重外国科学政治社会，视吾国旧文化为一文不值，然试思四千年之旧国，生存于今日，岂无多少精华可供子孙之保存者乎？吾民族究由西方而来，抑为本来土著，此问题即在西方考古家历史家尚无定论，然而中国文化具有独立性（即离西方独自创造者），为西方学者多数人之见察，此非吾民族之光荣而足以骄人者乎？此民族中所表现之思想行为，如儒家哲学之注重身心，如佛学之博大精微，此思想史中之可表彰者也。如民本之精神，如乡约之制，如寓兵于农，此古代制度之可表彰者也。如吾国建筑，简易朴实，气象伟大，如云冈佛像之雕刻，如石涛之写意画，西人尤称道之不绝于口，此美术之可表彰者也。既为四千年之民族，必有其能生存之理由。从此点以下观察，则中华民族之成绩，定有可以垂后世者也，奈何吾国人并此自信力而无之乎？③

当民族危机深重，处于生死危亡之际，张氏甚至在《民族复兴之学术基础》的"绪言"中呼吁"民族之大彻大悟"，即使每一国民"事事以民族为念，而忘个人之荣辱得失，以民族之痛苦为痛苦，以民族之利害为利害"。但是，他又认为历史上的中国，与其说是一个"国家"，不如说是一个"天下"；古代中国所代表的是整个文明开化的世界，它赖以立国的不是血统或武力，而是文化，任何一个异族只要心悦诚服地接受了我们的文化，我

---

① 《中华新民族性之养成》，《民族复兴之学术基础》，第 37 页
② 《思想的自主权》，《民族复兴之学术基础》，第 151 页。
③ 《中外思想之沟通》，《民族复兴之学术基础》，第 175 页。

们便把其视若同类。由此，"吾国人民脑袋中充满者，乃'天下'思想，而非民族思想。反之，欧洲之国家，到处皆见平等之民族"。① 他更反思历史，检讨传统，指出"秦后之两千年来，其政体为君主专制，养成大多奴颜婢膝之国民。子弟受大家族之庇荫，依赖父母，久成习惯。学术上既受文字束缚之苦，又标'受用''默识'之旨，故缺少论理学上之训练，而理智极不发达。此乃吾族受病处，而应有以补救之者"。② 他还指出"中国自秦以后，君王统一之局完全确定，人民不能享有政治上权力；思想上自汉武以后，罢黜百家，表彰六经，换言之，以孔教为信仰之中心；社会上奉三纲五常，为不易之社会组织。读书人除掉四书五经之外，几乎不知别有所谓学术，至于医药降而与卜筮星相相同科，工业技术委之于不识字之平民，国防则有所谓好人不当兵之说。总而言之，一切政治宗教学术与夫生活蹈常习故，毫无振兴气象，各个人散漫、因循、依赖，不知有自身之责任。此为中西交通以前之大略情形也。"③因此，显然不是基于对历史的回忆而形成现代民族国家的"国性"，而"必须经一番新努力，以求新政治之基础之确立"，如此，"旧传统反可因新努力而保存，而不至动摇。否则新者不能创造，而旧亦无由保存"。④ 他说：

> 若谓今后全部文化之基础，可取之于古昔典籍之中，则吾人期期以为不可。自孔孟以至宋明儒者之所提倡者，皆偏于道德论。以民主为精神，非可求之古代典籍中也。言乎学术，则有演绎归纳之法，非可取之于古代典籍中也。与其今后徘徊于古人之墓前，反不如坦白承认今后文化之应出于新创。⑤

他所要"经一番新努力"而"新创"的，就是"以精神自由为基础之民族文化"："各个人发挥其精神自由，因而形成其政治道德法律艺术；在个

---

① 《中华民族复兴之精神的基础》，引见翁贺凯编《张君劢卷》，第 321 页。
② 《明日之中国文化》，第 74 页。
③ 《中国教育哲学之方向》，《中西印哲学文集》上册，第 300 页。
④ 《明日之中国文化》，第 75 页。
⑤ 《明日之中国文化》，第 81 页。

人为自由之发展,在全体为民族文化之成绩。个人精神上之自由,各本其自觉自动之知能,以求在学术上政治上艺术上有所表现;而此精神自由之发现,在日积月累中,以形成政治道德法律,以维持其民族之生存。故因个人自由之发展,而民族之生存得以巩固。此之谓民族文化。"[1]历史所付之灵魂并不足以为现代之政治、社会、学术奠定精神基础,"一时代之社会,自有一时代之哲学为其背景",[2]作为现代中国民族国家背景和基础的应该并且必须是以精神自由为基础的新的民族文化。在他看来,做到了这一点,就必然会树立民族自信心。而有了民族自信心,虽目前有不如人处,但必可徐图补救;然若失此民族自信心,即使能成功于一时,却必会因缺失根基而终归于衰亡。

由以上所述可见,民族主义本位与自由精神,尤其是这二者的有机结合,确是张君劢思想的基本特色。有着这种特色的张氏思想体系,不仅在中国现代新儒学思潮史上独树一帜,而且即使置诸 21 世纪的今日,亦不难看出其理论价值和现实意义。另一方面,作为思想家的张君劢,难能可贵地提出了这样一种现代新儒学思想体系,这自然会使处于"学问之独立王国"的他感到内在精神的愉悦;而作为政治活动家的他,在其努力将这思想付诸行动的政治实践中却又总是失败的,这又必然会使处于现实生活中的他感到深沉的矛盾和悲苦。如 1948 年 11 月 16 日,原本明言国民党若不先行停战、改组政府就不提交参加"国大"名单的张君劢,主观上认为只有在"国大"的母体中才能孕育出国家的宪政前景,且只有在"国大"的神坛上在野党派才有可能使自己的合法身份得以确认,客观上则是受到其弟公权的极力催促,因而拟就致蒋介石的函件,下定"有条件参加'国大'"的决心。19 日,民社党在南京开会通过了他的提议,当晚,蒋介石设盛宴嘉奖其对"国家"的贡献,但面色苍白的他内心极其痛苦,正如公权日记所述:"吾知君劢有无限痛苦,以为中共不解决,即

①《明日之中国文化》,第 75 页。
②《明日之中国文化》,第 81 页。

开'国大'会议，亦无补于国家统一与政治安定。但彼一生迷信立宪政治，总觉有法胜于无法，以致矛盾环绕于胸中。"结果，23 日他与蒋介石正式交换函件，民社党交出了参加"国大"的代表名单，他个人则声明既不参加"国大"，也不加入政府，仅愿以在野之身贡献于宪草的讨论。他这种被郭沫若讥为"犹抱琵琶半遮面"的举动，使他无颜面对江东父老，27日只能偷偷由南京返回上海，躲进深宅，拒绝见客，闭门读书了。①

（三）宪政思想与儒学传统

作为现代新儒家的张君劢，其宪政思想与中国儒学传统究竟有何关联？兹从以下几个方面略予探析。

首先，被张君劢视为"民主政治的基础"之人权，以对人的尊严的确认为原则前提。"人的尊严"是现代人权意识的核心观念。所谓对人的尊严的确认，乃源于普遍意义上对人的固有价值的认知。在这里，"人的尊严"意味着对尊贵卑贱等级秩序的彻底否定，因为人的尊严绝非贵族阶层或其他尊贵者独享，而是生活在社会实际生活中的每一个人都具有的。换言之，"人的尊严"必然包含着"一切人都是平等的"意义。这种思想在西方产生得较晚，直到 18 世纪启蒙运动时，"人的尊严"一语才在欧洲语言中被广泛运用。而中国儒学传统中有关人的尊严的思想则产生得很早，大约成书于西周初年的《周易·蛊卦》说："上九，不事王侯，高尚其志。"嗣后，类此思想不绝如缕，对塑造中国人的人格，对中国人的思想、生活都有深远影响。

张君劢没有系统、集中地阐析儒学传统中有关人格尊严的观念，他是透过康德来赋予人权以哲学意义："所谓人权的意义，在哲学上看即是康德所谓拿人当目的，不拿人当手段、工具，也就是说人类有独立的人格，政府应待其人民为有人格之人民，不待之如奴隶。"②但他坚信"儒家是可以现代化的。儒家思想中并没有与现代所谓人性尊严或权利不合

---

① 参阅许纪霖：《无穷的困惑——黄炎培、张君劢与现代中国》，北京：三联书店 2018 年版，第 233—234 页。
② 《民主政治的哲学基础》，《中西印哲学文集》上册，第 247 页。

的地方",①故其不仅注意到孟子所谓"君之视臣如土芥,则臣视君如寇雠"的人权意义,②而且还评论黄宗羲道:

> 黄宗羲为孟子信徒,当然认为政治的主要目标应是维护人格尊严及公众福利。……人性尊严的观念是儒家基本原则,也是黄宗羲哲学的基本原则,他从这个观念出发,展开了对人权、良心自由、言论自由、法律之前人人平等的观念。中国人所谓道的观念很可能是欧洲人所谓自然法观念的滥觞,如果给予适当环境的话,黄宗羲虽为儒者,也可能成为共和理性的最早倡导者。③

他指出:"儒家学说,(一)尊重人民,(二)限制君权。此二者为民宪国家之保护人权也,议会也,责任内阁也,固无一而非同条共贯者矣。"④张氏尤为重视含有人格平等之义的儒家"推己及人"思想,将之作为儒家哲学应该复兴的理由之一,指出"儒家认定己与人之间,可名曰精神感召,或心心相印。因此有语言有学术有社会构造。我之所言,可以喻他人;我之所知,可以达诸他人;我之所行,可以责人共行,尤其注意于人类同知义理同有德性。孟子曰:'无恻隐之心非人也,无羞恶之心非人也,无辞让之心非人也。……人之有是四端也,……犹具有四体也。……知皆扩而充之而已。'《中庸》引孔子之言曰:'道不远人,人之为道而远人,不可以为道。'此即言道之所以为道,出于人心之同然,乃举忠恕之德以为之例证,更以父子君臣兄弟朋友之对待关系以明之。其言曰:'君子之道四,丘未能一焉。所求乎子以事父,未能焉。所求乎臣以事君,未能焉。所求乎弟以事兄,未能焉。所求乎朋友,先施之未能焉。'此乃孔子谦逊之词,不如谓其表示人类精神所同可也。人与人心思之相同,为中国所认为当然者,而西方学者竟有与之相反者。……近年以来,西方学

---

① 《新儒家思想史》,第 602 页。
② 参阅《中华民国宪法十讲》,《宪政之道》,第 156—157 页。
③ 《新儒家思想史》,第 471—472 页。
④ 《义理学十讲纲要》,北京:清华大学出版社 2006 年版,第 54 页。

者亦自语言与学术可以上下观察,见其相通,乃恍然于人类彼此之间,自有共通者在。"①这表明张君劢有关人权的思想绝非仅仅来自于西学,而自有其儒学传统之渊源;他不仅"基本上已经自觉到,传统儒家在价值方面是认同人权、民主宪政的",②而且更认为西方人权学说其实渊源于中国的儒家传统:

> 现代各国宪法中均有各人基本权利之条文,……国人亦知此学说何自而来乎?西方近年经专家研究后,乃知其来自儒家。自天主教之十字会中人来华传教,读孔孟之书,以腊丁文之译本寄欧洲,其在吾国,但发见天理说,人性说,而不闻有神示说,于是理性说大行于欧洲,乃有华尔甫氏康德氏凭理性以批评宗教者,亦有以理性立伦理学说之基础者,继而以理性说推广于政治组织者,乃有天赋人权说。曰人群所以为治安计,乃组织政府,此政府所以为人民服务者,应守一定界限,不可使用暴力,不许人民使用累力,而人民自身为此团体之主人翁,应以平等自由之地位,制成法律,为政府为人民所共守,如是乃有治,乃有安全,乃有平等,乃有自由之可言。其说之由来,得之于《孟子·告子上篇》之语:"《诗》曰'天生蒸民,有物有则。民之秉彝也,故好是懿德'。孔子曰:'为此《诗》者,其知道乎?'故有物必有则,民之秉彝也,故好是懿德。"西方人读此文者解之为万事万物,既有定则,而此定则出于人之秉赋,此为道德,此为理性。由是而推广之,乃有理性宗教论,乃有理性政治论,即天赋人权,乃有学术中之自然定律论。而杰佛逊留法时,知有此文,及其归也,乃著之于《独立宣言》之中。可知天赋人权,自为吾家旧物,遗留于海外二三百年之久,今可如游子之还乡矣。彼西方既可采儒家言以建立其民主,吾何不可以西方民主还之于儒家乎?③

① 《儒家哲学处于西方哲学环境中之觉悟》,《中西印哲学文集》上册,第 490—491 页。
② 郭齐勇:《张君劢的哲学系统》,引见郭氏《现当代新儒学思潮研究》,第 164 页。
③ 参阅《新儒家政治哲学》,《中西印哲学文集》上册,第 384—386 页。

　　来华的耶教会士将以儒学为核心的中国文化传到西方，对十七、十八世纪西方启蒙学者产生思想影响，这是事实，但现代西方的人权学说是否就真的源于中国儒学，这显然还是个有待考究的问题，姑置不论。中国儒学传统中确实含有近现代的人权思想要素，或者说至少儒学传统绝不排拒现代人权，这应是不易之论。惜乎张氏没有能够将中西人权思想会合而一之，从而未能真正构建起现代新儒家的人权理论并以之夯实其宪政思想的哲学基础。

　　其次，自由，特别是精神自由，在张君劢思想体系中占有十分重要的地位。精神自由的基本内容是理性自主和意志自由，而理性自主"是现代的真正动力，这从不同领域的不同方式中都看得出来。在宗教方面，它叫作良心自由；在哲学和科学方面，它叫作理性论（Rationalism）与经验论（Empiricism）；在政治和经济方面，它叫做人权与自由竞争。虽然在不同领域中有各种不同的表现，但它们却出于同一个来源，那便是人心或思想的合理性"。① 张氏痛感于专制君主时代，"学者但以科举为利禄之途，而其涉及心灵深处之事，如良心自由与新学问之创立，无一不听诸帝王之蹂躏，而莫可如何。试问三武一宗之难，吾国曾有提出信仰自由为解决之方法者乎？宋代理学之创造，由于不事科举者舍弃功名而专以行其心之所安，乃有此下传之绝学。然自程颐于北宋，朱子于南宋提倡道学，海外皆师归之。遭秦桧之忌，乃目为伪学，于是南北宋皆有道学之禁。此可见科举之制既行，一切学问之事，皆隶属于政权之下，而讲学自由之风为之堵塞矣"，②因而将精神自由视为救国和立国之道。他有关精神自由的思想，学术脉络上当然是由承受倭伊铿、柏格森、康德等西方哲学思想影响而来，但同时也植根于中国儒学的固有传统。他明确肯定中国传统中"有超于政治以外之另一境界"："昔人云'凿井而饮，耕田而食，帝力何有于我哉？'此为有此境界之第一证。又曰'不事王侯，高尚其

――――――――――
① 《中国现代化与儒家思想复兴》，《中西印哲学文集》上册，第581页。
② 《专制君主时代政制之绪论》，引见《中西印哲学文集》上册，第8页。

志',此为有此境界之第二证。孟子非忘情政治之人,然其言曰:'居天下之广居,立天下之正位,行天下之大道。'即言道理之正,是非之准,乃处于实际政治以外之义理也,此为有此境界之第三证。宋明以来之理学家,不论其为程朱派、陆王派或东林派,所以不屈于权力,杀身成仁者,即信权力以上有义理有是非在焉,此为有此境界之第四证。庄子告楚使请其为相之言曰:'千金,重利也;卿相,尊位也。子不见郊祭之牺牛乎?养之食数岁,衣以文绣,以入太庙。当时欲为孤豚,岂可得乎?子亟去,勿误我!我宁戏污渎之中,勿为有国者所羁。'此为有此境界之第五证。庄子之言与孟子所谓正位大道之义,自不相同,然其谓政治权力以外,另有一境一也。此一境之承认由来久矣。"①在今日就须激活具有此种境界的传统,弘扬光大,使精神自由或自由精神成为立国之道。正是基于这样的认识,张君劢十分重视儒学传统中具有精神自由意义的思想,对之给予高度评价,如称孟子的良知学说"与康德所谓'意志中之是方是善'之断言命令,是可以同日而语的"。② 而承继了孟子学说的王阳明,其"心目中的世界是个意识或道德主体与草木禽兽(与道德主体之人有密切关系)共生的世界。这个宇宙是有目的的,因为支配这个宇宙的是明觉(意识),在这个宇宙占主要地位的是道德价值",③"阳明先生思想体系的重点在意与良知之间的密切关系——这种哲学观点除了在以实践理性为意志的康德哲学中以外,其他哲学体系是找不到的"。④

最后,牟宗三曾称张君劢"能保持西方理想主义之正音,他能毅然肯定宋明理学之价值。……其论民主政治决不囿于政治学教授之立场,而能通着历史文化以及哲学上之理想主义。此实为一实践的谋国以忠的民主政体建国之政治家的立场"。⑤ 张氏自然充分注意到"东西政治思想

---

① 《文化核心问题——学问之独立王国论》,《中西印哲学文集》上册,第 179—180 页。
② 《孟子哲学》,《中西印哲学文集》下册,第 661 页。
③ 《新儒家思想史》,第 310 页。
④ 《新儒家思想史》,第 315—316 页。
⑤ 牟宗三:《中国数十年的政治意识——寿张君劢先生七十大庆》,《生命的学问》,台北三民书局 2013 年,第 50 页。

之异同,可以一语别之:曰东方无国家团体观念而西方有国家团体观念是矣。惟以团体观念为本,然后知国家之为一体,其全体之表示曰总意(general will),全团体号令所自出曰主权,更有政权活动之方式曰政体,与夫本于团体目的之施为曰行政;反之,其无团体观念者,但知有国中之各种因素,如所谓土地、人民、政治,所谓君君臣臣、父父子子是矣。东方唯无团体观念故,故数千年来儒道法墨各家政治思想之内容,不外二点:曰治术,所以治民之方术也;曰行政、兵刑、铨选、赋税之条例而已"。① 他说:"一民族之中,其本体曰国家,其活动曰政治,因政治之目的而有所施设,是曰行政。秦以后之中国,但有行政制度之讨论,无所谓政治,更无所谓国家。"②后来牟宗三在《政道与治道》中关于传统中国"但有治道而无政道"的断语,就是受他这看法的影响而作出的。但张氏更认为"先秦儒家之政治哲学,自表面言之,似乎与今日西方相去甚远,然上溯至于希腊,则孔孟之言与柏拉图氏与亚历斯大德氏在根本上可谓出于同根",③并详尽比较析论道:

> 第一,希腊柏氏与亚氏,同以为政治为伦理之一部分,政治应以道德为根据。……此与孔子所言"政者正也,子率以正,孰敢不正",又曰"道之以德,齐之以礼",与"其身正,不令而行;其身不正,虽令不从"云云,与孟子所云"有不忍人之心,斯有不忍人之政。君正莫不正,一正君而国家矣"云云,何以异乎? 西方之政治理论,自麦几维里氏,将政治学与伦理学分离,一若对内法制与对外和战,只以利害为前提。然今日西方立国之要素,曰人权,曰自由,曰平等,曰社会福利。此等等皆以道德之是非善恶为根据,非麦几维里氏学派所能范围矣。
>
> 第二,希腊人既以道德为立国之本,对于强者利益说,竭力驳

---

① 《东西政治思想之比较》,《民族复兴之学术基础》,第 115 页。
② 《民族复兴之学术基础》,第 119 页。
③ 《新儒家政治哲学》,《中西印哲学文集》上册,第 376 页。

斥。……此与孟子先问梁惠王曰:"杀人以梃与刃,有以异乎?"曰:"无以异也。""以刃与政,有以异乎?"曰:"无以异也。"梁惠王知政之杀人同于刃之杀人,于是孟子乃进言曰:"为民父母行政,不免于率兽而食人,恶在其为民父母。"此与苏氏强者利益说之不成立,而应以弱者利益或全民利益代之之意同。

第三,一人之身,有内外之分,内而心灵,外而教育。孟子曰:"仁义礼智四端,非外铄我也,我固有之也。"此言乎四端之内在也。孟子又言:"苟得其义,无物不长,苟失其养,无物不消。"则四端之应由外加以培养而扩充也。柏氏书中有"道德为知识"之言,其意谓道德应由智识以开发之,应由教育以完成之,然同时又言道德之在有德者身上,一乃天之所赐。……若就政治范围言之,则内外二者不可同时兼顾,良以一国人民幸福之种类,曰衣食情欲,此有赖于外者也。然苟无德性以立其本,则安知真幸福之安在乎? 孟子曰:"有天爵者,有人爵者。仁义忠信,乐善不倦,此天爵也;公卿大夫,此人爵也。……今之人,修其天爵以要人爵,既得人爵,而弃其天爵,则惑之甚者也,终亦必亡而已矣。"亚氏曰:"真正幸福由于有智有德而来,不由外物之占有而来。然德性生活,必须备有外物。"此言内外二者之兼备,就其先后轻重言之,则德性之在外物之上矣。

第四,人既有德性,乃应以教育扩充之。孔子答冉有之问既庶既富之后何者为先,子曰:"教之。"孟子曰:"逸居而无教,则近于禽兽。"……柏氏之注重教育,……犹孔氏礼乐射御书数之意也。亚氏曰:"教育应顺人之发展之自然次序,第一为体,第二为欲,第三为智识。"又曰:"年幼时应教以服从(即长幼之序),年长时应教以治人。治人为最高之职。善治者应为善人。吾人之教育,必须以造成善人为目的。人之各种能力,应使之发展,所以使其能为生活中之各种活动,达于最高之能力与最高之目的,为教育之所以应有事。……"此与吾国孔孟之教育宗旨若合符节者也。

第五,孟子曰:"规矩,方圆之至也;圣人,人伦之至也。欲为君,尽君道;欲为臣,尽臣道。二者皆法尧舜而已矣。不以舜之所以事尧事君,不敬君者也。不以尧之所以治民治民,贼其民者也。"是儒家以尧舜为人之标准,为君之标准,必得如尧舜之智与仁,方能负起天下之责任。柏氏《共和国》中论治者之教育,自年二十起,使之学习科学(数学与几何),使之远离变动现象,而达于抽象的真理。年三十,应使之超脱物欲、免受人哀怜,所以养其独立不倚之精神。年三十五,使之入于人群之中以试验之。年五十心中识所谓"善"观念,而身体力行之,且使之从事于国。此等善人之治,方能使国内一切人民同受平等幸福。吾国儒家以尧为治者模范,希腊以哲人之治者(Philosopher-King)为人极,此又非二者之一致乎?[①]

张氏既以希腊思想为西方文化之本源,又以先秦思想为中国文化之本源,故而他由上述"儒家与希腊哲人一致之论点,推而及于今日西方之政治善恶,不离于道德",[②]这就不仅使他的政治思想立基于深厚的儒学传统之根,而且也表明他很自觉地以儒家传统资源来接引西方民主宪政思想,使后者能够在中国本土生根发芽。这样的做法及其所形成的思想理论成果,不仅是前于他的康有为、梁启超等辈所没有的,而且在整个现当代新儒学思想史上都是罕见的。

①《中西印哲学文集》上册,第376—379页。
②《中西印哲学文集》上册,第379页。

第六章 从低潮到巨澜：现代哲学的主流

在近代西学东渐的潮流中，马克思主义曾与形形色色的西方学说一样被引进中国，梁启超、廖仲恺、胡汉民、马君武、宋教仁、朱执信、戴季陶、陈溥贤、范寿康等人都零散地介绍过马克思学说，但或为猎奇炫博，或为借石他山，或为叶公好龙，或为一时冲动，故其社会影响都不大。然而，马克思主义作为一种完备的宇宙观和社会历史观，作为一种抨击古今一切社会不公而指明社会公正的前景，并且提供了达至公正社会的手段的学说，以其宏大的理论性、崇高的道义性及其强烈的实践品格，必然引发怀抱着救民水火、改造中国之志向的仁人志士的服膺。俄国十月社会主义革命的胜利，更加促使真正将马克思列宁主义作为信仰并且付诸实践的中国最初的马列主义者的形成，李大钊就是他们当中的杰出代表。在后来马列主义艰苦卓绝的发展历程中，李达在系统化方面，毛泽东和艾思奇在中国化和大众化方面，都做出了非凡贡献，从而使马列主义随着在社会领域的不断成功而成为现代中国思想主流。

第一节　李大钊的传统哲学思想和唯物史观

一、生平著述

李大钊(1889—1927)，中国无产阶级革命家，中国最早的马克思主义者，中国共产党的主要创始人和早期领导人。原名耆年，字寿昌，后改名大钊，字守常，直隶乐亭(今属河北)人。1913 年毕业于天津北洋法政专门学校。1914 年入日本早稻田大学政治本科学习，组织神州学会，参加留日学生反袁(世凯)斗争。后又发起甲丙学社，接触各种社会思潮，开始研究马克思主义。1916 年 5 月回国，任北京《晨钟报》总编辑、《甲寅》日刊编辑，参加新文化运动。1918 年任北京大学图书馆主任兼经济学教授，并参加《新青年》杂志编辑部工作；6 月参加发起组织少年中国学会，任《少年中国》月刊编辑主任。俄国十月革命胜利后，迅即成为中国接受和传播马列主义的先驱，发表《法俄革命之比较观》《庶民的胜利》《布尔什维主义的胜利》等文，同陈独秀创办《每周评论》，协助北大学生创办《国民》和《新潮》杂志，积极领导五四运动，并与改良主义思潮作斗争，就"问题与主义"与胡适进行论战。1920 年春与陈独秀开始酝酿组建中国共产党，3 月组织北京大学马克思学说研究会，会见共产国际代表维经斯基，商讨筹建中国共产党。是年 10 月领导建立北京的中国共产党早期组织，11 月领导建立北京社会主义青年团，并派人到天津、唐山、济南等地建立党团组织。1921 年 6 月与共产国际代表马林会晤，8 月介绍马林赴桂林与孙中山会谈，后任中共北京地方委员会书记兼中国劳动组合书记部北方区分部主任，负责领导党在北方地区的全面工作。1922 年参加中共中央杭州西湖特别会议，赞成国共合作政策，会后赴沪与孙中山会谈国共合作和国民党改组问题。1923 年被孙中山委任为国民党改组委员，协助国民党改组，确定联俄、联共、扶助农工的三大政策。1924 年 1 月出席中国国民党第一次全国代表大会，参与审定大会宣言和国民党章程草案,当选国民党中执委委员,并负责国民党中央北京执行部工作。会后即返京建立北京、天津、直隶省国民党党部。同年6月,率中共代表团赴莫斯科参加共产国际第五次代表大会。回国后,主持中共北方区委工作,组织反对帝国主义和军阀的群众革命运动。是中共第二至四届中执委委员。1927年4月6日被奉系军阀逮捕,28日在北京就义。主要著作收入《李大钊文集》。①

二、传统哲学思想

作为传统社会耕读传家环境中成长起来的读书人,李大钊熟稔中国传统哲学。在中西文化激荡的时代影响下,他也敏锐感受到传统哲学需要创造性转化与创新性发展。因此,李大钊以融汇中西、新旧的视角提出"真调和"理念,并以之对传统哲学思想进行了继承与创新。

(一)"真调和"理念:继承创新传统哲学的基础

李大钊论述"调和"理念与当时的政局有关。在他看来,面对当时纷扰混乱的状况,政治当局所主张的"调和"是一种"伪调和",他则针锋相对提出了"真调和"思想,以明辨是非。通过对"真调和"思想的阐发,李大钊实际上奠定了继承创新传统哲学的理论基础。

首先,李大钊从宏观上界定了真正"调和"的本义,即是尊崇中国传统文化中之"和"之意味。在他看来,正是由于宇宙间多种多样、状态殊异的种种事物互相"调和"而共存,方才造就了"宇宙间美尚之品性,美满之境遇",②无论"美味""美音""美色",概莫能外。

其次,在此理论界定之下,李大钊详细分析了他所认可的"调和"理念的四重含义。

第一重含义明确"调和"之最终目的是推动双方的生存发展。李大钊指出:"言调和者,须知调和之机,虽肇于两让,而调和之境,则保于两

---

① 引自《辞海(第7版)》,上海:上海辞书出版社2020年版,第2571页。
② 《李大钊全集》(二),北京:人民出版社2006年版,第26页。

存也。"①遗憾的是,当时许多人却完全不知道这一含义,以为"调和"只是要平息纷争,遇到涉及发展的"竞进之事",就以为会妨碍"调和",不敢再去推动,失去了自主精神。在这种状况下,整个人群丧失"进化之机能,活泼之组织",②所剩下的只是不断下降以至于颓废,并养成"腐化之性"。③ 更甚者,在不敢进步发展的情况下,"调和"已然成为一种"敷衍粉饰之事",④主张"调和"的人也都堕落成为"以争取宠媚于强力者之前"⑤的阿谀之徒,他们完全失去了地位与尊严,整日里揣摩强力者的心思,一旦稍有迟疑,就会被反应更快的阿谀者抢去各种"调和美事",沦为被鄙弃的行列。对于这种调和,李大钊忧虑地指出,"数年而后,中国人之精神性灵,虽欲不索于枯鱼之市不可得矣"。⑥ 从这层意义上,李大钊所言的"调和"之目的是宽容而又有进步性的,"在存我而不在媚人,亦在容人而不在毁我"。⑦

第二重含义论述新旧之间的"调和"是前后相继,而非一刀两断。李大钊指出,"言调和者,须知新旧之质性本非绝异也"。⑧ 这种认为新旧事物之间不是绝对分裂的观点,与中国传统讲求"生生不息"的论断相契合,也反映了他所接受的西方近代进化论思想。在李大钊看来,在"调和新旧"之时,要看到"新""旧"之间的相互交融,"隶于新者未必无旧,隶于旧者亦未必无新也"。⑨ 同时,不可简单地以年龄大小、派别差异来判断新旧,而应该从事物发展历程与前途来辨别。他说明"世所称为新者,必其所企关于进步者较多之人也。世所目为旧者,必其所企关于秩序与安

① 《李大钊全集》(二),第 27 页。
② 《李大钊全集》(二),第 27 页。
③ 《李大钊全集》(二),第 27 页。
④ 《李大钊全集》(二),第 27 页。
⑤ 《李大钊全集》(二),第 27 页。
⑥ 《李大钊全集》(二),第 27 页。
⑦ 《李大钊全集》(二),第 27 页。
⑧ 《李大钊全集》(二),第 27 页。
⑨ 《李大钊全集》(二),第 28 页。

固者较多之人也",①也即"新""旧"都围绕事物发展来展开,只是偏重不同。所谓"旧",偏重维护原有秩序的稳定;所谓"新",偏重促进事物的前进。但是,当时许多人论"新""旧"则过于简单,"动口某派也新,某派也旧,某人也新,某人也旧,似其间有绝明之界域,俨若鸿沟者然",②这种动辄"划清界限"的武断做法,既无益于人们了解"新""旧"之分别,更无益于促进事物的发展。

第三重含义认定"调和"应客观理性,"对事不对人"。李大钊指出,"夫调和者,乃思想对思想之事,非个人对个人之事"。③ 以此而言,"调和"就不可混淆"个人"与"思想"。"个人"与"个人"之间的冲突,或情感或意见,的确可以找到"和事佬"来调解。但是"思想与思想,若有冲突,则非任诸思想之自为调和不可",④甚至同一个人的思想也存在新旧冲突的状况。"新""旧"思想发生冲突,必须要让其充分的交锋、交流,人们也要按照理论发展自身逻辑来寻求解决与突破。尤其要杜绝由于思想冲突而对思想者进行打击,所谓"不专己以排人,不挟同以强异",⑤只有这样的"调和",才能对个人、社会产生积极的影响,"在个人能为其思想得相当之分以相安,在社会即能成为势力而获相当之分以自处,而冲突轧轹之象可免,分崩决裂之祸无虞矣",⑥避免因思想冲突导致分崩离析。

第四重含义申明"调和"者必须要有明确立场,不能有犹豫、游弋的态度。李大钊指出,"言调和者,当知即以调和自任者,亦不必超然于局外,尽可加担(袒)于一方,亦惟必加担(袒)于一方,其调和之感化,乃有权威也"。⑦ 这里呼应前文,着重申明思想上的"调和"不要等同于人际关系的"调解",不是要在对立双方找到中立点,而是要有相对坚定的立场。

---

① 《李大钊全集》(二),第 28 页。
② 《李大钊全集》(二),第 28 页。
③ 《李大钊全集》(二),第 28 页。
④ 《李大钊全集》(二),第 28 页。
⑤ 《李大钊全集》(二),第 29 页。
⑥ 《李大钊全集》(二),第 29 页。
⑦ 《李大钊全集》(二),第 29 页。

这一含义尤其适用于"新""旧"之间。如若不然，在"新""旧"之间寻求某种平衡，则会两边不到岸，"惟若自别于新，而又自别于旧，不甘于旧而又不敢居新，宅不新不旧之地位，挟非新非旧之势力，以夷犹容与乎二者之间，则新者将不视之为新，而以疑忌临之；旧者将不认之为旧，而以敌异遇之，进退失据，无所归依，人且弃之而不顾，调和之效，抑将安著"？① 这样的立场是思想上的大忌，不仅无法在"新""旧"两种思想上获得立足点，更关键的是，这样的"调和"已然没有实质意义了。甚至某种情况下这样做还有适得其反的后果，因为作为"调和"者不能在"新""旧"两方中明确选择一方，则双方反而都会对之怀疑，有投机、挑拨等嫌疑，"既自立于超然之地位，又启两方之猜嫌，为自保计，亦必谋其自身势力之巩固，对于两方，时有操纵之迹焉。于此而言调和，不近于投机，则邻于挑拨"，最终结果是愈调和愈混乱，"将调和之声愈高，轧轹之象愈烈，调和之人愈众，轧轹之机愈多，其去调和之境，正犹南辕而北适"。② 事实上，真正的思想"调和"并不用担忧偏重"新""旧"的立场差异，因为思想上之"和"本就应当兼容并包，"盖虽自居于一方，若为新者，而能容旧势力之存在；若为旧者，而能容新势力之存在，究于调和何害者"？③

正是在如此明晰的"真调和论"思想基础上，李大钊对于中国传统哲学思想内容进行了颇具启发的继承与创新。

（二）继承创新儒学思想

儒学是中国传统文化的主干，李大钊也对之最为关注。他以"真调和论"视角积极肯定了儒学在新、旧转换之间包含的辩证联系，对其利弊进行了合乎时代需求的分析，表现出三个特点。

第一，李大钊论述儒学的立场为"新"而非"旧"，其着眼点是推动儒学在现代之发展，而不是维持固有秩序之稳定。就所谓"旧"而言，李大钊认为传统儒学的基础是中国的农业经济组织，所维持的乃是一种大家

---

① 《李大钊全集》（二），第 29 页。
② 《李大钊全集》（二），第 29 页。
③ 《李大钊全集》（二），第 29 页。

族制度的秩序，"中国的大家族制度，就是中国的农业经济组织，就是中国二千年来社会的基础构造。一切政治、法度、伦理、道德、学术、思想、风俗、习惯，都建筑在大家族制度上作他的表层构造"。① 这种大家族制度主要依赖"父权中心"来维持君主的绝对统治秩序，一切道德礼义都指向这一目标，"看那二千余年来支配中国人精神的孔门伦理，所谓纲常，所谓名教，所谓道德，所谓礼义，那一样不是损卑下以奉尊长？ 那一样不是牺牲被治者的个性以事治者？ 那一样不是本着大家族制下子弟对于亲长的精神？"②这种伦常道德对人的个性伤害极大。李大钊认为，孔子所重视的"修身齐家治国平天下""以修身为本"，都是对人的个性的忽略，"不是使人完成他的个性，乃是使人牺牲他的个性"。③ 所以，臣下对于君主之"忠"，子女对于父母之"孝"，妻子对于丈夫之"顺"，都是以牺牲自己的个性来承担单方面的道德义务。就传统儒学所谓"新"而言，李大钊认为就要使儒学适应彼时工商经济的发展大势，他斥言："时代变了！西洋动的文明打进来了！ 西洋的工业经济来压迫东洋的农业经济了！孔门伦理的基础就根本动摇了！ 因为西洋文明是建立在工商经济上的构造，具有一种动的精神，常求以人为克制自然，时时进步，时时创造！"④顺应这种时代大潮，当时中国社会对大家族制度为基础的"孔子主义"的反抗与突破主要概括为三个方面。一是政治运动的突破，其目标是推翻父权的君主专制制度，当然也要"推翻孔子的忠君主义"，⑤包括联治主义、自治主义在内的政治运动与思想主张，李大钊认为都是民主主义精神的表现。二是社会上种种解放运动，其目标是打破大家族制度，具体针对"父权（家长）专制""夫权（家长）专制""男子专制"等，李大钊列举了数十种问题，"如家庭问题中的亲子关系问题、短丧问题，社会问题中的

---

① 《李大钊全集》（三），第 144 页。
② 《李大钊全集》（三），第 144 页。
③ 《李大钊全集》（三），第 144 页。
④ 《李大钊全集》（三），第 145 页。
⑤ 《李大钊全集》（三），第 147 页。

私生子问题、儿童公育问题，妇女问题中的贞操问题、节烈问题、女子教育问题、女子职业问题、女子参政问题，法律上男女权利平等问题（如承继遗产权利问题等）、婚姻问题——自由结婚、离婚、再嫁、一夫一妻制乃至自由恋爱、婚姻废止"，①这些问题有大有小，而从思想上都是要"推翻孔子的孝父主义、顺夫主义、贱女主义"②的运动。三是劳工运动，其目标是打破阶级压迫，李大钊认为孔子存在"阶级主义"思想，儒家学说中有"无君子莫治野人，无野人莫养君子""劳心者治人，劳力者治于人"之类言论，说明他们有"贱视劳工"的心理，将劳动阶级置于被统治的地位，而现代的经济组织正是要"促起劳工阶级的自觉，应合社会的新要求，就发生了'劳工神圣'的新伦理"。③ 在李大钊看来，以上这些方向才是传统儒学在现代社会发展需要顺应的"新"的方向。必须指出的是，李大钊对儒家文化的许多批评，如认为儒家文化局限于农业文明，儒家伦理具有单向宰制、轻视劳工的特征，乃至界定孔子为"忠君主义"等等，都带有彼时新文化运动过度贬低传统文化的缺陷。我们在认可李大钊哲学思想的前提下，对其存在的类似的时代局限性也毋庸讳言。

第二，李大钊论述儒学的思路为前后相继而非前后断裂，其注重儒学原有内容的挖掘与阐发，而不是简单的批判。李大钊虽然指出了儒学存在的问题，但是并未简单地否定儒学的价值。他指出，"圣人之权威于中国最大者，厥为孔子。以孔子为吾国过去之一伟人而敬之，吾人亦不让尊崇孔教之诸公。即孔子之说，今日有其真价值，吾人亦绝不敢蔑视"。④ 李大钊充分肯定孔子作为中华伟人之历史地位，并表明其对孔子之尊敬并不在主张"孔教"众人之下。他更在意的是如何发扬儒学之价值，"惟取孔子之说以助益其自我之修养，俾孔子为我之孔子可也；奉其自我以贡献于孔子偶像之前，使其自我为孔子之我不可也；使孔子为青

---

① 《李大钊全集》（三），第 148 页。
② 《李大钊全集》（三），第 148 页。
③ 《李大钊全集》（三），第 149 页。
④ 《李大钊全集》（一），第 230 页。

年之孔子可也,使青年尽为孔子之青年不可也"。这些论述表现出李大钊理性、辩证的态度。李大钊还例举在日本留学时听闻的一个比喻说:"孔子与牛肉,释迦与鸡肉,基督与虾,乃至穆罕默德与蟹,其为吾人之资养品等也。吾人食牛肉、鸡肉,在使之变为我之肉也;食虾蟹等物,在使之变为我之物也。吾人食孔子、释迦、基督、穆罕默德,亦欲使其精神性灵,代为我之精神性灵而已。"①孔子代表之儒家哲学,正是现代人之重要精神食粮,不可缺少,但人们终归要将其营养吸收消化,变为自身精神中之成分才能真正有用。一味盲目膜拜或囫囵吞枣,既不可能也无意义。同时,释迦、基督等所代表的外来文化也具有不同的营养,同样不应该简单地拒绝,而要择己所需地采用。具体来看,他重视儒学中的"个性自由""人格权利""民族精神"等内容,例如他引用孔孟名言强调"我"之尊严:"孔子云:'舜何人也,予何人也,有为者亦若是。'是孔子尝示人以有我矣。孟子云:'当今之世,舍我其谁。'是孟子亦示人以有我矣。"②李大钊认为,孔孟所讲的"我"包含了"自我人格"、自作主宰品质,是儒学真精神,"真能学孔孟者,真能遵孔孟之言者,但学其有我,遵其自重之精神,以行己立身、问学从政而已足。孔孟亦何尝责人以必牺牲其自我之权威,而低首下心甘为其傀儡也哉"!③ 李大钊对待儒学的这种态度在当代中国依然具有启发意义。

第三,李大钊论述儒学的方法为"人言分开"而非"以言废人",即理性客观看待儒学中重要人物及其思想的价值。前文所言李大钊"新旧调和"主张特别注意要将"人"与"思想"分开,这一特征也充分体现在他对儒学的探讨中,尤其表现在他对孔子的大量论述之中。李大钊指出,人们实际上面对着几个不同的"孔子"形象。一个形象是孔子时代的孔子,李大钊给予了极高的赞扬,"孔子于其生存时代之社会,确足为其社会之中枢,确足为其时代之圣哲,其说亦确足以代表其社会其时代之道德。

① 《李大钊全集》(一),第 230 页。
② 《李大钊全集》(一),第 153 页。
③ 《李大钊全集》(一),第 153 页。

使孔子而生于今日,或更创一新学说以适应今之社会,亦未可知",①"使孔子而生于今日,或且倡民权自由之大义,亦未可知",②表现出李大钊不同时人的眼光。另一种形象则是历代帝王专制护符的孔子,这一形象同样来自历史的塑造,"孔生于专制之社会,专制之时代,自不能不就当时之政治制度而立说。故其说确足以代表专制社会之道德,亦确足为专制君主所利用资以为护符也。历代君主,莫不尊之祀之,奉为先师,崇为至圣。而孔子云者,遂非复个人之名称,而为保护君主政治之偶像矣"。③与其他古代人一样,生长于古代社会之中,孔子的思想不能超出时代。而其身后被历代朝廷所利用就更不是孔子所能左右的了,李大钊也循此为自己的批判立场进行解释,"故余之掊击孔子,非掊击孔子之本身,乃掊击孔子为历代君主所雕塑之偶像的权威也;非掊击孔子,乃掊击专制政治之灵魂也"。④ 可见李大钊批判的是作为文化符号的"孔子"所承载的历史糟粕。将这些糟粕与孔子乃至儒家的本质和精华区分开来,恰恰是批判中需要分清的关键。李大钊坚决反对那种揪住孔子、孟子本人加以鞭挞甚至抹黑的"批判",他这种思想水平远远高于当时乃至当今的某些"反传统"论者。第三种形象则是自然的形象,从这个角度,孔子被李大钊称为"数千年前之残骸枯骨"。⑤ 李大钊这是要针对古代乃至当时孔教会将孔子神化的做法,强调孔子作为有血有肉的普通人身份,他指出,"余谓孔子为数千年前之残骸枯骨,闻者骇然,虽然,无骇也。……孔子又一死而不可使之复生于今日,以应乎今日之社会而变易其说也。则孔子之于今日之吾人,非残骸枯骨而何也"?⑥ 应该说,这种说法虽稍显激烈,但对于淡化孔子神秘色彩是很必要的。

---

① 《李大钊全集》(一),第153页。
② 《李大钊全集》(一),第247页。
③ 《李大钊全集》(一),第247页。
④ 《李大钊全集》(一),第247页。
⑤ 《李大钊全集》(一),第247页。
⑥ 《李大钊全集》(一),第247页。

（三）继承创新"民彝"思想

"民彝"也是中国传统哲学中的重要范畴，李大钊以"新旧调和"视角对之进行重新研究，探讨了"民彝"概念的固有含义、引申含义及在新的时代背景下的发展可能。

第一，阐述"民彝"思想蕴含着由"旧"至"新"的丰富内涵。"民彝"是中国古代传统概念，李大钊重视这一概念本有的含义，他引用《诗经》阐述这一点："'天生烝民，有物有则。民之秉彝，好是懿德。'言天生众民，有形下之器，必有形上之道。道即理也，斯民之生，即本此理以为性，趋于至善而止焉。爰取斯义，锡名民彝，以颜本志。"①《诗经》所言"民之秉彝"所指的是人人都具有"善"之本性，李大钊在承认这一古义之上，更从新时代视角出发，申述"民彝"所潜藏着的"自由"含义，他指出，古代统治者只看到"民彝"包含有"性善"含义，便代民做主，实施各种对人民有利的政策措施，但是由于他们忘却了"民彝"所包含的"自由"之义，往往适得其反，"极其越俎之害，必将侵及民彝自由之域，荒却民彝自然之能，较量轻重，正不足与其所被之福制相消，则毋宁于墉育之余，守其无为之旨，听民之自器其材，自踏其常，自择其宜，自观其成，坦然以趋于至当之途之为愈也"。② 李大钊在此使用了"自然之能""自器其材"等词汇，着重凸显"民彝"所应包含的"自由"内涵。具体来说，李大钊分别从"器""常""法"三个层面来强化这一论证。就"器"而言，李大钊阐释了"宗彝者宗庙之常器"的古义，言明其代表着国家神明尊严。由古及今，此含义发生变化，"古者政治上之神器在于宗彝，今者政治上之神器在于民彝。宗彝可窃，而民彝不可窃也；宗彝可迁，而民彝不可迁也"。③ 也即古代"宗器"所包含的国家政治神圣尊严，转移到百姓人民的"民彝自由"上了。就"常"而言，李大钊阐述了古代"彝伦攸叙"所言的"伦常"含义，从为政而言，其代表"为治之道不尚振奇幽远之理，但求平易近人；以布帛菽粟之

①《李大钊全集》（一），第145页。
②《李大钊全集》（一），第145—146页。按"福制"当做"福利"。
③《李大钊全集》（一），第146—147页。

常，与众共由"①的治国之方。进而近现代的"民彝之常"应当注重对人民生计需求之满足，李大钊指出，"盖人生有欲，政治亦达其欲之一术耳。民之罹于辟者原自多端，不因性以为法，而立法以禁欲，则是辟自我立，不因乎人。但求其同，不容其异，专制之源而立宪之反，其结果必至法网日密，民命日残，比户可诛，沿门可僇也"。② 上述论证直指彼时政治压抑人们的正常欲望，严刑峻法以禁欲，其结果只能是专制横行，与全体人民为敌。就"法"而言，李大钊阐述了《尚书》中"永弼乃后于彝宪"的古义，并由"宪"之字眼延伸到了近现代"民主立宪"的含义，他指出"民彝者，民宪之基础也"，③进而他引用英国法学家阿尔伯特·戴雪的观点说："英伦宪法，吾人自束发受书，即稔闻之。匪制造而成者，乃发育而成者也；非空玄理论之果，乃英人固有本能之果也。此固有本能，乃以致英人建此基础巩固之制度，不必经建筑方术之研究，正如蜂之构巢，何种技艺不足拟其良巧焉"，④李大钊以此说明宪法来自人民"固有本能"之含义，而这一"固有本能"正是"民彝"自由之性。

　　第二，阐述"民彝"思想应该打破"旧"秩序压抑的必然要求。李大钊通过中西对比明确指出，西方发达国家充分发扬"民彝"思想推动了社会前进，但中国人民之"民彝"则久被压抑不得伸张，"吾民彝之屈而不信、郁而不彰于宪典也久矣"，⑤这一历程十分漫长，"而吾民族思想之固执，终以沿承因袭，踏故习常，不识不知，安之若命。言必称尧、舜、禹、汤、文、武、周、孔，义必取于《诗》《礼》《春秋》；即其身体力行之际，确见形格势禁，心尝有所未安，究因一群风习之气压，一国历史之尘积，为势绝重，为力綦宏"。⑥ 李大钊认为，中国"民彝"被压抑，根子在于人们固执的民族思想，致使几千年来国人言论与精神完全局限在传统儒学的"道统"之

①《李大钊全集》（一），第 147 页。
②《李大钊全集》（一），第 148 页。
③《李大钊全集》（一），第 148 页。
④《李大钊全集》（一），第 148 页。
⑤《李大钊全集》（一），第 149 页。
⑥《李大钊全集》（一），第 152 页。

中。在漫长的实践中,偶尔会出现部分人有所怀疑,但最终还是被强大的历史惯性、旧有风气所压抑而归于服从,这就造成"乡愿"和"大盗"相伴而生的恶果。一方面,全体国人变成"萎缩而勿振,决无活泼之机、崭新之象"①的愚民,学问上只剩代表"乡愿"的"李斯之学";另一方面,大盗豪强趁机崛起,窃据国家统治地位,"取之以盗术,胁之以淫威,绳之以往圣前贤之经训,迟之以宗国先君之制度",②"民彝"无从得以发挥,以致国贫民弱。因之,"吾民于此,其当鼓勇奋力,以趋从此时代之精神,而求此适宜之政治也,亦奚容疑",③"民彝"精神之发挥,必须冲破各种历史与现实的压抑。

第三,阐述"民彝"思想之发展应注重其"自由"理念,激发国人之创造力。李大钊指出,"此类意念自由,既为生民之秉彝,则其活动之范围,不至轶越乎本分,而加妨害于他人之自由以上",④这里所说的"各人自由不妨碍他人自由",正是李大钊反复申述的"民彝"之精华。将此精华充分发展就能为当时中国的政治发展提供标准,"盖政治者,一群民彝之结晶,民彝者,凡事真理之权衡也。民彝苟能得其用以应于事物之实,而如量以彰于政,则于纷纭错综之间,得斯以为平衡,而一一权其畸轻畸重之度,寻一至当之境而止"。⑤ 一旦能以此"民彝"自由为政治之权衡标准,便可最大限度激发中华民族本有之创造力,而这创造力正为人类生存发展之核心能力,"文明云者,即人类本其民彝改易环境,而能战胜自然之度也。文明之人,务使其环境听命于我,不使其我奴隶于环境,次改造,其次顺应而已矣。国家之存立,何莫不然太上创造,国民全体,有其大生命焉于小己之求生,其与环境相战,所需之秉彝之能"。⑥ 大至人类、国家、民族,小至个体生命,莫不以激发"民彝"中创造力为本。中国历史上

---

① 《李大钊全集》(一),第 153 页。
② 《李大钊全集》(一),第 153 页。
③ 《李大钊全集》(一),第 149 页。
④ 《李大钊全集》(一),第 155 页。
⑤ 《李大钊全集》(一),第 155 页。
⑥ 《李大钊全集》(一),第 163 页。

诸多先贤之功，殊不在其已创造之政治制度，而在于其创造力本身，"吾人生千百年后，俯仰今昔，惟有秘契先民创造之灵，而以创造新国民之新历史，庶以无愧于先民。若徒震于先民之功德，局于古人之成规，堕其自我之本能，蔽其秉彝之资性，是又尧、舜、禹、汤、文、武、周、孔之罪人也矣"。[①]　凡此表明，我们今天要批判古圣先贤的某些具体制度，不是背叛他们，而是从精神实质上对他们的思想继承与创新。

三、人生哲学思想

李大钊不仅是思想家，更是革命实践家，有着磅礴而壮烈的革命实践经历。其革命实践的动力，就在于卓越的人生哲学思想。

（一）宇宙与人生的"青春之问"

李大钊的人生哲学思想围绕一个核心问题——"青春之问"，这个问题在《青春》一文中提出，他问道，"块然一躯，渺乎微矣；于此广大悠久之宇宙，殆一粟耳。其得永享青春之幸福与否，当问宇宙自然之青春是否为无尽"。[②]　李大钊的问题通过矛盾反差展现出深刻哲学意味。就一般人直观感受而言，宇宙极为广袤，人生则极为渺小，二者反差强烈，似乎宇宙面前人生不值一提，但经李大钊提问则发现，人生在"永享青春"的问题上与宇宙全然同步，看似渺小人生的地位陡然上升，至与宇宙并列。那么，李大钊所谓"青春"究竟谓何？人生又如何能与宇宙同列？这些问题的解释就构成了李大钊人生哲学思想的核心内容。

首先，究竟何谓"青春"？李大钊的回答颇有兴味，采取了由感性到理性、从文学到哲学的丰富思路。"青春"一词的本义与青葱之春天相关，本身就充满文学诗意。李大钊的阐释也正是从对观察大自然之春天开始的，"当兹春雨梨花，重门深掩，诗人憔悴，独倚栏杆之际，登楼四瞩，

---

①《李大钊全集》(一)，第 155 页。
②《李大钊全集》(一)，第 182 页。

则见千条垂柳，未半才黄，十里铺青，遥看有色"，①即自然景象而言，"青春"对李大钊之吸引首要在于盎然气象。由此气象引申到"青春"蕴含有"无限希望""无限兴趣"之义，"彼幽闲贞静之青春，携来无限之希望，无限之兴趣，飘然贡其柔丽之姿于吾前途辽远之青年之前"。② 这一引申，便从自然现象转向宇宙本质、人生命运，也从感性直观转向理性思维，从文学转向哲学。按其所言大致从"绝对无限性"和"相对有限性"展开。从"绝对"的角度，李大钊采纳宇宙无限说，他指出，"宇宙之果否为无尽，当问宇宙之有无初终。宇宙果有初乎？曰：初乎无也。果有终乎？曰：终乎无也。初乎无者，等于无初；终乎无者，等于无终。无初无终，是于空间为无限，于时间为无极。质言之，无而已矣，此绝对之说也"。③ 李大钊认为宇宙在时间上"无初无终"，在空间上"无限"，亦是数理上之"无"。从"相对"的角度，李大钊分析了宇宙中个体之"有限"，他指出，"个体之积，如何其广大，而终于有限。一生之命，如何其悠久，而终于有涯。于是有生即有死，有盛即有衰，有阴即有阳，有否即有泰，有剥即有复，有屈即有信，有消即有长，有盈即有虚，有吉即有凶，有祸即有福，有青春即有白首，有健壮即有颓老，质言之有而已矣"。④ 相对于无限之宇宙整体，存在于其中的事物皆为"个体"，"个体"之时空皆为有限。这种"有限"能说明世间生死、盛衰、阴阳、吉凶、否泰等各种变化，亦是数理上之"有"。"绝对无限"与"相对有限"也可化约为"变"与"不变"、"同"与"异"、"周易之周"与"周易之易"、"佛教之空"与"佛教之色"等等。这一系列相对立而存在的范畴都包含在"青春"之中，李大钊指出，"东坡曰：'自其变者而观之，则天地曾不能以一瞬；自其不变者而观之，则物与我皆无尽也。'此变不变之殊也。其变者青春之进程，其不变者无尽之青春也。其异者青春之进程，其同者无尽之青春也。其易者青春之进程，其周者无尽之青

---

① 《李大钊全集》（一），第 183 页。
② 《李大钊全集》（一），第 182 页。
③ 《李大钊全集》（一），第 183 页。
④ 《李大钊全集》（一），第 183 页。

春也。其有者青春之进程。其无者无尽之青春也。其相对者青春之进程，其绝对者无尽之青春也。其色者差别者青春之进程，其空者平等者无尽之青春也。推而言之，乃至生死、盛衰、阴阳、否泰、剥复、屈信、消长、盈虚、吉凶、祸福、青春白首、健壮颓老之轮回反复，连续流转，无非青春之进程"。① 概言之，宇宙之"青春"必须要由两层次来表现，其"绝对无限存在"所代表的"青春"是本体层面的，其"相对有限变动"所代表的"青春"是现象层面的，二者相辅相成。

其次，关于人生究竟如何"永享青春"乃至与宇宙同列，李大钊也有深刻而具启发意义的阐释，他的阐释体现了对世界客观性与人的主观能动性的理解。从世界客观性角度而言，"宇宙"之无尽青春就是指其无限性，这种"青春"是人无法企及的。"人生"在客观上不可能如"宇宙"一般拥有那种绝对性的"无尽之青春"。所以，人生拥有"无尽青春"只能从主观能动性上讲，其所指的是青年所应有的那种激发自身主体意志与创造性的精神。李大钊指出，"青年锐进之子，尘尘刹刹，立于旋转簸扬循环无端之大洪流中。宜有江流不转之精神，屹然独立之气魄，冲荡其潮流，抵拒其势力，以其不变应其变，以其同操其异，以其周执其易，以其无持其有，以其绝对统其相对，以其空驭其色，以其平等律其差别，故能以宇宙之生涯为自我之生涯，以宇宙之青春为自我之青春"。② 人之生命有限，青年时光更有限，但青年当利用有限之客观生命，激发起精神生命巨大的主体性、创造性去面对无限变化之宇宙。这种人所独有的主体性、创造性足以不断发掘宇宙种种真理、规律，为人类绵延生息而造福，这就是所谓"以宇宙之青春为自我之青春"。李大钊还指出，"宇宙无尽，即青春无尽，即自我无尽。此之精神，即生死肉骨、回天再造之精神也。此之气魄，即慷慨悲壮、拔山盖世之气魄也。惟真知爱青春者，乃能识宇宙有无尽之青春。惟真能识宇宙有无尽之青春者，乃能具此种精神与气魄。

---

① 《李大钊全集》（一），第 184 页。
② 《李大钊全集》（一），第 184 页。

惟真有此种精神与气魄者,乃能永享宇宙无尽之青春"。① 宇宙客观上的"无尽青春"乃为主观能动性上的"无尽青春"奠定坚实基础,有此基础,有识之士方可大胆去开拓、创造,凸显人生之"无尽青春"。另一面,也激励所有青年转变认识,在窥见宇宙"无尽青春"之真相后,激发自己应有的开拓创造精神,才是真正地享有"无尽青春",也才是真正与宇宙同列。从李大钊的论述可以发现,他所说的"永享青春之幸福",绝非一些人所认为的那种不劳而获、坐享其成的状态,而是一种永不懈怠的奋斗创造状态。从自然意义上讲,"青春"所代表的也正是萌发与奋力生长之义,不是轻松收获之义。

(二)论"人生创造"

李大钊引用彼时科学家之言,认为人类全部实践皆与大自然背道而驰,因而忧虑人类之命运前途,"生物学者之言曰:人类之生活,反乎自然之生活也",②人类从直立行走开始,日益脱离大自然,穿衣就失去原本的毛发,吃熟食就失去原本的肠胃消化能力。随着人类社会之进步,这一趋势愈加明显,"其趋文明也日进,其背自然也日遐,浸假有舟车电汽,而人类丧其手足矣。有望远镜、德律风等,而人类丧其耳目矣。他如有书报传译之速,文明利器之普,而人类亡其脑力。有机关枪四十二珊之炮,而人类弱其战能。有分工合作之都市生活,歌舞楼台之繁华景象,而人类增其新病。凡此种种,人类所以日向灭种之途者"。③ 从手足、耳目这些感官能力到大脑的思考能力,从显示体质的战斗能力到显示健康的抗疾病能力,人类无一不处在危险的退化乃至"灭种"途中。

对此严重的难题,李大钊以其"青春宇宙观"为基础,大声疾呼"人生创造"来积极应对。李大钊指出,"人于此,宜如宗教信士之信仰上帝者信人类有无尽之青春,更宜惊然于生物学者之旨,以深自警惕,力图于背逆自然生活之中,而能依人为之工夫,致其背逆自然之生活,无异于顺适

---

① 《李大钊全集》(一),第 184 页。
② 《李大钊全集》(一),第 186 页。
③ 《李大钊全集》(一),第 186—187 页。

自然之生活"。① 李大钊在哲学立场上是不赞同宗教信仰的,但他从人类前途命运出发,却能由衷欣赏宗教人士所具有的意志,并以之要求人们以这种意志去信仰"青春宇宙",作为人类积极创造的思想基础。一旦将此创造精神发挥出来,则能推动背离自然之实践在更高水平上达致与自然之和谐,"斯则人类之寿,虽在耄耋之年,而吾人苟奋自我之欲能,又何不可返于无尽青春之域,而奏起死回生之功也"?② 认定人能将"背离自然"与"顺应自然"二者统一起来,归根结底仍以"青春宇宙"所包含的"人生奋斗创造"意义为根本依据。

　　李大钊推崇"人生创造"并非只是着眼对人类历史的一般性讨论,而是要落实到中华民族的命运前途上来。"人类之成一民族一国家者,亦各有其生命焉。有青春之民族,斯有白首之民族。有青春之国家,斯有白首之国家。……异族之觇吾国者,辄曰:支那者,老大之邦也。支那之民族,濒灭之民族也。支那之国家,待亡之国家也。"③李大钊按照"人生青春"之含义审视国家民族,亦能观察到其如人生一样的生命变化。尤其落实到中华民族身上时则更发现,鉴于漫长历史与异族入侵,中华存在"白首""濒灭"之危险。"由历史考之,新兴之国族与陈腐之国族遇,陈腐者必败;朝气横溢之生命力与死灰沈滞之生命力遇,死灰沈滞者必败;青春之国民与白首之国民遇,白首者必败。此殆天演公例,莫或能逃者也。"④处于世界民族林立之时代,如若真为"白首"民族,则不但自身之发展趋于式微,更要面对来自"青春"民族的强力挑战与打击。即此形势而言,"人生创造"之要求对于中华民族至关紧迫,"吾族青年所当信誓旦旦以昭示于世者,不在龈龈辩证白首中国之不死,乃在汲汲孕育青春中国之再生。吾族今后之能否立足于世界,不在白首中国之苟延残喘,而在

---

①《李大钊全集》(一),第 186 页。
②《李大钊全集》(一),第 186 页。
③《李大钊全集》(一),第 187 页。
④《李大钊全集》(一),第 187 页。

青春中国之投胎复活"。① 自近代中国被西方列强打败,国内哀怨之声、极端反传统之声日益鼎沸,李大钊则针锋相对地指出,中华之"白首"衰弱固然有其客观原因,但更要紧者则在于"孕育青春中国之再生"。

李大钊充分论证"青春宇宙"客观存在,"青春人生"必然可欲,"青春中国"之可能性毋庸置疑。这一可能性在理论上可由辩证逻辑来论证,"青春中华者,白首中华托以再生之华也。白首中华者,渐即废落之中华也。青春中华者,方复开敷之中华也。有渐即废落之中华,所以有方复开敷之中华。有前之废落以供今之开敷,斯有后之开敷以续今之废落。即废落,即开敷,即开敷,即废落,终竟如是废落,终竟如是开敷"。② 其所言"白首"与"青春"、"废落"与"开敷",皆为相反相成之辩证矛盾,双方实质上相互依存,在条件具备时会相互转化。这一可能性在实践上更有"人生创造性"予以保证,特别是每一代中华青年之"人生创造"责任。李大钊指出,"宇宙有无尽之青春,斯宇宙有不落之华,而栽之、培之、灌之、溉之、赏玩之、享爱之者,舍青春中华之青年,更谁与归矣"?③ 从正面说,培育"青春中华"寄望于青年之创造;"以冲决历史之桎梏,涤荡历史之积秽,新造民族之生命,挽回民族之青春者,固莫不惟其青年是望矣",④从反面说,涤荡"白首中华"之尘秽也在于青年之创造。

李大钊在人生哲学层面所论述之"青年"概念,并非纯从自然年龄着眼,也即他所说的"青年"并非仅指现实中的"年轻人",而是那种永不停息的奋斗创造精神状态。广义地讲,他所说的"青年"涵盖所有人。在这个问题上,他通过对"过去之我""现在之我"和"未来之我"的综合论述进行了精准表达。他指出,"青年之自觉,一在冲决过去历史之网罗,破坏陈腐学说之图圄,勿令僵尸枯骨束缚现在活泼泼地之我,进而纵现在青春之我扑杀过去青春之我,促今日青春之我禅让明日青春之我。一在脱

---

① 《李大钊全集》(一),第 187 页。
② 《李大钊全集》(一),第 188 页。
③ 《李大钊全集》(一),第 188 页。
④ 《李大钊全集》(一),第 188 页。

绝浮世虚伪之机械生活，以特立独行之我，立于行健不息之大机轴。祖褟裸裎，去来无罪，全其优美高尚之天，不仅以今日青春之我追杀今日白首之我，并宜以今日青春之我豫杀来日白首之我，此固人生唯一之蕲向，青年唯一之责任也矣"。① 这里所说的"扑杀""追杀""豫杀"，含义略通于"自我否定"，即通过反思，去掉自我之弊端，保留并发扬自我之优势。稍有不同的是，"扑杀过去青春之我"所指在于"青春之我"形成之前的状态，强调"我"所需要的自觉与勇气；"追杀今日白首之我""豫杀来日白首之我"所指则是"青春之我"形成之后的状态，强调"我"所需要的坚定信念与意志。总之，李大钊指出，"吾愿吾亲爱之青年，生于青春死于青春，生于少年死于少年也"。② 显然，"生于少年死于少年"绝不是让中国人都在少年时期死去，而是让大家始终保持"少年"所应具备的那种奋斗不息、创造不止的"青春"状态。此核心理念是李大钊人生哲学的基本底色与最终目标。

上述李大钊的"传统哲学思想""人生哲学思想"大致属于其早期思想，带有浓厚的民主主义色彩。可以看出，早年李大钊对欧洲启蒙主义、自由主义、进化论等都有较多研究与认可，并努力将其与中国本土哲学结合，形成具有其特点的哲学思想。随着中国近现代形势的变化及李大钊思想认识的发展，中后期李大钊逐渐接受马克思主义，转变为马克思主义者。

四、唯物史观思想

李大钊在日本留学期间，通过阅读河上肇等人的翻译著作而开始接触马克思主义，但他真正转变为马克思主义者则是在 1916—1918 年之间。在此期间，他经历新文化运动的洗礼，受到俄国十月革命胜利的影响，最终完成思想转变。

---

① 《李大钊全集》（一），第 191 页。
② 《李大钊全集》（一），第 191 页。

（一）转向马克思主义的思想历程

李大钊转向马克思主义的原动力是探寻中华民族的解放道路,以此为目标,他在思想立场上大致经历了一个从比较东西文明优劣到寻找"第三条道路",从"第三条道路"到关注俄国十月革命,再由分析肯定俄国十月革命到学习、研究乃至信仰马克思主义。

1916 年李大钊加入《新青年》编辑部,与新文化运动主将陈独秀、钱玄同、刘半农、胡适、鲁迅等会聚一堂。在思想交流中,李大钊对陈独秀、胡适等人极力贬低东方文化而抬高西方文化的"全盘西化"主张不甚满意,进而发表《东西方文明根本之异点》,主张客观分析东西方文明的优劣。他认为,"东西文明有根本不同之点,即东洋文明主静,西洋文明主动是也。溯诸人类生活史,而求其原因,殆可谓为基于自然之影响"。① 李大钊进一步指出,对两种文明不可存有偏见,"东西民族因文明之不同,往往挟种族之僻见,以自高而卑人。近世政家学者,颇引为莫大之遗憾。平情论之,就东洋文明而论,东西文明,互有长短,不宜妄为轩轾于其间"。② 东方文明的缺点,李大钊总结为厌世而不适于宇宙进化的人生观、惰性太重、注重权威缺乏对个性的尊重、注重整体缺乏对个人的尊重、缺乏同情心、偏重神权、偏重专制主义和歧视女性等内容。李大钊并不因这些缺点而全盘反对东方文化,而是再三强调东西方文明共存之价值。他指出,"以余言之,宇宙大化之进行,全赖有二种之世界观,鼓驭而前,即静的与动的、保守与进步是也。东洋文明与西洋文明,实为世界进步之二大机轴,正如车之两轮、鸟之双翼,缺一不可"。③ 东方文明固然问题严重,西方文明也不遑多让,"由今言之,东洋文明既衰颓于静止之中,而西洋文明又疲命于物质之下,为救世界之危机,非有第三新文明之崛起,不足以渡此危崖"。④ 在这种情况下,他注意到了俄国文明的价值,

① 《李大钊全集》(二),第 211 页。
② 《李大钊全集》(二),第 211 页。
③ 《李大钊全集》(二),第 212 页。
④ 《李大钊全集》(二),第 212 页。

"俄罗斯之文明,诚足以当媒介东西之任,而东西文明真正之调和,则终非二种文明本身之觉醒,万不为功"。①

1917 年俄国十月革命胜利后,中国思想界对之有一种悲观性评价,李大钊于是写了《法俄革命之比较观》为之辩护,他指出,"俄国今日之革命,诚与昔者法兰西革命同为影响于未来世纪文明之绝大变动。在法兰西当日之象,何尝不起世人之恐怖、惊骇而为之深抱悲观。尔后法人之自由幸福,即奠基于此役。岂惟法人,十九世纪全世界之文明,如政治或社会之组织等,罔不胚胎于法兰西革命血潮之中。二十世纪初叶以后之文明,必将起绝大之变动,其萌芽即苗发于今日俄国革命血潮之中,一如十八世纪末叶之法兰西亦未可知"。② 在这里,李大钊通过比较指出,俄国革命虽采取暴力,但最终会带来社会文明的重大革新,如同当年法国大革命通过暴力为后来的社会自由幸福开辟道路一样。不仅如此,发生于 20 世纪的俄国革命在本质上更为进步,"俄罗斯之革命是二十世纪初期之革命,是立于社会主义上之革命,是社会的革命而并著世界的革命之采色者也"。③ 其之所以成功并受到人们热烈欢呼,就在于其革命中包含有广泛深刻的人道主义之精神,李大钊指出,"且其人道主义之精神,入人之深,世无伦比。……不过法人当日之精神,为爱国的精神,俄人之今日精神,为爱人的精神。前者根于国家主义,后者倾于世界主义。前者恒为战争之泉源,后者足为和平之曙光,此其所异者耳"。④ 李大钊分析 Bolshevism(布尔什维主义)的内涵说,"他们的主义,就是革命的社会主义;他们的党,就是革命的社会党;他们是奉德国社会主义经济学家马克士(Marx)为宗主的;他们的目的,在把现在为社会主义的障碍的国家界限打破,把资本家独占利益的生产制度打破"。⑤ 李大钊转向马克思主

---

①《李大钊全集》(二),第 212 页。
②《李大钊全集》(二),第 225 页。
③《李大钊全集》(二),第 226 页。
④《李大钊全集》(二),第 226 页。
⑤《李大钊全集》(二),第 260 页。

义,就是为了寻求中华民族解放的道路。

（二）对唯物史观的历史考察

李大钊对唯物史观的阐释基于一种宏阔的历史视野,他认为,唯物史观并不是马克思的独创,而是马克思生活时代的一种极有影响力的社会学上的运动,"这种运动既经指出那内部最深的构造,比外部明显的建造,若何重要,唯物史观就站起来反抗那些历史家与历史哲学家,把他们多年所推崇为非常重要的外部的社会构造,都列于第二的次序;而那久经历史家辈蔑视,认为卑微暧昧的现象的,历史的唯物论者却认为于研究这很复杂的社会生活全部的构造与进化,有莫大的价值"。① 在他看来,唯物史观主要特征有二:一是挖掘历史运动内部深层结构,二是重视看似卑微的历史现象。循此,李大钊对唯物史观的发展历程进行了扼要梳理,他认为唯物史观最基本的特征就是人们将历史当做科学进行研究,并用带有普遍性的力量来解释众多历史现象。因此李大钊将孔道西的思想列为唯物史观的开始,他指出,"孔道西(Condorcet)依着器械论的典型,想把历史作成一科学,而期发见出一普遍的力,把那变幻无极的历史现象,一以贯之,已经开了唯物史观的端绪"。② 从孔道西开始,桑西门(Saint-Simon)、Thierry、Mignet 和 Guizot 等人都是唯物史观的传承者。李大钊尤其看重桑西门的贡献,因为是桑西门首先在研究历史时把经济的要素看得比精神要素更重要。这种观点极具解释力,"谓一时代的理想、教义、宪法等,毕竟不外当时经济情形的反映。关于所有权的法制,是尤其重要的"。③

在这一观点基础上,李大钊也尝试用历史上唯物史观论者的观点对经济现象的地位进行典型分析,为理解马克思主义的唯物史观奠定了坚实的思想基础。他指出,"历史上物质的要件中,变化发达最甚的,算是

① 《李大钊全集》（三）,第 19 页。
② 《李大钊全集》（三）,第 20 页。
③ 《李大钊全集》（三）,第 20 页。

经济现象。故经济的要件是历史上唯一的物质的要件",①至于人口、地理等因素属于经济以外的条件,这些条件对于人类社会有意义,但是影响较小且伴随着人类进化而日益减少,就被当做"经济的要件的支流"。②他列举了生活中地位很重要的法律与经济现象地位对比的例子,指出经济现象地位之重要,"我们晓得有许多法律,在经济现象的面前,暴露出来他的无能"。③ 从历史事实来看,欧洲中世纪曾经有过严格"禁抑暴利的法律",但是在当时利润高企的经济现象面前毫无作用。后来由于经济自身发展导致利润率自然下跌,这一法律事实上已经没有必要存在,但也没有废除。欧洲在十七、十八世纪曾经立法废除了来自古罗马时代的奴隶制度,但是由于后来殖民掠夺的经济需要,英国等国仍然干起了贩卖黑奴并事实上在美洲大陆恢复奴隶制度的事情。李大钊总结指出,"这类的事例不胜枚举,要皆足以证明法律现象只能随着经济现象走,不能越过他,不能加他以限制,不能与他以影响。而欲与法律现象奖励或禁遏一种经济现象的,都没有一点效果。那社会的表面构造中最重要的法律,尚且如此,其他综合的理想等等,更不能与经济现象抗衡"。④ 正是在这种认识的基础上,李大钊指出,"有许多人主张改称唯物史观为经济史观"。⑤

进一步,李大钊从比较三种相关的"经济学"入手来认识马克思主义的唯物史观,这三种经济学就是"个人主义经济学、社会主义经济学与人道主义经济学"。⑥ 所谓个人主义经济学即资本主义经济学,以当时负有盛名的亚当·斯密、若马查士、李嘉图、杰慕士·穆勒等为代表。李大钊认为这种经济学有两个要点:"其一是承认现在的经济组织为是;其二是

①《李大钊全集》(三),第20页。
②《李大钊全集》(三),第20页。
③《李大钊全集》(三),第20页。
④《李大钊全集》(三),第22页。
⑤《李大钊全集》(三),第20页。
⑥《李大钊全集》(三),第16页。

承认在这经济组织内,各个人利己的活动为是。"①但是现实的状况对个人主义经济学的要点提出了挑战,人心贪得无厌,社会组织冷漠无情,压迫严重。所以另外两种经济学就从社会改造的角度对个人主义经济学提出反对,社会主义经济学反对其第一要点,人道主义经济学反对第二要点。在这种基础上,社会主义经济学和人道主义经济学又阐述了自身的目标主张。社会主义经济学不承认"现在的经济组织为是",他们从种种负面社会现象出发,指出"现代经济上、社会上发生了种种弊害,都是现在经济组织不良的缘故,经济组织一经改造,一切精神上的现象都跟着改造,于是否认现在的经济组织,而主张根本改造"。② 人道主义经济学不承认"各个人的利己的活动为是",他们同样从种种负面社会现象出发,但认为造成原因主要还是人心的问题:"无论经济组织改造到怎么好的地步,人心不改造仍是现在这样的贪私无厌,社会仍是没有改造的希望",③所以主张"欲以爱他的动机代那利己的动机"。④ 当然,李大钊也从总体上指出,社会主义的主张包容更广,可以包含人道主义的主张。

(三)阐释唯物史观的主要内涵

李大钊指出,马克思的唯物史观继承了之前唯物史观的基本观点,"认经济的构造对于其他社会学上的现象,是最重要的;更认经济现象的进路,是有不可抗性的"。⑤ 而其思想相对于之前的唯物史观,最大的功绩在于解释了"从前历史的唯物论者不能解释的地方",⑥形成了其独具特色的唯物史观。

李大钊对马克思的唯物史观的阐释有两个大的层面。第一个层面是从宏观的"要点"角度来讲。他认为,马克思唯物史观要点有两个:"其

①《李大钊全集》(三),第17页。
②《李大钊全集》(三),第17页。
③《李大钊全集》(三),第17页。
④《李大钊全集》(三),第17页。
⑤《李大钊全集》(三),第20页。
⑥《李大钊全集》(三),第21页。

一是关于人类文化的经验的说明；其二即社会组织进化论。"①就第一个要点而言，李大钊认为，马克思从人类文化经验中进行总结，发现了"人类社会生产关系的总和"这一内容，这就是每一社会的基础构造。社会的其他构成要素都以此为基础，"一切社会上政治的、法制的、伦理的、哲学的，简单说，凡是精神上的构造，都是随着经济的构造变化而变化"。②这些属于精神构造的要素在地位上也归属于"表面构造"，其变化以基础构造为转移。而生产关系这一基础构造之变化又有更深层的动因，就是生产力，这是人类社会变化之最主动因素。这种主动最突出之表现就在于其对于人类意识的决定性作用，"属于人类意识的东西，丝毫不能加他以影响；他却可以决定人类的精神、意识、主义、思想，使他们必须适应他的行程"。③　就第二个要点而言，李大钊对马克思十分重视的生产力与生产关系的矛盾运动进行了准确而深刻地阐释。从概念内涵角度，李大钊首先准确把握了马克思所论述的"社会组织"就是"生产关系"。其次，李大钊扼要解释了生产力决定生产关系的内容，"生产力一有变动，社会组织必须随着他变动；社会组织即生产关系，也是与布帛菽粟一样，是人类依生产力产出的产物。手臼产出封建诸侯的社会，蒸气制粉机产出产业的资本家的社会"。④　再次，李大钊按照自己的理解，用"生产关系反作用于生产力"的原理解释了"社会革命"的本质。一方面，他看到了生产关系具有促进生产力发展的作用；另一方面，他更注意生产关系对生产力的阻碍作用，以此厘清了社会革命的本质，"后来发展的力量到那社会组织不能适应的程度，那社会组织不但不能助他，反倒束缚他、妨碍他了。而这生产力虽在那束缚他、妨碍他的社会组织中，仍是向前发展不已。发展的力量愈大，与那不能适应他的组织间冲突愈迫，结局这旧社会组

①《李大钊全集》（三），第27页。
②《李大钊全集》（三），第27页。
③《李大钊全集》（三），第27页。
④《李大钊全集》（三），第27页。

织非至崩坏不可。这就是社会革命"。① 李大钊在阐释马克思唯物史观时，准确理解了马克思所说的"两个决不会"之含义。马克思在《〈政治经济学批判〉序言》中曾这样描述生产力与生产关系矛盾运动之于社会变革的意义："无论哪一个社会形态，在它所能容纳的全部生产力发挥出来以前，是决不会灭亡的；而新的更高的生产关系，在它的物质存在条件在旧社会的胎胞里成熟以前，是决不会出现的。"②这说明了历史发展必然受到生产力与生产关系这一对矛盾运动的制约，衡量任何一个社会形态、任何一种生产关系的生死存亡的最终标准只能是生产力的发展要求。李大钊用自己的语言对马克思所说的"两个决不会"进行了阐述："可是这个生产力，非到在他所活动的社会组织里，发展到无可再容的程度，那社会组织是万万不能打破。而这在旧社会组织内，长成他那生存条件的新社会组织，非到自然脱离母胎，有了独立生存的运命，也是万万不能发生。"③他还根据这一原理进一步指出，"恰如孵卵的情形一样，人为的助长，打破卵壳的行动，是万万无效的，是万万不可能的"，④同样用朴素的比喻讲清了深刻道理——人类发挥对历史的主观能动性作用也必须遵守规律，超出生产力与生产关系矛盾运动规律的行为是一种任意妄为，一定会失败。

第二个层面是从阶级斗争学说上来讲。李大钊对马克思唯物史观中的阶级斗争学说的考察大致分为三个方面。一是对"阶级"概念界定的考察。李大钊依据马克思唯物史观对"经济"因素的重视，指出"阶级"概念之本质正与经济利益相关："历史的唯物论者，既把种种社会现象不同的原因，总约为经济的原因，更依社会学上竞争的法则，认许多组成历史明显的社会事实，只是那直接，间接，或多，或少，各殊异阶级间团体竞争所表现的结果。他们所以牵入这竞争中的缘故，全由于他们自己特殊

①《李大钊全集》（三），第27页。
②《马克思恩格斯全集》（第十三卷），北京：人民出版社2005年版，第1页。
③《李大钊全集》（三），第27页。
④《李大钊全集》（三），第28页。

经济上的动机。"①各个团体由于不同经济利益在现实中发生利害冲突，进而形成阶级，因此阶级之出现正与经济利害对立有关："马氏所说的阶级，就是经济上利害相反的阶级。"②这种"利害相反"在实践中就展现为压迫与被压迫，"就是土地或资本家等生产手段的有产阶级，与没有土地或资本等生产手段的无产阶级的区别：一方是压服他人，掠夺他人的，一方是受人压服，被人掠夺的"。③ 换句话说，讲到"阶级"，必然就涉及压迫、奴役和对抗的问题。这一问题在人类历史上存在久远，"在种种时代，以种种形式表现出来。亚西亚的、古代的、封建的、现代资本家的，这些生产方法出现的次第，可作经济组织进化的阶段，而这资本家的生产方法，是社会的生产方法中采敌对形式的最后"。④ 在这样的认识基础上，李大钊也指出了马克思、恩格斯界定"阶级"的原理相比斯宾塞"本于个人的利己心"的界定方法和德国科学家威罕·儒斯（Wilhelm Roux）用生物学的进化之界定要更为深刻。二是对阶级斗争历史作用的考察。李大钊从《共产党宣言》和《政治经济学批判》序文中都找到了马克思、恩格斯对"阶级斗争"的历史作用的高度评价："从来的历史都是阶级竞争的历史"，"从来的历史尽是在阶级对立——固然在种种时代呈种种形式——中进行的。"⑤同时，李大钊也对这种斗争历程之演变进行了清晰描述："初只是经济的竞争，争经济上的利益，后来更进而为政治的竞争，争政治上的权力，直至那建在阶级对立上的经济的构造自己进化，发生了一种新变化为止。"⑥他更以一系列历史事件对此进行印证。首先是中世纪的十字军东征、宗教改革等事件，李大钊指出，十字军东征是为了维护当时威尼斯等西欧国家统治阶级的地位及繁盛的经济利益；宗教改革主要也是为了免除当时"无产阶级"的种种重税；基督教中心转移到拜占

①《李大钊全集》（三），第29页。
②《李大钊全集》（三），第28页。
③《李大钊全集》（三），第29页。
④《李大钊全集》（三），第29页。
⑤《李大钊全集》（三），第29页。
⑥《李大钊全集》（三），第30页。

庭,也是源自当时东罗马帝国富有财势的商贾阶级,他们藉此与"基督教的无产阶级"相结合,以对抗原先西欧罗马帝国的寄生贵族。① 其次对法国大革命进行解读,李大钊指出,这一革命之爆发,正是因为当时资本家阶级势力日渐强盛,逐渐可以挑战原先掌握土地的旧贵族阶级,终于爆发激烈的革命,由这场大革命所带来的一系列个人或集团势力,包括拿破仑、布尔康家正统派、欧尔林家派、共和党、平民直接执政等等,背后也都是复杂的经济利益。需要指出的是,李大钊虽然重视阶级斗争在历史中的作用,但也注意到马克思关于阶级斗争只是人类历史某一阶段的现象的论述:"马氏并非承认这阶级竞争是与人类历史相终始的,他只把他的阶级竞争说应用于人类历史的前史,不是通用于过去、现在、未来的全部。"②三是对阶级斗争在资本主义社会中的状况的考察。既然阶级斗争不是贯穿人类社会全部的现象,那么就必然有一个结束期,李大钊指出,"阶级竞争也将与这资本家的生产方法同时告终"。③ 在资本主义社会中,这种阶级之间的对抗表现为资本家对他人"余工余值"(即剩余价值)的掠夺。同时,这种对抗还存在着一种从自在到自觉的发展历程。李大钊指出,"但这两种阶级,最初不过对于他一阶级,可称一个阶级,实则阶级的本身还没有成个阶级,还没有阶级的自觉。后来属于一阶级的,知道他们对于别的阶级,到底是立于不相容的地位,阶级竞争是他们不能避的命运,就是有了阶级的自觉,阶级间就起了竞争"。④ 很明显,李大钊所说的"自觉"是指工人阶级的"自觉",工人阶级从原先不知自己受掠夺的状态到逐渐觉醒,终于成为反抗资本主义社会的革命力量。

(四)评析唯物史观

李大钊研究马克思的唯物史观,不仅在于阐释与传播,也重视对之进行评论与辨析。一方面,他注意搜集时人对马克思唯物史观的负面评

---

① 《李大钊全集》(三),第 28 页。
② 《李大钊全集》(三),第 30 页。
③ 《李大钊全集》(三),第 30 页。
④ 《李大钊全集》(三),第 30 页。

价,并对之进行辨析,另一方面,他还通过自己的体会,对马克思唯物史观的优缺点进行评论。

从第一方面来说,李大钊指出"马氏学说受人非难的地方很多,这唯物史观与阶级竞争说的矛盾冲突,算是一个最重要的点。盖马氏一方既确认历史——马氏主张无变化即无历史——的原动为生产力;一方又说从来的历史都是阶级竞争的历史,就是说阶级竞争是历史的终极法则,造成历史的就是阶级竞争",①这里转述的是对马克思唯物史观最典型和最普遍的质疑论点,其认为马克思为历史的发展树立了两个"根本性"的终极动力——"生产力发展"和"阶级斗争",那么马克思究竟是将"阶级斗争"还是将"生产力发展"作为终极动力呢? 例如 Eugenio Rignano 质疑道:"既认各阶级间有为保其最大经济利益的竞争存在,因之经济现象亦自可以随这个或那个阶级的优越,在一方面或他一方面受些限制,又说经济的行程像那天体中行星的轨道一样的不变,从着他那不能免的进路前进,人类的什么影响都不能相加。那么那主要目的在变更经济行程的阶级竞争,因为没有什么可争,好久就不能存在了。在太阳常行的轨道上,有了一定的变更,一定可以贡献很大的经济利益于北方民族,而大不利于南方民族。但我想在历史纪录中,寻找一种族或一阶级的竞争,把改变太阳使他离了常轨作目的的,是一件无益的事。"②这种观点集中反映了非马克思主义者对马克思唯物史观的多重误解和歪曲。第一重误解在于将马克思所说的阶级斗争会"影响"经济发展当做了可以"决定"经济发展的进程。如按照这样理解,当然就会和马克思所说的生产力(或者说"经济")发展有其客观不变的规律相冲突了。但事实上,马克思的思想中,生产力的发展是最根本的规律,任何人不可能改变规律;阶级斗争也只是生产力发展规律的一种表现,在一定条件下,它可以对生产力发展规律有促进或者阻碍的反作用,但绝非决定性作用,况且阶级

①《李大钊全集》(三),第 30 页。
②《李大钊全集》(三),第 31 页。

斗争究竟是起促进作用还是起阻碍作用，仍然由其是否适应生产力发展规律决定的。第二重误解在于将自然规律和社会规律混同。马克思主义唯物史观认为，自然规律与社会规律都是客观存在的，不受人的主观意识所左右，所谓"经济的行程像那天体中行星的轨道一样的不变"，指的正是社会规律与自然规律都具有客观性这一特点。但是并不能由此认为二者完全没有区别。二者最明显的区别就在于自然规律发挥作用背后没有目的和意图，而社会规律发挥作用则必须要依靠有目的有意图的人们之努力来达到。以此来衡量，则 Eugenio Rignano 所说的"那么那主要目的在变更经济行程的阶级竞争，因为没有什么可争，好久就不能存在了"之类的话就明显为错误。他所说的"阶级竞争"是人们为实现社会规律所进行的努力，绝非"没什么可争"。这种努力也并未违背社会规律自身发展的客观性，所以其目的不是要"变更经济行程"。Eugenio Rignano 还用太阳轨道变更可以给人们带来经济利益的例子来说明人们应该去改变太阳轨道，想用这种荒谬的结论来讽刺马克思主义的唯物史观，但这种讽刺却再次显示了 Eugenio Rignano 的误解，其表现就是将自然规律与社会规律不加区别地等同。由于自然规律背后并没有什么意志与意图，所以不管自然规律对人们有多大的利益，人们都不可能像对社会规律那样去作用于自然规律。李大钊对 Eugenio Rignano 的错误洞若观火，他为马克思辩解道，"这个明显的矛盾，在马氏学说中，也有自圆的说法。他说自从土地共有一制崩坏以来，经济的构造都建立在阶级对立之上。生产力一有变动。这社会关系也跟着变动。可是社会关系的变动，就有赖于当时在经济上占不利地位的阶级的活动。这样看来。马氏实把阶级的活动归在经济行程自然的变化以内"。[①] 李大钊在这里所说的"马氏实把阶级的活动归在经济行程自然的变化以内"，讲清楚了阶级斗争对于社会规律（"经济行程自然的变化"）而言所具有的"有影响但非决定性"的地位。

---

① 《李大钊全集》（三），第 31 页。

还有人认为，资本主义社会劳工阶级联合起来反抗资本家并在一定程度上改变了当时压迫工人的法律进而改变了部分的社会经济结构，这是阶级斗争"居然能够屈服经济行程的趋势"，或者说"法律现象变更了经济现象"。① 李大钊牢牢把握马克思唯物史观的基本原理，指出劳工阶级的各种活动乃至法律的变化，并未超出经济发展规律之外，"仍是在那可以容他发生的经济构造以上的现象，仍是随着经济的趋势走的，不是反着经济的趋势走的"。② 他认为，绝不能将经济发展规律看成是单一的发展轨迹，而要看其综合性的特征，在现代资本主义的发展规律中，"一方面劳工阶级的生活境遇日趋于困难；一方面益以促其阶级的自觉，益增其阶级活动的必要，益使其活动的效果足以自卫。这都是现在资本主义制下自然的趋势"。③ 李大钊这一论述深得马克思唯物史观真意，即任何社会尤其是阶级社会的发展，都包含有两方面的内容，一方面固然有压迫阶级不断加重压迫的趋势，但另一方面，被压迫阶级反抗的趋势也是同步增强的。这样看来，马克思时代乃至现代资本主义社会劳工阶级的反抗日益鼎盛并取得成功，这本身也是资本主义社会规律的题中应有之义，"与其说是团体行动或法律遏抑经济趋势的结果，毋宁说是经济本身变化的行程"。④

从第二方面来说，李大钊根据自己的体会，对马克思唯物史观优缺点进行评论，不但肯定马克思唯物史观的优点，也毫不避讳地对"终觉有些牵强矛盾的地方"⑤进行说明。

从优点来看，李大钊主要有两个极力肯定。一是阐述马克思唯物史观对社会科学的巨大贡献。李大钊明确指出："他能造出一种有一定排列的组织，能把那从前各自发展不相为谋的三个学科，就是经济、法律、

---

① 《李大钊全集》（三），第 32 页。
② 《李大钊全集》（三），第 34 页。
③ 《李大钊全集》（三），第 34 页。
④ 《李大钊全集》（三），第 34 页。
⑤ 《李大钊全集》（三），第 31 页。

历史,联为一体,使他现在真值得起那社会学的名称。因为他发现那阶级竞争的根本法则,因为他指出那从前全被误解或蔑视的经济现象,在社会学的现象中是顶重要的;因为他把于决定法律现象有力的部分归于经济现象,因而知道用法律现象去决定经济现象是逆势的行为;因为他借助于这些根本的原则,努力以图说明过去、现在全体社会学上的现象。就是这个,已足以认他在人类思想有效果的概念中,占优尚的位置,于学术界思想界有相当的影响。小小的瑕疵,不能掩了他那莫大的功绩。"①二是推崇马克思唯物史观对于"劳工阶级"力量的凝聚。李大钊指出,虽然马克思唯物史观由于不被人理解,造成了许多"马克思派的社会党"完全不作为,只是"等着集产制自然成熟",②但是,马克思、恩格斯合著的《共产党宣言》却并不主张如此无所作为,而是大声疾呼,要求全世界劳工阶级联合起来去行动,才可能改变现状,推翻资本主义。这一点史无前例地重视了人民的力量,"大家才知道社会主义的实现,离开人民本身,是万万作不到的。这是马克思主义一个绝大的功绩。无论赞否马氏别的学说的人对于此点,都该首肯"。③

从缺点方面来看,李大钊主要指出了时代环境给予马克思唯物史观的局限。他先提出问题,"马氏的唯物史观,何以不产生于十八世纪以前,也不产生于今日,而独产生于马氏时代呢? 因为当时他的环境,有使他创立这种学说的必要和机会"。④ 接着,他从人类历史发展来分析原因,认为18世纪以前的社会,由于经济大部分是自给自足,特别是南美土人,甚至可以专靠"面包树""咖啡树"的自然馈赠生活,所以人类彼时完全没有经济竞争的条件,也没有那样的意识,基本上都认同社会政治和宗教的势力。但是,工业革命和资本主义的发展改变了这一切,"人类脱离自然而独立,达到自营自给的经济生活,社会情形为之一变,宗教政

①《李大钊全集》(三),第32页。
②《李大钊全集》(三),第32页。
③《李大钊全集》(三),第32页。
④《李大钊全集》(三),第36页。

治的势力全然扫地,经济势力异军特起支配当时的社会了。有了这种环境,才造成了马氏的唯物史观",①亦即马克思的唯物史观,特别是他认为经济基础决定上层建筑的观点,更多要运用于分析工业革命以来的现代社会。李大钊强调,"平心而论马氏的学说,实在是一个时代的产物;在马氏时代实在是一个最大的发见。我们现在固然不可拿这一个时代一种环境造成的学说,去解释一切历史"。② 必须指出,李大钊这里的解释比较谨慎,也抓住了重点,但由于太过于谨慎,恰恰显露出他自己不太彻底的唯物史观。虽然马克思的唯物史观诞生于工业革命之后的时代,但并不只适用于这一时代。马克思所发现的历史社会规律,是贯穿整个人类历史的规律。

五、社会哲学思想

作为马克思主义的信奉者,李大钊研究哲学与马克思的目标相同,即不满足于单纯"解释世界",而更注重"改造世界"。李大钊的这种关注以其对社会主义的思考为主要内容,形成深刻的社会哲学思想。

(一)社会主义的性质与内涵

马克思主张的社会主义究竟何种性质? 有何种内涵? 这是李大钊社会哲学研究的首要问题。关于马克思社会主义的性质,李大钊的诠释具有较高的站位和视野,如上所述,他是通过对比个人主义、人道主义和社会主义三种当时流行的经济学思想来展开的。通过对比,李大钊从总体上指出,社会主义的主张最科学,可以克服个人主义的弊端,也可包含人道主义的正确要求。

从对马克思主义社会主义理想的理解出发,李大钊对当时社会人们的普遍误解进行了说明,通过这种说明进一步阐明了社会主义的内涵。李大钊指出,"许多人所以深病'马克思主义'的原故,都因为他的学说全

---

①《李大钊全集》(三),第35页。
②《李大钊全集》(三),第35页。

把伦理的观念抹煞一切，他那阶级竞争说尤足以使人头痛"，①很明显，人们最大的误解在于认为社会主义不讲伦理，只讲阶级斗争。针对此观点，李大钊从三个方面进行辩解。一是分析指出社会主义是从功能角度来看待个人伦理道德，并非排斥个人伦理道德，"他不过认定单是全体分子最普通的伦理特质的平均所反映的道德态度，不能加影响于那经济上利害相同自觉的团体行动"，②也即社会主义之所以不太重视个人伦理道德问题，是因为单独个人伦理道德再好，无助于从根本解决源自经济结构不平等所造成的社会不平等。二是分析阐明社会主义亦有包含人道、互助的伦理观念。李大钊指出，"我们看在这建立于阶级对立的经济构造的社会，那社会主义伦理的观念，就是互助、博爱的理想，实在一天也没有消灭，只因有阶级竞争的经济现象，天天在那里破坏，所以总不能实现"。③ 这一段论述具有澄清误解的效果。仅从语句上看，"自由""人道""博爱"这些词汇的确受到马克思、恩格斯的大量批判，列宁指出，"马克思把他一生的很大一部分时间、很大一部分著作和很大一部分科学研究用来嘲笑自由、平等、多数人的意志，嘲笑把这一切说得天花乱坠的各种边沁分子，用来证明这些词句掩盖着被用来压迫劳动群众的商品所有者的自由、资本的自由"，④这就在很大程度上造成人们的误解，以为马克思社会主义是不讲自由、人道、博爱的。但实际上，马克思、恩格斯的批判只是针对这些词汇在当时所包含的资产阶级的虚伪性和欺骗性，并非是从根本上反对这些词汇的内涵，他们是在批判资本主义类似概念的虚假性基础上，指出共产主义的博爱的真实性，"径直是现实的和直接追求实效的"。⑤ 李大钊的论述则明确抓住了问题的本质，不是社会主义不讲"人道""博爱"，而是历史乃至现实的阶级社会中，这一切美好伦理都受

---

① 《李大钊全集》（三），第 35 页。
② 《李大钊全集》（三），第 35 页。
③ 《李大钊全集》（三），第 35 页。
④ 《列宁选集》第三卷，北京：人民出版社 1995 年版，第 81 页。
⑤ 《马克思恩格斯文集》（第一卷），北京：人民出版社 2009 年版，第 187 页。

制于阶级压迫和斗争的限制,无法真正实现。马克思的说法不过是揭露了这一真相,并在这种基础上阐述了只有通过社会主义才能真正实现"人道""博爱"这些美好伦理,"但这一段历史,马氏已把他划入人类历史的前史,断定他将与这最后的敌对形式的生产方法,并那最后的阶级竞争一齐告终。而马氏所理想的人类真正历史,也就从此开始。马氏所谓真正历史,就是互助的历史,没有阶级竞争的历史"。① 三是承认注重伦理的思想有助于完善马克思的社会主义。李大钊提到,"近来哲学上有一种新理想主义出现,可以修正马氏的唯物论,而救其偏蔽"。② 同时,现实中的社会主义者也都开始有这种注重伦理、注重人道的自觉倾向,"这也未必不是社会改造的曙光,人类真正历史的前兆"。③ 尤其是在将要实现却还未实现真正的社会主义的"过渡时代"中,"伦理的感化,人道的运动,应该倍加努力,以图划除人类在前史中所受的恶习染,所养的恶性质,不可单靠物质的变更。这是马氏学说应加救正的地方"。④ 严格地讲,如果考虑到当时社会主义的实践效果,李大钊提出要重视"伦理""人道"的精神方面的要求并不为过,当时各国的社会主义实践确实有偏重"经济改造""阶级斗争"而不太注重精神层面改造的问题。但是,如果这种建议是针对马克思社会主义理论本身而言,则存在认识偏差。李大钊指出,"我们主张以人道主义改造人类精神。同时以社会主义改造经济组织。不改造经济组织,单求改造人类精神,必致没有效果。不改造人类精神,单等改造经济组织,也怕不能成功。我们主张物心两面的改造,灵肉一致的改造",⑤这是他所提出的著名的"物心两面改造"理念,本身值得肯定。但他的论述在字里行间却透露出认为马克思社会主义本身不讲究"精神改造"的态度,这就颇待商榷,因为马克思社会主义理想注

---

① 《李大钊全集》(三),第 35 页。
② 《李大钊全集》(三),第 35 页。
③ 《李大钊全集》(三),第 35 页。
④ 《李大钊全集》(三),第 35 页。
⑤ 《李大钊全集》(三),第 35 页。

重提高精神境界，绝非不讲究"精神改造"。同时，这也与李大钊本人思想存在逻辑矛盾，他在分析"三种经济学"时，已经明确说过了"社会主义包含了人道主义"这一观点，此处却又认为社会主义缺乏"人道主义"，逻辑上不能自洽。

（二）社会主义的意义与实践可能

李大钊阐述马克思的社会主义不仅限于从理论上分析其性质与内涵，也注重分析其对改造社会可以发挥的作用和可以实践的方案。

首先，在李大钊看来，社会主义对于改造社会有两方面作用值得重视。一是凝聚社会共识。他指出，任何社会问题的彻底解决，必须依靠社会上多数人共同的活动，因此，如果想要从社会层面真正解决一个问题，就应该设法使这个问题成为社会上多数人共同的问题，这就需要理想或主义。李大钊指出，"要想使一个社会问题，成了社会上多数人共同的问题，应该使这社会上可以共同解决这个那个社会问题的多数人，先有一个共同趋向的理想、主义，作他们实验自己生活上满意不满意的尺度（即是一种工具）"。[①] 这里所说的找到那个"共同趋向的理想、主义"，正是指将社会上多数人的思想意识凝结起来，成为社会共识。这种由众人所形成的社会共识，才可以成为众人衡量自己现实生活满意度的尺度。共识一旦形成，其影响力巨大，甚至可以超越时空而存在。从这个角度而言，社会主义正有这一功效。李大钊用 19 世纪影响较大的空想社会主义为例说明这一点，"Owen 派与 Fourier 派在美洲的运动，虽然因为离开了多数人民去传播他们的理想，就像在那没有深厚土壤的地方撒布种子的一样，归于失败了，……在人都把他们忘了。可是社会主义的精神，永远存留在国民生命之中"。[②] 严格地讲，李大钊在这里列举的欧文、傅里叶等的空想社会主义思想在科学性质上与马克思的社会主义思想有根本差别，但是从凝聚社会共识角度而言，二者是可以类比的。空

---

① 《李大钊全集》（三），第 1 页。
② 《李大钊全集》（三），第 2 页。

想社会主义者们在现实中的努力归于失败,但其在社会上凝聚的共识却永存并真正对后世产生了巨大影响,一定程度上,他们也深刻地影响了马克思。二是为社会问题提供根本性的解决方案。李大钊认为,只有大多数人对于要解决的问题达成充分的共识,以这种共识来衡量问题,这些问题才有根本性的解决可能。否则,研究问题的人只注意一个一个具体的问题,但是每一个问题却无法和大多数人产生实质联系,大多数人就无法关心他所说的问题,"那个社会问题,是仍然永没有解决的希望;那个社会问题的研究,也仍然是不能影响于实际"。① 李大钊运用马克思唯物史观指出解决问题的根本途径,"依马克思的唯物史观,社会上法律、政治、伦理等精神的构造,都是表面的构造。他的下面,有经济的构造作他们一切的基础。经济组织一有变动,他们都跟着变动。换一句话说,就是经济问题的解决,是根本解决。经济问题一旦解决,什么政治问题、法律问题、家族制度问题、女子解放问题、工人解放问题,都可以解决"。② 在此基础上,李大钊也讨论了其中潜存的弊端,这就是许多人在信服了"根本解决"的道理之后,就藉此不再作主观努力,专门在原地等着社会主义来自动解决问题。结合当时世界各国社会主义运动现状来看,这一问题确实不容等闲视之,李大钊指出,"有许多马克思派的社会主义者,很吃了这个观念的亏,天下(天)只是在群家(众)里传布那集产制必然的降临的福音,结果除去等着集产制必然的成熟以外,一点的预备也没有作,这实在是现在各国社会党遭了很大危机的主要原因"。③ 因此,李大钊也从马克思主义哲学注重客观规律与主观能动性的统一关系出发,提出了解决方案,"我们应该承认:遇着时机,因着情形,或须取一个根本解决的方法。而在根本解决以前,还须有相当的准备活动才是"。④ 即使社会主义提供"根本解决"方案,仍然需要人们付出艰苦努力

①《李大钊全集》(三),第1页。
②《李大钊全集》(三),第7页。
③《李大钊全集》(三),第7页。
④《李大钊全集》(三),第7页。

与准备,反映了李大钊对马克思主义社会主义本质的深刻认知。

其次,李大钊论述了社会主义推动"社会改造"的实践可能性。一方面他指出这是所有科学的"主义"都必然具备的特性,"大凡一个主义,都有理想与实用两面",①即使是一些被人们高谈阔论的理想,只要信奉者们不是仅仅把它当做空谈,而是能够将其找一个地方进行实验,都一定能够对于整个的人类社会产生价值,发生一些效用。因此,"不论高揭什么主义,只要你肯竭力向实际运动的方面努力去作,都是对的,都是有效果的"。② 可见问题不在于"主义"该不该谈,而是以怎样的方式去谈,去努力。另一方面,李大钊也具体针对社会主义者提出了可行性要求。③社会主义所包含的核心精神,可与各种不同类型人群结合,适应不同的环境变化,形成不同的实际行动,因此,"一个社会主义者,为使他的主义在世界上发生一些影响,必须要研究怎么可以把他的理想尽量应用于环绕着他的实境"。④ 在此处,李大钊已然明确了要将社会主义理论与不同的环境相结合,形成适合自己需要、独具特色的社会主义的道理。

再次,李大钊敏锐地发现,这些人反对马克思主义的理由,就是认为马克思主义过于"空谈"、不切实际,他对这种观点进行了驳斥。从根本上讲,李大钊认为究竟是否"空谈",不是取决于"主义"本身,而是取决于去推行"主义"的人。通过前文论述,可以发现社会主义本身当然具有适应社会现实的可能性,但是却被一些"专事空谈"者利用,这才变成了"空"的东西。所以,质疑社会主义的胡适等人所担心的"危险"就并没有那么可怕,"只怕不是主义的本身带来的,是空谈他的人给他的"。⑤ 为什么社会主义会被空谈者利用呢? 李大钊分析了其中存在的所谓"招牌"问题。就像一般做生意的人一样,"既然带着招牌的性质,就难免招假冒

①《李大钊全集》(三),第3页。
②《李大钊全集》(三),第3页。
③《李大钊全集》(三),第3页。
④《李大钊全集》(三),第3页。
⑤《李大钊全集》(三),第3页。

牌号的危险。王麻子的刀剪得了群众的赞许，就有旺麻子等来混他的招牌；王正大的茶叶得了群众的照顾，就有汪正大等来混他的招牌"。① 以此类推，社会主义在当时已然远近知名，当然就会被一些投机分子利用，因此给真实的社会主义传播造成了巨大障碍，并且牵连到真正的社会主义一并遭受批评打击。李大钊认为，在这种状况下，我们所需要的是分辨真假，去伪存真。

综上所述，李大钊一生虽然短暂，却拥有丰富精深的思想与波澜壮阔的人生。由于生命之短暂与时局之紧张，李大钊的许多思想观点还未能充分展开，但他已有的思想成果对于后人在创造性转化传统哲学思想、激发人生奋斗精神、深入理解唯物史观和社会主义内涵等方面，都具有长远的启发意义。

第二节 李达对马克思主义的深入研究与全面阐述

一、生平著述

李达(1890—1966)。中国哲学家，马克思主义传播的先驱者。号鹤鸣，湖南零陵(今永州)人。1913年留学日本。在国内出版译著，介绍马克思主义。1920年与陈独秀共同发起成立上海的中国共产党早期组织，主编《共产党》月刊。建党前夕，发表文章，批判反马克思主义思潮，较准确地阐明了无产阶级专政等一系列重大问题。1921年出席中国共产党第一次全国代表大会，被选为中央局委员，任宣传部主任。后任湖南自修大学学长，主编《新时代》杂志。1923年与陈独秀在国共合作的方针上激烈争论，随后离开党组织。北伐战争时任国民革命军总政治部编审委员会主席等职，并出版《现代社会学》一书。大革命失败后，在白区长期担任大学教授，坚持宣传、研究马克思主义。1949年12月重新加入中国共产党。历任湖南大学校长、武汉大学校长。中国科学院哲学社会科学

---

① 《李大钊全集》(三)，第3页。

部委员。首届中国哲学学会会长。第一至三届全国人大代表、第三届全国人大常委会委员。在马克思主义哲学理论研究、马克思主义哲学中国化和宣传毛泽东的哲学思想方面，作出了卓越贡献。在经济学、货币学、法学、史学理论等领域中也做了重要的开拓性工作。著有《社会学大纲》《〈实践论〉解说》《〈矛盾论〉解说》，主编《唯物辩证法大纲》等。其重要论著编入《李达文集》。①

二、《现代社会学》对唯物史观的系统表达

中国早期马克思主义者大都具有非常紧迫的救国救民的现实关切，正因此，他们基本上甚至根本上不关注马克思主义的辩证唯物主义宇宙观、认识论和方法论，而特别究心于有关社会发展规律及其实现手段的理论，这也就是马克思主义的唯物史观、政治经济学和科学社会主义。作为中国早期马克思主义者在理论领域的代表人物，李达于1926年6月出版的《现代社会学》一书就十分鲜明地表现出上述特点，观其序言可以为证，其曰：

> 马克思固未尝著述社会学，亦未尝以社会学者自称，然其所创之唯物史观学说，其在社会学上之价值，实可谓空前绝后。彼不仅发现社会组织之核心，且能明示社会进化之方向，提供社会改造之方针，其贡献之功实有不可磨灭者。细察现代社会学之趋势，实已由唯物论而进至唯心论，盖采取所谓社会心理学之方向者也。反因为果，倒果为因，推其极致，殆将愈使社会学趋于空化灵化而愈无补于国计民生也。予为此惧，特采唯物史观学说为根据，编著此书，虽取材不宏、择焉不精之弊殆所不免，然对于斯学之体系，自信已略具规模，学者苟循此以求之，必了然于国计民生之根本，洞悉其症结之所在，更进而改造之不难也。②

---

① 引自《辞海（第7版）》，上海：上海辞书出版社2020年版，第2571页。
② 《李达文集》第1卷，北京：人民出版社1988年版，第237页。

此所谓"社会组织之核心"当指生产力与生产关系、经济基础与上层建筑，所谓"社会进化之方向"则当指依次递进的原始、奴隶、封建、资本主义和社会主义五种社会形态，所谓"社会改造之方针"不外乎阶级斗争、无产阶级专政学说，这些都是唯物史观和科学社会主义之要义，李达"特采"这些内容编著成书，目的就在于有补于国计民生，"改造"当时积贫积弱的中国社会。

在以下各章节中，李达分别论述了社会的构造、社会的意识、社会的形成、社会的演进、社会的前途及其实现方式以及中国社会运动的特点和途径等问题。

（一）社会的构造

关于社会的构造，亦即一切社会共同具有的基本构件及其结构关系，李达紧扣经济基础与上层建筑、生产力与生产关系两对范畴加以阐明，他说：

> 物质关系即经济关系，精神关系即政治、法律、科学、艺术、道德、宗教、哲学等关系。此等根本关系之错综复合，构成社会生活之全部。故社会如建筑物然，此等关系皆为建筑社会之材料。就其本末轻重言，则经济关系为构成社会之基础，政治、法律、科学、艺术、道德、宗教、哲学等为社会之上层建筑。①

这里说明了物质的经济关系为社会的基础构件，而制度的、观念的精神关系则构成为立于基础之上的社会上层建筑；经济关系为本，精神关系为末。那么为什么经济关系可以成为社会之本呢？李达解释说：

> 盖人之生存及活动，以一定物质之存在为前提，为条件，故人于营政治、法律、科学、艺术、道德、宗教、哲学等生活之前，必先获得衣食住之物质资料。且人之生存，不仅衣食住为必要，即在从事精神活动时，亦必需种物质条件之充实。故经济之为社会基础，其理

_____

① 《李达文集》第 1 卷，第 244—245 页。

至浅，无俟多赘。①

作为社会基础的经济关系还可以进一步厘定或分析为生产关系和生产力两个方面，一方面，"经济关系即生产关系。吾人欲取得生活资料必从事生产，生产须就自然物加工，又必须互相工作，故各个人必依一定之方法，被分配于劳动历程中，使用一定之劳动器具，共同操作，并互相交换其劳动。因此，各个人遂互相联络而发生一定之关系。惟其有此联络与关系，然后生产物始能完成，始能借交通机关分配于社会，供给社会消费。故生产关系实包含交通交换分配等一切经济关系"；②另一方面，生产关系赖以成立的根本在于生产力，若无生产力当然也就不会有任何生产关系存在，"生产关系之成立，必与社会的生产力（以下仅云生产力）相适应。两者互有密切之关系，如气候之于吾人体温者然。生产关系与生产力相适应，则生产力能在生产关系中发展，倘生产力继续发展至一定程度以上，而生产关系阻碍其发展时，当时之生产关系势必改造，生产力始有发展之余地。故两者之关系可分为两种形态：其一为两者互相调和之系统，其二为两者不相调和之形态。两者互相调和，则社会之基础安定；两者不相调和，则社会之基础动摇"。③由此可见，生产力更是社会基础之基础，"一旦获得新生产力，则必改造生产关系。生产关系改造，即社会基础之改造，则社会之全部建筑随而根本改造"。④当然，社会的上层建筑也并不是完全消极被动的，"社会之政治的、法律的上层建筑及其意识形态，皆依据经济关系而成立，复有维持经济关系之作用"，⑤"上层建筑又能影响于生产力与生产关系，此不可不知也"；⑥只不过"唯吾人应当注意者，社会之构造，恒受生产力之状态所规定，而其形式之变化，

①《李达文集》第1卷，第245页。
②《李达文集》第1卷，第245页。
③《李达文集》第1卷，第245—246页。
④《李达文集》第1卷，第246页。
⑤《李达文集》第1卷，第246页。
⑥《李达文集》第1卷，第249页。

又受生产力之变化所规定,故上层建筑仅能成为经济之量的变化之动因,而不能成为经济之质的变化之动因"。① 这种将无限纷繁复杂的社会组织归纳为生产力与生产关系、经济基础与上层建筑两对范畴,以经济基础决定上层建筑、复以生产力决定作为经济基础之表现的生产关系,同时肯定上层建筑对经济基础的反作用的观点,正是唯物史观的精髓。而对生产力与生产关系矛盾运动的揭示,则在静态的社会构造的说明中指点出动态的社会演进的根由。

(二) 社会的意识

关于社会的意识,也就是与社会的物质或经济关系相对的社会的精神关系之总体,其地位和作用与上文说明的政治、法律等上层建筑或意识形态的各种特殊形态具有一致性。② 李达说:

> 各个人因谋取得生存资料,不能不与他人发生经济关系,与他人发生经济关系之时,同时不得不发生一种相应之意识活动。各种经济关系之错综复合,构成社会之基础;各种意识活动之错综复合,构成社会意识。个人生而不能不加入社会,则同时即不能不服从社会意识之支配。故欲维持社会之存在,必先维持此种经济关系之存在,社会意识苟能维持经济关系之存在,则此社会意识必与此经济关系相适合,始能发生维持社会之作用,始能成为社会意识。③

这即是说,社会意识发生于经济基础,适合于经济基础,并且维护经济基础。李达进而指出了社会意识在阶级社会中的吊诡性,即社会意识并不是整个社会的意识,而只是统治阶级的意识,是强制被统治阶级接受的意识,他反复说:

> 自私有制度发生,社会裂成阶级以后,已无能代表全社会人员

<hr />

① 《李达文集》第 1 卷,第 249 页。
② 李达在下文中正是以法律、宗教、道德以及习惯、舆论等等作为社会意识的例证。见《李达文集》第 1 卷,第 289—291 页。
③ 《李达文集》第 1 卷,第 288 页。

之社会意识,所有者唯阶级意识耳。农奴阶级之意识与贵族阶级之意识殊乏共通之点,封建社会赖以维持于不敝者,贵族阶级之意识而已。劳动阶级之意识与资本阶级之意识亦然。资本社会所赖以维持于不敝者,资本阶级之意识而已。然吾人决不能即谓农奴与贵族、劳动者与资本家两两之间有何种共通之意识内容也。其所以如此者,实因奴隶欲度其奴隶之生活,不能不听命于主人;劳动者欲度其劳动者之生活,不能不听命于资本家,此其中实含有一种强制作用,决非出于自动。①

社会裂成阶级以后,则惟有经济上强有力阶级之要求包含于社会意识之中,他阶级之要求概受社会意识之压迫。②

故阶级的社会中之社会意识,实则为特殊阶级之意识。特殊阶级利用优越势力,以自己阶级之意识演成社会意识,直接维持于本阶级有利之社会组织,间接维持本阶级优越势力继续存在,此考之社会之历史而可知者也。封建社会为封建贵族阶级与农民奴隶阶级对立之社会,其社会意识即为封建贵族阶级之意识。资本社会为资本阶级与劳动阶级对立之社会,其社会意识即为资本阶级之意识。③

这显然是对马克思、恩格斯在《德意志意识形态》一书中所作的"统治阶级的思想在每一时代都是占统治地位的思想"这一历史唯物主义经典论断的阐发。④ 当然,社会意识也并不是永恒不变的,"社会意识既适

---

① 《李达文集》第 1 卷,第 289 页。
② 《李达文集》第 1 卷,第 291 页。
③ 《李达文集》第 1 卷,第 292 页。
④ 见《马克思恩格斯选集》(第 1 卷),北京:人民出版社 1972 年版,第 52 页。马恩这段论述的全文为:"统治阶级的思想在每一时代都是占统治地位的思想。这就是说,一个阶级是社会上占统治地位的物质力量,同时也是社会上占统治地位的精神力量。支配着物质生产资料的阶级,同时也支配着精神生产的资料,因此,那些没有精神生产资料的人的思想,一般地是受统治阶级支配的。占统治地位的思想不过是占统治地位的物质关系在观念上的表现,不过是以思想的形式表现出来的占统治地位的物质关系;因而,这就是那些使某一个阶级成为统治阶级的各种关系的表现,因而这也就是这个阶级的统治的思想。"

应于经济组织而成立,亦必随经济组织而变革",①"苟经济组织一旦发生变化,社会意识之作用亦有时而穷,其内容亦不能不随而发生变化者",②"经济组织安定,则社会意识得以完全发挥其支配社会人心之作用;经济组织动摇,则社会意识之内容逐渐发生变化,终至化成性质相反之新社会意识"。③ 无论是社会意识在阶级社会中只是统治阶级的意识,或是社会意识随着经济组织的变革而转化,总之社会意识发生并且适应于经济基础则是确定无疑的。发生并适应于经济基础的社会意识,与生产力和生产关系构成的经济基础,以及建立在经济基础之上的上层建筑,是为一切时代一切无限纷繁复杂的社会的基本构件,这些基本构件的矛盾作用,就导致了社会的动态发展。

(三)社会的形成

关于社会的形成,李达说:

> 社会非由契约而成,非由心性相感作用而起,亦非如有机体之受自然法则所支配,乃由加入生产关系中之各个人结合而成。……
>
> ……故人生而欲获得生活资料,势不能不参加社会的生产,互相为而工作,因而结成社会。
>
> ……
>
> 是故人类为生活计,不能不取得生活资料。欲获得生活资料,斯不能不参加社会的生产,纯出于生活之驱策,与本人之意志无关。人既受生活之驱策,加入社会的生产,共同生产生活资料,则在此生产历程中,必不能不共同劳动或互相工作,而直接间接发生种种生产关系。此等生产关系之错综复合,形成社会之经济的构造。加入此等生产关系中之一切个人遂构成一社会。
>
> ……总括以上所述,吾人可得一社会之简括的定义于下:

---

① 《李达文集》第1卷,第293页。
② 《李达文集》第1卷,第291页。
③ 《李达文集》第1卷,第291页。

　　　　各个人为谋满足欲望而加入生产关系之结合,谓之社会。①

　　这就将无限纷繁复杂的人类社会的形成原因归于人们为着获取生活资料而结成的生产关系,李达反复申明这一观点,如谓"社会者,各个人为满足经济欲望而直接间接加入生产关系之结合也",②"社会者,人类为满足欲望而直接间接加入生产关系之结合也"。③ 更进一步说,在发生的意义上,"人惟知制造器具,故能脱出动物界,以建设其自身之新世界。此新世界为人类社会独有之领域,非动物所可比伦,人类之发达进化,虽谓托始于此焉可也",④乃以制造器具亦即发展生产力作为人类社会形成的始因。如此将社会的发生和形成归因于生产力与生产关系,当然也是唯物史观的基本观点。

　　(四) 社会的演进

　　关于社会的演进,李达指出:"人类于天赋器官之外,更有无限之人工器械,故各个体所能优为之事无限,各个体间所能行之分业亦无限。惟其如此,人类之分业乃愈有进步。分业愈进步,则为求觅衣食及维持生活方法所使用之器具愈增加,必要之器具愈增加,则各个人所使用之器具愈不能独立。故社会对于自然界之力量愈增大,而个人离社会后之能力愈减少,愈不能不倚赖于社会。于是组成社会之各个人互相为而工作,而社会遂愈有进步。"⑤他又说:"人惟能制造器具,改造器具,选择器具,始能善于应付环境,而增加其思考力。因思考力之增加,而器具愈亦发明,愈亦改善,社会亦随而愈益进步。"⑥凡此所谓发明器具、制造器具、增加器具、改善器具、选择器具等等,也就是生产力的发展,李达说:"劳动手段云者,即广义之器具之谓。……劳动手段与分工相须并进,而各

———————

① 《李达文集》第 1 卷,第 241—243 页。
② 《李达文集》第 1 卷,第 288 页。
③ 《李达文集》第 1 卷,第 322 页。
④ 《李达文集》第 1 卷,第 252 页。
⑤ 《李达文集》第 1 卷,第 254 页。
⑥ 《李达文集》第 1 卷,第 257 页。

个人之劳动遂生无数之差异，生产力遂因而发达。此器具能增高生产力之原因也。"①因此，社会演进的一般动因主要地便可归结为生产力。②

社会演进的具体形态有原始社会、奴隶社会、封建社会、资本主义社会、社会主义社会五种(若加上理想的未来共产主义社会则为六种)。李达说：

> 概自古代公有土地制度崩坏以来，古代无阶级之社会一变而为有阶级之社会，所谓自由民与奴隶，贵族与平民之阶级社会是也。自由民或贵族之阶级，利用其经济上之优越势力，掌握政治上之权势，树立奴隶经济，以剥削奴隶或平民之阶级，而初期封建社会以成，此社会第一次大革命也。初期封建社会小土地私有制度崩坏以后，而大土地私有制度成立，大地主贵族之封建阶级，利用其经济上之优越势力，取得政治上之权势，树立农奴经济，以剥削工商农奴之阶级，而高级封建社会以成，此社会第二次大革命也。农奴解放，新式大规模工商业发达以后，新兴资本阶级利用其经济上之优越势力，推翻封建阶级，掌握政治上之权势，树立工银奴隶经济，以剥削工农无产阶级，而资本主义社会以成，此社会第三次大革命也。资本主义发展过度之结果，社会裂成有产及无产两大阶级，形成最后之阶级对抗，无产阶级利用其生产上之优越势力，企图推翻有产阶级，树立社会主义经济，以期实现无产阶级之社会，此社会第四次大革命也。③

此所谓"古代无阶级之社会"即原始社会，"初期封建社会"即奴隶社会，"高级封建社会"即通常所谓封建社会，资本主义社会无异词，"无产阶级社会"即社会主义社会，由此而五种社会形态厘然可见。李达还曾说"社会之形式，就生产技术进步之程序言，可别为原始社会，初期封建

---

① 《李达文集》第 1 卷，第 261 页。
② 李达还以人群之战争、交换范围之扩大作为社会发达的原因，但这些原因当属生产力所派生的次要原因。参见《李达文集》第 1 卷，第 263—266 页。
③ 《李达文集》第 1 卷，第 267—268 页。李达在"初期封建社会"一词之下加注曰"即指奴隶社会。下同"。

社会,高级封建社会,资本主义社会,社会主义社会,共产主义社会六种范畴",①这是将理想社会形态纳入社会演进的序列之中了。在社会形态演进的脉络中,李达还展开论述了家族、氏族、宗族、种族、国家等社会组织的源流及其性质,涉及婚制、世系、血统、称谓、图腾、财产、继承、阶级等诸多社会历史现象。② 无论是社会形态的演进,还是在社会形态演进过程中兴替的种种社会组织和现象,其所有原因归根到底仍然在于社会经济基础。李达多处申说道:

> 社会之所以变革,由于社会组织阻碍生产力之发达。方生产力发展至于一定程度时,遂与从来所借以活动之现存生产关系,或仅表现于法律上之财产关系发生冲突。此等生产关系或财产关系,向之助长生产力发达者,今则转变而阻碍生产力之发达矣,于是社会革命之时代以至。故社会之变革,仅能由当时社会之物质的变革加以判断,而不能以当时之社会意识判断之。③

> 家族制度由杂婚以进至偶婚,其原动力为血族禁婚,盖经历自然变迁而来;至由偶婚而进至所谓一夫一妻之文明婚制,则另有一种新原动力在,即财产是也。社会自有财产,始发生个人私产制度,同时偶婚亦一变而为一夫一妻制,遂逐渐进至文明时代。故欲说明由偶婚进至一夫一妻制之变迁,宜先说明财产之由来。④

> 牧畜农耕及家内手工业相继发明,生产增加,人类之劳动力渐有余裕,各个人一日所分担之劳动量遂以增高,于是发生新劳动力之需要。供给此项新劳动力者厥为战争,战争所获之俘虏遂成为生产之奴隶。劳动之生产率增高,财富之分量增加,生产之范围扩大,而奴隶制度之发生遂成为历史的条件。⑤

---

① 《李达文集》第 1 卷,第 322 页。
② 参见《李达文集》第 1 卷,第 295—342 页。
③ 《李达文集》第 1 卷,第 269 页。
④ 《李达文集》第 1 卷,第 302 页。
⑤ 《李达文集》第 1 卷,第 311 页。

是故阶级由历史的特定原因而生,而此特定原因存于经济的构造,实与生产历程之种类与生产物分配之种类有直接关系。而决定阶级关系者实生产力也。[①]

盖国家之成立,以阶级之对抗为前提;而阶级之发生,又以经济的进化为前提。[②]

李达总括社会进化的原理说:

综观人类之历史,各时代有各时代之政教风俗及思想,各时代有各时代之经济制度及特殊之社会与国家形式,又各有其接触战争及迁徙之事变,人类此种纷纠错杂之思想及行为果何自而来乎? 换言之,此种精神的社会的现象内容及形式之变化,果何自而来乎? 此其中盖有一种原动力在也。人类感觉思想及意识之所以发生变化,社会制度及社会冲突之所以异其形式者,皆此原动力之作用也。此原动力非由思想观念理性和精神而生,乃由物质生活关系发出者也。人为社会的动物,借自然环境及自身肉体的精神的助力,经营其物质生活,提供其生活资料,又生产生活必须之财物而交换之,此即物质的生活关系也。物质生活之一切范畴中,最重要者为生产生活必需之资料,而此生活必需资料之生产,恒由生产力决定之。故社会进化之原动力即此生产力是也。

各个人利用自然环境所供给之材料,以生产种种物财,而发生种种相互之关系;同时反射生产力于精神之上,创造一定之社会的政治的法律的制度及宗教伦理哲学之体系。故人类从事生产的劳动时,即造出一定之社会形态及国家哲学与科学。物质的生产关系构成社会之基础,与此基础相适应之精神文化之体系,构成社会之上层建筑。而此上层建筑又有维持其基础之力,并促进其发展。故

---

① 《李达文集》第 1 卷,第 315 页。
② 《李达文集》第 1 卷,第 330 页。

基础为物质的,上层建筑为其精神上之反映,又为精神之结果。①

至此,李达便将无限纷繁复杂的社会演进过程的根本原因归于生产力,确立了唯物史观在人类社会历史中的基础地位。在此基础上,李达进一步阐述了社会演进得以实现的另一种必要动因,此即阶级斗争。他说:

> 生产力之发达为撼动生产关系之根本条件,同时阶级斗争又为变革社会之唯一动力,自古代社会土地共有制度崩坏以来,一切过去社会之经济的构造,悉建筑于阶级对立之上。阶级云者,即经济上利害相反之经济的阶级之谓,如握有土地或资本等生产手段者与一无所有者,如经济上压迫他人、掠夺他人者与被他人所压迫、所掠夺者是也。阶级对立之形式虽因时代而有不同,而社会之经济的构造既建筑于阶级对立之上,则谓一切过去之历史为阶级斗争之历史亦无不可也。

> 社会组织随生产力变动。而一切社会组织,概由其社会中之各个人相依相集而构成之,维持之,故社会组织虽随生产力变动,然欲谋社会组织之改造,则非假手于现社会内之多数人不可。故一定之社会组织变革时,必有一群之主动者担当改革之事业,从事一定之运动;而此运动之中心势力,又必为现社会组织下处于不利益地位之阶级。现社会组织下处于不利益地位之阶级,其主张改造现社会也,乃人情之所当然。然同时现社会组织下处于优良地位之阶级,除少数有志者外,其反对改造现社会也,亦人情之所当然。于是乎社会组织之改造,不能不借阶级斗争之形式以行之。此人类无对立斯无进步一语,所以成为支配过去文明社会之法则,而现存之生产力亦即所以借阶级对立之基础发达而来也。②

---

① 《李达文集》第 1 卷,第 343—344 页。
② 《李达文集》第 1 卷,第 276—277 页。在 1928 年修订版中,李达删除了"同时阶级斗争又为变革社会之唯一动力"一语中的"唯一"二字。

李达又说：

> 社会之革命的进化，依据二种现象而成。其一为物质的现象，由
> 生产力之发达而成；其二为精神的现象，系受前者之影响，由社会的阶
> 级斗争而成，两者同出一源，而其任务则分途并进。盖生产力发达，则
> 社会物质的基础势必发生变化，旧生产关系不能增进生产之利益，而
> 成为生产力发达之障碍。政治法制等上层建筑，已不适合于经济的基
> 础，于是生产力与生产关系遂至互相冲突，同时经济上被压迫之阶级
> 亦与经济上占势力之阶级，发生阶级的利害之争斗。此时生产关系苟
> 不改造，则生产力不能继续发达，社会即无进化。而改造此生产关系
> 之人工的发动力则为阶级斗争。阶级斗争之结果，社会之物质的基础
> 改造，因而政治法制等上层建筑亦适应此基础而改造，如此产生之新
> 社会遂超出旧社会之上，是谓社会之进化。①

一言以蔽之，即是说，生产力与生产关系的矛盾运动，在原始共产社
会解体之后的阶级社会中自然且必然具体表现为阶级斗争，"阶级的政
治的斗争之极致，社会非至于根本改造不止也"。② 在宽泛的意义上，人
类历史上发生的阶级斗争主要有新兴奴隶主阶级与原始社会长老的斗
争、奴隶阶级和新兴封建阶级与奴隶主阶级的斗争、农奴阶级和新兴资
产阶级与封建阶级的斗争以及无产阶级与资产阶级的斗争，③李达的关
注点实际上在于最后这一场阶级斗争，由此展开了他对于社会的前途及
其实现方式的论述。

（五）社会的前途及其实现方式

李达说："资本主义社会革命，实由于封建社会组织阻碍新生产力之
发达而起，故资本阶级企图政治革命，掌握国家权力，促进经济革命，以
完成社会革命，确立资本主义之社会组织。虽然，资本主义社会组织确

---

① 《李达文集》第 1 卷，第 344 页。
② 《李达文集》第 1 卷，第 280 页。
③ 参见《李达文集》第 1 卷，第 267—268、313、337—340、373 页。

立不过百年,复自陷于崩坏之命运,而生产力与社会组织之冲突又再演于今日矣。"①他剖析了资本主义条件下生产的社会化与生产资料及产品的私有性、各个企业生产的有组织性与全社会生产的无政府状态、贫富两极加剧分化以及两极大小规模的极度反比例发展、因生产过剩导致经济危机周期性爆发、争夺市场的国际冲突和战争连绵不断、垄断资本取代自由竞争等诸多膏肓痼疾,②从而说明"现代资本社会中,日增进步之生产力,已为现代生产关系阻碍而不能充分发展。现代生产关系苟不改造,则社会进步停滞,非举全世界最大多数人陷于奴隶境遇而不止。夫生产力犹电气力也,暴风烈雨中之电气力则有破坏之性质,发电机中之电气力则有无穷之妙用。生产力犹火力也,大火灾中之火力则于人为有害,蒸汽锅下之火力则于人为有利。故生产力置之资本社会之生产关系中则受阻碍不克发展,遂化为食人之恶魔;若置之合理之生产关系中,则遂其畅发之性,即成为顺从人类之忠仆。然则改变生产关系以发展生产力,实社会进化所必经之程序,亦即现代社会革命之所由来也"。③

李达指出,现代社会革命的前途是"无产阶级终至于推翻资本阶级,掌握国家权力,将一切生产手段收归国有。此时之国家为大多数无产阶级之国家,为促成真正全民政治之国家,为社会主义国家,与历史上之国家,性质大异,要不外于统治形式中实现社会主义,而剥削的支配则已归于消灭矣。此时无产阶级亦失其所以为无产阶级。阶级及阶级对立既归消灭,则国家亦失其所以为国家。以前阶级对立之社会需要国家,阶级对立消灭,则国家亦归于无用,故国家自归于消灭,代之而起者惟有共同幸福之社会而已",④"最大多数之无产阶级终必至推倒最少数之资本阶级,建设社会主义之经济组织,同时成立社会主义之社会意识,而阶级亦化归乌有"。⑤

---

① 《李达文集》第 1 卷,第 272 页。
② 参见《李达文集》第 1 卷,第 272—276、345 页。
③ 《李达文集》第 1 卷,第 276 页。
④ 《李达文集》第 1 卷,第 342 页。
⑤ 《李达文集》第 1 卷,第 294 页。

至于实现现代社会革命的方式,李达指出有阶级斗争、劳工专政(或劳动阶级专政,即无产阶级专政)等手段以及共产主义过渡期、半熟期、完成期等阶段。① 他还特别强调了现代社会革命的条件问题,他不厌其详地说:

　　一种社会组织,非至一切生产力在其组织内绝无发展余地以后,决不颠覆;而新而较高之生产关系,当其物质的存在条件未于旧社会胎内孕成以前,亦不实现。……

　　……社会组织与生产力发展之程度相适应,生产力发展则社会组织亦随而变动。然而生产力在旧社会组织内,若未发展至于一定程度以上,则旧社会组织决不灭亡,新社会组织决不实现。例如共产主义经济组织以充分发展生产力为前提。苟一定社会之生产力若果能充分发展而超过吾人之想象以上,则社会组织自然进于共产主义,苟其生产力之发展未臻此境,则人类无论如何提倡共产主义,而共产主义决不实现。由此观之,可知能使社会组织发生变动者实生产力发展之物质的技术的原因,非人类之意志所能左右也。

　　假如一定社会组织内之生产力尚有发展之余地,而人类必欲以一己意志企图颠覆,则生产力不但不能增进,反有衰减之虞。盖生产力之继续发展为社会进步之主要条件,苟时机未至,遽欲谋社会组织之改造,适足以促该社会之退步。譬之现代资本主义社会组织,弊害固多,但生产力在其组织内如有发展之余地,则吾人无论如何努力欲企图颠覆资本主义,亦终于无成效而止。至于资本主义社会内生产力发展之极限若何,此则非吾人之智识所能精确豫断。但就过去社会观察之结果,社会变革之迟早,恒视该时期内生产力之消长如何以为断。苟生产力尚能继续发展,即为该社会尚能维持之明证;苟其生产力久在停滞之状态,即为该社会已无进步之明证。惟就今日而论,今日之资本社会果达于已无进步之境与否,甚难言也。……

　　故物质条件苟不具备,遽欲企图社会之变革,即幸而不至于失败,而

————————————
① 参见《李达文集》第 1 卷,第 372—375、380—382、383—387 页。

其结果亦仅能成就政治革命而止耳。被治阶级纵能一举而夺取政权,取旧支配者而代之,而于社会之经济组织,终不能完全改造。何则? 物质条件不具备,经济组织非权力者之意志所能一蹴而几也。……

工钱劳动制度,即资本社会之奴隶制度也。工业后进国之无产阶级,欲图社会革命,以废除工钱劳动制度,即幸而成功,亦仅至政治革命而止,无产阶级虽能代资本阶级起而执政,而其所施行之经济政策,仍不能超出资本主义范围。所不同者,资本略受限制,劳动者之生活可得保证,较胜于资本阶级国家中劳动者受资本家过度剥削而已。苟时机未至,而遽欲强制的实行共产主义,则生产力必骤见衰减。社会革命本在于促进生产力之发展,今乃促使生产力之衰减,行见社会亦归于退化也。何也? 物质条件未备,生产力在旧社会内尚有充分发达之余地也。[①]

这一大段话实际上表达了两个意思,也就是包括中国在内的现代世界社会革命的两种条件,其一是只有在生产力完全充分发展的前提下才可能进入共产主义社会,这应该是针对发达资本主义国家而言;其二是只有在生产力久处停滞状态、绝无发展余地的情况下才可能进行政治革命,颠覆当时完全束缚生产力的社会组织,然后在改善劳动者生存境遇的同时发展资本主义,大力促进生产力,为实现共产主义社会创造条件,而决不能在政治革命成功之后仓促勉强实行共产主义,这当是针对工业后进国、主要应该是针对当时中国状况而言的。

(六) 中国社会运动的特点和途径

当时中国作为"国际的半殖民地",遭受帝国主义列强的政治和经济两种侵略,政治上,"自鸦片战役而中日战役而庚子战役,自江宁条约而马关条约而辛丑条约而二十一条款,中国在事实上已为国际帝国主义者所征服,丧失其抵抗之能力,列强乃利用不平等条约,行使政治上之优越势力,以宰制中国矣。如赔款之勒索,九龙台湾琉球之割让,广州湾威海

[①]《李达文集》第 1 卷,第 281—284 页。

卫胶州湾旅顺大连等租借地之划分，上海沙面天津汉口等租界之开辟，各处商埠之开放，外国之领事裁判权，租借地租界及其他中国境内之外国行政权，协定关税制及其他保护外国商品与外人经营产业之规定，外人之中国财政管理权，外国之内地驻兵权及内河航行权，外人在内地之传教权及文化之施设等项，不一而足"；经济上，"据一九二三年之对外贸易统计观之，输入额在十亿元以上，输出额在八亿元以上，而输入额中十分之七为工业制造品，输出额中十分之八为原料品，帝国主义列强之利用金融资本使中国化为彼等之商品市场与原料产地，即此已可概见。至列强对于中国之投资，则可分为直接投资、间接投资及中外合办事业之三种。……此项国际投资之数目，无虑数十百亿，其中之大部分则皆掠自中国而复投入中国，更以掠夺吾民者也"，总而言之，"帝国主义之为祸于中国，至今日而极矣，金铁奴我以物质，宗教奴我以文明，教育奴我以服从，勾结我国贼，制造我内乱，涂炭我人民，迹其用意，直欲永远陷中国于分崩离析万劫不复之境，以继续其掠夺宰割之政策而已"！[①] 在这种状况之下，中国的生产力绝无发展余地，必须进行政治革命，"中国年来之国民革命运动，其殆为帝国主义侵略之反响也欤"！[②]

当时中国的政治革命，由于其主要对象为国际帝国主义以及国内为虎作伥的封建阶级和帝国主义代表，故其性质为民族革命或国民革命。在由资产阶级、小资产阶级、工农无产阶级等所组成的全体国民中，革命的中坚力量和领导阶级为工农无产阶级。[③] 在革命成功之后，"以弱小民族产业之幼稚，有尚在封建状态者，有尚在半封建状态者，即使民族革命实现，亦仅能开始实行资本主义"。[④] 在私人资本主义与国家资本主义两种制度之间，"私人资本主义乃帝国主义之前身，即今各先进国所盛行者也；国家资本主义乃社会主义之过渡，即今俄国所采行者也。两者之性质不

---

① 《李达文集》第 1 卷，第 350—352 页。
② 《李达文集》第 1 卷，第 352 页。
③ 参见《李达文集》第 1 卷，第 358—360 页。
④ 《李达文集》第 1 卷，第 360 页。

同,而其能促进产业之发达则一。故民族革命成功时,小资产阶级得势,则必采用私人资本主义;无产阶级得势,则必采用国家资本主义。若采用国家资本主义,则将来可以和平达于社会主义;若采用私人资本主义,则在进化途程中,必更经历一度激烈的阶级斗争也。……与其采用私人资本主义以引起将来之阶级斗争,不如径行采用国家资本主义之为愈也。且无产阶级既能成为民族革命之中坚,则在成功之后,对于经济上之建设,必不赞成私人资本主义而采用国家资本主义可知。国家资本主义乃社会主义之过渡,非即社会主义,列宁已先言之矣。故民族革命而苟能成功,必归于国家资本主义也"。[①] 而革命的终极目的则在于实现社会主义和共产主义,"由唯物史观说得推知资本主义社会必然变革而进于社会主义社会,由剩余价值说得推知资本主义经济组织必然崩坏而达于社会主义经济组织,由阶级斗争说得推知资本家的生产方法为阶级最后之敌抗形式,而阶级与阶级斗争之必归于消灭"。[②] 凡此就是李达基于对现代世界社会革命第二种条件的认识而为当时中国社会运动及其前途所作的规划和预设,也就是《现代社会学》这部以阐述马克思主义唯物史观为主、穿插阐述了政治经济学、并结穴于科学社会主义的著作的实际旨归。

三、《社会学大纲》对马克思主义的全面阐述

马克思主义不止是历史哲学、经济学说和社会发展理论,还是宇宙观、认识论和方法论,是揭示自然、社会和人类思维运动规律的整体性的哲学体系。毋宁说,马克思主义的历史哲学、经济学说和社会发展理论乃是在其哲学体系的基础上生发的分支学说,而宇宙观、认识论和方法论才是马克思主义的基石。随着对马克思主义研究的深入,中国的马克思主义者日益清楚地认识到这一点,李达于 1937 年完成的《社会学大纲》就是这

---

①《李达文集》第 1 卷,第 360—361 页。
②《李达文集》第 1 卷,第 380 页。

种认识的集中体现，他说："科学的社会学是科学的现代世界观的一个分枝。"①"自然领域中的唯物辩证法的理解，是唯物辩证法的基础。唯物辩证法，必须从历史—社会的领域贯彻于历史—社会的基础之自然领域，它才成为统一的世界观，成为一般的方法论。"②"辩证唯物论与历史唯物论之间，具有极密切的关联。历史唯物论如没有辩证唯物论，它本身就不能成立；辩证唯物论如没有历史唯物论，也不能成为统一的世界观。"③

《社会学大纲》分为"唯物辩证法""当做科学看的历史唯物论""社会的经济构造""社会的政治建筑""社会的意识形态"五篇；④后四篇与《现代社会学》一样系统阐述马克思主义唯物史观、政治经济学和科学社会主义，只是内容更加详尽，或许是就这一点而言，李达自承本书内容"没有新的创见"；但是占全书近半篇幅的第一篇的内容却是《现代社会学》完全没有的，正是在这一篇中，李达全面深入地阐述了辩证唯物论的宇宙观、方法论和认识论，可能是就这一点来说，李达又宣称"本书是前著《现代社会学》绝版以后的新著，内容完全不同了"。⑤《社会学大纲》既全面深入地阐述了辩证唯物论的宇宙观、方法论和认识论，又系统阐述了

---

① 《李达文集》第 2 卷，北京：人民出版社 1981 年版，第 10 页。

② 《李达文集》第 2 卷，第 59 页。

③ 《李达文集》第 2 卷，第 283 页。

④ 李达说："全书分为六篇，已经写成的，只有前五篇，并且第五篇分量较少，稍欠充实。第六篇未曾着手，而我的研究工作重心，已移到经济学货币学方面，因而预定的第六篇，最近实无暇编写，我无时不在惦记着。"这表明《社会学大纲》只是一部未完成的著作。他又说："关于第六篇中国社会的研究大纲及材料，都已有了准备，只是无暇整理。但研究所得的结论，也不妨在这里略提几句。本书前五篇，是研讨世界社会的一般及特殊发展法则的。至于中国社会，却自有其特殊的形相和固有的特征，决不是一般原理之单纯的例证。我认为中国社会，不是资本主义社会，也不是封建社会，而是帝国主义殖民地化过程中的社会。现阶段的中国人，必先认清自己的历史使命，就是要使中国从这种过程中解放出来。为要完成这种使命，必须实现民主的统一，发展国民经济，改良农工生活。"这进一步印证了他在《现代社会学》中为中国社会运动及其前途所作的规划和预设，即争取民族革命或国民革命的成功，进而在改善劳动者境况的同时发展国家资本主义，最终达到社会主义。引文见《社会学大纲·第一版序》，《李达文集》第 2 卷，第 5 页。

⑤ 两处引文均见《社会学大纲·第一版序》，《李达文集》第 2 卷，第 5—6 页。由于《社会学大纲》后四篇的基本内容与《现代社会学》无异，故本节不拟对之重复论列，唯集中表述其第一篇的内容。

马克思主义唯物史观、政治经济学和科学社会主义,可以说此书是对马克思主义的全面阐述。

（一）辩证唯物论的宇宙观

在阐述辩证唯物论的内容之前,李达首先说明辩证唯物论的基础,他说:"辩证唯物论继承哲学上的唯物论的方向,首先解决关于物质与意识的关系的哲学上的根本问题,主张世界先有物质,后有意识;物质是本源,意识从物质产生。所以物质规定意识这个论纲,是辩证唯物论的基础。"①

那么物质是什么呢? 李达说:

> 人们在其社会的实践的过程中,每日无数亿次接触于自然界的千差万别的物质的物体。这些物质的物体,在其质的构造上各具有其特殊性,但在这些千差万别的物质的物体中,我们可以发见一个极普遍的规定,即它们都是离开我们的意识而独立存在的,同时它们又都是我们感觉的源泉。我们从一切物质的物体中,单把这一方面的"属性"抽象出来,把其他一切质与量的区别抽象出去,由此就可以到达于关于这一切物质的物体的最单纯最一般的规定。这最一般的观点,就是:物体的总体,客观现实性全体,都离开我们的意识而独立存在,同时又是我们感觉的源泉。辩证唯物论把这种属性,叫做物质。若用一个定义来说:
>
> "物质是表明离开我们感觉独立存在,并在感觉上给与我们而为感觉所摄取所反映的客观实在性的哲学的范畴。"
>
> 更明了的说来,物质是哲学的概念,表明物质是客观的实在,即是在意识以外,并离意识独立存在而为意识所反映的东西。②

这是将宇宙间一切离开意识而独立存在的东西全部归入物质的范畴,如此似乎有将意识与物质并立的意思,但李达紧接着申说道:

---

① 《李达文集》第 2 卷,第 84 页。
② 《李达文集》第 2 卷,第 84 页。

　　哲学上的物质概念,是物质之最一般的规定。在这个物质概念中,包括了最高组织的物质的属性即意识。即是说,意识也是物质的,有意识的人类本身也是物质的一种显现。所谓意识与物质的对立,是有条件的,即只是在认识论上提起这问题时,才有意义。换句话说,意识被统一于物质之中,我们在认识论上把意识和物质对立,就是把认识的物质与被认识的物质对立。如果超过认识论的范围,而由自然科学的见地去分离精神与物质并使两者互相对立,就会陷入于二元论的立场。①

　　这就将整个宇宙完全统一于物质,清除了二元论的地盘。李达还辨析了哲学上的物质概念与自然科学上的物质概念的区别,后者随着自然科学的发展而不断改变其内涵,"例如在十八世纪时代,物理学把物质的构造规定为它的分子的构造,因而分子在当时是物质的可分性的最后的界限。往后,人们知道分子是由原子组成的,于是从来关于物质的分子构造的物理学说,虽是客观的真理,却只有相对的意义了。现在,物理学更显著的深入自然的深处,发见了物质之电子的构造,知道原子又能分解为电子了。电子说的出现,当然并不是意味着自然的认识就停顿不前。因为物质本身是无限的,同样电子也是无限的。所以物理学在其种种发展阶段上,关于物质的规定,只是相对的规定,而这种相对的规定,常是与物质构造的各种性质相结合,常是注重物质的可分性的界限";而"至于哲学上对于物质的规定,却是不同,它只是'在认识论上说明离人类感觉独立存在而为感觉所反映的客观实在性'。关于物质的这种规定,是决不能变动的"。② 至此,李达便在哲学意义上确立了完全的物质

①《李达文集》第2卷,第85页。李达还说:"世界是物质的统一体。……至于生命,也是物质,意识也和能力相似,只是物质的一种性质。归结起来,宇宙万物,都是由物质构成的。"见同卷第106—107页。
②《李达文集》第2卷,第85—86页。

宇宙观。①

辩证唯物论的宇宙观不止于肯定宇宙统一于物质，而且强调宇宙间一切物质的根本存在形式为运动，"物质与运动，是不可分离的结合着的。'无运动的物质，和无物质的运动一样，同是不能想象的。'这个命题，指示了世界的客观实在性的运动，是运动的物质或物质的运动。这个命题表明了，绝对不运动的物质或绝对静止的物质，都是没有的"。② 当然并不是肯定运动就绝对排斥静止，实际上，"辩证唯物论承认静止是运动的一个要因，一个特殊的形态。物体的静止只是相对的静止，相对的均衡，而物质的运动却是绝对的。所以辩证唯物论承认：'物体的相对静止的可能性，暂时的均衡状态的可能性，是物质以迄于生命分化之根本条件'"。③ 绝对运动的物质呈现出无限复杂的形态，"'物质的运动，不能单只还原于机械的运动，单纯的移动；物质的运动，同样是热与光，电气及电磁气的张力，化学的化合及分解，生命，最后是意识。'（恩格斯《自然辩证法》）物质在其运动上，展开种种性质，呈现复杂的形态。又如社会，也是物质的运动形态的一种，在其运动上也展开其固有的本质，呈现其不同的形态。所以哲学上说及物质的运动时，必考虑物质及运动的各种具体形态，考虑物质及运动的一般形态与特殊形态的正确关系"。④ 而表现为无限复杂的运动形态的一切物质的根本动因，无不在于其内在矛盾性，"物质的运动，是物质的自动。物质自动的源泉，是物质的内的矛盾，对立物的斗争。这种见解，排除了物质运动由于外力的作用，由于超自然力（或神力）的作用的一切谬见"！⑤

时间和空间也是物质存在的根本形式，"时间和空间，与运动一样，同是物质的根本的存在形式。离开时间和空间，不能有物质，也不能有

① 李达叙述了由分子、原子、电子构成包括太阳系、地球乃至生命、意识和社会在内的整个世界的机理，由此确立了世界的物质统一性。见《李达文集》第 2 卷，第 106—114 页。
②《李达文集》第 2 卷，第 87 页。
③《李达文集》第 2 卷，第 88 页。
④《李达文集》第 2 卷，第 88 页。
⑤《李达文集》第 2 卷，第 87 页。

物质的运动。'世界除运动的物质之外,没有别的东西。而运动的物质,在时间和空间以外,不能运动'"。① 时间和空间并不是如通常想象的那种离开物质而独立存在的格套,"人们通常把空间想做贮满物质的空虚的箱子,而物体是在这空虚的箱子中运动的;同样,又把时间想做空虚的长度,可以用钟表的分秒来测量,因而在思惟上把物体放在这空虚的长度中,说物体是在时间上变化的。关于时间和空间的这种错误的表象,也是过去唯物论哲学所支持的。但辩证唯物论却说明这种从外部把物体装进去的绝对空虚的时间和空间,是绝对没有的。时间和空间是物质存在的形式。物质的运动是时间,物质的延长是空间。如没有物质,不能说起运动;同样,如没有物质,也不能说起时间和空间"。② 由于离开时间和空间便没有运动的物质,而离开运动的物质也没有时间和空间,因此,物质、运动、时间和空间乃是密不可分的整体,这个整体也就是辩证唯物论的宇宙观。

(二) 唯物辩证法的方法论

李达反复说:"唯物论的世界观本身,即是唯物论的辩证法。""唯物辩证法是世界观,同时又是方法论。"③之所以说辩证唯物论的世界观或宇宙观就是方法论,乃是因为这种宇宙观所呈露的客观世界物质存在和运动的普遍法则,也正是人类得以认识或作用于客观世界物质存在和运动的基本方法,因此李达说:"认识所依以发展的思惟法则,即是自然与社会的发展之正确的反映。主观辩证法即是客观辩证法的映像,是客观世界的发展在意识上的映像。在这里,唯物辩证法是世界观。但这个世界观之论理的构成,既是个别科学的结论的概括,它必然能够成为个别科学的方法。即是说,唯物辩证法是世界观,同时又是方法论。因为唯物辩证法,在其起源上,在其内容上,都是客观世界的一般映像,所以它

---

① 《李达文集》第 2 卷,第 89 页。
② 《李达文集》第 2 卷,第 89 页。
③ 《李达文集》第 2 卷,第 93、95 页。按前条所谓"辩证法",乃与方法论同义,观其所云"辩证法是人类认识自然、社会及思惟的一般方法论"(见同卷第 95 页)可证。

能指导研究各个具体对象的方法,使我们能够容易的正确的把握在感觉上给与着的对象之客观的真理。"①他又说:"物质世界的这个客观的辩证法,反映于人类的思想上,就成为主观的辩证法,成为概念的辩证法。必然与偶然、绝对与相对、抽象与具体、一般与个别等一切概念的矛盾,都是物质世界的客观的矛盾之反映。由概念的矛盾,促进概念的运动,而概念的运动是适应于客观对象的运动的。"②这就说明了唯物辩证法的方法论根本上形成于客观物质世界,而又成为人类认识并合目的地作用于客观物质世界的基本方法。

根本上形成于客观物质世界的唯物辩证法的方法论,可以归纳为对立统一、质量互变、否定之否定、本质与现象、内容与形式、必然性与偶然性、现实性与可能性、因果性诸法则(即规律)。③ 从总体上看,"辩证法的发展观的特征,就是承认世界的运动性与可变性。辩证法承认:世界是永远运动的,永远变化的;一切运动形态都是转变的;一切存在物互相联系,世界各部分之间有极其复杂的相互作用。……辩证法把任何事物或现象的发展,当做由其内的特殊性所规定的、从一种形态到他种形态的转变去考察的。换句话说,辩证法把事物的发展当做事物本身的自发的发展去考察,当做事物本身中所固有的必然的运动去考察,当做事物本身的自己运动去考察"。④ 那么,"事物的自己运动或自发的发展,究竟怎样构成的呢? 换句话说,事物的自己运动源泉是什么?"由此便导出了对立统一亦即矛盾法则:

---

① 《李达文集》第 2 卷,第 95 页。按"所以它能指导研究各个具体对象的方法"一语似不通,疑当做"所以它是指导研究各个具体对象的方法"。

② 《李达文集》第 2 卷,第 126 页。

③ 李达将这八项都作为"唯物辩证法的诸法则",当然他也指出前三项是唯物辩证法的根本法则,且对立统一更是唯物辩证法的核心,但他毕竟是将其余各项也都作为唯物辩证法的法则。(见《李达文集》第 2 卷,第 163—164 页)而后来的教科书则多将前三项作为唯物辩证法的诸规律(即三大规律),将后五项作为唯物辩证法的诸范畴(即五大范畴),例见李秀林等主编《辩证唯物主义和历史唯物主义原理》,北京:中国人民大学出版社 1982 年版;袁贵仁主编《马克思主义哲学原理》(修订版),北京:北京出版社 2003 年第 3 版。

④ 《李达文集》第 2 卷,第 124—125 页。

唯物辩证法主张自己运动的源泉,是一切存在物的内在的矛盾性。从原子起,到人类社会生活的最复杂的现象,到人类思惟为止,一切事物或现象,都各具有其内在的矛盾。世界任何事物,都没有不具有内在的矛盾的。任何事物的内部,都具有种种对立的要素,这些对立的要素,是创造事物的矛盾性的东西。统一物之被分解为对立物以及充满着矛盾的构成分之认识——这是辩证法的精髓。

一切事物或现象,都是包含着对立的部分、方面、倾向等的复杂的全体。一切都是对立物的统一;一切东西的自己运动的源泉,都是内的矛盾。①

在一切事物和现象所具有的对立统一形态中,"对立物的统一、同一或互相渗透,是有条件的、暂时的、相对的矛盾;成为发展源泉的对立物的互相排斥及互相否定,是无条件的、永久的、绝对的矛盾。唯物辩证法要在相对的东西中认识绝对的东西,即是要在对立物的互相渗透之中,认识对立物的斗争,才能认识现象由一种形态到他种形态的转变"。②

对立统一是唯物辩证法的精髓、核心或根本法则,"这个根本法则,包摄着辩证法的其余的法则——由质到量及由量到质的转变法则、否定之否定的法则、因果性的法则、形式与内容的法则等。这个根本法则,是理解其他一切法则的关键。因为在对立物的统一发展过程中,所谓'飞跃''连续性的断绝''向反对物的转变''质量间的转变''旧物死灭与新物发生',都是必然的形态,都是对立物的斗争的发展,都是由对立物的转变而显现,都是由对立物的统一去说明","这个法则是辩证法的本质,至于其他一切辩证法的法则,都是这个根本法则的显现形态"。③

质量互变法则,就是"对立统一法则的一种显现形态"。④ 此所谓质,即是"区别事物、现象或过程并把它作为现存着东西的那样的规定性",

---

① 《李达文集》第 2 卷,第 125 页。
② 《李达文集》第 2 卷,第 129 页。
③ 《李达文集》第 2 卷,第 132、133 页。
④ 《李达文集》第 2 卷,第 135 页。

"是构成它的基础的运动种类的规定性";①此所谓量,则是"事物的外的规定性"。② 就质与量对于事物各具的意义来说,质为主导,量为从属,"我们认识事物时,先要把握它的质的规定性,然后才能发见它的量的规定性。只有在质的认识的一定阶段上,具体事物之量的研究才有可能";反过来说,"我们要认识事物之量的规定性,首先要知道它的质的规定性(否则事物之量的比较是无意义的)"。③ 但是在事物中处于从属地位的量对于质又具有反作用,"量的变化一旦超出一定的界限,就引起质的变化",④"根据对立统一法则的发展,在逐渐的量的变化的形式中显现这种变化,结果引起飞跃的质的转变。质的转变显现之后,更依据于新质而再回到逐渐的量的变化",⑤这也就是质量互变法则的作用机理。当然,实际上,"在客观世界中,没有纯粹的质,也没有纯粹的量,一切的东西,都是具有质的规定性与量的规定性的事物。质与量的统一,即是质量。质量是种种对立的规定性的统一,即是对立的统一"。⑥

否定之否定法则,是"对立统一法则的更进一层的具体的显现形态"。⑦ 之所以这样说,是因为否定之否定揭示了对立统一乃是客观物质世界永无止境的展开过程。李达说:

> 一种对立到他种对立的推移,一种质到他种质的转变,事实上即是后者否定前者。但是发展的进行,有一定的继起性,通过种种阶段而运动,从新发生出来的质(新阶段),同样由于其自身的矛盾而转变为它自身的对立物(更新的阶段)。于是否定又由第二个否定所扬弃了。所以事物的发展的进行,是螺旋线的,不是直线的;发展所通过的前后各阶段,并不是演着同一的反复或循环,后起的阶

---

① 《李达文集》第 2 卷,第 135、136 页。
② 《李达文集》第 2 卷,第 142 页。
③ 《李达文集》第 2 卷,第 142 页。
④ 《李达文集》第 2 卷,第 142 页。
⑤ 《李达文集》第 2 卷,第 135 页。
⑥ 《李达文集》第 2 卷,第 144 页。
⑦ 《李达文集》第 2 卷,第 152 页。

段在较高的基础上描画螺旋线而发展。①

他又说：

> 否定之否定的阶段，在它当做一个循环的终结点而成为新的发展阶段的出发点之时，它又成为一个契机而包含于新的肯定之中。所以肯定、否定及否定之否定，必须当做现实过程的矛盾的发展及其解决的形态与阶段去考察，第一阶段是事物的本质的矛盾设定的阶段，是肯定中孕育着否定的萌芽的阶段；第二阶段是事物的矛盾的发展的阶段，是否定肯定而又孕育再否定的阶段；第三阶段是再扬弃否定的阶段，是由先行诸阶段的发展所准备的矛盾之相对的解决的阶段，是新事物的出现而又成为新事物发展的出发点的阶段。所以各阶段之间，具有有机的联系。任何阶段，都显现为推进力的矛盾的特别形态，分裂为肯定与否定，由否定之否定而完成自己的发展。所以否定之否定的法则，就是说明事物经过先行阶段的发展而转生为新事物的法则。②

总括而言，"否定之否定的法则，如恩格斯所说，是自然、社会及人类思惟的最普遍最广泛的起作用的法则，是发展的各个过程所固有的法则"。③

至于现象与本质，"都是离我们意识独立而为意识所反映的客观的实在"，"是被我们的感觉和思惟所反映的东西，并不是感觉和思惟所固有的东西"。④ 所谓现象，"是在感觉上给与着的客观事物之运动的联结形态或联结的运动形态，它是非常错综复杂的混沌的东西"；而本质则是"在那种极其错综复杂的混沌现象之中"的"一般的、主要的、统一的东

---

① 《李达文集》第 2 卷，第 152—153 页。
② 《李达文集》第 2 卷，第 159—160 页。
③ 《李达文集》第 2 卷，第 153 页。
④ 《李达文集》第 2 卷，第 167 页。

西、必然的合法则的联结"。① 现象与本质的表现方式或被把握方式及其相互关系是,"现象是在感觉上直接的被反映出来的契机;本质是隐藏于现象背后而要靠思惟能力才能发见、才能反映的契机。……现象和本质这两个契机,并不是直接的同一的东西。但现象与本质互相推移,互相媒介。现象以本质为媒介而存在,本质通过现象而存在。没有离开现象的本质,也不能有不具本质的现象。现象是本质的现象,是具有一定的本质的现象;本质是现象的本质,是现象之内的源泉。这两者相互作用的基础,是在现象一方面。现象代表事物之绝对的运动,本质代表事物的安定。所以,现象的本质,就是现象之内的、相对安定的侧面",②"总括起来说,本质与现象的关系,是对立的统一。但两者之间的矛盾,并不意味着两者的拮抗。现象与本质,也有是调和的、一致的;也能是非调和的、敌对的。现象与本质同一,又不同一。现象与本质相适应,又不相适应。现象能完全的显出本质,也不能完全的显出本质。但穷其究竟,现象是由本质所规定的"。③ 把握现象与本质的程序和意义是"从外的联结推进于内的联结,从比较不深刻的本质推进于比较深刻的本质,渗入于过程的深处,比较其同一性与差别性,从中取出本质的诸矛盾、本质的诸联结。这样的去分析事物之内的联结,抽取其本质的矛盾,同时就发见事物的自己运动的源泉,发见其发展的法则"。④

内容与形式也是"对立统一法则的具体化的另一形态"。⑤ 这对法则"是客观的实在的内容与形式的关系在我们认识中的反映。任何事物,都具有一定的内容与形式"。⑥ 内容与形式的相互关系为"内容常是一定形式的内容,离开了这形式就不存在。形式常是一定内容的形式,离开了这内容就不存在。形式由内容产生,它是内容的某种外面的东西,又

---

① 《李达文集》第 2 卷,第 164 页。
② 《李达文集》第 2 卷,第 167 页。
③ 《李达文集》第 2 卷,第 171 页。
④ 《李达文集》第 2 卷,第 164 页。
⑤ 《李达文集》第 2 卷,第 177 页。
⑥ 《李达文集》第 2 卷,第 178 页。

是内容的诸契机。内容向形式的推移是形式，形式向内容的推移是内容。所以内容与形式，虽是对立的，却是统一的，而两者形成为统一的基础是内容"；不过，"形式虽从内容产生，但在发展过程中，形式决不是受动的。形式成为内容之本质的契机，对于内容的发展，具有能动的作用"；但是归根到底，"形式由内容产生，由内容所规定，所以内容对于形式具有优越性。当形式的独立发展到了障碍内容之更一层的发展时，内容与形式的斗争，就引起'形式的逸脱与内容的改造'。内容之不断的向前发展的优越性，终于要冲破那成为障碍物的旧形式。在内容对于形式这种斗争中，内容克服形式的抵抗，并且废弃它，而要求适合于自己的发展的新形式"。① 从现实意义来看，"形式与内容的矛盾，在任何事物或过程的分析上，都具有重要的意义"，②"当我们认识任何现象的内容时，首先要比较各种现象的形式，然后才能追求其内容的发展所通过的各种不同的形式，才能暴露其特殊的运动法则，由低级形式到高级形式的转变的法则。所以形式对于物质运动的规定性，是认识现实的重要的契机。所以科学的分类，必须确立物质运动的低级形式与高级形式的区别与联系，并且要在各种错杂混淆的形式中，抽出其具有特殊的独有的内容的特殊运动形式，作为每种科学的研究对象。如果忽视了各种运动形式的特殊性，而把形式还原于内容，或把形式与内容看做抽象的同一，就不能理解现象的矛盾，因而不能理解本质的发展中的形式与内容的发展的辩证法"。③

"对立统一法则的具体化的其他形态"还有必然性与偶然性、现实性与可能性以及因果性。④ 所谓必然性，"是由事物或过程的发展的根据而合法则的发生的东西，即是对于过程全体的发展所必然发生而不可避免

---

① 《李达文集》第 2 卷，第 178—179 页。关于内容与形式辩证关系的论述，另见同卷第 389—
    390 页。
② 《李达文集》第 2 卷，第 179 页。
③ 《李达文集》第 2 卷，第 180—181 页。
④ 《李达文集》第 2 卷，第 183 页。

的东西";所谓偶然性,"是必然性的发现的形式及其补充,即是对于过程全体的发展不是不可避免的,并且也能是在过程之外的东西"。① 两者的相互关系是"任何事物或过程,都具有其内的必然性,但这种必然性的显现形式,却是偶然性。可以说,一切的现象,个别的都是偶然。……这些偶然性,都是必然性所由显现的形式,都是必然性发展过程中的一部分。并且,偶然性即使遮断了必然性的发展过程,它仍然构成了必然性的发展过程的一部分(即偶然的东西是必然的)",②"所以必然性是偶然性的合成,而偶然性是隐藏着必然性的形式"。③ 与现象与本质一样,偶然性与必然性的表现方式或被把握方式也是"现实的必然性与偶然性,都在我们感觉上给与着,但我们感性的认识,只能把捉其偶然性,而潜藏于偶然性之中的必然性,却要靠我们的思惟能力,才能发见它,并不是用思惟的能力创造出必然性而把它嵌入于偶然性之中的东西。我们的思惟能力,只是发见在偶然性之中客观的给与着必然性而已"。④ 把握必然性与偶然性的现实意义在于"我们对于过程的认识,必须把现实的必然性与偶然性的辩证法反映于概念之中,阐明两者的统一、转变与差别,并且指出必然性如何通过偶然性而实现,因而暴露过程的法则"。⑤

因果性的含义是,"一切的现象,都由先行现象而发生,又转变为后续的现象。一切的现象都有其发生的原因,它自身是那种原因的结果,同时又是后续现象的原因。原因和结果的这样的关系,叫做因果性"。⑥ 因果关系最终存在于客观物质世界之中,"人类的实践,证明了因果性的客观性,而反映着客观的因果关系的因果性的表象及概念,也是人类在实践的基础上构成的"。⑦ 因果性的现实意义在于,"我们在实践上观察

① 《李达文集》第 2 卷,第 185 页。
② 《李达文集》第 2 卷,第 185—186 页。
③ 《李达文集》第 2 卷,第 187 页。
④ 《李达文集》第 2 卷,第 185 页。
⑤ 《李达文集》第 2 卷,第 188 页。
⑥ 《李达文集》第 2 卷,第 195—196 页。
⑦ 《李达文集》第 2 卷,第 199 页。

对象时,看到诸现象的相互作用,探求对象由于什么原因,在什么条件之下,由一种形态转变为别种形态(即结果)。这样的因果关系的发见,使我们能够预见对象的发展的倾向,而得到合目的的实践的行动的可能性。我们知道了对象的某种运动所由发生的条件,就能够在实践上造出那种条件,因而再造对象。这种实践的认识与认识的实践,在自然现象的认识领域中,在社会现象的认识领域中,都是必然的基础",[①]"人类在其实践上,发见了现实的现象的因果关系,就能够从事于合目的的实践的行动,而再造那种现象,因而改造世界。这种合目的的实践的行动,是人类认识客观世界的因果性的结果"。[②]

最后,"可能性与现实性的范畴,是对立统一法则的更进一层的具体化的形态,反映着客观世界的更深刻的多面的联结"。[③] 所谓现实性,"意指着当做由先行的发展全体所准备的合法则的必然性而在实际上给与着的存在,它不仅是各个事物的事实上的存在,并且是比较外的存在还更深刻的东西。现实性的范畴,反映客观世界的全部联结,暴露客观世界的合法则性。现实性之中,包括着本质与现象、根据与条件、内容与形式、必然性与偶然性等等";而"可能性也是客观的实在。某种事物的存在条件虽然存在着,而它的存在不能当做必然性主张的东西,叫做可能性"。[④] 现实性与可能性的区别及联系是,"现实性与必然性密切的结合着,它由必然性发生,并表现必然的过程。'现实性在其展开上出现为必然性。'但必然通过偶然性的形态而显现,所以现实性之出现为必然性,常因偶然性的情形不同,有采取不同的姿态的可能性。但是可能性仍是受限制的。特定的现实性,表现特定的必然的过程。这必然的过程的内的本质、根据的发展倾向,决定着在这过程的适应的阶段上发生的可能性。所以可能性也是实在的,它仍受根据的发展所决定,不过不能当做

---

① 《李达文集》第 2 卷,第 198 页。
② 《李达文集》第 2 卷,第 199 页。
③ 《李达文集》第 2 卷,第 201 页。
④ 《李达文集》第 2 卷,第 201—202 页。

必然性主张而已","可能性即是存在于现实性之中而往后能够展开为现实性的东西"。① 可能性分为抽象的或形式的可能性与实在的可能性,"抽象的或形式的可能性,是想象上的可能性,是形式论理的、排除了思惟上的矛盾的意义上的可能性。譬如说,太阳明天能与地球碰撞,桃树上能长出梨子,低能儿能变成哲学家,劳动阶级能变成资产阶级——这一切都是想象上的可能性。但这样的可能性是不能转变为现实性的,因为这些都不是基于现实性的诸条件的空想的可能性";与之相反,"实在的可能性,是在特定过程的适应的阶段上发生的东西,是在特定过程的根据的发展倾向中存在着的东西。……所以可能性虽能转变为现实性,而能够转变为现实性的东西,却只是实在的可能性"。② 实在的可能性也蕴含着两种实现趋向,"因为如上面所说,实在的可能性是在特定过程的适应阶段上发生的东西,并受根据的发展倾向所决定,所以实在的可能性,是表现根据的发展的可能性。但任何根据,都包含矛盾的两方面,因而表现根据的发展的可能性,也分为两个种类(各种类之中,也不一定是一个)。例如,生物有机体,因其内的根据(即根本矛盾,如生与死)的发展,由于种种的条件的不同,或者生长,或者死亡,这是两种实在的可能性"。③ 实在的可能性的实现,必须具备对象、条件、运动三个契机,"可能性之转变为现实性,是在一定条件之下实现的。当我们考察可能性转变为现实性之时,必须观察一定的对象与它转变为他种形态时的一定的条件。对象与条件,都是现实的存在着的东西,它们的本身是现实性,并且是不断的变化着的东西。由于对象与条件的联结的运动及变化,可能性便转变为现实性"。④ 对于实在可能性向不同现实性的转变的选择,"是促速或延迟过程的发展的枢纽,是成功或失败的关头";"进步的社会集团,只有分析客观情势,去发见并选择实在的可能性,尽量的把捉并利用

---

① 《李达文集》第 2 卷,第 202、203 页。
② 《李达文集》第 2 卷,第 202 页。
③ 《李达文集》第 2 卷,第 203 页。
④ 《李达文集》第 2 卷,第 204 页。

客观的条件，努力的促进主观条件的成熟，使这可能性与客观的及主观的条件相结合，有意识、有目的、有计划的避免一切的迂路，努力促进所选择的可能性的实现"，①这也正是把握可能性与现实性这对范畴的现实意义之所在。

上述对立统一、质量互变、否定之否定、现象与本质、内容与形式、必然性与偶然性、因果性、可能性与现实性诸法则，都是客观物质世界所固有的性质或存在方式。这些法则为人类所认识，就成为人类把握并合目的地作用于客观物质世界的思想和行为方法。"反映客观世界的认识，不是'单纯的、直接的、全体的反映，而是一列的抽象与概念、法则等的定式化及形成的过程。这样的概念、法则等（思惟、科学——'论理的理念'），正是有条件的，近似的把捉永远运动、永远发展的自然之普遍的规律性的东西'"，②"自然界的各种联系，不断的进到自己的感觉和表象之中，因此人类能够知道自然界的发展法则，而更加有效的积极的改造自然界。同样，人类在其社会的实践中，也是这样的理解社会发展的法则，去积极的变化社会"。③　方法论问题因此与认识论问题联系起来。

（三）辩证唯物论的认识论

李达反复阐明客观物质世界是人类认识的终极来源这一辩证唯物论的认识论的基本原理，他说：

> 人类的认识，是客观世界的法则的反映过程。并且这种反映是不断的随着客观世界的发展而发展，决不是固定的东西。我们的思惟形式（概念），是人类数千年来实践的发展的总和。
>
> 我们在进行认识世界之时，不能不使用概念，否则我们便不能思惟。但是概念的构成，是就外部世界所得的感觉和经验实行论理的加工的结果，是感觉和经验的普遍化的结果。概念的本身，即是

---

① 《李达文集》第 2 卷，第 206 页。
② 《李达文集》第 2 卷，第 246 页。近似的表述又见同卷第 209 页。
③ 《李达文集》第 2 卷，第 265 页。

现实的客观世界的反映，是客观与主观的统一。如果在使用概念去进行思惟之时而蔑视概念与现实的正确关系，那就会曲解现实，掩蔽真理。①

这就是说，包括感觉、经验以至概念在内的人类全部认识都是客观世界的反映，并且随着客观世界的发展而发展。这一意思，李达在其他地方也多有表达，如谓"思惟和感觉，同是客观的实在在人类意识中的反映。感觉是直观的认识阶段上的反映，思惟是论理的认识阶段上的反映"，②"人类对于世界的认识，是一个发展过程，是逐渐由低级阶段推进到高级阶段的过程。人类的认识的发展，表现于论理的概念或范畴之中。唯物辩证法说明概念的联结和发展，反映着客观世界的联结和发展，说明概念随着现实的发展法则而发展，说明概念'在根本上反映现实与认识之历史的发展及过程'"，③"判断以概念为前提，而概念的形成，是从反映客观事物的感觉、经验出发，经过思惟的活动，而在论理的形式上反映出客观事物的合法则性的关联的东西。所以判断之暴露概念的内在契机及概念的联结和关系，必须以一定的科学的认识和人类的实践为前提"，④"从唯物辩证法的见地说来，推理也和概念与判断一样，同是客观世界的合法则的联结的反映"，⑤这就更将判断、推理等高级思维形式也同感觉、概念一样归于客观世界的反映。李达还在多处重申：

在唯物论方面，认识的历史，是人类在其物质的实践上认识的客观世界发展史在人类头脑中的历史的反映。⑥

依据唯物辩证法的反映论，认识是外界在人类思惟上的反映，

①《李达文集》第 2 卷，第 78—79 页。
②《李达文集》第 2 卷，第 234 页。
③《李达文集》第 2 卷，第 246—247 页。
④《李达文集》第 2 卷，第 255 页。
⑤《李达文集》第 2 卷，第 258 页。
⑥《李达文集》第 2 卷，第 99 页。

因而认识的发展法则,即是外界发展法则的反映,即是思惟发展法则。①

　　大体上物质世界发展的顺序,是从最低级最单纯的运动形态进到比较高级比较复杂的运动形态去的过程。人类对于世界的认识,从科学发达的历史考察起来,也是由最低级最单纯的运动形态的研究进到比较高级比较复杂的运动形态的研究去的过程。在这一点上看来,物质从低级形态到高级形态的前进运动过程,决定着与它相适应的科学的认识之前进的发展过程。②

　　认识过程的自己运动,反映着客观世界的自己运动。认识过程的诸契机(如感觉、表象、概念等),原是客观世界的诸契机在思惟上的反映。所以认识的发展,反映着客观世界的发展。③

凡此皆确凿无疑地立定了客观物质世界作为人类认识终极来源的地位。然则人类认识究竟何以可能由客观物质世界生成呢? 这便涉及认识主体的生理构造和心理机制等问题。李达根据现代生理学及心理学的研究成果,讨论了中枢神经系统、末梢神经系统、脑髓、脊髓、神经细胞、神经细胞枝、神经纤维、神经纤维束、神经网、脑灰白质、脑半球、前头叶、颅顶叶、后头叶、颞颥叶、知觉神经、运动神经、交感神经、外分泌腺、内分泌腺等人类神经系统的构造及功能,以及无条件反射、条件反射以至精神活动的运作机制或形成方式,④从而指出:"人类的意识,以人类的神经系统之存在为前提。人类的精神活动,与神经系统有不可分离的关系。"⑤唯有具备了神经系统这种"动物的最高神经组织的物质","才能知觉在它内外发生的过程,才具有内的反映、知觉的能力",由此,"辩证唯物论承认物质组织的高级种类与低级种类的差别,却不否定思惟本体的

---

① 《李达文集》第 2 卷,第 104 页。
② 《李达文集》第 2 卷,第 115 页。
③ 《李达文集》第 2 卷,第 209—210 页。
④ 参见《李达文集》第 2 卷,第 212—220 页。
⑤ 《李达文集》第 2 卷,第 212 页。

意识与特殊性"。① 然而无论如何，人类神经系统以及意识归根到底属于物质范畴，"物质世界，在其发展过程中，出现了意识的人类。依据科学的证明，地球从前只有无机界的物质存在形态，往后才出现有机界的新的物质存在形态，再后才发生意识——用特殊方法组织了的物质的性质。所以意识不是存在于物质之外的东西，不是与物质平行的第二个本源。意识依存于物质，并从物质发生。意识是具有复杂神经组织的有机界最高代表所具有的属性。神经组织是意识活动的必然条件。社会的人类是意识的最高形态的担当者，这种最高形态，与人类在其社会的实践中发展了的意识，是物质的一定发展阶段中物质生命的一种发现"，②这就在肯定意识特殊性的前提下，坚持了认识领域中的辩证唯物主义原则。

接下来的问题是，具有特殊生理构造和心理机制的认识主体，通过何种方式或手段从客观物质世界获得认识，由此便导出了对于辩证唯物论的认识论而言具有至关重要意义的、作为认识主体与客观物质世界之间不可或缺的中介的实践范畴。李达反复阐述道：

> 当做劳动、物质的生产和社会斗争看的实践，规定着表象、概念等等之精神的生产。在这种见解之下，实践不单是社会科学的范畴，并且是哲学的认识论的范畴。要懂得实践优于理论的见解，就必须理解实践是认识的出发点和源泉，是认识的真理性的规准。③

> 认识只有实践的直接作用于客体，才能取得认识的材料，发见客体的法则；并且认识的真理性，也只有实践的直接作用于客体，才能证明。④

> 认识由实践而生，为实践所证明，而又指导实践。⑤

---

① 《李达文集》第 2 卷，第 223 页。
② 《李达文集》第 2 卷，第 222 页。
③ 《李达文集》第 2 卷，第 60 页。
④ 《李达文集》第 2 卷，第 91 页。
⑤ 《李达文集》第 2 卷，第 95 页。

认识的过程,由实践出发,而复归于实践,其中包括着由物质到感觉及由感觉到思惟的认识的发展过程。①

认识主体与认识客体的统一,是在社会历史的实践上实现的。所以,要理解人类的认识过程,必须在其与社会历史的实践的统一上去考察。②

由感觉到思惟的推移的认识能力之发展,在其根据中存有人类的实践,这是要特别说明的命题。③

认识的深化的运动,也是在实践的基础上显现的。在实践的过程中,人们看到各种现象的反复,各种现象在实践上的再现,一种现象的消灭与别种现象的继起,物质的再生产过程中许多对象的综合,等等——这一切都是普遍化的进行,认识运动的基础。④

社会历史的实践,是人类认识运动的最深的源泉,决定的基础。⑤

由感觉到表象的推移,是在实践的基础上显现的。人类在其实践过程中,不但观察事物的变化,并且观察事物变化的方向;不但看到一种现象之后有他种现象随着发生,并且能动的影响于事物,人工的再生产出某种现象所由发生的诸条件,诱发另一种现象。由于现象的反复以及实践上的各种现象的再生产,人们的头脑的创造力便发挥出来,就能够得到关于事物的内的联系的表象了。⑥

推理从实践出发而复归于实践。……由推理过程中所得的结论的真理性,也只有由实践所证明,并推移于实践。⑦

---

① 《李达文集》第2卷,第209页。
② 《李达文集》第2卷,第211页。
③ 《李达文集》第2卷,第234页。
④ 《李达文集》第2卷,第235页。
⑤ 《李达文集》第2卷,第236页。
⑥ 《李达文集》第2卷,第240页。
⑦ 《李达文集》第2卷,第260页。

人类的认识，从实践发生，并与实践相统一。①

实践，比较认识是高级的东西。关于客观世界及其过程的认识，虽然阐明客观世界的历史的发展的法则和倾向，而这种认识的正确与否，只有实践才能给以最后的证明，只有实践才能把握对象之历史的具体性。但实践与认识是不可分离的统一着。实践是认识的基础，认识是实践的动因。实践不但证明认识的真理性，并且依据认识的真理性，而积极的变革客观世界。②

所有这些论述可以归结为实践是认识主体与客观世界相统一的契机，是认识的起点，是认识发展的动力，是检验认识正确与否的标准，也是认识的目的，因此可以说辩证唯物论的认识论是实践的唯物论，而"实践的唯物论，由于把实践的契机导入于唯物论，使从来的哲学的内容起了本质的变革"。③

以客观物质世界为终极来源、以根本上属于物质范畴的人类生理构造和心理机制为主体条件、以实践为中介的认识的形成过程大体上表现为从感觉到表象、从表象到思维亦即概念、判断、推理的阶段性递进。④关于感觉，李达说：

就认识过程的诸契机、诸形态发生的顺序说来，最初的契机、最初的形态，是在感官上反映客观现实性的感觉。人类的一切的认识，都是由感觉出发的，所以当考察认识过程时，首先要研究感觉。⑤

"感觉是外物刺激于人体外部器官的结果，它依存于外物，也依存于人体器官的构造。外物形态的多样性与人体器官的多样性（因而又是脑髓的分化的活动），产生出感觉的多样性。"外物的各种方面是互相联系着，人体的各种感官，在其外的与内的方面，也是互相

---

① 《李达文集》第 2 卷，第 265 页。
② 《李达文集》第 2 卷，第 266 页。
③ 《李达文集》第 2 卷，第 60—61 页。
④ 参见《李达文集》第 2 卷，第 239、241 页。
⑤ 《李达文集》第 2 卷，第 223—224 页。

联系着,所以外物作用于感官,就发生出反映外物的内的联系的感觉。所以感觉是在认识上把我们和外物联络起来的东西,它是我们的认识的最初的形态,最初的契机。①

人类的认识过程,是在实践基础上由感觉起到思惟为止的统一的认识过程。客观世界之合法则的统一,都在感觉上给与我们。我们的思惟,把感觉作为材料,抽象出客观世界的发展法则。最初以某种程度在感觉上给与着的东西,就是思惟的全部内容。即是说,在感觉中未曾给与着的东西,在思惟中也是没有的。所以我们在世界的具体的认识上,都必须由感觉出发。从古以来,一切的科学,都是从反映外物的感觉出发的。思惟的高级认识形式,是从感觉的初级认识形式发生,两者具有不可分离的联系。"人类的认识,在怎样的形式上,经过怎样的途径,依从怎样的法则而发展——这件事情的严密的科学的分析,在理论上,在历史上,都必须由感觉开始。"所以说,"感觉是认识的源泉"。②

这就说明了感觉是主体通过实践而从客观物质世界获得的认识素材,也是整个认识形成过程的起点。关于表象,李达说：

许多感觉合流在一起之时,就成为知觉。例如关于蔷薇的知觉,是形成为蔷薇的心象(知觉)的诸感觉(视觉、触觉、嗅觉)之结合。所以,当我们的身体接受外界对象的作用时,就得到这对象的知觉。就是在离开这对象之后,那种知觉的记忆,仍留存于脑海之中。关于这个感性的知觉的记忆,就是所谓对象的表象。③

表象可说是感觉与概念之间的中间的阶段,中间的契机。表象是关于对象的感觉的普遍化的最初特殊形式。前面已经简单的说起,对象的表象,首先是关于各个感性的知觉的记忆。我们的认识

---

① 《李达文集》第 2 卷,第 225 页。
② 《李达文集》第 2 卷,第 228—229 页。
③ 《李达文集》第 2 卷,第 225 页。

能力,把在知觉的记忆上残留着的各个属性、方面和特征等,放在一个形象上统一起来,这种统一的形象,就叫作表象。表象比较感觉,形式上虽然距离客观的对象较远,而在本质上却与客观的对象相接近。……所以表象比较感觉,更能深刻的反映外界事物。①

认识的运动并不停顿在表象的阶段上。对象的表象,只是感觉的最初的普遍化,它虽能反映出对象的统一的形象,却不能把握对象的发展过程及发展法则。……"表象是从感觉到思惟去的认识的推移、联结、运动,是由前者到后者的转变的过程。"②

这是说,表象是对得自客观物质世界的感觉的合成与忆持,是感觉的初步提升,是比感觉较为全面但尚不如概念那样深刻的对于对象的把握,因而是从感觉发展到概念的中间环节,"因此认识的运动,必须由表象的阶段推移到概念的阶段"。③ 至于概念,李达说:

思惟是把感觉和表象造成更高级的普遍化的东西,它把在感觉和表象上给与着的"对象之具体的单独的存在形式,抽象出来,给以最一般的规定。人们只有把反映着客观现实性的感觉和表象实行普遍化,才能得到关于客观对象的概念(例如物质运动的概念,有机体成长的概念,社会发展的概念等)"。所以概念比较感觉和表象,在形式上虽然更加远离于客观对象,而在本质上却更接近于客观对象,更接近于客观事物总体性的合法则的联系之概括。

概念是认识的契机,是思惟的形式,是反映客观实在的形式。……在论理的概念反映客观现实性这一点说来,它是从这个反映过程分离出来的东西,是抽象的概念,因而它是主观的东西。但辩证法的抽象,能够比较深刻、比较忠实、比较完全的反映客观实在性。在这一点,概念是客观的。所以,辩证法的概念,包含着主观与

①《李达文集》第2卷,第239—240页。
②《李达文集》第2卷,第241页。
③《李达文集》第2卷,第241页。

客观,思惟与存在之对立的统一。

……

一切事物都是联结着,这是概念的全体性、联结性的源泉。在思惟领域中,任何概念都与其他一切概念发生关系,发生相互作用,形成对立的统一。……

同时,一切事物又都是运动着,这是概念的运动性、"柔软性"的源泉。在思惟领域中,任何概念都是运动的,发展的。任何概念,都依据对立统一的法则而运动,而发展。人类的思惟,对于客观现实性的认识,必须"在运动的永远过程中,在矛盾的发生及其解决的永远过程中去理解"。①

他又说:

就人类的认识的历史与实践的历史考察起来,人类对于世界的认识,是一个发展过程,是逐渐由低级阶段推进到高级阶段的过程。人类的认识的发展,表现于论理的概念或范畴之中。唯物辩证法说明概念的联结和发展,反映着客观世界的联结和发展,说明概念随着现实的发展法则而发展,说明概念"在根本上反映现实与认识之历史的发展及过程"。所以,反映一切事物的联结及发展的概念本身,也是联结着,发展着。……

……概念的自己运动,"不是概念自身的纯论理的运动",而是客观事物的联结及运动之反映,是客观世界与人类实践的客观运动之反映,是主观与客观、思惟与存在的对立统一过程的反映。并且,这种反映本身,也是一个发展过程。

客观事物的一切运动及联结的法则,不能够一次的、完全的、正确的、无条件的都反映于概念之中。概念中的这种反映,正和相对真理到达绝对真理的过程一样,是顺次由一个阶段进到高级阶段而

①《李达文集》第2卷,第242—244页。

到达于完全的反映的。所以概念之反映客观世界的发展法则,只是有条件的,相对的,近似的。①

由此可见,概念的形成与发展根本上依赖于客观物质世界的运动变化,概念是比感觉和表象都更为高级的对于客观物质世界的普遍、抽象、深刻的把握,是"客观世界的最高认识形态之论理的认识"。② 认识过程到达概念形成阶段之后,就可能进而运用同样是"客观世界的最高认识形态之论理的认识"甚至是"客观世界的合法则的联结之更深刻更高级的反映"③的判断与推理,"判断反映物质世界的事物和对象的合法则性的联结",④"反映从个别的东西到普遍的东西的运动,在大量的丰富的个别的具体性之中发见其运动法则与一般倾向",⑤即是说,以概念为前提而运用判断对客观对象的性质作出结论,运用推理对客观对象的趋势作出预见。

总的来说,辩证唯物论的认识论的基本观点是,"认识只有实践的直接作用于客体,才能取得认识的材料,发见客体的法则;并且认识的真理性,也只有实践的直接作用于客体,才能证明",⑥"认识的过程,由实践出发,而复归于实践,其中包括着由物质到感觉及由感觉到思惟的认识的发展过程。……认识过程的运动,是自己运动,是内的矛盾与对立物的斗争。认识过程的自己运动,反映着客观世界的自己运动。认识过程的诸契机(如感觉、表象、概念等),原是客观世界的诸契机在思惟上的反映。所以认识的发展,反映着客观世界的发展",⑦"认识主体与认识客体的统一,是在社会历史的实践上实现的。所以,要理解人类的认识过程,

---

① 《李达文集》第 2 卷,第 246—247 页。
② 《李达文集》第 2 卷,第 241 页。
③ 《李达文集》第 2 卷,第 258 页。
④ 《李达文集》第 2 卷,第 253 页。
⑤ 《李达文集》第 2 卷,第 259 页。
⑥ 《李达文集》第 2 卷,第 91 页。
⑦ 《李达文集》第 2 卷,第 209—210 页。

必须在其与社会历史的实践的统一上去考察"，①"实践，比较认识是高级的东西。关于客观世界及其过程的认识，虽然阐明客观世界的历史的发展的法则和倾向，而这种认识的正确与否，只有实践才能给以最后的证明，只有实践才能把握对象之历史的具体性。……实践不但证明认识的真理性，并且依据认识的真理性，而积极的变革客观世界"，②凡此均表明，认识是客观世界的反映；认识通过实践与客观世界相联系；联系于客观世界的实践是认识的来源、认识发展的动力、检验认识的真理性的标准以及认识的目的。

李达最后提出了一个认识之圆运动发展的公式并加以阐释，他说：

> 所以关于客观世界的认识，是采取如下的过程：即："实践→直接的具体→抽象的思惟→媒介的具体→实践"——这是采取圆形运动而发展的。由直接的具体到媒介的具体——这是出发点与到着点之间的辩证法的统一。媒介的具体，是在思惟上正确的反映出来的直接的具体。所以这个统一，是思惟与存在、主观与客观的统一。这个统一，是在实践的基础上完成的。换句话说，媒介的具体与直接的具体之结合点，就是实践。可以说，认识的运动是圆运动。这个圆运动，不是形而上学的循环，而是辩证法的发展。认识随着客观世界的发展而发展，随着社会的实践的发展而发展。在社会的实践之历史的过程中，不断的暴露出客观世界的新矛盾、新关联、新属性和新侧面。这些新的矛盾、关联、属性和侧面，不断的闯进于人类的意识中，形成客观与主观的新矛盾，促进认识的新运动，使认识进到反映客观世界发展的新阶段，更深刻的更完全的更具体的把捉客观世界，因而社会的实践更进一步的积极的能动的变革客观世界。所以认识的这种圆运动是一个历史的发展过程，是由相对真理到绝

---

① 《李达文集》第 2 卷，第 211 页。
② 《李达文集》第 2 卷，第 266 页。

对真理去的发展过程。①

这就进一步阐明了在客观世界的基础上,以实践为起点,经过直接的具体、抽象的思惟和媒介的具体,又回到实践环节的螺旋上升、永无止境的认识运动规律,揭示了辩证唯物论的认识论的要义。

毫无疑问,无论是《现代社会学》对唯物史观、剩余价值学说和科学社会主义的阐发,还是《社会学大纲》对辩证唯物主义的宇宙观、方法论和认识论的论述,基本上都不是李达的独创新见,而多为他对马克思主义经典作家的学说以及一些马克思主义学者的研究成果的转介,他自己对此也直认不讳,如《现代社会学》序言说"此书之作,聊欲应用唯物史观作改造社会科学之一尝试而已,非敢谓于社会学上自标新帜也",②《民族问题》小引称"这本小册子的内容,都是根据一般大实践者的指导原理写下来的,我自己并没有参加什么意见",③在《社会学大纲》中也数见"以下所述,主要的根据了卢卡捷夫斯基的《无神论教程》第二章""本节的研究,完全根据苏俄共产党人的著作作客观的说明,我自己并不夹杂主观的见解"之类的表白。④ 不过这并不影响李达作为中国第一位全面系统深入阐述马克思主义内涵的理论权威的地位。秉具着真诚的信仰,李达对马克思主义的基本原理当然不可能随意取舍轩轾,而只会力求全面、系统、深入、准确、清晰地传达。而恰恰是这种全面、系统、深入、准确、清晰的传达,使马克思主义在中国得以开创性地完整地呈现,这正是李达的历史性贡献。也正是有见于此,毛泽东才赞许李达的《社会学大纲》是"中国人自己写的第一本马克思主义哲学教科书"。⑤

---

① 《李达文集》第 2 卷,第 266—267 页。
② 《李达文集》第 1 卷,第 237 页。
③ 《李达文集》第 1 卷,第 560 页。"一般大实践者"指马克思、恩格斯、列宁等共产主义运动领导人。
④ 《李达文集》第 2 卷,第 212、545—546 页。
⑤ 引语见陈晋《毛泽东想读常读的书籍》,载《北京日报》2017 年 1 月 16 日第 16 版。

第三节 毛泽东哲学思想的发展及其《实践论》和《矛盾论》

一、生平著述

毛泽东（1893—1976），字润之，湖南湘潭韶山冲（今属韶山市）人。马克思主义者，中国无产阶级革命家、战略家、理论家、军事家，马克思主义中国化的伟大开拓者，中国共产党、中国人民解放军、中华人民共和国的主要缔造者和领袖，近代以来中国伟大的爱国者和民族英雄，中国共产党第一代中央领导集体的核心，毛泽东思想的主要创立者。1893年12月26日出生。1914年至1918年就读于湖南第一师范学校。早期即开始参与革命活动，接受并传播马克思列宁主义，组织新民学会，创办《湘江评论》，发起组织俄罗斯研究会和文化书社，建立长沙地区的社会主义青年团和共产党早期组织。1921年7月出席中国共产党第一次全国代表大会，参加创建中国共产党。后任中共湘区委员会书记、中国劳动组合书记部湖南分部主任。1923年6月出席中共三大，当选为中央执行委员，会后被选为中央局成员并任中央局秘书，进入中央领导核心。1923年下半年参与中国共产党帮助孙中山改组国民党的活动，后在国民党第一、第二次全国代表大会上被选为中央候补执行委员，曾任宣传部代理部长。1926年5月至9月主持第六届广州农民运动讲习所。同年11月任中共中央农民运动委员会书记。1927年任全国农民协会临时执行委员会常委兼组织部长，4月在武汉主持中央农民运动讲习所。1925年12月和1927年3月先后发表《中国社会各阶级的分析》和《湖南农民运动考察报告》，提出坚持无产阶级对民主革命的领导权和依靠农民同盟军进行革命斗争的主张，批判右倾机会主义错误。

1927年8月7日出席中共中央在汉口召开的紧急会议，提出"政权是由枪杆子中取得的"著名论断（后又表述为"枪杆子里面出政权"），当选为中央临时政治局候补委员。会后被委任中央特派员，随后又任中共湖南省委前敌委员会书记,领导湘赣边界秋收起义,创建工农革命军第一师,在井冈山创立中国第一个农村革命根据地。1928年4月同朱德、陈毅率领的部队会师,合编为工农革命军(不久改称中国工农红军)第四军,毛泽东任党代表(后被选为该军军委书记),朱德任军长。1928年10月至1930年1月,撰写《中国的红色政权为什么能够存在》《井冈山的斗争》《星星之火,可以燎原》等著作,创造性地阐述农村根据地的重要性和存在的条件,明确提出了"工农武装割据"的思想,得出中国红色政权能够继续存在和发展的结论,基本上形成了"农村包围城市、武装夺取政权"的中国革命道路的理论。1930年5月写的《反对本本主义》,强调调查研究的重要性,初步提出实事求是、群众路线、独立自主的思想原则,奠定了毛泽东思想活的灵魂的三个基本点。8月任红军第一方面军总政治委员、总前委书记。1931年11月被选为中华苏维埃共和国临时中央政府主席。1934年1月被选为中共中央政治局委员。在毛泽东、朱德、周恩来等的领导下,红军从1930年11月至1933年3月连续粉碎了国民党军队对中央革命根据地的四次军事"围剿"。由于"左"倾教条主义的错误,红军第五次反"围剿"遭到失败。1934年10月参加红一方面军长征。1935年1月中共中央在贵州遵义召开政治局扩大会议,增选毛泽东为中央政治局常委,随后又成立由毛泽东、周恩来、王稼祥组成的三人团全权指挥军事,从而确立了毛泽东在中共中央和红军的领导地位,开始确立以毛泽东为主要代表的马克思主义正确路线在中共中央的领导地位,在极端危急的历史关头,挽救了党,挽救了红军,挽救了中国革命。此后,中共中央和红一方面军摆脱国民党军队的围追堵截,战胜张国焘的分裂主义,胜利完成长征,于1935年10月到达陕北。同年12月毛泽东作《论反对日本帝国主义的策略》的报告,阐明抗日民族统一战线的理论、路线和政策。1936年12月任中共中央军委主席,担任这一职务直至逝世。1937年7月、8月先后撰写完成《实践论》和《矛盾论》,丰富和发展了马克思列宁主义的认识论和辩证法,为中国共产党解决思想路线问题奠定了理论基础。抗日战争全面爆发后,撰写了《论持久战》等著作,批判亡国论和速胜论,提出中国共产党关于抗日战争的路线、方针、政策。1938 年 10 月、11 月在中共六届六中全会上作政治报告和结论,提出马克思主义中国化,对从农村到城市的中国革命道路在理论上作了概括,阐述了统一战线中的独立自主原则。1940 年 1 月撰写《新民主主义论》,系统阐述新民主主义革命和新民主主义社会的理论。1942 年春至 1945 年春领导开展全党范围的整风运动,使中国共产党在思想上、政治上、组织上达到空前的统一。1943 年 3 月在中共中央政治局会议上被选为中央政治局主席、中央书记处主席。以后在历届中央全会一次会议上都被选为中央委员会主席,直至逝世。1945 年 4 月主持召开中共七大,作《论联合政府》的政治报告,提出了建设新民主主义新中国的路线、方针、政策。整风运动和中共七大,为抗日战争和解放战争的胜利,奠定了坚实的基础。

抗日战争胜利后,针对蒋介石企图从人民手中夺取抗战胜利果实的阴谋,提出"针锋相对,寸土必争"的方针。1945 年 8 月 28 日和周恩来等赴重庆同蒋介石等谈判。1946 年夏在蒋介石发动全面内战后,号召和领导全国人民以革命战争反对反革命战争。1947 年 3 月至 1948 年 3 月转战陕北,指挥全国解放战争。1948 年 9 月至 1949 年 1 月指挥辽沈、淮海、平津三大战役,取得了战略决战的胜利。1949 年 3 月主持召开中共七届二中全会,提出全国胜利以后党的工作重心必须由乡村转到城市,指出中国由农业国转变为工业国、由新民主主义社会转变为社会主义社会的发展方向。6 月 30 日撰写《论人民民主专政》,阐述了人民共和国政权的性质和对内对外的基本政策,是创建中华人民共和国的纲领性文献。

1949 年 9 月在全国政协第一届全体会议上主持制定《中国人民政治协商会议共同纲领》,并当选为中华人民共和国中央人民政府主席。10 月 1 日在北京天安门庄严宣告中华人民共和国成立。从中华人民共和国成立到 1952 年,领导中国共产党胜利完成繁重的社会改革任务和进行抗美援朝战争,并迅速恢复了遭到严重破坏的国民经济。1953 年 6 月根据毛泽东的建议,中共中央提出过渡时期总路线,并逐步制定了社会主义工业化和对农业、手工业、资本主义工商业进行社会主义改造的路线、方针、政策。1954 年 9 月第一届全国人大第一次会议通过了毛泽东主持制定的《中华人民共和国宪法》,并选举他为中华人民共和国主席。1956 年 4 月作《论十大关系》讲话,对适合中国情况的社会主义建设道路进行了初步的探索。1957 年 2 月作《关于正确处理人民内部矛盾的问题》讲话,提出必须正确区分和处理社会主义社会两类不同性质的矛盾,把正确处理人民内部矛盾作为国家政治生活的主题。接着,他提出要"造成一个又有集中又有民主,又有纪律又有自由,又有统一意志、又有个人心情舒畅、生动活泼,那样一种政治局面"的要求。

1958 年发动"大跃进"和人民公社化运动。1959 年主持召开庐山会议,在会议后期发动对彭德怀的批判,会后在全党开展"反右倾"斗争。从 1961 年 1 月至 1965 年,在以他为核心的中共中央领导下,对国民经济实行"调整、巩固、充实、提高"的方针,使国民经济得到比较迅速的恢复和发展。在 1962 年 9 月召开的中共八届十中全会上,重提阶级斗争,把社会主义社会中一定范围内存在的阶级斗争扩大化和绝对化。1963 年发动社会主义教育运动,在后期提出运动的重点是整所谓"党内走资本主义道路的当权派"。从 20 世纪 50 年代后期开始,领导中共同苏共领导人奉行的大国沙文主义等进行了坚决的斗争。

1966 年发动"文化大革命"运动,这个运动又被林彪、江青两个反革命集团所利用,延续十年之久,使中国共产党、国家和人民遭受到中华人民共和国成立以来最为严重的挫折和损失。在"文化大革命"中,毛泽东也曾制止和纠正过一些具体错误。他还领导粉碎林彪反革命集团的斗争,阻止江青、张春桥等夺取党和国家最高领导权。在对外政策方面,提出"三个世界"划分的战略和中国永远不称霸的重要思想,并且开始打开对外工作的新局面。1976 年 9 月 9 日在北京逝世。1981 年 6 月中共中央通过的《关于建国以来党的若干历史问题的决议》,对毛泽东一生的全部活动和思想作出全面评价,指出:就毛泽东的一生来看,他对中国革命的功绩远远大于他的过失,他的功绩是第一位的,错误是第二位的。他的主要著作编入《毛泽东选集》和《毛泽东文集》、《毛泽东军事文集》等。①

二、早期哲学思想

在接触马克思主义以前,毛泽东主要接受传统教育以及近代西方自然科学和社会科学的影响,其时他的哲学思想是相当驳杂的。

(一)客观存在与主观唯我的本体观

首先,对于哲学本体论,早年毛泽东给予了相当的关注,可以说,他具有明确的追索宇宙终极根据的求体意识,这也恰恰体现出他的哲学夙慧。不过,其时他的本体观尚在客观自在的存有与主观唯我的意识之间游移,而大体上终于趋向后者。例如他说:"发显即本体,本体即发显,合无量数发显而为一大本体,由一大本体分为无量数发显。人类者与本体有直接关系,而为其一部分,人类之意识,亦即与本体之意识相贯通,本体或名之曰神。"②此语虽然不无体用不二、性相一如的意思,似可见佛教华严宗一多相即思想的影响,但从所谓"由一大本体分为无量数发显"以及将人类及其意识作为派生并且对蹠于本体的存在来看,其以本体作为客观自在的存有这种涵义也是可以把握的。本体的这种涵义在毛泽东当时的文著中还可得到证据,他说:"夫本源者,宇宙之真理。天下之生民,各为宇宙之一体,即宇宙之真理,各具于人人之心中,虽有偏全之不同,而总有几分之存在。"③"凡宇宙一切之差别,皆不过其发显之方面不同,与吾人观察及适应之方面有异而已,其本质只一个形状也,如阴阳、上下、大小、高卑、彼此、人己、好恶、正反、洁污、美丑、明暗、胜负之类皆是。"④这样的本体观,无疑接近于作为程朱理学之集大成者的朱熹所谓

---

① 引自《辞海(第 7 版)》,上海:上海辞书出版社 2020 年版,第 2956—2958 页。

② 《毛泽东早期文稿》,中共中央文献研究室、中共湖南省委《毛泽东早期文稿》编辑组编,长沙:湖南出版社 1990 年版,第 229—230 页。该书注释道:"发显,表现、显现、现象之意,为当时一些学者在哲学、伦理学上常用的翻译用语。"见同书第 284 页。

③ 《毛泽东早期文稿》,第 85 页。

④ 《毛泽东早期文稿》,第 245 页。

"万一山河大地都陷了，毕竟理却只在这里"的看法。①

但是与此同时，毛泽东又说过："吾从前固主无我论，以为只有宇宙而无我，今知其不然。盖我即宇宙也。各除去我，即无宇宙。各我集合，即成宇宙。而各我又以我而存，苟无我，何有各我哉？是故宇宙间可尊者惟我也，可畏者惟我也，可服从者惟我也。我以外无可尊，有之亦由我推之；我以外无可畏，有之亦由我推之；我以外无可服从，有之亦由我推之也。"②这是以独一无二的自我为一切他我乃至整个宇宙的根本，显然是主观唯我论的本体论，与孟子"万物皆备于我"以及陆象山"吾心即是宇宙"的思想若合符契。③他又说："世界固有人有物，然皆因我而有，我眼一闭，固不见物也。"④这与王阳明南镇看花之论也是如出一辙，⑤既是极端的主观唯我论的认识论，也是极端的主观唯我论的本体论。而从毛泽东所谓"吾从前固主无我论，以为只有宇宙而无我，今知其不然"来看，他是从先前的客观自在的本体观趋归于后来的主观唯我的本体观的。正是主观唯我的本体观，对于毛泽东一生事功发生了或显或隐的重要作用。

与现代中国许多思想家一样，毛泽东也不以哲学研究与建构作为平生职志，他对宇宙根本的探寻，落实到对于社会现实问题的解决。他说："天下亦大矣，社会之组织极复杂，而又有数千年之历史，民智污塞，开通为难。欲动天下者，当动天下之心，而不徒在显见之迹。动其心者，当具有大本大源。今日变法，俱从枝节入手，如议会、宪法、总统、内阁、军事、实业、教育，一切皆枝节也。枝节亦不可少，惟此等枝节，必有本源。本

---

① 《朱子全书》第十四册，上海：上海古籍出版社、合肥：安徽教育出版社2002年版，第116页。

② 《毛泽东早期文稿》，第230—231页。

③ 孟子语，见《四书集注》，长沙：岳麓书社1998年版，第501页；陆象山语，《陆九渊集》，北京：中华书局1980年版，第483页。

④ 《毛泽东早期文稿》，第148页。

⑤ 《传习录下》载："先生遊南镇，一友指岩中花树问曰：'天下无心外之物，如此花树，在深山中自开自落，于我心亦何相关？'先生曰：'你未看此花时，此花与汝心同归于寂。你来看此花时，则此花颜色一时明白起来。便知此花不在你的心外。'"见《王阳明全集》，上海：上海古籍出版社1992年版，第107—108页。

源未得,则此等枝节为赘疣,为不贯气,为支离灭裂。幸则与本源略近,不幸则背道而驰。夫以与本源背道而驰者而以之为临民之具,几何不谬种流传,陷一世一国于败亡哉?而岂有毫末之富强幸福可言哉?"①由此可见,毛泽东的哲学本体论关照实际上是要为其改造中国社会的关切设定由本及末、系统全面的思想方法。

（二）物质运动与终极静止的宇宙观

在宇宙观方面,毛泽东早年认为大千世界无非变动不居的物质。他一言以蔽之曰:"天地盖惟有动而已。"②具体到人身、国家、民族乃至人类来说:"一人生死之言,本精神不灭、物质不灭为基础（精神物质非绝对相离之二物,其实即一物也,二者乃共存者也）。世上各种现象只有变化,并无生灭成毁也,生死也皆变化也。既无生灭,而只有变化,且必有变化,则成于此必毁于彼,毁于彼者必成于此,成非生,毁非灭也。生于此者,必死于彼;死于彼者,必生于此。生非生,死非死也。国家有灭亡,乃国家现象之变化,土地未灭亡,人民未灭亡也。国家有变化,乃国家日新之机,社会进化所必要也。今之德意志即从前之日耳曼,土地犹是也,人民犹是也。吾尝虑吾中国之将亡,今乃知不然。改建政体,变化民质,改良社会,是亦日耳曼而变为德意志也,无忧也。惟改变之事如何进行,乃是问题。吾意必须再造之,使其如物质之由毁而成,如孩儿之从母腹胎生也。国家如此,民族亦然,人类亦然。各世纪中,各民族起各种之大革命,时时涤旧染而新之,皆生死成毁之大变化也。宇宙之毁也亦然。宇宙之毁决不终毁也,其毁于此者必成于彼无疑也。吾人甚盼望其毁,盖毁旧宇宙而得新宇宙,岂不愈于旧宇宙耶!"③此处言及人身虽然似持神物二元论观点,但参以毛泽东于他处所谓"人类者,自然物之一也,受自然法则之支配,有生必有死,即自然物有成必有毁之法则"④,可见毛泽东

①《毛泽东早期文稿》,第85页。
②《毛泽东早期文稿》,第69页。
③《毛泽东早期文稿》,第199—202页。
④《毛泽东早期文稿》,第194页。

基本上是认为充斥于广宇悠宙者不过运动的物质或物质的运动而已。

至于物质运动的原因,毛泽东归之于"差别陈迭之状况",[1]亦即事物的矛盾性。以自然现象为例,"河出潼关,因有太华抵抗,而水力益增其奔猛。风回三峡,因有巫山为隔,而风力益增其怒号",[2]即是说,矛盾越是尖锐激烈,运动就越是显著迅猛。从人类社会来看,"然则不平等、不自由、大战争亦当与天地终古,永不能绝,世岂有纯粹之平等自由博爱者乎? 有之,其惟仙境。然则唱大同之说者,岂非谬误之理想乎? 人现处于不大同时代,而想望大同,亦犹人处于困难之时,而想望平安。然长久之平安,毫无抵抗纯粹之平安,非人生之所堪,而不得不于平安之境又生出波澜来。然大同亦岂人生之所堪乎? 吾知一入大同之境,亦必生出许多竞争抵抗之波澜来,而不能安处于大同之境矣。是故老庄绝圣弃智、老死不相往来之社会,徒为理想之社会而已。陶渊明桃花源之境遇,徒为理想之境遇而已。即此又可证明人类理想之实在性少,而谬误性多也。是故治乱迭乘,平和与战伐相寻者,自然之例也。伊古以来,一治即有一乱,吾人恒厌乱而望治,殊不知乱亦历史生活之一过程,自亦有实际生活之价值。吾人览史时,恒赞叹战国之时,刘项相争之时,汉武与匈奴竞争之时,三国竞争之时,事态百变,人才辈出,令人喜读。至若承平之代,则殊厌弃之。非好乱也,安逸宁静之境,不能长处,非人生之所堪,而变化倏忽,乃人性之所喜也。吾尝梦想人智平等,人类皆为圣人,则一切法治均可弃去,今亦知其决无此境矣"![3] 这则是说,人类社会永远处在矛盾运动之中,而无矛盾的平和状态只不过是幻想而已。

早年毛泽东还注意到事物的矛盾运动存在着由量变到质变及其自我否定与转化诸现象。在《讲堂录》中,他记道:"夫善,积而成者也。是故万里之程,一步所积;千尺之帛,一丝所积。差一步,不能谓之万里;差一丝,不能谓之千尺。朱子学问,铢积寸累而得之,苟为不蓄,则终生不

---

①《毛泽东早期文稿》,第 245 页。
②《毛泽东早期文稿》,第 180—181 页。
③《毛泽东早期文稿》,第 184—187 页。

得矣。"①表述了由量变到质变的观点。也是在《讲堂录》中，他记道："《老子》：天下莫柔弱于水，而攻坚强者莫之能先。""杀人以生人。""恩生于害，害生于恩。"②在《体育之研究》中，他指出："盖生而强者滥用其强，不戒于种种嗜欲，以渐戕贼其身，自谓天生好身手，得此已足，尚待锻炼？故至强者或终转为至弱。至于弱者，则恒自闵其身之不全，而惧其生之不永，兢业自持；于消极方面则深戒嗜欲，不敢使有损失；于积极方面则勤自锻炼，增益其所不能，久之遂变而为强者矣。故生而强者不必自喜也，生而弱者不必自悲也。"③由此阐明了事物自我否定与转化的观点。

应该指出，早年毛泽东的事物运动转化观还杂有相对主义成分，如其所谓"观念即实在，有限即无限，时间感官者即超绝时间感官者，想象即思维，形式即实质，我即宇宙，生即死，死即生，现在即过去及未来，过去及未来即现在，小即大，阴即阳，上即下，秽即清，男即女，厚即薄。质而言之，万即一，变即常。我是极高之人，又是极卑之人"，④这就抹煞了事物的质的规定性及其转化的条件性。另外，早年毛泽东还将事物的运动转化限定在终极静止的宇宙框架之内，亦即认为现象界虽然千变万化，但宇宙在根本上却是一成不变的，他说："即宇宙亦终古在同状之中，无创作之力。精神不灭，物质不灭，即精神不生，物质不生，既不灭何有生乎，但有变化而已。吾人之心灵限于观念，观念限于现象，现象限于实体。吾人之心灵有变化而已，安能丝毫之创作哉？"可见其时毛泽东尚未将事物运动转化观贯彻到底。但无论如何，早年毛泽东对于事物的矛盾运动与转化的认识，为他后来接受辩证唯物主义世界观奠定了思想基础。

（三）唯物辩证与知觉类化的认识论

早年毛泽东的认识论基本上属于唯物主义范畴。关于认识的来源，

---

① 《毛泽东早期文稿》，第 601 页。
② 《毛泽东早期文稿》，第 595—596 页。
③ 《毛泽东早期文稿》，第 70 页。
④ 《毛泽东早期文稿》，第 269—270 页。

他说:"凡宇宙一切之差别,皆不过其发显之方面不同。……吾人各种之精神生活即以此差别相构成之,无此差别相即不能构成历史生活。进化者,差别陈迭之状况也。有差别而后有言语,有思虑,无差别即不能有之。"①这显然是以客观存在作为第一性者,而以认识作为客观存在的产物。他又说:"美学未成立以前,早已有美。伦理学未成立以前,早已人人有道德,人人皆得其正鹄矣。种种著述皆不过钩画其实际之情状,叙述其自然之条理。无论何种之书,皆是述而不作。"②这则是认为事实先于理论,而在宽泛的意义上,事实也就是客观存在。他还说:"闭门求学,其学无用。欲从天下国家万事万物而学之,则汗漫九垓,遍游四宇尚已。"③这不仅仍然表明客观存在是认识的来源,而且强调直接知识比间接知识更重要,体现了对于实践的重视。尤有进者,在将客观存在置于第一性地位的前提下,毛泽东还指出了认识必须依赖于体质这一物质基础,他说:"夫知识之事,认识世间之事物而判断其理也,于此有须于体者焉。直观则赖乎耳目,思索则赖乎脑筋,耳目脑筋之谓体,体全而知识之事以全,故可谓间接从体育以得知识。"④由此便将认识的产生限定于客观存在与主体体质的双重物质条件之下。

对于所谓"良能""先天直觉"之类的具有神秘性的心理现象,毛泽东也作了唯物主义的解释,他说:"此良能乃祖先以来多代相传之经验,其始固有意识存乎其间,及其行之以已久,成为社会之习惯,在个人之脑筋中成为一种不假思索脱然而出之反射运动,乃所谓良能也。"⑤"此种言语在其起原确已合于客观界之事实,乃由种种之经验而来者也。由一人而论,从幼少之时,即童而习之,似为构成于先天者。从历史观之,则纯成乎经验,而非所谓先天直觉也。"⑥即是说,所谓"良能"和"先天直觉"都不

①《毛泽东早期文稿》,第 245 页。
②《毛泽东早期文稿》,第 216—217 页。
③《毛泽东早期文稿》,第 587 页。
④《毛泽东早期文稿》,第 71 页。
⑤《毛泽东早期文稿》,第 157 页。
⑥《毛泽东早期文稿》,第 221 页。

过是漫长岁月中代复一代积累的经验的遗传性内化。

早年毛泽东还看到了认识对于客观存在的反作用，他说："知识固大有影响于人心者也。人心循感情冲动及良心而动作者半，循新得之知识而动作者亦半。人类之有进步、有革命、有改过之精神，则全为依靠新知之指导而活动者也。……夫知者信之先，有一种之知识，即建为一种之信仰；既建一种信仰，即发为一种之行为。知也，信也，行也，为吾人精神活动之三步骤。"①此所谓动作、革命、行为云云，当然都是主体见之于客观对象的活动，而这类活动都是基于认识亦即知识而发生的，这也就是形成于客观对象的认识或知识对于客观对象的反作用。另外，毛泽东虽然肯定客观存在和直接经验在认识活动中的优先地位，但也相当重视理性的抽象、推理和概括功能，他说："解甲物而有通乎乙，思此理而有会乎彼。及其至也，大宇之内，万象之众，息息而相通，是谓知觉类化。"②对理性的推重可谓情见乎辞。不过，早年毛泽东对理性的推重却不免产生偏至，以至于认为"差别之所以生，生于有界限。为界域生活之人类，其思想有限，其能力有限，其活动有限，对于客观界，遂以其思想能力活动所及之域，而种种划分之，于是差别之世界成矣"，③从语面看，这是批评人类理性的局限性，但此语同时也表达了人类理性可能为客观存在立法的意思，从而不无唯心主义认识论之嫌。然而，尽管存在着思想驳杂的情况，早年毛泽东毕竟更加倾向于客观存在和直接经验的优先性，所以说他的认识论基本上属于唯物主义范畴，这也是他后来接受辩证唯物主义认识论的契机。

（四）主观唯心主义的利己主义、个人主义和个性自由伦理观

早年毛泽东研读近代德国学者泡尔生（Friedrich Paulsen，1846—1908）所著《伦理学原理》，引生了大量伦理道德思想。其时他的伦理观基本上是主观唯心主义的。他说："道德非必待人而有。待人而有者，客观之道德律；独立所有者，主观之道德律也。吾人欲自尽其性，自完其

① 《毛泽东早期文稿》，第 227—228 页。
② 《毛泽东早期文稿》，第 587 页。
③ 《毛泽东早期文稿》，第 246 页。

心,自有最可宝贵之道德律。世界固有人有物,然皆因我而有,我眼一闭,固不见物也。故客观之道德律亦系主观之道德律。且即使世界上止有我一人,亦不能因无损于人而不尽吾之性、完吾之心,仍必尽之完之。此等处非以为人也,乃以为己也。"①这是说,道德律自具于本心,与客观世界的人物并无关系。他又说:"或人之说,必以道德律为出于神之命令,而后能实行而不唾弃,此奴隶之心理也。服从神何不服从己?己即神也,神以外尚有所谓神乎?吾研究良心之起原而知之,此问题已得于己矣,即当举其所得于己者而服从之。一切时空内百般之事物,其应服从,价值无有过于此所得于己者之大。吾人一生之活动,服从自我之活动而已;宇宙间各物之活动,各物从服自我之活动而已。"②这更是否定了道德神授的观念,而将道德根蒂仅仅植于人心之中。

其时毛泽东的伦理观的显著特点是主张利己主义、个人主义和个性自由。他肯定真诚的、以自我为起点而终于推扩至宇宙万物的最大的利己主义,相应地否定虚伪的、声称利他而实际上利己的所谓利他主义,其曰:"真者,善也;伪者,恶也。实行利己主义者,念虽小犹真也。借利他之名而行利己之实者,则大伪也。由利己而放开之至于利人类之大己,利生类之大己,利宇宙之大己,系由小真而大真,人类智力进步可得达到也。人己并举则次序不明,易致假利他之名而行利己之实,无由而达到最大之利己也。予思吾儒家之说,乃是以利己主义为基础,如'天地之道造端乎夫妇'之言,'先修身而后平天下','先亲亲而后仁民爱物'可以见之。兼爱之说非利他主义也,言兼爱则有我在内,以爱我者而普爱天下之人云耳。以我立说,乃有起点,有本位;人我并称,无起点,失却本位。"③他进一步说明利他行为实乃主体之不容已的自我实现,有谓"一切之生活动作所以成全个人,一切之道德所以成全个人。表同情于他人,

---

①《毛泽东早期文稿》,第147—148页。
②《毛泽东早期文稿》,第230页。本书编者在"神以外尚有所谓神乎"一语的前一"神"字后面加注:"神,原文如此,疑为'己'字。"见同书第284页。
③《毛泽东早期文稿》,第143—144页。

为他人谋幸福,非以为人,乃以为己。吾有此种爱人之心,即须完成之;如不完成,即是于具足生活有缺,即是未达正鹄"①。这是一种吊诡的利己主义观点,亦即无论怎样的利他动机与行为,归根到底都是利己;或者说,客观上即使是大公无私的表现,实质上也只是为了满足一己之私心。这就在肯定的意义上将一切道德现象全都收摄到私己范畴之中了。

与对于私己的注重相关联,毛泽东又标举个人主义。他说:"个人有无上之价值,百般之价值依个人而存,使无个人(或个体)则无宇宙,故谓个人之价值大于宇宙之价值可也。故凡有压抑个人、违背个性者,罪莫大焉。故吾国之三纲在所必去,而教会、资本家、君主、国家四者,同为天下之恶魔也。或曰个人依团体而存,与团体之因个人而存其事相等,盖互相依存不可偏重也。是不然。事固先有个人而后有团体,个人离团体固不能独存,然团体无意思,其有意思仍系集合个人之意思也。个人有叛团体之事,团体无叛个人之事,以团体无意思也。且团体者仍个人,乃大个人也。人一身乃集许多小个体而成,社会乃集许多个人而成,国家乃集许多社会而成。当其散则多,及其成则一。故个人、社会、国家皆个人也,宇宙亦一个人也。故谓世无团体,只有个人,亦无不可。"②又说:"先有各人而后有国民,非各人由国民而发生也。国民之生命即各人之总生命,乃合各人之生命而成,非各人之生命由国民之生命所派生也。至国家社会之组织既成,各人住于其中,不可离解,徒观其现在之状况,遂不免有国民大、各人小、国民重、各人轻之势。细研之,实不如此。"③这是以个人作为构成社会乃至宇宙的基点,强调个人绝对先于并且重于社会乃至宇宙,无疑是一种极端的个人主义。

复与极端个人主义相关联,毛泽东还推尊个性自由,这一点,从上引"故凡有压抑个人、违背个性者,罪莫大焉"一语已可窥见,而他更有精彩论述曰:"豪杰之士发展其所得于天之本性,伸张其本性中至伟至大之

① 《毛泽东早期文稿》,第 203 页。另参见同书第 241 页。
② 《毛泽东早期文稿》,第 151—153 页。
③ 《毛泽东早期文稿》,第 241—242 页。

力,因以成其为豪杰焉。本性以外之一切外铄之事,如制裁束缚之类,彼者以其本性中至大之动力以排除之。此种之动力,乃至坚至真之实体,为成全其人格之源,即此书所谓自然之冲动,所谓性癖也。彼但计此动力发出之适宜与否,得当与否。适宜也,得当也,则保持之;否则变更之,以迁于适宜与得当焉。此纯出其自计,决非服从外来之道德律,与夫所谓义务感情也。大凡英雄豪杰之行其自己也,发其动力,奋发蹈厉,摧陷廓清,一往无前,其强如大风之发于长谷,如好色者之性欲发动而寻其情人,决无有能阻回之者,亦决不可有阻回者。"①这是高度肯定并由衷赞美无所羁绊、率性而行、期于必成的自由个性,毛泽东自谓"吾之意与孟子所论浩然之气及大丈夫两章之意,大略相同"。②

早年毛泽东伦理观中的利己主义、个人主义和个性自由思想,与新文化运动时期的社会思潮以及作为新文化运动的理论基础的近代西方启蒙理念甚为契合,由此体现出他的思想观念的时代性,可以说他也是当时挣脱传统羁绊的新派人物,是广义的五四之子。当然,在他转变为马克思列宁主义者之后,他的早年伦理观基本上逐渐被扬弃了,例如以为人民服务克服了利己主义,以阶级观点克服了个人主义,以民主集中制克服了自由主义。

三、成熟期哲学思想

1921 年初,毛泽东先后在新民学会长沙会员大会上的发言以及致蔡和森的信中明确表示:"激烈方法的共产主义,即所谓劳农主义,用阶级专政的方法,是可以预计效果的,故最宜采用",③"唯物史观是吾党哲学的根据,这是事实,不像唯理观之不能证实而容易被人摇动",④这表明他已经从革命民主主义者转变为马克思列宁主义者。此后 16 年

---

① 《毛泽东早期文稿》,第 218—219 页。
② 《毛泽东早期文稿》,第 220 页。
③ 《毛泽东文集》第 1 卷,北京:人民出版社 1993 年版,第 2 页。
④ 《毛泽东文集》第 1 卷,第 4 页。

间，毛泽东几乎一直置身于急风暴雨式的革命斗争中，虽然写作了大量政治军事论著，从中也可以发现他将马克思主义哲学与中国革命具体实践相结合的思想，但真正进行哲学理论创造，则还是在长征到达陕北、特别是于 1937 年初迁驻延安以后。《实践论》和《矛盾论》作为他在抗日军政大学授课提纲《辩证法唯物论》中的两节，就是在这一年首次发表的。

（一）《实践论》：辩证唯物论的认识论

在长征到达陕北终于有了一块安身之地以后，毛泽东随即在物资匮乏且军政倥偬的环境中如饥似渴地读书学习。1936 年 10 月 22 日，他致信叶剑英和刘鼎说："要买一批通俗的社会科学自然科学及哲学书，大约共买十种至十五种左右，要经过选择真正是通俗的而又有价值的（例如艾思奇的《大众哲学》，柳湜的《街头讲话》之类），每种买五十部，共价不过一百元至三百元，请剑兄经手选择，鼎兄经手购买。"①自 1936 年 11 月至次年 7 月，毛泽东研读了苏联西洛可夫和爱森堡等著、李达和雷仲坚翻译的《辩证法唯物论教程》，苏联米丁等著、沈志远翻译的《辩证唯物论与历史唯物论》（上册），这两部译著无疑就是毛泽东撰写《实践论》和《矛盾论》的主要借鉴，这一点，从《毛泽东哲学批注集》中收集的毛泽东研读这两部译著时所写的大量读书心得可以证明。②

---

① 《毛泽东文集》第 1 卷，第 453 页。就在这封信中，毛泽东还谆谆告诫道："经济甚紧，外面用费须节省又节省，千万不可过费。无论何时不要丧失我们的立场，不要接受别人的馈赠。只有到了万不得已时，才允许向别人借一点钱用，日后如数归还。一切用费均须报账。因近日接连发生几件浪费事，故向二兄指出此点。并请向雪枫、理治及其他做统一战线工作的同志随时提出对此问题的警觉。苦久了的人难免见风华而把握不住，故应作为一个问题，对同志做教育与警戒的工作。"

② 参见《毛泽东哲学批注集》，北京：中央文献出版社 1988 年版，第 1—189 页。坊间有传言指毛泽东的《实践论》和《矛盾论》抄袭了李达的《社会学大纲》，此乃车前马后的颠倒之论！《实践论》和《矛盾论》发表于 1937 年 4 月至 8 月间，而毛泽东读到李达的《社会学大纲》乃在 1938 年 1 月，故毛泽东不可能抄袭李达。且对于马克思列宁主义基本原理的阐发不可能别出心裁，因此相关著作的内容即便存在相近之处，主要地也应该是作者们对原著的理解达到了相近或一致，而不足以表明谁抄袭了谁。关于《实践论》和《矛盾论》的写作情况，可参见《毛泽东年谱 1893—1949》上卷，北京：人民出版社、中央文献出版社 1993 年版，第 615—617、671—672、685 页；另可参见《毛泽东文集》第 8 卷，北京：人民出版社 1999 年版，第 405—406 页。

《实践论》篇幅短小，不过万字左右，不分节，其副标题为"论认识和实践的关系——知和行的关系"。认识和实践是近代以来的哲学术语；而知、行则是中国传统哲学范畴，其母题大概可以追溯到《尚书·商书·说命中》所谓"非知之艰，行之惟艰"。由此可见，毛泽东在写作《实践论》这篇马克思列宁主义认识论文献时，头脑中是存在着中国传统哲学这一背景的；可以说他是要以马克思列宁主义为中国传统哲学的认识论注入新的时代内容，也可以说他是要以中国传统哲学为马克思列宁主义认识论提供本土的理论框架和思想资源。他的这种思想背景，与他写作这篇文献的动机，即批判当时中国共产党内那些"长期拒绝中国革命的经验，否认'马克思主义不是教条而是行动的指南'这个真理，而只生吞活剥马克思主义书籍中的只言片语，去吓唬人们"[1]的教条主义者，也是基本一致的。

《实践论》开篇乃至通篇反复强调人的认识对于社会实践的依赖性，亦即社会实践是认识的来源。毛泽东说：

> 马克思主义者认为人类的生产活动是最基本的实践活动，是决定其他一切活动的东西。人的认识，主要地依赖于物质的生产活动，逐渐地了解自然的现象、自然的性质、自然的规律性、人和自然的关系；而且经过生产活动，也在各种不同程度上逐渐地认识了人和人的一定的相互关系。一切这些知识，离开生产活动是不能得到的。在没有阶级的社会中，每个人以社会一员的资格，同其他社会成员协力，结成一定的生产关系，从事生产活动，以解决人类物质生活问题。在各种阶级的社会中，各阶级的社会成员，则又以各种不同的方式，结成一定的生产关系，从事生产活动，以解决人类物质生活问题。这是人的认识发展的基本来源。
>
> 人的社会实践，不限于生产活动一种形式，还有多种其他的形式，阶级斗争，政治生活，科学和艺术的活动，总之社会实际生活的

---

[1]《毛泽东选集》第 1 卷，北京：人民出版社 1991 年版，第 282 页题解。

一切领域都是社会的人所参加的。因此，人的认识，在物质生活以外，还从政治生活文化生活中（与物质生活密切联系），在各种不同程度上，知道人和人的各种关系。其中，尤以各种形式的阶级斗争，给予人的认识发展以深刻的影响。①

他又说：

辩证唯物论的认识论把实践提到第一的地位，认为人的认识一点也不能离开实践，排斥一切否认实践重要性、使认识离开实践的错误理论。列宁这样说过："实践高于（理论的）认识，因为它不但有普遍性的品格，而且还有直接现实性的品格。"马克思主义的哲学辩证唯物论有两个最显著的特点：一个是它的阶级性，公然申明辩证唯物论是为无产阶级服务的；再一个是它的实践性，强调理论对于实践的依赖关系，理论的基础是实践，又转过来为实践服务。……实践的观点是辩证唯物论的认识论之第一的和基本的观点。②

他还说：

无论何人要认识什么事物，除了同那个事物接触，即生活于（实践于）那个事物的环境中，是没有法子解决的。……如果要直接地认识某种或某些事物，便只有亲身参加于变革现实、变革某种或某些事物的实践的斗争中，才能触到那种或那些事物的现象，也只有在亲身参加变革现实的实践的斗争中，才能暴露那种或那些事物的本质而理解它们。……你要有知识，你就得参加变革现实的实践。你要知道梨子的滋味，你就得变革梨子，亲口吃一吃。你要知道原子的组织同性质，你就得实行物理学和化学的实验，变革原子的情况。你要知道革命的理论和方法，你就得参加革命。……一个人的知识，不外直接经验的和间接经验的两部分。而且在我为间接经验

---

① 《毛泽东选集》第1卷，第282—283页。
② 《毛泽东选集》第1卷，第284页。

者,在人则仍为直接经验。因此,就知识的总体说来,无论何种知识都是不能离开直接经验的。任何知识的来源,在于人的肉体感官对客观外界的感觉,否认了这个感觉,否认了直接经验,否认亲自参加变革现实的实践,他就不是唯物论者。"知识里手"之所以可笑,原因就是在这个地方。中国人有一句老话:"不入虎穴,焉得虎子。"这句话对于人们的实践是真理,对于认识论也是真理。离开实践的认识是不可能的。①

在肯定实践第一的前提下,毛泽东进而阐述了认识发展形成的机制,他说:

> 原来人在实践过程中,开始只是看到过程中各个事物的现象方面,看到各个事物的片面,看到各个事物之间的外部联系。……这是认识的第一个阶段。在这个阶段中,人们还不能造成深刻的概念,作出合乎论理(即合乎逻辑)的结论。

> 社会实践的继续,使人们在实践中引起感觉和印象的东西反复了多次,于是在人们的脑子里生起了一个认识过程中的突变(即飞跃),产生了概念。概念这种东西已经不是事物的现象,不是事物的各个片面,不是它们的外部联系,而是抓着了事物的本质,事物的全体,事物的内部联系了。概念同感觉,不但是数量上的差别,而且有了性质上的差别。循此继进,使用判断和推理的方法,就可产生出合乎论理的结论来。《三国演义》上所谓"眉头一皱计上心来",我们普通说话所谓"让我想一想",就是人在脑子中运用概念以作判断和推理的工夫。这是认识的第二个阶段。……这个概念、判断和推理的阶段,在人们对于一个事物的整个认识过程中是更重要的阶段,也就是理性认识的阶段。认识的真正任务在于经过感觉而到达于思维,到达于逐步了解客观事物的内部矛盾,了解它的规律性,了解

---

① 《毛泽东选集》第 1 卷,第 286—288 页。

这一过程和那一过程间的内部联系,即到达于论理的认识。重复地说,论理的认识所以和感性的认识不同,是因为感性的认识是属于事物之片面的、现象的、外部联系的东西,论理的认识则推进了一大步,到达了事物的全体的、本质的、内部联系的东西,到达了暴露周围世界的内在的矛盾,因而能在周围世界的总体上,在周围世界一切方面的内部联系上去把握周围世界的发展。①

也是在强调实践之重要性的意义上,毛泽东深入论析了作为认识的第一个阶段的感性认识与作为认识的第二个阶段的理性认识的关系,他说:

这里有两个要点必须着重指明。第一个,在前面已经说过的,这里再重复说一说,就是理性认识依赖于感性认识的问题。如果以为理性认识可以不从感性认识得来,他就是一个唯心论者。哲学史上有所谓"唯理论"一派,就是只承认理性的实在性,不承认经验的实在性,以为只有理性靠得住,而感觉的经验是靠不住的,这一派的错误在于颠倒了事实。理性的东西所以靠得住,正是由于它来源于感性,否则理性的东西就成了无源之水,无本之木,而只是主观自生的靠不住的东西了。从认识过程的秩序说来,感觉经验是第一的东西,我们强调社会实践在认识过程中的意义,就在于只有社会实践才能使人的认识开始发生,开始从客观外界得到感觉经验。一个闭目塞听、同客观外界根本绝缘的人,是无所谓认识的。认识开始于经验——这就是认识论的唯物论。

第二是认识有待于深化,认识的感性阶段有待于发展到理性阶段——这就是认识论的辩证法。如果以为认识可以停顿在低级的感性阶段,以为只有感性认识可靠,而理性认识是靠不住的,这便是重复了历史上的"经验论"的错误。这种理论的错误,在于不知道感觉材料固然是客观外界某些真实性的反映(我这里不来说经验只是

---

① 《毛泽东选集》第 1 卷,第 284—286 页。

所谓内省体验的那种唯心的经验论),但它们仅是片面的和表面的东西,这种反映是不完全的,是没有反映事物本质的。要完全地反映整个的事物,反映事物的本质,反映事物的内部规律性,就必须经过思考作用,将丰富的感觉材料加以去粗取精、去伪存真、由此及彼、由表及里的改造制作工夫,造成概念和理论的系统;就必须从感性认识跃进到理性认识。这种改造过的认识,不是更空虚了更不可靠了的认识,相反,只要是在认识过程中根据于实践基础而科学地改造过的东西,正如列宁所说乃是更深刻、更正确、更完全地反映客观事物的东西。①

而认识的目的同样归趋于实践,毛泽东说:

> 辩证唯物论的认识运动,如果只到理性认识为止,那末还只说到问题的一半。而且对于马克思主义的哲学说来,还只说到非十分重要的那一半。马克思主义的哲学认为十分重要的问题,不在于懂得了客观世界的规律性,因而能够解释世界,而在于拿了这种对于客观规律性的认识去能动地改造世界。在马克思主义看来,理论是重要的,它的重要性充分地表现在列宁说过的一句话:"没有革命的理论,就不会有革命的运动。"然而马克思主义看重理论,正是,也仅仅是,因为它能够指导行动。如果有了正确的理论,只是把它空谈一阵,束之高阁,并不实行,那末,这种理论再好也是没有意义的。认识从实践始,经过实践得到了理论的认识,还须再回到实践去。认识的能动作用,不但表现于从感性的认识到理性的认识之能动的飞跃,更重要的还须表现于从理性的认识到革命的实践这一个飞跃。抓着了世界的规律性的认识,必须把它再回到改造世界的实践中去,再用到生产的实践、革命的阶级斗争和民族斗争的实践以及科学实验的实践中去。②

---

① 《毛泽东选集》第 1 卷,第 290—291 页。
② 《毛泽东选集》第 1 卷,第 292 页。

至于认识是正确的或是错误的，或者说认识是真理还是谬误，其判断的标准仍然在于实践，毛泽东说：

> 马克思主义者认为，只有人们的社会实践，才是人们对于外界认识的真理性的标准。实际的情形是这样的，只有在社会实践过程中（物质生产过程中，阶级斗争过程中，科学实验过程中），人们达到了思想中所预想的结果时，人们的认识才被证实了。人们要想得到工作的胜利即得到预想的结果，一定要使自己的思想合于客观外界的规律性，如果不合，就会在实践中失败。人们经过失败之后，也就从失败取得教训，改正自己的思想使之适合于外界的规律性，人们就能变失败为胜利，所谓"失败者成功之母"，"吃一堑长一智"，就是这个道理。……判定认识或理论之是否真理，不是依主观上觉得如何而定，而是依客观上社会实践的结果如何而定。真理的标准只能是社会的实践。①

他又说：

> 理论的东西之是否符合于客观真理性这个问题，在前面说的由感性到理性之认识运动中是没有完全解决的，也不能完全解决的。要完全地解决这个问题，只有把理性的认识再回到社会实践中去，应用理论于实践，看它是否能够达到预想的目的。……人类认识的历史告诉我们，许多理论的真理性是不完全的，经过实践的检验而纠正了它们的不完全性。许多理论是错误的，经过实践的检验而纠正其错误。所谓实践是真理的标准，所谓"生活、实践底观点，应该是认识论底首先的和基本的观点"，理由就在这个地方。②

最后，认识的无限发展，由相对真理趋近于绝对真理的过程，也是追随着实践的发展而实现的，毛泽东说：

---

① 《毛泽东选集》第 1 卷，第 284 页。
② 《毛泽东选集》第 1 卷，第 292—293 页。

马克思主义者承认,在绝对的总的宇宙发展过程中,各个具体过程的发展都是相对的,因而在绝对真理的长河中,人们对于在各个一定发展阶段上的具体过程的认识只具有相对的真理性。无数相对的真理之总和,就是绝对的真理。客观过程的发展是充满着矛盾和斗争的发展,人的认识运动的发展也是充满着矛盾和斗争的发展。一切客观世界的辩证法的运动,都或先或后地能够反映到人的认识中来。社会实践中的发生、发展和消灭的过程是无穷的,人的认识的发生、发展和消灭的过程也是无穷的。根据于一定的思想、理论、计划、方案以从事于变革客观现实的实践,一次又一次地向前,人们对于客观现实的认识也就一次又一次地深化。客观现实世界的变化运动永远没有完结,人们在实践中对于真理的认识也就永远没有完结。①

归纳起来,毛泽东在《实践论》中阐明了实践是认识的来源、是认识发展的动因、是认识的目的、是判断认识正误的标准,也是认识在历史长河中无限深化而由相对真理趋近于绝对真理的导引,由此凸显了辩证唯物论的认识论之实践第一的观点。毛泽东总结道:

通过实践而发现真理,又通过实践而证实真理和发展真理。从感性认识而能动地发展到理性认识,又从理性认识而能动地指导革命实践,改造主观世界和客观世界。实践、认识、再实践、再认识,这种形式,循环往复以至无穷,而实践和认识之每一循环的内容,都比较地进到了高一级的程度。这就是辩证唯物论的全部认识论,这就是辩证唯物论的知行统一观。②

《实践论》的主要内容当然在于全面准确阐述辩证唯物论的认识论的基本观点,但是毛泽东并不只是教科书式地照本宣科,而是在行文中

---

① 《毛泽东选集》第1卷,第295—296页。
② 《毛泽东选集》第1卷,第296—297页。

穿插了许多具有现实针对性的事例和观点以及深入浅出的中国成语。例如在论述感性认识和理性认识的不同特点时,毛泽东说:

> 例如有些外面的人们到延安来考察,头一二天,他们看到了延安的地形、街道、屋宇,接触了许多的人,参加了宴会、晚会和群众大会,听到了各种说话,看到了各种文件,这些就是事物的现象,事物的各个片面以及这些事物的外部联系。这叫做认识的感性阶段,就是感觉和印象的阶段。也就是延安这些各别的事物作用于考察团先生们的感官,在他们的脑子中生起了许多的印象,以及这些印象间的大概的外部的联系,这是认识的第一个阶段。……

> ……外来的考察团先生们在他们集合了各种材料,加上他们"想了一想"之后,他们就能够作出"共产党的抗日民族统一战线的政策是彻底的、诚恳的和真实的"这样一个判断了。在他们作出这个判断之后,如果他们对于团结救国也是真实的话,那末他们就能够进一步作出这样的结论:"抗日民族统一战线是能够成功的。"这个概念、判断和推理的阶段,在人们对于一个事物的整个认识过程中是更重要的阶段,也就是理性认识的阶段。①

又如在批评认识与实践相脱离的倾向时,毛泽东说:

> 只有那些主观地、片面地和表面地看问题的人,跑到一个地方,不问环境的情况,不看事情的全体(事情的历史和全部现状),也不触到事情的本质(事情的性质及此一事情和其他事情的内部联系),就自以为是地发号施令起来,这样的人是没有不跌交子的。②

> 我们反对革命队伍中的顽固派,他们的思想不能随变化了的客观情况而前进,在历史上表现为右倾机会主义。这些人看不出矛盾的斗争已将客观过程推向前进了,而他们的认识仍然停止在旧阶

---

① 《毛泽东选集》第1卷,第285—286页。
② 《毛泽东选集》第1卷,第290页。

段。一切顽固党的思想都有这样的特征。他们的思想离开了社会的实践，他们不能站在社会车轮的前头充任向导的工作，他们只知跟在车子后面怨恨车子走得太快了，企图把它向后拉，开倒车。

我们也反对"左"翼空谈主义。他们的思想超过客观过程的一定发展阶段，有些把幻想看做真理，有些则把仅在将来有现实可能的理想，勉强地放在现时来做，离开了当前大多数人的实践，离开了当前的现实性，在行动上表现为冒险主义。①

所有这些，或是宣传了当前正确的方针政策，或是指出了党内实际存在的主观主义和"左"右倾机会主义错误，体现了马克思主义基本原理现实化的取向。至于以"失败者成功之母""吃一堑长一智""眉头一皱计上心来""秀才不出门全知天下事""不入虎穴焉得虎子"等中国人耳熟能详的成语，深入浅出地阐明辩证唯物论的认识论的若干观点，则体现了马克思主义基本原理中国化的取向。而马克思主义基本原理的现实化和中国化，正是马克思主义基本原理与中国革命具体实践相结合的毛泽东思想的精髓。

(二)《矛盾论》：唯物辩证法的方法论

《矛盾论》约两万五千字，分"两种宇宙观""矛盾的普遍性""矛盾的特殊性""主要的矛盾和主要的矛盾方面""矛盾诸方面的同一性和斗争性""对抗在矛盾中的地位"和"结论"七节。在这篇集中论述"唯物辩证法的最根本的法则"也就是"事物的矛盾法则，即对立统一的法则"的著作中，②毛泽东首先展示了与作为一种关于宇宙发展法则的见解的唯物辩证法相对立的形而上学宇宙观，以此作为阐论唯物辩证法之张本。他说：

所谓形而上学的或庸俗进化论的宇宙观，就是用孤立的、静止的和片面的观点去看世界。这种宇宙观把世界一切事物、一切事物

①《毛泽东选集》第1卷，第295页。
②《毛泽东选集》第1卷，第299页。

的形态和种类,都看成是永远彼此孤立和永远不变化的。如果说有变化,也只是数量的增减和场所的变更。而这种增减和变更的原因,不在事物的内部而在事物的外部,即是由于外力的推动。形而上学家认为,世界上各种不同事物和事物的特性,从它们一开始存在的时候就是如此。后来的变化,不过是数量上的扩大或缩小。他们认为一种事物永远只能反复地产生为同样的事物,而不能变化为另一种不同的事物。①

在与形而上学宇宙观相对照的意义上,毛泽东揭橥了唯物辩证法的要义,其曰:

> 和形而上学的宇宙观相反,唯物辩证法的宇宙观主张从事物的内部、从一事物对他事物的关系去研究事物的发展,即把事物的发展看做是事物内部的必然的自己的运动,而每一事物的运动都和它的周围其他事物互相联系着和互相影响着。事物发展的根本原因,不是在事物的外部而是在事物的内部,在于事物内部的矛盾性。任何事物内部都有这种矛盾性,因此引起了事物的运动和发展。事物内部的这种矛盾性是事物发展的根本原因,一事物和他事物的互相联系和互相影响则是事物发展的第二位的原因。……按照唯物辩证法的观点,自然界的变化,主要地是由于自然界内部矛盾的发展。社会的变化,主要地是由于社会内部矛盾的发展,即生产力和生产关系的矛盾,阶级之间的矛盾,新旧之间的矛盾,由于这些矛盾的发展,推动了社会的前进,推动了新旧社会的代谢。唯物辩证法是否排除外部的原因呢? 并不排斥。唯物辩证法认为外因是变化的条件,内因是变化的根据,外因通过内因而起作用。②

毛泽东接下来阐述了唯物辩证法的最根本法则即矛盾法则的诸特

---

① 《毛泽东选集》第 1 卷,第 300—301 页。
② 《毛泽东选集》第 1 卷,第 301—302 页。

性,首先是矛盾的普遍性(绝对性、共性)。他说:

> 矛盾的普遍性或绝对性这个问题有两方面的意义。其一是说,矛盾存在于一切事物的发展过程中;其二是说,每一事物的发展过程中存在着自始至终的矛盾运动。
>
> ……一切事物中包含的矛盾方面的相互依赖和相互斗争,决定一切事物的生命,推动一切事物的发展。没有什么事物是不包含矛盾的,没有矛盾就没有世界。
>
> 矛盾是简单的运动形式(例如机械性的运动)的基础,更是复杂的运动形式的基础。
>
> 矛盾是普遍的、绝对的,存在于事物发展的一切过程中,又贯串于一切过程的始终。①

由于"矛盾的普遍性已经被很多人所承认,因此,关于这个问题只需要很少的话就可以说明白;而关于矛盾的特殊性的问题,则还有很多的同志,特别是教条主义者,弄不清楚。……因此,关于矛盾的特殊性的问题应当着重地加以研究,并用足够的篇幅加以说明"。② 有见于此,毛泽东对矛盾的特殊性(相对性、个性)作了更为全面深入的阐述。

首先,矛盾的特殊性是包括自然、社会和思想在内的世界上所有事物相互区别的根本原因。毛泽东说:

> 除了运动的物质以外,世界上什么也没有,而物质的运动则必取一定的形式。……任何运动形式,其内部都包含着本身特殊的矛盾。这种特殊的矛盾,就构成一事物区别于他事物的特殊的本质。这就是世界上诸种事物所以有千差万别的内在的原因,或者叫做根据。……每一物质的运动形式所具有的特殊的本质,为它自己的特殊的矛盾所规定。这种情形,不但在自然界中存在着,在社会现象

---

① 《毛泽东选集》第 1 卷,第 305、307 页。
② 《毛泽东选集》第 1 卷,第 304 页。

和思想现象中也是同样地存在着。每一种社会形式和思想形式，都有它的特殊的矛盾和特殊的本质。①

其次，矛盾的特殊性是人类认识的起点和归宿。毛泽东说：

就人类认识运动的秩序说来，总是由认识个别的和特殊的事物，逐步地扩大到认识一般的事物。人们总是首先认识了许多不同事物的特殊的本质，然后才有可能更进一步地进行概括工作，认识诸种事物的共同点本质。当着人们已经认识了这种共同的本质之后，就以这种共同的认识为指导，继续地向着尚未研究过的或者尚未深入地研究过的各种具体的事物进行研究，找出其特殊的本质，这样才可以补充、丰富和发展这种共同的本质的认识，而使这种共同的本质的认识不致变成枯槁的和僵死的东西。这是两个认识的过程：一个是由特殊到一般，一个是由一般到特殊。人类的认识总是这样循环往复地进行的，而每一次的循环（只要是严格地按照科学的方法）都可能使人类的认识提高一步，使人类的认识不断地深化。②

其三，矛盾的特殊性是把握一切事物或每一事物及其运动发展各阶段的不同本质并且解决不同矛盾问题的根据。毛泽东说：

不但要研究每一个大系统的物质运动形式的特殊的矛盾性及其所规定的本质，而且要研究每一个物质运动形式在其发展长途中的每一个过程的特殊的矛盾及其本质。一切运动形式的每一个实在的非臆造的发展过程内，都是不同质的。我们的研究工作必须着重这一点，而且必须从这一点开始。

不同质的矛盾，只有用不同质的方法才能解决。……过程变化，旧过程和旧矛盾消灭，新过程和新矛盾发生，解决矛盾的方法也因之而不同。……

---

①《毛泽东选集》第 1 卷，第 308—309 页。
②《毛泽东选集》第 1 卷，第 309—310 页。

为要暴露事物发展过程中的矛盾在其总体上、在其相互联结上的特殊性，就是说暴露事物发展过程的本质，就必须暴露过程中矛盾各方面的特殊性，否则暴露过程的本质成为不可能，这也是我们作研究工作时必须十分注意的。①

其四，矛盾的特殊性是相对的，并且是与矛盾的普遍性相互依存的。毛泽东说：

> 由于事物范围的极其广大，发展的无限性，所以，在一定场合为普遍性的东西，而在另一一定场合则变为特殊性。反之，在一定场合为特殊性的东西，而在另一一定场合则变为普遍性。……

> 由于特殊的事物是和普遍的事物联结的，由于每一个事物内部不但包含了矛盾的特殊性，而且包含了矛盾的普遍性，普遍性即存在于特殊性之中，所以，当着我们研究一定事物的时候，就应当去发现这两方面及其互相联结，发现一事物内部的特殊性和普遍性的两方面及其互相联结，发现一事物和它以外的许多事物的互相联结。②

在矛盾的特殊性这一论域中，还有一个需要特别阐明的问题，即主要的矛盾和主要的矛盾方面。毛泽东说：

> 在矛盾特殊性的问题中，还有两种情形必须特别地提出来加以分析，这就是主要的矛盾和主要的矛盾方面。

> 在复杂的事物的发展过程中，有许多的矛盾存在，其中必有一种是主要的矛盾，由于它的存在和发展规定或影响着其他矛盾的存在和发展。

> ……

> 由此可知，任何过程如果有多数矛盾存在的话，其中必定有一种是主要的，起着领导的、决定的作用，其他则处于次要和服从的地

---

① 《毛泽东选集》第 1 卷，第 310—311 页。
② 《毛泽东选集》第 1 卷，第 318 页。

位。因此,研究任何过程,如果是存在着两个以上矛盾的复杂过程的话,就要用全力找出它的主要矛盾。捉住了这个主要矛盾,一切问题就迎刃而解了。①

以上是关于主要的矛盾的观点。而关于主要的矛盾方面,毛泽东说:

> 但是在各种矛盾之中,不论是主要的或次要的,矛盾着的两个方面,又是否可以平均看待呢? 也是不可以的。无论什么矛盾,矛盾的诸方面,其发展是不平衡的。有时候似乎势均力敌,然而这只是暂时的和相对的情形,基本的形态则是不平衡。矛盾着的两方面中,必有一方面是主要的,他方面是次要的。其主要的方面,即所谓矛盾起主导作用的方面。事物的性质,主要地是由取得支配地位的矛盾的主要方面所规定的。

> 然而这种情形不是固定的,矛盾的主要和非主要的方面互相转化着,事物的性质也就随着起变化。在矛盾发展的一定过程或一定阶段上,主要方面属于甲方,非主要方面属于乙方;到了另一发展阶段或另一发展过程时,就互易其位置,这是依靠事物发展中矛盾双方斗争的力量的增减程度来决定的。②

毛泽东归结矛盾的普遍性与矛盾的特殊性的关系说:

> 如果不认识矛盾的普遍性,就无从发现事物运动发展的普遍的原因或普遍的根据;但是,如果不研究矛盾的特殊性,就无从确定一事物不同于他事物的特殊的本质,就无从发现事物运动发展的特殊的原因,或特殊的根据,也就无从辨别事物,无从区分科学研究的领域。③

---

① 《毛泽东选集》第 1 卷,第 320—322 页。
② 《毛泽东选集》第 1 卷,第 322—323 页。
③ 《毛泽东选集》第 1 卷,第 309 页。

矛盾的普遍性和矛盾的特殊性的关系,就是矛盾的共性和个性的关系。其共性是矛盾存在于一切过程中,并贯串于一切过程的始终,矛盾即是运动,即是事物,即是过程,也即是思想。否认事物的矛盾就是否认了一切。这是共通的道理,古今中外,概莫能外。所以它是共性,是绝对性。然而这种共性,即包含于一切个性之中,无个性即无共性。假如除去一切个性,还有什么共性呢?因为矛盾的各各特殊,所以造成了个性。一切个性都是有条件地暂时地存在的,所以是相对的。①

按照毛泽东对他这篇论著的结构安排,即"先来分析矛盾的普遍性的问题,然后再着重地分析矛盾的特殊性的问题,最后仍归到矛盾的普遍性的问题"这样一种思路,②在依次论述矛盾的普遍性、矛盾的特殊性以及主要的矛盾和主要的矛盾方面诸问题之后,毛泽东通过继续论述具有特殊性的矛盾的同一性,而结穴于具有普遍性的矛盾的斗争性。关于矛盾的同一性,他反复解说道:

同一性、统一性、一致性、互相渗透、互相贯通、互相依赖(或依存)、互相联结或互相合作,这些不同的名词都是一个意思,说的是如下两种情形:第一,事物发展过程中的每一种矛盾的两个方面,各以和它对立着的方面为自己存在的前提,双方共处于一个统一体中;第二,矛盾着的双方,依据一定的条件,各向着其相反的方面转化。这些就是所谓同一性。③

原来矛盾着的各方面,不能孤立地存在。假如没有和它作对的矛盾的一方,它自己这一方就失去了存在的条件。试想一切矛盾着的事物或人们心中矛盾着的概念,任何一方面能够独立地存在吗?没有生,死就不见;没有死,生也不见。没有上,无所谓下;没有下,

---

① 《毛泽东选集》第1卷,第319—320页。
② 《毛泽东选集》第1卷,第304—305页。
③ 《毛泽东选集》第1卷,第327页。

也无所谓上。没有祸,无所谓福;没有福,也无所谓祸。没有顺利,无所谓困难;没有困难,也无所谓顺利。没有地主,就没有佃农;没有佃农,也就没有地主。没有资产阶级,就没有无产阶级;没有无产阶级,也就没有资产阶级。没有帝国主义的民族压迫,就没有殖民地和半殖民地;没有殖民地和半殖民地,也就没有帝国主义的民族压迫。一切对立的成分都是这样,因一定的条件,一面互相对立,一面又互相联结、互相贯通、互相渗透、互相依赖,这种性质,叫做同一性。一切矛盾着的方面都因一定条件具备着不同一性,所以称为矛盾。然而又具备着同一性,所以互相联结。列宁所谓辩证法研究"对立怎样能够是同一的",就是说的这种情形。怎样能够呢?因为互为存在的条件。这是同一性的第一种意义。

然而单说了矛盾双方互为存在的条件,双方之间有同一性,因而能够共处于一个统一体中,这样就够了吗?还不够。事情不是矛盾双方互相依存就完了,更重要的,还在于矛盾着的事物的互相转化。这就是说,事物内部矛盾着的两方面,因为一定的条件而各向着和自己相反的方面转化了去,向着它的对立方面所处的地位转化了去。这就是矛盾的同一性的第二种意义。①

一切矛盾着的东西,互相联系着,不但在一定条件之下共处于一个统一体中,而且在一定条件之下互相转化,这就是矛盾的同一性的全部意义。②

所谓矛盾在一定条件下的同一性,就是说,我们所说的矛盾乃是现实的矛盾,具体的矛盾,而矛盾的互相转化也是现实的、具体的。……

……缺乏一定的必要的条件,就没有任何的同一性。

……一定的必要的条件具备了,事物发展的过程就发生一定的

---

① 《毛泽东选集》第 1 卷,第 328 页。
② 《毛泽东选集》第 1 卷,第 330 页。

矛盾,而且这种或这些矛盾互相依存,又互相转化,否则,一切都不可能。①

关于矛盾的斗争性,毛泽东也反复解说道:

一切过程中矛盾着的各方面,本来是互相排斥、互相斗争、互相对立的。世界上一切事物的过程里和人们的思想里,都包含着这样带矛盾性的方面,无一例外。②

无论什么事物的运动都采取两种状态,相对地静止的状态和显著地变动的状态。两种状态的运动都是由事物内部包含的两个矛盾着的因素互相斗争所引起的。当着事物的运动在第一种状态的时候,它只有数量的变化,没有性质的变化,所以显出好似静止的面貌。当着事物的运动在第二种状态的时候,它已由第一种状态中的数量的变化达到了某一个最高点,引起了统一物的分解,发生了性质的变化,所以显出显著地变化的面貌。我们在日常生活中所看见的统一、团结、联合、调和、均势、相持、僵局、静止、有常、平衡、凝聚、吸引等等,都是事物处在量变状态中所显现的面貌。而统一物的分解,团结、联合、调和、均势、相持、僵局、静止、有常、平衡、凝聚、吸引等等状态的破坏,变到相反的状态,便都是事物在质变状态中,在一种过程过渡到他种过程的变化中所显现的面貌。事物总是不断地由第一种状态转化为第二种状态,而矛盾的斗争则存在于两种状态中,并经过第二种状态而达到矛盾的解决。③

矛盾的斗争贯串于过程的始终,并使一过程向着他过程转化,矛盾的斗争无所不在,所以说矛盾的斗争性是无条件的、绝对的。④

至于矛盾的同一性和斗争性的关系,毛泽东指出:

---

① 《毛泽东选集》第 1 卷,第 330—332 页。
② 《毛泽东选集》第 1 卷,第 327 页。
③ 《毛泽东选集》第 1 卷,第 332—333 页。
④ 《毛泽东选集》第 1 卷,第 333 页。

斗争性即寓于同一性之中，没有斗争性就没有同一性。

在同一性中存在着斗争性，在特殊性中存在着普遍性，在个性中存在着共性。拿列宁的话来说，叫做"在相对的东西里面有着绝对的东西"。①

总而言之，"有条件的相对的同一性和无条件的绝对的斗争性相结合，构成了一切事物的矛盾运动"。② 而绝对的斗争性尚有可作分梳之处，"在矛盾的斗争性的问题中，包含着对抗是什么的问题。我们回答道：对抗是矛盾斗争的一种形式，而不是矛盾斗争的一切形式"，"矛盾和斗争是普遍的、绝对的，但是解决矛盾的方法，即斗争的形式，则因矛盾的性质不同而不相同。有些矛盾具有公开的对抗性，有些矛盾则不是这样。根据事物的具体发展，有些矛盾是由原来还非对抗性的，而发展成为对抗性的；也有些矛盾则由原来是对抗性的，而发展成为非对抗性的"，③这显然包含着两种不同性质矛盾思想的萌芽。

毛泽东写作《矛盾论》，显然不仅仅是为了进行理论建树，甚至可以说主要的不是为了进行理论建树。作为中国共产党的领袖，毛泽东写作这篇论著主要是为了教导全党同志学会预见问题、认识问题、分析问题乃至解决问题的正确的思想方法。他说："这个辩证法的宇宙观，主要地就是教导人们要善于去观察和分析各种事物的矛盾的运动，并根据这种分析，指出解决矛盾的方法。因此，具体地了解事物矛盾这一个法则，对于我们是非常重要的。"④又说："对于矛盾的各种不平衡情况的研究，对于主要的矛盾和非主要的矛盾、主要的矛盾方面和非主要的矛盾方面的研究，成为革命政党正确地决定其政治上和军事上的战略战术方针的重要方法之一，是一切共产党人都应当注意的。"⑤基于这种写作动机及其

---

① 《毛泽东选集》第 1 卷，第 333 页。
② 《毛泽东选集》第 1 卷，第 333 页。
③ 《毛泽东选集》第 1 卷，第 334—335 页。
④ 《毛泽东选集》第 1 卷，第 304 页。
⑤ 《毛泽东选集》第 1 卷，第 326—327 页。

特定受众,毛泽东在这篇论著中大量联系中国共产党革命斗争的历史实际,反复批评机会主义、冒险主义、教条主义、经验主义、主观主义等各种曾经发生过或当时仍然存在着的错误思想,从而使得这篇论著在阐述唯物辩证法的基本法则的同时,还具有十分强烈的现实针对性和鲜明的路线指导性。而为了深入浅出地阐明马克思列宁主义的基本原理,毛泽东更是引用了许多中国成语和中国故事,诸如"知彼知己,百战不殆""兼听则明,偏信则暗""相反相成"以及《水浒传》中的三打祝家庄、《山海经》中的夸父追日、《淮南子》中的羿射九日、《西游记》中的孙悟空七十二变、《聊斋志异》中的鬼狐变人等等,由此赋予马克思列宁主义基本原理以浓郁的中国作风和中国气派。综上所述,可以说,与《实践论》一样,毛泽东的《矛盾论》为马克思主义的中国化和现实化树立了光辉的典范。

第四节　艾思奇与马克思主义哲学的大众化、中国化和时代化

一、生平著述

艾思奇(1910—1966),原名李生萱,先祖为蒙古族,1910 年 3 月 2 日生于云南省腾冲县和顺乡水碓村。早年接受国学和民主革命思想的影响。1927 年后两度赴日本求学,入福冈高等工业学校,专注于西方哲学和马克思主义哲学的研究。1931 年九一八事件后弃学回国。1932 年在上海加入"上海反帝大同盟"和"社会科学家联盟",开始发表哲学论文。1935 年加入中国共产党。1935 年至 1936 年任上海《读书生活》杂志编辑,出版了颇具影响的《大众哲学》。1937 年调往延安,历任中国人民抗日军政大学主任教员、马列学院哲学研究室主任、延安中央研究院中国文化思想研究室主任、中宣部文化工作委员会秘书长、中央文委秘书长、延安大学社会科学院院长、《解放日报》副总编辑和总编辑、新华通讯社副总编辑等职。中华人民共和国成立后,任中共中央高级党校哲学教研室主任、副校长,中国科学院哲学社会科学部学部委员,北京大学文学院

兼任教授。除翻译《新哲学大纲》《德国——一个冬天的童话》《马克思恩格斯关于历史唯物主义的信》以外,出版《大众哲学》《思想方法论》《哲学与生活》《历史唯物主义——社会发展史》《辩证唯物主义讲课提纲》等著作,主编《辩证唯物主义历史唯物主义》教科书,结集《艾思奇文集》(2卷)、《艾思奇哲学全书》(8卷)。

艾思奇父亲李曰垓,字子畅(1881—1943)。1908年毕业于京师大学堂,同盟会会员,资产阶级民主革命家。1910年任云南沿边学务中书,创办土民学堂128所,是最早的少数民族教育事业的开拓者。辛亥革命期间曾参与领导了滇南临安起义,胜利后任云南都督府军政部次长、秘书长、民政司长、司法司长、滇南观察使和西藏宣慰使等职。1915年为云南护国讨袁运动的主要发起者和组织者之一,《讨袁檄文》主笔,曾任蔡锷为总司令的护国第一军秘书长,直接参与作战策划,与蔡锷谊如手足。护国战争结束后,曾任孙中山大元帅驻香港代表。孙中山病逝后,李去职流寓上海、苏州,与李根源、章太炎研究国学,著有《汗漫录》《天地一庵诗钞》《客问》《滇缅界务说略》《文牍篇》等。曾被章太炎誉为“天南一枝笔”。1929年被国民政府任命为云南第一殖边督办,在开发滇西过程中有诸多贡献,深得民众好评。李曰垓性耿直,富才学,有正义感。在辅导子女学习古代典籍时,常向他们讲述历代仁人志士舍生取义、兴邦救国的故事。他对先秦诸子百家的哲学有深入研究,尤受墨家“兼爱”“崇义”思想影响。他常对子女说,我们穿衣吃饭,全靠工农,不可轻视他们。又告诫子女“今世变已极,方法之弊,流于空虚。做人须有一技之长,要学一种科学,于国于己都有益处,但哲学是一切学术的概括,欲穷事物之致理,应学一些哲学为宜”。论及写作,常谓为文不要陈意太高、选言太辟或用词太奇,应学白居易力求通俗,务使人人能懂,妇孺皆知。这些教言对艾思奇深有影响,使他在青少年时代就萌发了追求真理、报国为民的志向,“先天下之忧而忧,后天下之乐而乐”成为他的人生信念。

1925年秋,艾思奇考入云南省立第一中学。该校是云南学生运动的策源地之一,校内刊物《滇潮》宣传反帝反封建思想,对艾思奇产生最初的影响。后来他又参加了云南第一位共产党员李国柱组织的"青年努力会"，开始阅读《新青年》《向导》等进步刊物和《共产党宣言》《反杜林论》等马列著作，深受革命思潮的鼓舞。他积极参加学生会活动，成为学艺部的负责人、《滇潮》的编辑，发起组织"读书会"，并在昆明学联的演讲会上做了《什么是唯物史观》的演讲，引起师生们的惊异。这一年，上海发生了五卅惨案，第二年，北京又发生了三一八惨案，全国工人、学生运动高涨，昆明各界的一系列革命活动艾思奇总是积极参加。由于是李曰垓之子，他的行为引起了云南都督唐继尧的注意，下令逮捕，后经友人通报逃脱，前往南京大哥处。

艾思奇的大哥李生庄是云南早期中共地下党员、云南五四学运领导人之一，1927 年在南京东南大学攻读西洋哲学，并师从章太炎研习中国古代经史，时任学生会主席，对马克思主义理论有相当造诣。常将西方哲学名著和马克思主义书籍送给艾思奇，叮嘱他"要学新哲学，还必须懂得西洋哲学，才能有功底"，因此李生庄实为艾思奇的启蒙老师。当时面对北伐和风起云涌的学运，军阀孙传芳大肆搜捕共产党，李生庄上了黑名单。在得知消息后，李生庄立即逃往上海，行前来不及通知弟弟，艾思奇不幸被捕入狱，并被判死刑，后经父亲托国民党元老李根源营救出狱转赴苏州。当时父亲在苏州寄居，除继续让他研读中国古典哲学外，认为唯有工业救国是正途。

1927 年春艾思奇东渡日本求学。他参加了中共东京支部廖承志组织的"社会主义学习小组"，广泛涉猎西方思想家、科学家著作，尤其是马列经典。由于学习刻苦，他患了严重的胃病。1928 年 5 月，国内发生济南惨案，中共东京支部发起留学生归国抗议活动，艾思奇随"留日各界反日大同盟"回国。此时，他一边养病，一边大量阅读从日本秘密带回的马列经典著作，同时在大哥李生庄任副刊主编的云南《民众日报》撰写文章。其中他与李生庄就中国古代"白马非马"命题和关于《费尔巴哈论》的讨论引起了广泛的关注。

1930 年艾思奇再度赴日留学，在父亲工业救国思想的影响下，他考入福冈高等工业学校冶金系，但他仍将大量时间用于研读东西方哲学和马克思主义理论,一本黑格尔的《逻辑学》几乎被他翻烂了。他还积极参加中共东京支部组织的中国青年会的学习,在努力学习和思考中,他的世界观发生了根本的转变,对工业救国思想也有了根本不同的看法。他在给父亲的信中说:"在帝国主义侵略和封建势力的桎梏之下,单讲建设工业能达到救国的目的吗?"

1931年九一八事变后,基于爱国义愤,他和许多留日学生再度一起弃学回国。在上海,他先在地下党领导的泉漳中学教书,并开始在《中华日报》等刊物上发表哲学评论和杂文。他参加了上海反帝大同盟,并在左翼文化总同盟(简称"文总")主办的《正路》杂志创刊号上发表了第一篇哲学论文《抽象作用与辩证法》。不久,经上海党的左翼文化运动领导人杜国庠和中国社会科学家联盟(简称"社联")领导许涤新介绍,艾思奇加入"社联",并担任"社联"研究部长,从此走上了"用马克思主义哲学做武器,批判旧世界,开创新时代的道路,并在这条道路上奋斗了终身"。[①]

艾思奇弃工从文,走上传播马克思主义哲学之路,从客观上说是时代的感召、父兄的影响和独特的经历所决定的;从主观上说,则是他面对黑暗的社会现实和民众的苦难,经过多年刻苦钻研,独立思考的自觉选择。这是一条马克思指出的能够根本改造世界的实践哲学之路。他坚信,马克思主义哲学与以往一切旧哲学的根本区别就在于它是真正能够改造世界的哲学。为在中国宣传、捍卫和实践这一哲学,艾思奇一生践履笃行,从未动摇。

当然,要让这一哲学在中国生根,真正变为民众手中的锐利武器,还必须对这一理论加以改造,使之真正中国化(其中内在地包含着使之大众化、时代化)。而艾思奇一生的经历,则大体上是这一探索过程的写照。

艾思奇哲学思想的发展可分为三个阶段:

第一阶段为上海时期(1933年至1937年),以探索马克思主义哲学大众化为主要特点。

---

① 周扬《艾思奇文集·序》第1卷,北京:人民出版社1981年版。

第二阶段为延安时期(1937 年至 1949 年),以阐发马克思主义哲学中国化为主要标志。

第三阶段为新中国成立以后(1949 年至 1966 年),着重于践行马克思主义哲学时代化的要求。

二、对马克思主义哲学大众化的成功探索及其影响

(一)最早致力于辩证唯物主义大众化传播的主要代表

马克思主义中国化的历程是从五四运动时期马克思主义在中国的传播开始的。那时,灾难深重的中华民族面临着艰难的历史抉择——中国向何处去?"走俄国人的路",用马克思主义改造社会,成为中国先进知识分子历尽艰辛后的最终答案。但是,由于当时的历史环境以及早期马克思主义者理论素养等方面的原因,这一时期的马克思主义传播工作存在着明显的不足。一是当时被介绍到中国的主要是唯物史观,人们对马克思主义哲学的整体还知之甚少。二是这个时期被介绍的唯物史观,大多来自二手材料的日文翻译,而那时的日本译者对马克思主义哲学的理解和翻译往往有许多肤浅、粗疏和不准确之处。三是这一时期马克思主义哲学的传播还主要限于结论性的介绍,而对马克思主义哲学体系还不可能全面准确地把握。

大革命的失败使中国共产党人不得不认真总结经验教训,他们逐渐认识到,要引导中国革命走向胜利,必须要有系统、完整的科学理论,以它为指导才能对中国社会的特殊性、诸多矛盾及其运动变化规律做出科学的分析,从而找到正确道路。显然,仅停留在对唯物史观的一般理解上是远远不够的,这就必须借助于唯物辩证法,而艾思奇则是最早宣传唯物辩证法的马克思主义理论家之一。

1927 年以前,关于唯物辩证法的宣传除了在个别大学的课堂之外,社会上还少有所闻。1933 年 5 月,艾思奇在"文总"主办的《正路》杂志创刊号上发表了他的第一篇哲学论文《抽象作用与辩证法》,详细论证了马克思在《资本论》中所运用的辩证思维方法。他从两千年前中国公孙龙

"白马非马"的论辩出发,运用丰富的中西哲学史料,分析批判了唯心主义否认一般与个别客观实在性的错误,详细论述了一般与个别、抽象与具体的辩证统一关系,证明了科学的抽象在辩证法应用中的重要地位,引起了人们的关注。

在同年发表于《中华月报》第一卷的《理知和直观之矛盾》一文中,艾思奇批判了当时流行的柏格森生命哲学的直观主义,阐述了马克思主义的认识论,并特别指出:"实践是辩证法唯物论的理论之核心。""辩证法唯物论是这样地看重实践,而别的哲学者所最不能了解的也就是实践。"[1]由此出发,艾思奇详细剖析了洛克、康德和费尔巴哈离开实践对理性直观的错误认识,阐述了辩证唯物主义的基本观点。在《从新哲学所见的人生观》一文中,艾思奇在主观与客观的统一和差别问题上,再次运用科学的实践观点,深刻论述了认识的主观能动性的重大作用。他指出所谓历史的活动,就其基础的性质来说,是物质的生产活动,一般地说来,也就是加尔所谓的"有对象性的活动"或实践。在社会条件之下,加劳动于一定的对象,以改变对象、克服对象,这就是人类的历史活动。主观与客观的差别,在"有对象性活动"中具体地显现着,人类不仅仅是从内的自觉上看的主观,作为与对象对立地活动着的主体,这才是现实的主观。主客的统一中,不仅是抽象地有差别,而且是在实际上有对立、有矛盾、有斗争。主观对于客观是能动地作用着的,是能于将客观施以加工改造的。[2] 也就是说,实践是改造对象的具体的历史的活动。人首先是"与对象对立地活动着的主体",然后才是有意识(有内的自觉)的主体。旧唯物论把主客的差别看做是内的意识与外的客体的差别,那是"静态的,抽象的"。[3] 其实,在实践中,主客体的对立统一是动态的、具体的主客交互作用的过程。当然,唯物论者都肯定"思想是客观世界的反映",但辩证唯物论者认为,也不能忽视主观能动性。艾思奇说:"如果没

---

[1]《艾思奇全书》第 1 卷,北京:人民出版社 2006 年版,第 99 页。
[2] 参见《艾思奇全书》第 1 卷,第 230 页。
[3]《艾思奇全书》第 1 卷,第 229—230 页。

有客观世界,当然没有我们的思想。在这一点,客观是重要的。但同时,如果没有实践的活动,如果主观不能自动地去改变客观,思想也不会有的,即使有思想,也不会进步的。在这一点,我们又看见主观也同样重要。对于一件事,我们要真正知道它的性质,必须要去改变它,要知道胡桃里有没有肉,只有打破它的壳,才能证实。对于社会,我们要知道它的真正法则,也必须站在真正改造社会的立场上。"①艾思奇认为,这种客观与主观、存在与意识关系的观点,不仅是辩证唯物主义的认识论,也是马克思主义的历史观。这就是辩证唯物主义和历史唯物主义的统一。冯契认为,这是艾思奇促进马克思主义哲学中国化的新见解,是对马克思主义哲学的发挥。②

这期间,艾思奇还撰写和发表了大量研究、宣传马克思主义新哲学的理论文章和投枪与匕首式的文艺杂文、科普小品;并与郑易里合译了反映苏联哲学最新成果的米丁主编的《新哲学大纲》;撰写了《二十二年来之中国哲学思潮》一文,用马克思主义哲学观点总结了自辛亥革命以来中国哲学发展的历史,引起了学术界的广泛关注。

(二)《大众哲学》开辟马克思主义哲学大众化的成功之路

这一时期,唯物辩证法的传播虽然取得了成绩,但不能否认,此时的宣传和介绍还多限于对马克思主义哲学基本原理、概念的较为专业的理论阐述和解释,其对象也主要局限于革命的知识分子,并没有普及到民众中去。而要使一种理论在中国生根开花、真正发挥作用并付诸实践,就应该被广大民众所了解和接受,否则将毫无用处。而且,无产阶级和广大劳动人民也不可能自发地接受和掌握这一理论,尤其是在半封建半殖民地的旧中国,劳动人民几乎没有多少机会接受系统的文化教育,这就决定了在传播马克思主义的同时,必须做好通俗化、大众化的工作。当时,以艾思奇为代表的一批革命的马克思主义者提出了"哲学大众化"

---

①《艾思奇全书》第 1 卷,第 286 页。
②《冯契文集》(增订版)第 7 卷,上海:华东师范大学出版社 2016 年版,第 470—471 页。

的口号,开始兴起哲学通俗化、大众化运动。但如何使源自西方、高度抽象的哲学通俗化、大众化,如何使一种陌生的哲学被中国广大民众理解和接受,这在当时还是一个少有人尝试的课题。

1934 年 5 月 6 日,艾思奇在上海《中华日报》发表了《连环画还大有可为》一文,谈到连环画的大众性不能忽视,指出关键是必须要"触到大众真正的切身问题"。五天之后,鲁迅便在同一刊物上发表了《连环图画琐谈》,表明了赞同的观点:"艾思奇先生说,'若能够触到大众真正的切身问题,那恐怕愈是新的,才愈能流行'。这话也并不错。不过要商量的是怎样才能够处触到,触到之法,'懂'是最要紧的,而且能懂的图画,也可以仍然是艺术。"①这无疑给了艾思奇以极大的启发,要大众化就必须通俗化,首先让广大人民群众懂。这就必须摒弃西方思维传统的、"纯粹的"书斋里的思辨语言,抛弃抽象的哲学议论,紧紧把握"哲学对于社会生活的关系",从老百姓日常生活里追寻"哲学的踪迹"。也就是要用适合中国人思维方式的、普通民众都能听得懂的言语,以人们身边的日常生活举例,联系人们思想上关切的问题,深入浅出地阐述马克思主义哲学的基本原理。于是,借着在李公朴任馆长的申报流通图书馆读书指导部解答读者提问和在《读书生活》杂志撰写《哲学讲话》的机会,艾思奇发表了一系列"新哲学"论文,结果一篇篇既可以独立成文、联结起来又是完整体系的《哲学讲话》诞生了。一个个浅显易懂又生动隽永的小故事引出的深刻哲理呈现给大众,这就是 1935 年结集出版的《哲学讲话》,后因国民党查禁改名《大众哲学》。全书由四章组成。第一章"绪论"以"哲学并不神秘""哲学的真面目"为题,说明哲学与日常生活的关系,用通俗的例子讲述了哲学的对象、任务和学习方法。第二章"本体论",着重讲了两种世界观,唯物论、唯心论和二元论的特点以及产生的根源。第三章"认识论",以"用照相做比喻""讲抬杠的意义""由胡桃说起"等大白话阐述唯物主义的反映论、感性认识和理性认识、认识和实践、真理论等问

---

① 鲁迅《且介亭杂文》,北京:人民文学出版社 1973 年版,第 20 页。

题。第四章"方法论",讲辩证法,以"天晓得""不是变戏法""追论雷峰塔的倒塌"等故事讲述事物的普遍联系和发展,讲唯物辩证法的三大基本规律,并用"七十二变""笑里藏刀""在劫难逃"和"猫是为吃老鼠而生的"等比喻,介绍辩证法现象和本质、形式和内容、必然与偶然、目的性、可能性和现实性等基本范畴。通篇用亲切生动的语言,明白晓畅的实例,引人入胜的生活故事,深入浅出的分析和比较,全面介绍了唯物辩证法的体系框架和基本内容。读起来使人兴趣盎然,耳目一新。正如李公朴在"编者序"中指出的:"这本书是用最通俗的笔法,日常谈话的体裁,融化专门的理论,使大众的读者不必费很大的气力就能够接受。"①艾思奇一扫书斋哲学艰深晦涩、枯燥玄奥、令人生畏的缺陷,使新哲学的基本原理轻松地走到人民大众中去。

《大众哲学》的理论贡献主要体现在三个方面。

第一,紧密联系、把握时代脉搏,开辟了一条面向普通民众的大众化哲学之路。马克思为了给无产阶级锻造理论武器,曾先后几次"返回书斋",但他却从来不是一位"书斋哲学家"。他认为"哲学家们只是用不同的方式解释世界,问题在于改变世界"。② 正是由于坚定地站在实践哲学的立场,主张用哲学改造世界,马克思才深刻地批判了以往一切只在精神领域漫游的旧哲学,把哲学从云端拉到地上,从而引起了一场哲学革命。艾思奇深深理解这一点,他同样也不是一位"书斋哲学家"。面对民族危机、生活艰难、精神困厄中的广大民众,他不仅仅寄予深深的同情,更有启蒙与救赎的强烈使命感。在《哲学讲话四版代序》中他写道:"我写这本书的时候,自始至终就没有想到要走到大学校的课堂里去。我只希望这本书在都市街头,在店铺内,在乡村里,给那些失学者们解一解智识的饥荒。却不敢妄想一定要到尊贵的大学生们的手里,因为它不是装潢美丽的西点,只是一块干烧的大饼。这样的大饼,在吃草根树皮的广

---

① 李公朴《〈哲学讲话〉编者序》,《艾思奇全书》第 1 卷,第 589 页。
② 《马克思恩格斯选集》第 1 卷,北京:人民出版社 1995 年版,第 57 页。

大中国灾民，虽然已经没有能力享受"，①但"我所感到安慰的是，因为《大众哲学》的出现，因为读者诸君对于这本书的热烈的爱好，研究专门学问的人（连我自己也在内）也许会因此深切地明白了中国大众在智识上需要些什么，因此也才知道自己为了他们应该写些什么"。② 这就是《大众哲学》开辟的面向人民大众，唤起民众自觉改造命运、改造社会的哲学之路。

第二，揭掉哲学的神秘面纱，创立一种中国人能懂的真正通俗化、大众化的新哲学。黑格尔曾在《致 J. H. 沃斯的信》中说："路德让圣经说德语，您让荷马说德语，这是对一个民族所做的最大的贡献，因为，一个民族除非用自己的语言来习知那最优秀的东西，那么这东西就不会真正成为它的财富。"③也就是说，要学习和掌握外来的优秀文化，必须首先把它转换为"自己的语言"，否则它就不会真正成为自己的东西；而完成了这个转换，将是对一个民族的最大贡献。当然，这绝不仅仅是一个纯粹语言学的问题，"用自己的语言"包括用本民族的文化心理、语言习惯、思维方式来解读一种外来哲学的含义。艾思奇在《大众哲学》中对语言和叙述方式的创新和探索，实际上就是一种"让哲学说中文"的成功尝试。其一是通俗，用白话让普通中国人能懂。他的第一篇哲学论文《抽象作用和辩证法》就是用白话文和中国古代"白马非马"的故事，阐释了西方哲学中晦涩的黑格尔哲学及其辩证法。其二是举实例。在《大众哲学》中，针对人们对哲学高深莫测、神秘难懂的顾虑，艾思奇将哲学与生活联系起来，处处用日常生活中人们极易明了的生活事例来解释和论证抽象的哲学道理，说明"哲学并不是从天上掉下来的东西，而是从人类社会中产生出来的"，并揭示"万物皆流转""一切事物离不了运动"的哲学理念。因而打破了人们对哲学神秘的敬畏。其三是深入浅出。比如用从不同方向而来的两人看到招牌不同颜色的固执己见，深入浅出地说明认识的

①《艾思奇全书》第 1 卷，第 592—593 页。
②《艾思奇全书》第 1 卷，第 605 页。
③《黑格尔通信百封》，苗力田译编，上海：上海人民出版社 1981 年版，第 202 页。

片面性及其种种危害。其四是语言生动。论述中尽量不用抽象的定义和枯燥的概念,而是用浅显易懂、老百姓喜闻乐见、生动活泼的方式来表述,仿佛朋友间促膝谈心。其五是联系现实,循循善诱,启发读者举一反三,深入思考。比如,人是否应该相信命运? 既然新旧交替、永恒变化是历史的必然,那"我们就可以坐着不动地来等待"吗? 什么是"真正的可能性一定要能够转变成现实性"? 等等。

第三,丰富和发展了马克思主义认识论。列宁曾经指出:"最高限度的马克思主义＝最高限度的通俗和简单明了。"①艾思奇也早在《通俗文的真义》一文中指出:"通俗文作者只要能把理论应用到细微的生活的琐末事实中去,为理论开辟广大的天地,这也就是深化、具体化,也就是发展。在他们的手上虽然没有飞跃,然而他们的工作却是达到飞跃所必经的步骤。"②在《大众哲学》中这样的议论很多,如李公朴在为《大众哲学》所做的"编者序"中就曾指出:"作者对于新哲学中的许多问题,有时解释得比一切其他的著作更明确。虽然是通俗化的著作,但也有许多深化的地方。尤其是在认识论方面的解释。"首先,《大众哲学》作为相对完整的哲学体系有自己的独到之处。以往国内外的马克思主义哲学讲认识论,大多是讲感觉、表象、概念、推理、分析和综合、归纳和演绎的次序(如艾思奇翻译的苏联米丁的《新哲学大纲》的认识论结构就是如此)。其缺点是只讲由感性到理性的飞跃,而没有讲到从理性再回到实践这一更重要的飞跃及其意义。《大众哲学》则没有专门讲那些具体的认识形式和思维方法,而是重点阐述感性认识和理性认识的矛盾、认识和实践的关系,并明确论述了实践在认识过程中的重要意义。其次,《大众哲学》十分突出马克思主义的实践观点,指出:"实践就是去改变事物,这是最重要的一点,我们常把实践称作'变革的事件'或'批判的实践'就是这个意思。实践是主观和客观的对立统一,只有它能使理论更接近客观的真理,我

①《列宁全集》第36卷,北京:人民出版社1959年版,第467页。
②《艾思奇全书》第1卷,第365页。

们要把实践看得比理论更重要，更高级，就是为着这一原因"，"最后的真理始终不能不由实践来验证"。总之，在《大众哲学》里，实践是认识的来源、认识的基础、认识的动力和检验的标准的观点，都得到了不同角度的阐释。再次，《大众哲学》精辟论述了认识的过程，概括了人类认识的总规律。对此，马恩从未有过专门的论述。列宁在《哲学笔记》中曾讲到："从生动的直观到抽象的思维，并从抽象的思维到实践，这就是认识真理、认识客观世界的辩证过程。"艾思奇在《大众哲学》里，对此作了集中的概括与发挥。他在第十节中指出："从感性到理性，从理性到实践，又由实践得到新的感性，走向新的理性，这种过程，是无穷地连续下去，循环下去，但循环一次，我们的认识也就愈更丰富，所以这种循环是螺旋式的循环，而不是圆圈式的循环，它永远在发展，进步，决不会停滞在原来的圈子里。"在第十三节中又进一步指出："认识的过程是由感性认识到理性认识，再由理性的认识走向实践，在实践中，又再开始新的进一步的认识，这样不断地像螺旋一般的循环下去，每循环一次，我们所晓得的东西就进步一次。这就是认识的运动过程。"可以看出，艾思奇对人类认识过程的概括具有创造性意义，同时这一被视为认识总过程的概括，也在某种程度上影响到毛泽东《实践论》的写作，这也被许多毛泽东思想研究学者所认同。

当然，作为艾思奇的早期著作，《大众哲学》还存在着某些缺点、瑕疵和不足，艾思奇本人在《关于〈哲学讲话四版代序〉》和后来的多次申明中，始终直言不讳地谈到其中的缺点和错误，如对感性认识和理性认识"抬杠"的比喻容易使人产生误会，对论理学的定义不准确，对形式逻辑（形式论理学）作用和意义所作的错误的批评和否定等，他都十分诚恳地进行了检讨，并在以后的再版中做了改正。

瑕不掩瑜。《大众哲学》在中国马克思主义传播史上的成功和影响是十分深远的，在某种程度上影响了一代人，仅在新中国成立前就发行了 32 版。艾思奇在 20 世纪 30 年代阶级矛盾、民族矛盾空前严重的情况下，面对大众，勇于探索，以通俗化、大众化的形式阐释和宣传辩证唯物主义的基本原理,把哲学从书斋和神秘状态之中解放出来,变为人民大众的思想武器,极大地促进了马克思主义在中国的传播和中国化马克思主义哲学的形成,因而具有划时代的意义。正如李公朴在《哲学讲话》编者序中所说的:"这一本通俗的哲学著作,我敢说是可以普遍的做我们全国大众读者们的指南针,拿它去认识世界和改造世界。"韩树英指出:"从抗战前直到解放前,在这本书的影响下一批又一批青年走上了革命的道路。一些人就是由此入门,登堂入室,深入到更广阔的马克思主义理论宝库的。""这本书对当时求知若渴的青年的思想解放和理论启蒙作用,一似围困于广袤无垠的沙漠之中突然遇到清冽无比的甘泉,那种茅塞顿开,醍醐灌顶地接触到真理的喜悦,不是亲身经历过的人是很难想象的。"①就连蒋介石的高级幕僚马壁也指出,蒋介石退败台湾以后,曾不止一次在台湾高层人士会议上总结经验教训,多次说"我们同共产党的较量,不仅是输在军事上,乃是人心上的失败。一本《大众哲学》,搞垮了我们的思想战线","蒋介石不仅自己看过这本书,还要求部下也读,我看到蒋介石和蒋经国都曾把此书放在案头"。马壁还赋七言绝句一首,书赠艾思奇纪念馆,诗云:"一卷书雄百万兵,攻心为上胜攻城,蒋军一败如山倒,哲学犹输仰令名。"并题注"1949年蒋介石检讨战败原因,自认为非输于中共之军队,乃败于艾思奇先生之《大众哲学》。1957年时蒋经国尚提到《大众哲学》之威力"。②

(三)在"唯物辩证法论战"中推进马克思主义哲学大众化

马克思主义的发展和传播不会一帆风顺。在20世纪30年代国民党的文化"围剿"中,马克思主义者不但没有屈服,反而把对反马克思主义思想的批判当成了进一步捍卫和宣传马克思主义的重要途径。在1930年至1937年中国哲学界就哲学消灭与否、本体论与认识论的关系

---

① 韩树英《哲学要走向大众走向实践》,载《人民的哲学家——艾思奇纪念文集》,昆明:云南人民出版社1997年版,第83页。
② 王丹一《我的点滴回忆》,载《怀念与思考——艾思奇与马克思主义哲学中国化》,北京:中共中央党校出版社2008年版,第10页。

和唯物辩证法的实质等问题的论战(即"唯物辩证法论战")中,张东荪以新康德主义为武器,[①]率先发起对马克思主义哲学的进攻。而表面上打着马克思主义旗号批判张东荪的叶青则是"披着唯物主义的外装的另一种唯心论"。[②] 他们的共同特点是从不同角度反对和歪曲辩证唯物主义和历史唯物主义。艾思奇、邓云特(邓拓)、沈志远等人对他们进行了针锋相对的批判,在斗争中划清了马克思主义哲学与其他哲学的界限,使马克思主义哲学大众化运动得到进一步深化和拓展。

艾思奇在论战中着重于对叶青的批判,因为叶青所谓的"新哲学的立场"似是而非,更容易迷惑人。

一是关于黑格尔哲学的"颠倒"。马克思主义哲学的诞生涉及与黑格尔哲学的关系。叶青认为马克思"只是辩证法的检证者,创立者是黑格尔"。[③] 二者的方法论"无不相同,并且完全是一个",[④]言外之意是马克思的辩证法完全是从黑格尔那里抄袭过来的。艾思奇在《论黑格尔哲学的颠倒》一文的开篇就指出:"凡懂得一点西洋哲学的人,没有不知道黑格尔哲学和新唯物论的关系的。新唯物论紧接着黑格尔之后而建立起来,它从黑格尔取得了很重要的遗产,加以批判改作,才成功一个划时代的新哲学。"[⑤]首先,这种批判和改作决不是简单地照搬。其次,"使新唯物论成立的更根本的基础,是当时欧洲社会里新的现实条件和要求;没有新的条件和要求,新哲学决不会从黑格尔的旧卵壳里孵化出来。显然,新的社会条件产生的必是新的哲学"。[⑥] 再次,"由黑格尔到新唯物

[①] 张东荪(1886—1973),浙江杭县人,毕业于日本东京帝国大学,曾在中国公学、北京大学任教。为研究系、中国国家社会党、中国民主社会党领袖之一。五四时期宣传基尔特社会主义,与马克思主义者进行论战,反对马克思主义理论。

[②] 叶青(1896—1990),原名任卓宣,四川南充人,曾赴法国勤工俭学,加入中共旅欧支部,又去莫斯科中山大学学习。1926年回国后在广东、湖南做中共宣传工作,次年在长沙被捕叛变。后极力反对共产主义,宣扬法西斯主义,曾任国民党中央宣传部副部长。

[③] 叶青《黑格尔——其生平其哲学及其影响》序言,上海:辛垦书店1935年版,第20页。

[④] 叶青《黑格尔——其生平其哲学及其影响》序言,第10页。

[⑤]《艾思奇全书》第1卷,第403页。

[⑥]《艾思奇全书》第1卷,第403页。

论,是不但要破壳,连内容也得经过一番成熟的改造才行。单单去了壳,没有内容的改造,那卵还是卵,决不会有新生命"。① 而这种成熟的改造,关键在于"真正批判地接受黑格尔的人,决不要黑格尔辩证法的'纯逻辑的把握',而是要将观念论的辩证法改造为唯物的辩证法",即将黑格尔漫游在云端里的思辨哲学拉到地上,从而使"这唯物论的方法论和观念论的方法论才有了实质上的区别"。②

二是关于"哲学消灭论"。为了否定马克思主义哲学,叶青还制造了"哲学消灭"的怪论。为此他杜撰了从"方法的决定""历史的必然""事实的证明"和"文献的印证"四个方面证明哲学消灭了的理论。其实,马恩只是说过黑格尔哲学的解体标志着德国古典哲学的终结,叶青却曲解和夸大为一切哲学的消灭。艾思奇深入批驳后指出:"要像从前一样,想保持一种超乎科学之上的哲学或玄学,是不正当的,但同时,要把哲学这一门学问,完全消灭掉,使它没有一个自己特有的领域和对象,也是机械论的错误。"③因为哲学从来没有被消灭,而是"仍保持着独立的领域和对象,即对象就是世界发展的最普遍最一般的法则,也就是自然、社会、人类思维的运动变化的总法则(即辩证法)"。④ 由此,艾思奇彻底批驳了叶青歪曲和否定马克思主义哲学的观点,并论证了马克思主义哲学产生的划时代意义。

三是对所谓"外铄论"的批判。在关于内因与外因的关系问题上,叶青鼓吹夸大外因、抹杀内因的"外铄论"。他认为,中国历史的发展全然是由外来原因造成的,"因为我们所有的哲学、科学、文化堆满了书店和流于学校的,都从外因来,纯属采用性质","中国历史底发展在这里,显然是外铄的"。⑤ 其政治用心在于以此说明中国革命缺乏内在根据,不符

---

① 《艾思奇全书》第 1 卷,第 403 页。
② 《艾思奇全书》第 1 卷,第 409 页。
③ 见《艾思奇全书》第 1 卷,第 397 页。
④ 见《艾思奇全书》第 1 卷,第 398 页。
⑤ 《全国专家对于读经问题的意见》,《教育杂志》1935 年第 25 卷第 5 期。

合中国国情。中国社会的发展既然由外力决定，因此只能走向由帝国主义、资本主义外因所决定的由大地主、大资产阶级统治的社会。他还诬蔑说："辩证论者往往一味主张内因，排斥外因。这可以辩证论通俗化者艾思奇为例"，"他只主张内因，排斥外因；重视内因，轻视外因"。[①] 艾思奇指出："叶青口口声声说艾思奇'排斥外因''否定外因'，这完全是瞎说栽诬。我自己已经指出来过：'谈到事物的必然性，若忽视了外因，是不对的'，外因对事物的发展，有很重要的作用。"[②]"辩证法是把内因看做一切事物发展的根本动力的。辩证法对于外因虽然并不忽视，但认为内因是基础，是本质，是发展的必然性的决定的原因。如果他至少要在表面上标榜辩证法的话，他就不能不承认这一点。"[③]而叶青玩弄折衷主义手法，在对内因与外因作用的关系上不分主次，将二者等量齐观，甚至以外因为决定的力量是完全错误的。艾思奇还进一步批判了叶青关于内因外因交互作用的折衷主义。指出："在内因和外因的交互作用里，辩证法是要强调内因的第一义的决定作用。所谓'内部作用的原因才算作必然的原因'就是在这种意义上说的。"[④]这就从根本上讲清了对于事物发展来说，内因是必然的、起决定作用的因素，而外因虽然必不可少，却不是决定事物发展必然趋势的因素。

四是关于唯物辩证法规律和范畴的争论。叶青对马克思主义者阐述的唯物辩证法进行了全面歪曲。首先是对立统一规律。艾思奇在《大众哲学》中为了说明对立统一规律的普遍性，曾举过"这个青年是一个店员"的例子。叶青大加挞伐，说："我要批评艾思奇对于矛盾统一律的应用。他以'这个青年是一个店员'为矛盾统一律，因为'青年不一定是店员，店员也不一定是青年，店员和青年是矛盾的，然而，我们却可以毫不怀疑地把这个青年和店员连到一起'，所以那个命题是矛盾统一律底应

---

① 叶青《外因论与内因论》，《研究与批判》1936 年第 2 卷第 2 期。
②《艾思奇全书》第 2 卷，第 324 页。
③《艾思奇全书》第 1 卷，第 328—329 页。
④《艾思奇全书》第 2 卷，第 324 页。

用。因此那个命题'是在动的逻辑底管辖之下的'。这实在错误已极！"①
其实，叶青只是从形式逻辑的视角看问题，当然就认为是荒谬的。而从
辩证法的角度说，"这个青年"是一个别，而"店员"则是一般的概念，说
"这个青年是一个店员"当然就把个别和一般联系在一起了。艾思奇剖
析后指出，伊里奇在《哲学笔记》里也说："就是一个简单的判断，也是矛
盾的统一。例如'伊万是人'这一命题里就有着'特殊等于一般'的意
味。"这一点不知道叶青"懂得"否？

关于"差别的东西在一定的条件下也可以转化为矛盾"的观点。叶
青认为，有差别的东西不能构成矛盾，否则，那些真正对立的东西就不好
称呼了。因此，他诋毁"艾思奇简直不懂得'矛盾'二字作何解，因而不懂
得矛盾统一律是何意义"。② 艾思奇指出，差别的东西当然不是矛盾，但
如果是真"懂得"辩证法，"懂得"推移和变化的原理的话，"就应该知道差
别的东西在一定的条件下也可以转化为矛盾，倘若这两件差别的东西是
同时同地在一起而且发生互相排斥的作用的话"，③并举店员和作家为
例，指出："如果一个身为店员的，对于写作很有兴趣，不满于店员的现状
生活而努力想成为作家时，这时作家和店员两个东西就在统一体里互相
排斥了。你能说这不是矛盾吗？"④这无疑是对叶青形式主义僵化矛盾观
的有力批判。

关于运动和静止的辩证关系。叶青提出了"运动是静止的积累，静
止是运动的停留，两者相生相成，互为规定"的怪论。⑤ 艾思奇深刻地指
出，这是在运动与静止关系问题上陷入了折中主义、诡辩论。说运动是
静止的积累、静止是运动的停留，"不但是把静止和运动折中地结合，甚
至于把运动消解在静止里"。⑥ 叶青虽然口头上也承认运动的绝对性和

① 叶青《形式逻辑与辩证逻辑》，《研究与批判》1936 年第 2 卷第 2 期，第 79 页。
② 叶青《形式逻辑与辩证逻辑》，《研究与批判》1936 年第 2 卷第 2 期，第 80 页。
③《艾思奇全书》第 2 卷，第 323 页。
④《艾思奇全书》第 2 卷，第 316 页。
⑤《艾思奇全书》第 2 卷，第 320 页。
⑥《艾思奇全书》第 2 卷，第 322 页。

静止的相对性,而在实质上已经把运动和静止同等看待,他全然不懂得绝对是什么意义,相对又是什么意义,因为"静止只是运动的特殊形态,静止的东西,本质上仍然是运动的"。[①] 而叶青的立论既否定了运动,又否定了静止,终于成为一种诡辩。所以艾思奇批判道:"这种理论,两千年前希腊的诡辩论者早已发过了。他们把运动看做空间中的无数停留点的总合,于是就结论说只有无数停留点,而没有运动,这种诡辩论,不料竟在'二十世纪'的叶青嘴里还魂,真令人要'叹观止'了。"[②]

此后,艾思奇还针对叶青和张东荪等人的"物质论与观念论底统一","思维决定存在或精神产生物质","思想者事实之母","实践来源于理论","实践和理论必然分离","认识就是实践,实践就是认识"等故弄玄虚、似是而非的谬论进行了剖析与批判,从而揭穿了叶青之流假"马克思主义者"的丑恶面目,批判了以叶青哲学为代表的大地主、大资产阶级哲学,进一步捍卫和宣传了唯物辩证法的基本原理,扩大了其影响,使马克思主义哲学大众化运动得到进一步深化。

三、对马克思主义哲学中国化的深入研究与宣传

(一)与毛泽东的哲学交往及其相互影响

艾思奇于 1937 年 9 月奉调至延安,被任命为抗日军政大学主任教员、陕甘宁边区抗敌后援会宣传部长,从此开始了与毛泽东近十年的学术交往。1938 年 9 月,在毛泽东的提议下,延安成立了"新哲学会",由艾思奇和何思敬主持,负责研究、传播马克思主义新哲学。1939 年初,毛泽东自己专门组织了一个哲学小组,艾思奇是小组成员之一。

与艾思奇的交往对毛泽东哲学思想的形成与完善具有一定的影响,以《大众哲学》来说,首先,《大众哲学》非常重视实践的观点,反复论述了实践在新哲学中的突出地位及其在认识和改造客观世界中的重要地位

[①]《艾思奇全书》第 2 卷,第 320 页。
[②]《艾思奇全书》第 2 卷,第 322 页。

和作用。马克思主义哲学与以往哲学的根本不同就在于它是一种实践哲学,认为哲学的目的不仅仅是认识和解释理论,更重要的是改造世界。在这一点上,艾思奇与毛泽东是心心相通的。《大众哲学》在开篇第一章关于如何打破哲学神秘的论述中,就首先提出"一面在日常生活的实践中努力清除神秘的要素,同时对于最进步最正确的哲学系统也得加以研究","哲学本身也是从日常生活的基础里发生的,所以我们不能把所研究的看作凝固了的死的规范,还应该随时随地应用到生活的实践中,与生活中的一切相互印证"。① 结论是"哲学的主要任务是要能够真正解决人类生活上事实上的问题,要能真正解决这些问题,才足以证明他是事实上的真理","哲学不能单只是说的好听的东西,还要能指导我们做事",它的"重要的问题是在于要改变世界"。② 这就开宗明义地指出了马克思主义新哲学本质上就是一种来源于生活并且必须应用于生活的实践哲学,只有在解决人们生活中的问题的实践中,才能证明这种哲学的真理性。学习新哲学的目的只能是为了改变世界。在下文中,艾思奇进一步运用大量生活事实和例证,从不同的意义和角度反复论述了实践和认识的关系,比如在讲到认识与"抬杠"时说:"世界既然不会自己走进人的头脑中来向人证明他的错误,那有什么方法使世界来做证人呢? ……这就是我们常说的'实践',所谓实践,简单地说,就是改变世界改变环境的活动。只有在改变世界的活动中,才能和世界上的一切事物密切的相互接触,我们对于世界一切的认识是否真实,是否不落在空想里,也才可以在这里得到证明,得到矫正。"③

其次,《大众哲学》重点论述了实践是人类认识的基础,并突出强调了人的认识的能动作用,指出:"最真实最具体的知识,是由实践得来的。而新的知识,也是在实践中发生的。人的认识和照像机大不相同的地方,也就在这一点。照像机的本身是死的,它只能够把事物的外形死板

---

① 《艾思奇全书》第 1 卷,第 445—446 页。
② 《艾思奇全书》第 1 卷,第 450 页。
③ 《艾思奇全书》第 1 卷,第 494 页。

板的反映下来，事物的外形不变，照像机也不会变。但人是活人，人在实践的活动中能够自动地将事物的外形改变，自动地去剥出内部隐藏着的东西，自动地去反映出更深刻的映象。实践是人类认识的基础。没有实践的活动，我们所晓得的东西就不会加多，不会进步。"①这一点对毛泽东是具有启发意义的。

再次，《大众哲学》比较全面地概括了人类认识发展的总规律，这一点对毛泽东也颇有启发。《大众哲学》指出："从感性到理性，从理性到实践，又由实践得到新的感性，走向新的理性，这种过程是无穷地连续下去，循环下去。但循环一次，我们的认识也就愈更丰富，所以这种循环，是螺旋式的循环，而不是圆圈式的循环，它永远在发展、进步，绝不会停滞在原来的圈子里。"②"我们指出认识的过程是由感性认识到理性认识，又再由理性的认识走向实践，在实践中，又再开始新的进一步的认识，这样不断的像螺旋一般的循环下去，每循环一次，我们所晓得的东西就进步一次。这就是认识的运动过程。"③这些论述与毛泽东的《实践论》对辩证唯物论的认识论的概括具有明显的直接关系，不过《实践论》对辩证唯物论的认识论的概括又更高于《大众哲学》。

艾思奇的《大众哲学》的另一特点是强调方法论，即辩证法，特别是关于联系和发展的法则以及矛盾统一规律，其中论述内因和外因辩证关系的合理思想，几乎大部分为《矛盾论》所吸收。《矛盾论》第一节"两种宇宙观"论述内因和外因辩证关系的章节，不仅观点与《大众哲学》相似，连举例"鸡蛋因得适当的温度而变化为鸡子，但温度不能使石头变为鸡子"的例子也与《大众哲学》举的例子完全相似。

另外，《大众哲学》关于对立统一规律在唯物辩证法中的核心地位的阐述对列宁的思想作了较好的说明和发挥。艾思奇指出："矛盾的统一，是动的逻辑的第一条法则。人类的思想的变动和发展，以及思想所反映

①《艾思奇全书》第 1 卷，第 510 页。
②《艾思奇全书》第 1 卷，第 495 页。
③《艾思奇全书》第 1 卷，第 510—511 页。

的世界上一切的变动和发展,都只有这条法则才能给予最根本的说明。所谓辩证法(即动的逻辑),就本来的意义讲,就是要研究对象本身内部的矛盾",①毛泽东的《矛盾论》开篇也写道:"事物的矛盾法则,即对立统一的法则,是唯物辩证法的最根本的法则。列宁说'就本来的意义讲,辩证法是研究对象的本质自身中的矛盾'。列宁常称这个法则为辩证法的本质,又称之为辩证法的核心。"这显然也是与《大众哲学》的论述一致的。此外在谋篇布局上艾思奇有意识地先讲对立统一规律,再讲唯物辩证法的另外两个规律及诸范畴,强调"第一条法则就是前次讲述的矛盾统一律","第一条法则是更根本的法则","三个定律仍是以矛盾统一律为最根本,否定之否定律和质量互变律同样都是由矛盾统一律展开而成的"。② 对此,毛泽东也是完全赞同和采纳的。③

此外,毛泽东对艾思奇《哲学与生活》一书也做了 3000 余字的摘录,其内容几乎涵盖了关于唯物辩证法的主要方面,如:差别和矛盾、一般和特殊、量变和质变、内因和外因、运动和静止、绝对和相对、形式逻辑和辩证逻辑、归纳和演绎、辩证法唯物论的特征等等。对以上内容,毛泽东既有赞同、吸收与借鉴,也有分析、选择和评述,并结合中国革命具体实践加以分析研究,最终在《矛盾论》等著作中达到了一个崭新的高度。

对 1937 年 5 月艾思奇编著的《哲学逻辑》,毛泽东曾批读了三遍,分别用铅笔、毛笔和红蓝铅笔批划得十分详细,仅批注就有 3200 余字,其中大多集中在艾思奇写的《研究提纲》部分,如"一切大的政治错误没有不是离开辩证唯物论的","坟墓都是自己掘的","战争辩证法＝和平—战争—和平","社会主义经济与资本主义经济在现象上是没有区别的,只是本质上有区别,这就是内部区别","认识能力在各个阶段是有限的,在全历史上是无限的,方能逐渐地把握绝对真理。不承认这个认识能力的历史无限性,就要陷入不可知论",等等,这些都从不同方面反映了艾

---

① 《艾思奇全书》第 1 卷,第 518 页。
② 《艾思奇全书》第 1 卷,第 522—523 页。
③ 卢冀宁《建国前毛泽东与艾思奇的学术交往》,载《常青的大众哲学》,第 170—172 页。

思奇著作对毛泽东多方面的启示。

毫无疑问,毛泽东对艾思奇哲学活动的影响也具有深刻的、导向性的意义。在与毛泽东多次促膝谈心、并阅读了他总结中国革命正反两方面历史经验的大量论著之后,艾思奇深刻领会了毛泽东思想的精神实质——马克思列宁主义与中国革命具体实践相结合。其实,在实践哲学的意义上,艾思奇与毛泽东哲学思想是相通的,他们都认为实践是马克思主义哲学最根本的观点,都反对把理论当作某种"公式"套用的"书斋哲学",都坚持认为理论是行动的指南,都认为中国朴素的辩证法与马克思主义辩证法有着内在的统一性。从此,艾思奇的哲学研究从通俗化、大众化走向了中国化、现实化,由注重普及宣传转为深入研究与提高,由解释抽象理论转向对中国革命具体实践的现实问题的分析与研讨,从而使艾思奇的哲学活动上升到了一个崭新的阶段。

(二)率先提出和阐发马克思主义哲学中国化理论

通过与毛泽东的哲学交往,以及对大革命以来中国革命艰难曲折历史经验的总结,艾思奇深深体会到由于理论素养不足给中国共产党带来的教条主义、本本主义的巨大危害,促使他对中国革命的性质、任务、道路和正反两方面的经验教训进行了深入的哲学思考,重新审视了马克思主义哲学中国化的经验与不足,率先提出了马克思主义中国化的倡议和主张。

早在 20 世纪 30 年代初期,艾思奇参加关于唯物辩证法论战时,就提出了必须坚持"马克思主义的中国化"问题。1938 年 4 月 1 日,他在武汉《自由中国》创刊号上发表的《哲学的现状和任务》一文中,更加明确地提出了"哲学的中国化和现实化"观点,指出,"现在需要来一个哲学研究的中国化、现实化的运动","哲学的中国化和现实化! 现在我们要来这样一个号召"。① 艾思奇认为,首先,马克思主义哲学中国化是马克思主义哲学通俗化的继续和深入,他说:"过去的哲学只做了一个通俗化的运

---

① 《艾思奇全书》第 1 卷,第 491 页。

动,把高深的哲学用通俗的词句加以解释,这在打破从来哲学的神秘观点上,在使哲学和人们的日常生活接近,在使日常生活中的人们也知道注意哲学思想的修养上,是有极大意义的,而且这也就是中国化现实化的初步。因为如果没有几分(虽然很少)做到了中国化现实化,是不能够获得相当成果的。然而在基本上,整个的通俗化并不等于中国化现实化。"①其次,他指出马克思主义哲学的中国化"不是少数人书斋课堂里的运动,不是滥用公式的运动",而是全国性的、进步的、对于哲学理论有兴趣的战士都应该共同努力完成的运动,"是要从各部门的抗战动员的经验中吸取哲学的养料,发展哲学的理论,然后才把这发展的哲学理论拿来应用,指示我们的思想行动,我们要根据每一时期的经验,不断地来丰富和发展我们的理论,而不是要把固定了的哲学理论,当做支配一切的死公式"。② 再次,艾思奇指出,马克思主义哲学中国化的核心问题,"就是对新哲学、辩证法唯物论的研究",舍此就谈不上马克思主义哲学的中国化,"因为辩证法唯物论是人类哲学史最高的总结,一切哲学对于它都有相互的贡献,对于其他的哲学,它并不采取绝对否定的态度,它会以它的极大的包含性吸取一切哲学的精华",同时,"最重要的还是实践,辩证唯物论是最和实践一致的哲学","在今日的中国,它是一切以抗战的实践为依归,而绝对排斥学院式的空洞的争论"。③ 因此,无论从理论还是从实践上说,对辩证法唯物论的深入研究都是马克思主义哲学中国化问题的中心。

此后,他还针对叶青之流对马克思主义中国化的曲解,在《论中国的特殊性》一文中进一步揭示了马克思主义哲学中国化的内涵,这就是:"在中国应用马克思主义,使马克思主义中国化,就是要坚决地站在马克思主义的观点上,在马克思主义基本原则和基本精神上,用马克思、恩格斯所奠定了的辩证法唯物论的和政治经济学的科学方法,来具体地客观

---

① 《艾思奇全书》第 1 卷,第 492 页。
② 《艾思奇全书》第 2 卷,第 491 页。
③ 《艾思奇全书》第 2 卷,第 492 页。

地研究中国社会经济关系,来决定中国无产阶级在中国民族革命斗争中的具体任务及战略策略。"①这就把马克思主义哲学中国化置于整个中国革命的大局,从而揭示其深刻的实质。

那么,如何使马克思主义哲学中国化呢? 他认为,"在原则上不外两点:第一要控制中国传统的哲学思想,熟悉其表现方式;第二要消化今天的抗战实践的经验与教训"。② 也就是说,要结合中国传统哲学思想并运用马克思主义哲学来总结中国革命的经验,去指导中国革命实践。显然,艾思奇对马克思主义哲学中国化的定义更加明确了,这就是,一方面要将马克思主义哲学与中国革命的具体实践相结合;另一方面要将马克思主义哲学与中国传统哲学相结合,借鉴其表现方式,使之具有中国作风、中国气派。同时,他还进一步论述了马克思主义之所以能够中国化的内在机制,指出:"因为马克思主义有一般的正确性——倘若它没有这一般的正确性,倘若它仅仅是特殊的东西,那就完全谈不到'化'的问题了。"③这里所说的马克思主义有一般的正确性,就是指马克思主义揭示出的社会发展一般规律的普遍真理。正因为有"一般的"正确性,我们才能把它中国化,用以作为我们行动的指南。另一方面,他还指出:"马克思主义之所以能够中国化,是由于中国自己本身早就产生了马克思主义实际运动,中国的马克思主义是在中国自己的社会经济发展中有它的基础,是在自己内部有着根源。"④艾思奇最先从什么是马克思主义哲学的中国化、马克思主义哲学为什么能够中国化以及马克思主义哲学怎样中国化等方面,全面、系统地论述了马克思主义哲学中国化的理论,这一思想后来得到了毛泽东的肯定和更加深刻、全面的发挥。

(三) 将马克思主义哲学中国化转化为辩证的思想方法和工作方法

马克思主义哲学是改变世界的实践哲学,而改变世界的哲学绝不仅

①《艾思奇全书》第 2 卷,第 774 页。
②《艾思奇全书》第 2 卷,第 623 页。
③《艾思奇全书》第 2 卷,第 775 页。
④《艾思奇全书》第 2 卷,第 778 页。

仅是抽象的理论,其必不可少的中间环节就是必须将理论转化为思想方法和工作方法,这当然也是马克思主义哲学中国化的最根本的要求。对此,艾思奇始终注意深入探索和思考,他就此发表的许多相关论著和深邃见解构成了马克思主义哲学中国化的重要组成部分。

比如他在《怎样研究辩证法唯物论》一文中率先揭示了唯物辩证法的根本特点,指出:"辩证法唯物论是无产阶级的世界观,因此,它就是最彻底的革命的世界观。这就是说,它不是空理论,而是与无产阶级及广大人民的革命实践行动有分不开的联系。无产阶级的任务(一般地说)是改革世界,而辩证法唯物论哲学的'重要问题'也正是'在于改变世界'。哲学要能够担负起改革世界的任务,就必须与革命的实际行动结合,成为指导革命行动的观点,必须'把握大众,成为物质的力量'。"[1]从方法论上说,要把握这一哲学的实质,就绝不能从书斋里找答案,而必须诉诸革命的实践,"因此,真正的辩证法唯物论不存在于名词的琢磨、公式的引用、'纯逻辑'的空'理论'里,而存在于无产阶级与广大人民的革命行动的正确指导中,如果脱离了实际问题的解决,那末,无论说千百万个辩证法唯物论的名词,也不能成为真正的辩证法唯物论"。[2] 那么,怎样才算是把握了辩证法唯物论呢?艾思奇认为:"要评判辩证法唯物论的研究是否有成就,并不在于(至少是不完全在于)纯理论本身讲的有多么熟练,而要看这研究的人在遇到革命的实际问题(或与革命有联系的问题)的时候,能否在辩证法唯物论观点上给予正确的解决。能够常常正确解决问题时,才算是达到了研究的目标,才算是把握了辩证法唯物论。"[3]这就十分明确地指出真正把握马克思主义哲学的标准——必须理论联系实际,通过实践解决实际问题。那么,怎样才能真正贯彻联系实际的原则、指导具体实践呢?艾思奇提出了把握辩证唯物论的三个步骤,"第一步,要把握辩证法唯物论本身的基本观点,这只是研究的开始

[1]《艾思奇全书》第 2 卷,第 720 页。
[2]《艾思奇全书》第 2 卷,第 720 页。
[3]《艾思奇全书》第 2 卷,第 721—722 页。

和准备。第二步,就要暂时丢开哲学公式,把所遇到的现实事物的本身作具体的考察。第三步,在辩证法唯物论的引导下,分析事实材料的各方面,并把握这一切方面的联系,这就是要把握辩证法唯物论法则的具体表现"。① 当然,艾思奇从未否认理论本身的重要意义,但始终认为读书和搞清书本上的理论观点只是把握辩证法唯物论的必要准备,而他更重视和强调的是另一个方面,即必须切实地了解全部实际情况,然后才能进入具体分析的环节。艾思奇因此提出了必须把握的两个要点:第一是要把握"考察的客观性(不是引例,不是片面地把握,而要事物本身)",如果这步做到了才会有第二步,用唯物辩证法的法则去分析问题并把握问题的各方面关联,从而解决问题。艾思奇深刻认识到:"辩证法唯物论的研究,不是在它的哲学本身上完成,而是在它引导我们解决了事实问题之后,在具体的结论中间,才可以看出我们对于它是否有正确的了解和把握。"这里,艾思奇进一步突出了把握马克思主义哲学的方法论原则:将唯物辩证法运用于实际,以期"能具体解决实际问题",这应该是艾思奇致力于马克思主义哲学中国化的一个突出贡献。

在深入研究辩证的思维方法和工作方法过程中,艾思奇还力求使认识不断深化。首先,他主张将理论联系实际的辩证唯物论的研究方法扩展为唯物史观和整个马克思主义理论的研究方法。他认为"辩证法唯物论的研究,首先就不能离开唯物史观",因为"辩证法唯物论之所以和其他任何唯物论不同,也正在于它的唯物史观","辩证法唯物论的彻底性和革命性就在于它和唯物史观分不开,要真正把握辩证法唯物论,就首先要同时研究唯物史观"。② 显然,从整体上认识辩证法唯物论的思想是深刻的。他还进一步指出:"然而我们必须尽可能的力量去把握马克思主义的全部理论,尽可能地使我们所研究的辩证法唯物论具体化,以避免公式主义的错误。换一句话说,努力去精通马克思主义,才可能精通

---

① 《艾思奇全书》第 2 卷,第 724 页。
② 《艾思奇全书》第 2 卷,第 727 页。

辩证法唯物论。"①可以说"离开辩证法唯物论的哲学就没有马克思主义的整个革命理论,离开整个的革命理论,也不会有真正完全的辩证法唯物论",因为"辩证法唯物论是马克思主义列宁主义政党的宇宙观","要正确把握辩证法唯物论,必须努力研习马克思主义的全部理论,把它具体表现于革命的理论和实践。同样,要在马克思主义的理论和实践上不走错路,也必须正确地把握辩证法唯物论的哲学"。②

其次,艾思奇把"联系实际"上升为对"客观事物的发展规律的全面认识"。他指出:"唯物论者所要依据的,就不是琐屑的偶然日常事实,而必须是对客观事物的发展规律的全面认识。因为只有认识客观事物的发展规律,我们才能够领导全盘工作并展望将来的前途,才能够指示行动的目标,才能够知道要依据什么样的路线走向我们的目的。"并且进一步重申:"要成为一个真正彻底的唯物论者,那末,就要学习在决定一切问题的时候,不仅是从简单的事实出发,而必须从事实发展的各方面的规律出发。这就是说,要学习从自己工作环境的一切日常事实里,找出它的发展规律,依据这些规律来决定我们行动斗争的方法。"③显然,艾思奇所说的"联系实际"决不仅仅限于从简单的事实出发与一般事实对号,而是强调必须找出事物发展的规律来作为实事求是的依据,这无疑对辩证唯物主义的思想方法提出了更高的要求。

再次,不仅要研究事物发展的一般规律,还要研究事物发展的特殊规律,以及一般规律和特殊规律的联系,"这种一般规律知识,它本身原也是从社会历史发展的事实中概括出来的,所以也是客观真理的认识。这些规律,对于我们的行动指导上,是非常有用的,而且也是绝对必要的。它指示我们社会发展的总的方向,对于我们的行动,给予一般的指导原则。然而仅仅只有这些原则,并不能成为真正的马克思主义者或唯物论者。因为要做一个唯物论者,就必须注意到,每一个具体的社会和

---

① 《艾思奇全书》第 2 卷,第 728 页。
② 《艾思奇全书》第 2 卷,第 729 页。
③ 《艾思奇全书》第 3 卷,第 235 页。

具体的工作环境,又有它特殊的规律,必须要能够发现这些具体环境中的特殊的规律,必须要能了解特殊的规律与一般的规律的联系,必须要在应用一般的原则的时候,依据特殊的规律来加以补充,加以具体化,才能够对于革命的斗争行动给予正确的指导,必须学习马、恩、列、斯与毛泽东同志如何从具体事物中引申出一般规律,以及如何把一般规律具体运用的模范"。① 显然,这充分体现了规律问题上的辩证法。他明确地指出:"要成为一个真正的唯物主义者,又必须同时要做一个辩证法者。这就是说,在研究客观事物规律的时候,必须能够使用辩证法的方法。这就是说,不要把事物的发展规律,孤立起来研究,不要把原则看做僵化孤立的东西。一般的规律总是在特殊的情况下表现的,原则是要具体地灵活地应用的,公式主义就是把原则僵化,把它看做孤立的东西,这是唯心论,也是形而上学。"②

艾思奇指出:"要做一个辩证法唯物论者,概括来说,就是要能够在研究实际问题的时候,在革命的行动中,能够努力表现出这样的一些事实:第一,一切要从具体的客观事实出发;第二,要能够善于找出客观事实发展的规律;第三,要能够善于使一般的规律与特殊的规律联系起来,善于把一般的指导原则具体化起来。"③

最后,艾思奇将对思想方法、思想路线的不同表述统一于毛泽东提出的"有的放矢"和"实事求是",核心思想仍是马克思主义普遍真理和中国革命具体实践相结合。为此,他写了《不要误解"实事求是"》和《"有的放矢"及其他》等一系列文章,深入阐述毛泽东的概括。如"为什么用'有的放矢'来说明理论与实际的结合? 这就是说,理论与实际的结合,不只是要以中国的事例来解释理论原则,而且必须是依理论原则为指南,来解决中国革命问题。不能解决革命问题的理论,即使用极其丰富的例子

---

① 《艾思奇全书》第 3 卷,第 235—236 页。
② 《艾思奇全书》第 3 卷,第 235—236 页。
③ 《艾思奇全书》第 3 卷,第 236—237 页。

来说明,仍然是死教条"。①在关于实事求是的展开论述中,他指出:"真正的'实事求是',不仅仅在于理解事实和认识事实,而且要从这理解和认识中求得指导行动,推动工作的方法。……我们是马克思主义者,是革命的行动家,我们的认识,是为着实践,为着改变世界的,我们不需要为认识而认识,单单揭发事实,并不是我们的目的。并且就认识本身来说,如果不能指导我们考察出一些正确的工作方法,也就不能证明它是正确的认识。"②艾思奇对党的思想路线、思想方法还有许多独到的见解,都对深化马克思主义哲学中国化有所助益。

四、对马克思主义哲学时代化的践行与局限

马克思主义哲学大众化、中国化、时代化是一个有机的整体,又是一个随时代发展而不断发展的过程。艾思奇的哲学活动早期致力于让马克思主义哲学走到人民大众中去,中期着重于马克思主义哲学中国化的阐释与开拓,并做出了突出贡献,新中国成立后他在没有放松大众化、中国化这两个方面努力的同时,更多地从事哲学的时代化工作。

新中国成立后,马克思主义成为主导思想,马克思主义哲学中国化也进入了一个新的时期。这一时期"是作为马克思主义哲学家的艾思奇的哲学思想进一步发展的时期,他在把马克思主义哲学的通俗化与系统化、战斗性与科学性、普及与提高、坚持与发展结合起来上做出了重要的贡献"。③他先后担任马列学院教员、北大和清华的兼职教授、中央党校哲学教研室主任、中央党校副校长等职,长期呕心沥血地从事马克思主义理论的研究、宣传与教育,不遗余力地推动着马克思主义哲学时代化的工作,直到生命的最后一息。这一阶段艾思奇对马克思主义哲学时代化的推动和贡献主要在以下几个方面。

---

① 《艾思奇全书》第 3 卷,第 312 页。
② 《艾思奇全书》第 3 卷,第 298 页。
③ 黄楠森《序言》,载《哲学大众化第一人——艾思奇哲学思想研究》,马汉儒主编,昆明:云南人民出版社 2002 年版,第 2 页。

（一）大力宣传社会发展史，普及唯物史观

新中国成立后，国家百废待兴，社会上思想混乱。为尽快提高广大干部群众的政治觉悟，使他们树立正确的世界观、人生观，中国共产党决定在全国开展学习社会发展史的活动。艾思奇结合时代要求率先撰写文章，全力投入这项工作。他首先在《学习》杂志创刊号上发表了《从头学起——学习马列主义的初步方法》一文，强调："为掌握马列主义的基本的立场、观点、方法来读书，理论联系实际，解决问题，这是真正马列主义的学习态度。"①针对干部和群众在学习中出现的问题，他撰写了《评关于社会发展史问题的若干非历史观点》《反驳唯心论》《学习马列主义的国家学说》《学习——思想领域的解放战争》等文章，出版了《历史唯物论——社会发展史》一书，并以此书为蓝本在 1951 年 3 月中央人民广播电台举办的《社会发展史讲座》中进行系列讲授，连播 23 场，听众在 50万人以上。这对新中国成立初期广大干部群众进一步掌握马列主义的基本原理，树立无产阶级世界观，提高建设社会主义自觉性，起到了重要作用。

（二）在新形势下，自觉地将马克思主义哲学的理论教育与研究宣传毛泽东思想结合起来

艾思奇在长期致力于马克思主义哲学中国化的研究过程中深刻认识到，马克思主义中国化的理论结晶，就是在中国革命实践中产生和不断走向胜利的毛泽东思想，这不仅是中国共产党几十年革命斗争历史实践的证明，也是他自己在多年从事马克思主义中国化研究过程中的切身体会。② 从延安时期起，艾思奇就开始切实地研究毛泽东思想的形成和发展过程，阐发毛泽东思想的精髓、实质和多方面的具体运用。除了在党政军机关和部队演讲、做报告以外，他还发表了大量研究文章和学习毛主席著作的辅导材料，如《毛泽东同志发展了真理论》《关于〈实践论〉

---

① 艾思奇《从头学起——学习马列主义的初步方法》，《学习》1949 年第 1 期。
② 李青《艾思奇与马克思主义哲学的中国化、时代化、大众化》，《东岳论丛》2010 年第 2 期。

和学习方法的一些问题》《读〈关于纠正党内的错误思想〉》《〈实践论〉与关于哲学史的研究》《〈矛盾论〉问题解答》《从〈矛盾论〉看辩证法的理解和运用》《人类认识的总规律》等等。他始终认为学习毛泽东著作,其意义并不仅仅是学习毛泽东个人的思想和著作中的个别词句,而是要学习毛泽东一贯坚持的马克思主义立场、观点和方法,即把马克思主义的一般原理和中国革命的具体实践紧密结合起来,创造性地运用和解决中国革命的实际问题,这是毛泽东思想不断取得成功的关键。① 他认为:"马列主义、毛泽东思想的具体结论并非是僵死的不变的。我们应该充分肯定毛泽东思想对马克思列宁主义的发展,同时也反对在没有弄清一般原理时"就"任意用贴标签的方式说毛主席对它的发展,而认为必须结合中国革命和社会主义建设的实际,从理论和实践的结合上,给予充分的论证和说明"。② 他反复强调只有努力"运用马克思主义普遍真理对革命工作和科学研究的实际问题进行分析,作出结论,找出指导工作和斗争的方针、计划、方法,以此推动工作和斗争取得胜利",才能真正掌握毛泽东思想的精神实质。而对于那种鄙薄中国革命的具体经验,一味强调学马列就只能照本宣科、逐章逐节、逐段逐句地读马列原著,似乎只有啃几本"大部头"才叫学习马列主义"不走样",才算保留了"原汁原味"的教条主义态度,他历来不赞成。他始终站在实践哲学的立场上认为:"马克思主义者所谓的精通马克思主义不仅是指马克思主义的理论研究,而同时是指要能在一定的具体环境之下实践马克思主义,在一定国家的特殊条件之下来进行创造马克思主义的事业。"③

(三)把宣传、普及马克思主义哲学与批判唯心主义哲学结合起来,以确立和巩固马克思主义的主导地位

1955 年初,针对资产阶级唯心主义思想普遍存在,并在学术领域仍

---

① 李青《艾思奇与马克思主义哲学的中国化、时代化、大众化》,《东岳论丛》2010 年第 2 期。
② 李青《艾思奇与马克思主义哲学的中国化、时代化、大众化》,《东岳论丛》2010 年第 2 期。
③ 艾思奇《论中国的特殊性》,载《从"西化"到现代化》,北京:北京大学出版社 1990 年版,第 601 页。

有相当广泛影响的情况,中共中央开展了一场对胡适、梁漱溟哲学思想的批判。艾思奇和李达作为哲学界的领军人物,不可避免地参与其中。胡适作为新文化运动中的风云人物曾经名噪一时,五四运动后,他同李大钊、陈独秀等马克思主义知识分子分道扬镳。他反对革命,主张改良,成为宣扬"全盘西化"和美国实用主义在中国的最大代表。也许是机缘巧合,早在22年前艾思奇就在《二十二年之中国思潮》一文中批判过胡适的"实验主义",认为那是一种打着科学旗号的资本主义思想,"是一种错误的思想方法,它能一变而成唯心论哲学"。[①] 但在当时,它作为与传统迷信抗衡的武器,也还有另一面的进步意义。22年后,艾思奇又撰写了《实用主义还是唯心主义》的5万字长文,从六个方面对胡适的唯心主义进行了全面批判。通过批判,划清了马克思主义哲学与实用主义的界限,清除了胡适哲学思想中错误方面的影响,进一步普及了马克思主义。从总体上看,艾思奇对胡适实用主义观点的批判是有的放矢、言之成理、持之有据的,坚持了马克思主义的基本立场,对马克思主义意识形态在新中国指导地位的确立起了积极作用,但是在批判中也存在着对胡适思想上纲过高和评价偏颇之处。

　　紧随而来的对梁漱溟哲学思想的批判也同对胡适的批判一样,艾思奇和李达领受了同样的任务。他于1955年底写了《批判梁漱溟哲学思想》一文,其中第二节在《哲学研究》上刊载。尽管艾思奇对梁漱溟的批判总体上实事求是,有理有据,持之有故,基本准确地把握了对方思想,但把梁漱溟哲学说成是"五四运动中封建主义逆流",以及对他的哲学思想、文化观采取全盘否定的态度,把学术和思想问题说成是政治立场问题,对其学术思想中可资借鉴的因素完全抹煞,却是不对的。尽管有当时诸多客观因素的限制,但艾思奇主观上的责任与缺失也不能否认。

---

①《艾思奇全书》第1卷,第111—116页。

（四）适应马克思主义哲学时代化的理论需求，主编真正意义上的中国第一部马克思主义哲学教科书

社会主义改造完成以后，能否使广大干部、群众和知识分子在思想上逐步接受辩证唯物主义的世界观和马克思主义理论的指导地位，直接关系到社会主义革命和建设的成败。而新中国成立后我们引进的苏联教材基本上是依据斯大林 20 世纪 30 年代的"本本"编写的。因此，编写一本有中国特色的马克思主义哲学教科书，对高校学生和各级领导干部进行系统化的马克思主义理论教育，就显得十分必要。1960 年，在中共中央书记处的要求和指导下，由艾思奇主持编写了适合中国特点的第一部马克思主义哲学教科书《辩证唯物主义历史唯物主义》，他为此付出了大量心血。

在主持编写过程中，他除了提出稳定性、准确性、全面性和适度原则、理论联系实际原则以外，还特别强调突出毛泽东思想在马克思主义哲学体系中的地位。他要求"力求比较准确、简练地阐明马克思列宁主义哲学的一般原理；同时又在阐明马克思列宁主义的一般原理的基础上，说明毛泽东同志对马克思列宁主义哲学的发展。把阐明马克思列宁主义的一般哲学原理和说明毛泽东同志对马克思列宁主义哲学的发展，两方面结合起来。我们要反对两种偏向：一种是只注重谈马克思列宁主义的一般原理，而忽视毛泽东同志对马克思列宁主义哲学的贡献。另一种是，脱离马克思列宁主义哲学的一般原理，或对马克思列宁主义的一般原理还没有搞清楚，就任意用贴标签的方式，空谈毛泽东同志对它的发展。这两种偏向我们都要反对"。①

在应该怎样使用教科书的问题上，他特别强调"要努力做到掌握理论联系实际的原则"，并指出"联系实际有各种各样的方法，但它的总原则是要用理论原则作为方法指导，来解决一定的实际问题"。② 而那种原

---

① 《艾思奇全书》第 8 卷，第 100—101 页。
② 《艾思奇全书》第 8 卷，第 103 页。

则加例子的方法"还不能算是真正把理论和实际联系起来。真正要做到理论联系实际，需要采用更高的方法。最高的方法是运用马克思主义普遍真理，对革命工作和科学研究中的实际问题进行分析，做出结论，提出指导工作和斗争的方针、计划、办法，以此来推动工作和斗争取得胜利"。① 他反复提醒"联系实际要注意避免对具体问题不加分析，任意抓住一点，贴上标签"，认为那种随便戴帽子、贴标签是简单化、庸俗化，完全与联系实际的方法背道而驰。

　　他对全书通篇审查、反复修改，有些段落改得面目全非，几乎重写，倾注了大量心血。在他主持下，大家集思广益、几易其稿，终于写出了具有中国特色、注重联系实际、突出毛泽东哲学思想地位的国内第一本马克思主义哲学教科书，全面系统地阐发了马克思主义哲学的基本原理。可以说《辩证唯物主义历史唯物主义》作为中国式的马克思主义哲学教科书，影响甚大，培育了新中国成千上万的青年人和知识分子，在几十年的使用中得到了广泛的好评。其主要贡献在于：第一，为宣传和普及马克思主义哲学，确立马克思主义指导地位，反对各种唯心主义、形而上学等错误思想做出了重要贡献。第二，对形成有中国特色的马克思主义哲学教科书体系作了有益的尝试，首先是该书的内容与结构与苏联教材相比有了重大调整，绝不是其简单翻版；其次是突出了毛泽东哲学思想在马克思主义哲学体系中的重要地位；再次是紧密联系中国革命和建设的实际，并进行了哲学概括。第三，突出了马克思主义哲学原理的方法论功能，为培养理论联系实际、实事求是的马克思主义学风做出了表率。正如黄枬森先生指出的，这一体系"尽管有这样那样的问题，但仍不失为马克思主义哲学第一个比较完整、严密的科学体系。……40多年来作为马克思主义哲学大学教材体系的主要根据，发挥了巨大的作用。我们要构建更加完整更加严密的科学的哲学体系，必须对它继承与发展，只有

---

①《艾思奇全书》第8卷，第103页。

这样才能超越它,而绝不能绕开它"。①

而对于"艾思奇本"教科书的局限与缺失,随着时间的流逝和学术界最新理论研究的进展,我们也看得越来越清楚了:它对唯物主义自然观过于依赖和推崇,导致对人和主体内在能动性的忽视。它在马克思主义哲学出发点和终极关怀等问题上的视野差距,也使它对现当代许多新事物和现象的解释力不从心。毕竟作为脱胎于苏联本体论模式的哲学体系已经落后于今天的时代。

（五）关于社会主义建设时期经验教训的哲学总结

从新中国成立后到"文化大革命"前艾思奇逝世,正是社会主义建设在实践探索中曲折前进的时期。艾思奇的认识也随着实践的发展不断地深化。

1958 年 6 月,艾思奇带队到河南许昌地区挂职工作,担任开封地委副书记兼登封县委第二书记,当时正值中共八届二次会议召开,会议通过了"鼓足干劲,力争上游,多快好省地建设社会主义"的总路线,随后全国出现了"大跃进"热潮,农村兴起了人民公社化运动。艾思奇曾经热情地赞扬过群众的积极性,但随着运动的发展,逐渐出现了高指标、瞎指挥、虚报风、浮夸风和"共产风"等一系列不正常现象。艾思奇深感忧虑。为了不给干部和群众的热情"泼冷水""唱反调",又必须反对高指标、瞎指挥的错误,他写了《无限和有限的辩证法》一文,发表在 1959 年 2 月的《红旗》杂志第 4 期上。文章指出:我们常说人民群众的力量是无穷无尽的,是无限的,"但是,这个无限,仍然和有限联系着。在一定时间,一定地点,一定条件下,人民群众的力量的发挥,总有其一定的最大限度,而不是无穷无尽的","一个人用两条腿走路,一点钟只能走十里左右,你不能希望他一点钟走一百里。用旧式农具种地,一个农民只能种几亩,不能希望他一个人耕种百亩千亩。组织起来,力量比单干大得多,但在一

---

① 黄枬森《关于马克思主义哲学 1961 年体系的一些想法》,载《缅怀与探索:纪念艾思奇文选（1981—2008）》,李今山主编,北京:中共中央党校出版社 2010 年版,第 92 页。

定技术条件下仍有其最高限度"。在这里,他明确地表露出对片面夸大人民群众力量与积极性的不满。他认为:"既要深信人民群众力量的无穷无尽,又要注意到人民力量的有穷有尽方面。能够这样,就是对辩证法的客观规律有了一个正确的认识,因此也就掌握了一种正确的思想方法,正确的工作方法,正确地指导斗争、走向胜利的方法。"①在文章中,他反复强调仅仅一般地相信人民力量的无穷无尽,而看不见在一定的具体工作中人民力量的有穷有尽方面,或者把这些有穷有尽的力量误认为无穷无尽,这种片面观点也会造成工作中的错误。最后他语重心长地写道:"必须认真学会掌握辩证法,把有限和无限的对立统一规律应用到我们的生产和一切社会主义建设工作中,一方面要有藐视一切困难的冲天干劲,一方面又要有实事求是地根据客观现实可能性来正确地规定工作任务,正确地组织和应用人民力量的科学精神。任何一种片面思想都会使我们的工作陷入少慢差费的泥泞。只有辩证法的全面观点才能指导我们多快好省地向前跃进。"②对"实事求是"和"科学精神",他特意加上了着重号,希望进一步引起人们的重视。这篇文章明确批评了不顾群众实际困难的"超过现实可能性的过高的指标",实质上就是在批判"大跃进"中出现的高指标、瞎指挥等不正之风。

1959 年 1 月 31 日,艾思奇在《人民日报》上发表了《认识客观规律,鼓足革命干劲》的文章,用辩证唯物主义的观点,分析了在贯彻总路线中尊重客观规律和鼓足干劲之间的辩证关系,提出发挥主观能动性必须建立在稳固的客观物质的基础上。他写道:"我们是唯物论者,必须坚持客观第一性,主观第二性。一个唯物认识论的最根本的原则,在我们的一切工作和行动中,必须通过对周围情况的调查研究,使我们的思想能够符合于客观事物的规律性,使我们所规定的任务、方针、计划、办法能够

---

① 《艾思奇全书》第 7 卷,第 193 页。
② 《艾思奇全书》第 7 卷,第 195 页。原文在"藐视一切困难""实事求是""科学"之下加了着重号。

在周围事物中找到现实可靠的根据。"①他特别指出：说到发挥人的主观能动性，说到要批判"见物不见人""唯条件论"等等错误观点，这绝不等于说，人们的行动可以任意违背客观事物的规律，可以不顾任何事物条件的约束！我们所要批判的，只是这些错误观点对于客观规律和物质条件的机械的、形而上学的了解，而不是要否定认识客观规律和掌握物质条件的必要性。应该肯定，对于客观规律的认识，是人的主观能动性的基础。愈是正确地深刻地认识了事物的客观规律性，就愈善于为推进各种工作创设必要的物质条件，也就更有可能高度地发挥人的主观能动性。所以，反对"见物不见人"，并不等于可以容许"见人不见物"。"我们强调把上述两方面正确地结合起来，这就是说，无论哪一方都是不可偏废的。既然客观规律的认识和一定的物质条件是人的主观能动性的基础，所以我们做任何工作，决不能离开前者，而单纯强调后者；离开了前者，后者就没有根据，而人的努力必然落空。"②

艾思奇在河南下放期间所写的文章中，一方面赞扬了群众的革命干劲，批判了右倾保守主义思想，但另一方面又严肃地指出"作为科学的共产主义者，是不应该仅仅凭着空想和热情来指导行动的"。据中央党校哲学教研室吴秉元教授回忆："1959 年 5 月 25 日，艾思奇同志曾应禹县县委的邀请，向禹县干部做过一次关于思想方法问题的讲话。这篇讲话，集中地反对了'大跃进'中的主观主义。他指出，在'大跃进'中，有些干部'非常主观地看问题，非常主观地解决问题'，'不实事求是，头脑不冷静，头脑太热'。把干劲'浪费了'。如果我们提出超过经过努力可以达到的指标，'那就是空想，就是主观主义'。他尖锐地指出，'大跃进'中所以发生缺点错误，'首先就是违背了唯物主义的原则，冲天干劲没有跟具体的分析、科学的精神结合起来'。他批评了'人有多大胆，地有多大产'等错误口号，指出不能凭胆量解决问题，马克思主义不能不讲条件。

①《艾思奇全书》第 7 卷，第 187 页。
②《艾思奇全书》第 7 卷，第 190—191 页。

他说：'唯物论的基本原则、冲天的干劲和科学分析结合起来，就是要使主观能够反映客观，不要使人的主观脱离客观，这个又叫客观第一，主观第二。凡是做事情，要把客观的情况摆在第一位，主观服从客观。'……当时，有些干部怕被戴上右倾帽子，不敢说实话，对此，艾思奇同志非常恳切地说：'做工作的时候，真正要实事求是解决问题，自己经过研究，的的确确应该这样工作，按照唯物论来办事情，别人如何说你右倾保守，那你不要怕，要敢于顶住。'"①

1959 年 7 月 9 日，艾思奇应晋北地委邀请到大同给机关干部做了"关于思想方法，工作方法的问题"的报告，其中明确批评了"人有多大胆，地有多大产"的错误口号，他说：这样的口号是违背客观规律的。是不是人希望麦子产一百万斤，它就一定可以产一百万斤？事实上不可能嘛！没有这个规律嘛！"哲学的规律是思想反映物质，人的主观要反映客观，不是客观反映主观。'人有多大胆，地有多大产'，那就是说，客观要反映主观了，人想怎么样就怎么样，这种口号是不正确的。"

1959 年 6 月，艾思奇和韩树英等结束下放。据韩树英回忆："经过一段工作，我们一些人都感到基层工作中发生的一些问题，比如浮夸风等问题，都不是仅从基层工作方面能彻底解决的。在下放结束时，有一次他对我说：他给省的主要领导人写过一封信，其中提到，根据实际情况看，过高的生产指标并不能真正调动群众的积极性，回信承认了他的意见是对的。""在最后总结下放工作、回顾认识的变化时，他深有感触地讲到：我们的唯物主义是不彻底的。他的话当时给我的印象也很深。"②

中央党校哲学教员马清健回忆说："1959 年夏天，下放河南回来，在教研室一次经验交流会上，他一方面歌颂广大干部和群众的革命干劲，肯定总路线，同时又严肃地指出：下面刮'五风'问题很严重，如果不认真

---

① 吴秉元《和艾教员相处的日子里》，载《一个哲学家的道路——回忆艾思奇同志》，昆明：云南人民出版社 1985 年第 2 版，第 217—218 页。
② 韩树英《艾思奇同志在河南》，载《一个哲学家的道路——回忆艾思奇同志》，第 230 页。

纠正，农民就要打扁担。"①

从 1958 年艾思奇下放到河南登封的言行看来，他并不盲从，而是有自己的独立思考的。他对"大跃进"和"人民公社化"运动中的"五风"错误，对于主观主义、形而上学的问题，提出过理论上和实际工作中的严肃批评。他所说的"我们的唯物主义是不彻底的"，显然是把自己包括在内的。

总结艾思奇的一生，正如《艾思奇全书》序文所作的概括："艾思奇是一位马克思主义哲学家和教育家，又是一位无产阶级革命家、实践家，他的学术生涯和革命生涯是交织在一起的。他一生学习刻苦，写作勤奋，给我们留下了六百多万字的丰硕成果。他写的文章和著作，立场坚定，鲜明生动，有血有肉，既体现了马克思主义哲学家的智慧，又饱含了革命家的激情。和艾思奇一样著作等身的学者，在他的同时代人中并不少见，但像他这样自觉地为祖国和人民大众的利益而写作、为革命和建设而战斗、集学者和战士于一身的哲学家，却是屈指可数。艾思奇同志是名副其实的人民哲学家。"

---

① 马清健《怀念艾教员》，载《一个哲学家的道路——回忆艾思奇同志》，第 250 页。